한국현대시인연구

한국현대 시인연구 上

문덕수 김용직
박명용 정순진 책임편집

푸른사상

책머리에

한국 근대시의 역사도 어언 한 세기에 이르렀다. 그 동안 많은 시인들은 파란만장한 역사의 풍랑 속에서 한국시를 성숙시켜 오늘의 시적 성취를 거두었다.

이에 따라 시인들에 대한 연구도 방대하게 이루어져 큰 성과를 이루었으나 이러한 연구물들을 자세히 살펴보면 대체적으로 해당 시인에 대한 기존의 연구내용을 일반론화 하여 그 시인이 갖는 특성을 제대로 고구하지 못한 것 또한 사실이었다.

그래서 이 책에서는 한국 근대시가 모습을 드러낸 이후 50년대까지 한국 시문학사에서 비중이 큰 최남선, 김억, 주요한부터 신동엽, 박봉우에 이르기까지 편저자들이 숙고 끝에 대상 시인을 선별하고, 내용은 일반론적이 아니라 그 시인만이 갖고 있는 시적 특성에 초점을 맞추어 각 대학에서 시를 강의하는 여러 교수님들이 집필을 맡았다. 한 사람이 살핀 시인의 특성은 그 나름대로 장점도 있겠으나 접근 양식이 일방적이거나 고정관념에 의한 편협된 시각도 없지 않다.

이런 점에서 볼 때 여러 논자들의 관점과 연구방법·연구내용의 다양함은 시와 시인을 보다 철저히 연구하고자 하는 사람에게는 더욱 효과적인 것이 되리라 믿는다. 다양한 학문적 연구물은 결국 시정신, 창작방법론까지 만나게 된다는 의미에서 더욱 중요하다고 하겠다.

총 45명의 시인에 대하여 특성론을 묶다보니 분량이 방대하여 상·하권으로 나누어 편집, 독자들이 편리하게 볼 수 있도록 하였다.

이 책이 한국 현대시와 시인을 탐구하는 사람에게 많은 도움이 되기를 기대하면서 '특성론' 집필에 성의를 다해 주신 여러 교수님들에게 감사를 드린다. 어려운 가운데에서도 기꺼이 출간을 맡아준 푸른사상사 한봉숙 사장님께도 깊이 감사를 표한다.

2000. 10.

박 명 용

차례

◇ 책머리에 • 2

김용직	계몽과 민족 ― 최남선론 • 7
주근옥	김억의 「格調詩形論小考」에 대한 일고 • 29
방경태	한국 근대시의 새로운 길찾기 ― 주요한론 • 59
신웅순	황석우론 • 77
성기조	관념과 허무의 시인 ― 오상순론 • 105
심원섭	김소월의 죽음의 길과 삶의 스타일의 문제 • 117
양애경	이상화 시의 운율 • 139
김용관	홍사용론 • 159
송백헌	초허 김동명의 시세계 • 181
최예열	파인 김동환론 • 195
최원규	만해 한용운의 시세계 • 215
임헌영	서정시와 혁명시 ― 임화의 해방후 혁명시를 중심으로 • 237
허형만	김영랑론 ― 저항의식과 민족적 정서를 중심으로 • 251
손광은	박용철 시 연구 • 263
양왕용	정지용론 • 285
김영옥	신석정 시에 나타난 거리(distance) ― 첫 시집 『촛불』을 대상으로 • 295
김시태	김기림론 • 307
김태진	김광균론 • 325
박진환	이상의 문학과 메카니즘 • 335
김태웅	청마 유치환론 • 351
손점현	노천명의 시세계 • 365
손종호	개아의 염결성과 생명애의 사상 ― 이산 김광섭의 시세계 • 387

◇ 찾아보기 • 403

계몽과 민족
— 최남선론

김 용 직*

1. 새 초상화에 대한 요구

한 사람의 인간으로서 육당(六堂)을 문제 삼고자 한다. 그것도 가능한 한 정확한 면모를 제시할 수 있는 초상화를 그리고자 하는 데 이 작업의 목적이 있다. 흔히 우리 주변에서 육당은 전후가 서로 조화되지 않은 경력의 소유자로 지칭되어 왔다. 육당은 그 생애의 전반기에 진취적 기백의 소유자였으며, 시대의 선구자요, 당대에 군림하는 재사의 일컬음을 들어왔다. 그리고 빛나는 전력을 가진 민족주의자이기도 했다. 그러나 1930년대에 들어서면서부터 그의 모습에는 그늘이 비치기 시작했다. 거듭되는 역사의 혼돈상 속에서 그가 얼마간의 굴신을 해 버렸기 때문이다.

이와 같은 육당의 생애는 종래부터 우리 주변에서 조금씩 다른 각도에서 기술되었다.

① 전반기에 이루어진 그의 업적만이 강조되고 훼절 이후의 사실이 임의로 호도된 경우이다.[1]

---

* 서울대학교 명예교수
1) 洪一植, 『六堂研究』(日新社, 1959). 이 책은 본격적으로 육당을 다룬 최초의 것이다. 그러나 1930년대 중반기 이후부터 이루어진 육당의 친일 행위에 대해서는 전혀 거론이 없다. 또한 고대아세아문제연구소 편 『六堂崔南善全集』의 편찬 태도 역시 그

② 전반기의 발자취와 함께 후반기의 행적이 거론된 경우이다. 그러나 이 경우 후반기에 대한 기술은 그에 앞선 것과는 별도로 이루어졌다. 양자 사이에 개재하는 인과관계에 대한 배려가 결여된 것이다.2)

③ 후기의 변절행위가 필요 이상으로 확대 기술된 경우이다. 이 경우 전반기에 남긴 육당의 발자취가 불문(不問)에 붙여지거나 후에 범한 반민족적 행위의 예후(豫候)로 다루어진 것들이 있다.3)

정작 우리가 한 인간을 다룬다고 할 때 그것은 그의 전행적(全行跡)을 에누리없이 한 플롯 속에 엮는 것을 뜻한다. 그에 실패한 채 단편적인 사실이나 부분만이 확대 강조된다면 부득이 한 인간은 부당하게 왜곡될 것이다. 그러므로 솔직히 우리는 이제까지 우리 주변에서 이루어진 일체의 육당론에 불만을 표시한다. 그러면서 그 돌파구격으로 다음과 같은 작업을 시도해 보는 것이다.

2. 선구자의 풍모

1) 신문관(新文館) 창설

우선 해외문화 수입과 소개자로서 육당의 공적은 신문관을 창설하고

와 같다. 그것은 크라운판 상·하 2단 조판으로 15권에 달하는 방대한 양의 것이다. 문자 그대로 육당의 업적을 남김 없이 수집, 상재(上梓)하고자 한 기도와 함께 이루어진 것임은 그 분량으로도 넉넉히 짐작된다. 그럼에도 불구하고 이 책에서는 일제 말기에 일문(日文)으로 쓴 육당의 글이 거의 제외되었다.
2) 趙容萬, 『六堂崔南善』(三中堂, 1964). 이 책은 가능한 한 사실의 제시와 그 정직한 기술에 힘쓰고자 한 것이다. 그런 기술 태도의 결과로 짐작되지만 육당의 훼절에 대해서 그저 몇 가지 사실을 나열했을 뿐, 그에 선행한 원인 분석은 제외되었다. 오히려 사이사이에 편집자적 주석을 단 변명이 있을 뿐이다.
3) 林鍾國, 『親日文學論』(평화출판사, 1966). 여기서는 육당뿐만 아니라 모든 친일 문학자의 활동이 아주 미세한 부분까지 파헤쳐졌다. 그리고는 그들 하나 하나가 반민족 행위로 거론되면서 규탄의 도마 위에 오르고 있다. 어느 의미에서 그것은 사디스틱한 양상을 띠고 나타난다.

『少年』을 창간한 초기 활동에 의해 결정된다. 그 무렵 우리 주변에는 해외 것을 수입·소개할 만한 능력의 소유자가 극히 드물었다. 그 공백을 타고 등장한 것이 육당이다. 즉 그는 그가 익힌 일본어의 실력, 그리고 동경 유학 때 보고들은 해외문학 및 문화에 대한 소양을 토대로 이 땅에 수입·소개할 서구의 작품들을 선정하고, 또 그것을 우리말로 옮겨갔다. 그리하여 그가 주재하는 신문관에서 그것을 단행본으로 상재(上梓)했는가 하면, 그것을 잇달아 ≪少年≫, ≪靑春≫ 등에 실었다. 이 밖에도 육당은「하멜 漂流記」, 스말이즈의『自助論』등 많은 준문학(準文學) 내지 교양서적을 번역·상재(上梓)했다. 그리하여 한말부터 1910년대 초기에 이르기까지 해외문학 작품들의 가장 유능한 수입 소개자일 수 있었던 것이다.

2) 근대시의 제작

창가·신체시를 통해 끼친 육당의 공적은 ≪大韓學會月報≫에서부터 시작된다. 본래 ≪大韓學會月報≫란 재일본 한국 유학생들의 회지로 1908년 2월에 그 창간호가 나왔다.

그런데 육당은 ≪大韓學會月報≫ 창간호에「모르네 나는」을 발표한 이후로「생각한대로」(2호),「나는 가오」,「그의 손」,「백성의 노래」(이상 3호) 등을 발표하여, 새 시대의 요구에 부응하는 작품들을 낼 토대를 다지기 시작했다. 그리고는 ≪少年≫에「해에게서 少年에게」,「新大韓少年」,「舊作三篇」,「꽃두고」,「太白山의 四時」,「쬑인 소나무」등을 발표하였고, 이어 ≪靑春≫에「어린이」,「물레방아」,「어느 날」,「自然」,「님 나신 날」등을 상재(上梓)했다. 또한 이와는 별도로「경부텰도노래」,「世界一周歌」,「朝鮮遊覽歌」등 장편 기행시가를 제작·발표했다.

이상의 작품들은 모두가 새 시대 새 문명에 대한 감각과 함께 형태 면에서 우리 시가의 새 국면을 개척한 것이었다. 육당의 창가와 신체시가 발표되기 이전 우리 시가는 가사와 시조로 대표되는 고전시가의 진부한 내용, 3·4조나 4·4조가 중심이 된 낡은 자수율의 테두리에서 멀리 벗어나지 못한 것이 사실이다. 그것이 육당에 의해 성공적으로 지양·극복되어 내용에 있어서는 문학작품의 본령이라고 생각되는 심미적 차원의 확보가 가능한 듯 보이기 시작했다. 그리고 형태 면에 있어서는 정형시와 자유시의 중간 단계라고 할 작품이 발표되었다. 즉 정형이면서 자유로운 리듬을 향해 뻗친 촉수를 느끼게 하는 「꽃두고」와 같은 작품들이 탄생하기에 이른 것이다. 흔히 우리는 모든 문학적 개혁의 시발과 종결이 형태의 개조를 통해 성취된다고 한다. 그런데 육당의 창가와 신체시는 그런 각도에서 볼 때 아주 독특한 측면을 드러내는 작품들이다.[4] 단순히 그런 이유로만 보아도 초창기 한국 근대시가에 끼친 육당의 공적은 인정되어야 하리라 본다.

3) 신문장운동(新文章運動)에 끼친 영향

한편, 신문장건설운동에 끼친 육당의 공적은 그가 우리 번역사에 끼친 바 그것을 상회(上廻)하고 남음이 있다. 그가 신문장운동에 박차를 가하기 이전 우리 주변의 문장들은 에누리없이 말해서 혼란의 도가니와 같은 것이었다. 일부에서는 모든 표기를 한글만으로 하고자 하는 급진적 시도가 있었는가 하면(《독립신문》이나 일부 정부기관의 공문서가 좋은 보기가 된다)[5], 또 한편에서는 문장 개혁의 과도기적 단계에 지나지 않는 국한문혼용체에 대해서까지 격렬하게 반발한 일부 보수세력이 있었다.[6] 그리하여 신문장건설을 추진하는 쪽과 이에 반발하는 쪽에서 다같이 물리적 힘을 이용하는 양상이

---

4) 신체시의 이와 같은 형태상 특질에 대해서는 金春洙가 "변격적(變格的)인 정형시 내지 준정형시(準定型試)"라는 말을 쓰고 있다. "…변격적인 정형시 내지 준정형시란 말을 써 볼 수 있지 않을까 한다. 좀더 다르게 말하면, 기형적인 자유시 내지 준자유시라고 할 수 있을 것 같다."『韓國現代詩形態論』(海東文化社, 1958), 58쪽.
5) 정부기관이 공문서에 한글 전용을 시도한 예는 건양(建陽) 원년(元年) 발행『개국오백사년팔월사변보고서』에서 단적으로 드러난다. 이 책은 민비의 시해사건 보고서인 바, 별도로 간행된『開國五百年八月事變報告書』와는 달리 전문이 한글로 표기되어 있다.
6)『梅泉野錄』(국사편찬위원회, 1953), 168쪽 참조.
"是時京中官報及外道文移, 皆眞諺相錯, 以綴字句, 蓋效日文文法也"

전개되었는데, 육당은 양자를 중화시켜 나가는 입장을 취하면서 정작 문장개혁을 성공시키는 등 훌륭한 능력을 발휘했던 것이다. 본래, 문장의 개혁이나 전승은 강제될 것이 아니라 자연스럽게 민중의 호응을 얻는 방향에서 이루어질 성격의 것이었다. 그것이 문화적 세력이라기보다는 일부 정치적 세력이라고 보아야 할 개혁과 급진론자들에 의해서 정치운동의 일환으로 해결이 시도되는 입장이 취해졌다.7) 그리고 그에 맞선 보수사림들에 의해서는 또 비슷한 발상에서 배제·매도되었던 것이다. 그러나 공교롭게도 육당은 그 어느 편에도 속하지 않았다. 그러면서 그는 근대적인 인쇄기관과 대중에게 읽히는 글을 쓸 수 있는 능력을 갖추고 있었으므로 문장개혁의 선결 요건 가운데 하나인 저층획득이 가능했다. 그리하여 비교적 안정된 테두리에서 국문학연구소 설치 이래의 숙원인 우리말 중심의 문장과 새 시대의 요구인 구어체의 사용을 성공적인 단계로 이끌어 올릴 수 있었다. 이제 우리가 여기서 그 이전의 문장과 육당 자신이 쓴·문장을 대조 검토해 보면, 그 사이의 사정이 좀더 각명하게 드러나리라 믿는다.

(1) 頃承 留日學生斷指之保ᄒᆞ고 不勝驚惡하여 如狂如醜에 神醉을 難定이요, 一哭一歌에 悲喜를 下禁ᄒᆞ야 若干助金을 發起所로 寄付ᄒᆞ고 數行書函을 該學의게 裁賀ᄒᆞ야 擧國之如向 動議를 指ᄒᆞ기 竣이옵더니 欽惟我聖上끠옵셔 眷祜ᄒᆞ샤 多數 金額을 不賜허시고 朝儀가 感深ᄒᆞ야 繼以優助ᄒᆞ시니……8)

---

7) 이런 경우의 좋은 보기로 우리는 주시경의 국문동식회(國文同式會)가 독립협회의 비호와 후원 아래 있었다는 사실을 들 수 있다. 즉 국문동식회는 독립신문의 총무 겸 교보원(校補員)인 주시경이 주재한 한국어연구단체였다. 또한 그 구성원의 국어국자의식(國語國字意識)은 《독립신문》(1897. 9. 25)에 실려 있는 쥬상호의 「국문론」의 다음과 같은 부분에서 잘 드러났다. "조선말노 문법책을 정밀하게 몬드러셔 남녀간에 글을 볼 때에도 그 글의 뜻을 분명히 알아보고 글을 지을 때에도 법식에 맞고 남이 알아보기에 쉽고 문리와 경계가 트게 가르쳐야."
李基文, 『開化期의 國文硏究』(일조각, 1970), 31~32쪽.
愼鏞廈, 『獨立協會의 社會思想硏究』(한국문화연구소, 1974), 95쪽.
8) 金鳳薰, 寄付, 《大韓每日申報》(435)(光武 11年 2月 6日).

(2) …… 우리 祖先이 暫時 세웠던 뜻을 문디른 뒤로부터 우리 나라의 歷史는 辱에 辱을 더하고 恥를 겹하야 드듸여 오늘갓흔 地境까지 到達하야 보도 못한 일도 만히 보고 듯디 못할 일도 만히 나니 이것만 생각하야도 우리는 다른 나라 少年보다 한 層 더 크고 깁게 뜻을 세워서 한 層 더 壯하고 快한 일을 하야 한 層 더 燦爛하고 煌赫한 光彩를 史上에 드리우디 아니티 못할디니 이것이 곳 우리의 千里ㅅ 길 이요 됴흔 바람에 이마을 쏘이고 깨끗한 곳에 다리를 쉬이난 일이라.9)

앞에 든 보기는 ≪大韓每日申報≫에 실린 것이며, 뒤의 것이 ≪少年≫ 창간호의 것이다. 두 글이 쓰여진 시간상의 간격은 불과 한 해 남짓 될 뿐이다. 그러나 두 글이 쓰고 있는 어휘, 어투와 문체는 전혀 다르다. (1)은 한자들 사이사이에 우리말로 현토를 한 정도에 그치는 글이다. 그러나 육당의 글인 (2)에서는 그와 같은 한계가 훌륭하게 타파되어 있다.

뿐만 아니라, 그가 쓴 문장 가운데 어떤 것은 상당히 세련된 느낌을 안겨 주는 것이 있다. 그리고 이와 같은 그의 문장이 그가 주재하는 신문관이나 ≪少年≫을 통해 경향 각지에 두루 반포되었던 것이다. 그가 우리 문장의 근대화에 끼친 공적은 이것으로도 넉넉하게 짐작된다고 할 것이다.

3. 국민문학파 시대의 육당

1920년대에 접어들면서 육당의 문학활동에는 일단 한계가 생긴다. ≪창조≫, ≪폐허≫, ≪백조≫ 등의 출현은 그의 계몽주의 문학이 역사적 사명을 다했다고 판정되는 사태였다. 그러나 육당은 그 후에도 문화운동가의 입장을 취하면서 계속 한국문단에 관계해 나갔다. 특히, 1920년대 중반 경부터 대두한 국민문학파의 일원으로 그가 보인 활동은 우리 문학사에 상당히 뜻깊은 것이었다.

---

9) 少年時言, ≪少年≫(1908. 11), 4쪽.

본래 육당은 일찍부터 해외의 근대문화에 접할 기회를 가지고 있었다. 말하자면 그는 이런 유의 개념을 객관적으로 이해할 교양의 토대를 마련한 바 있었던 것이다. 또한, 그는 허울좋은 근대주의자가 그런 것처럼 자아라든지 민족적 의식에 장님인 채 무턱대고 서구를 추종하고자 하는 국제주의자도 아니었다. 일찍부터 그가 민족의 새 지평 타개를 시도한 문화운동가임은 널리 알려진 바와 같다. 그리고 3·1운동이라는 거족적 동원이 있었을 때, 그는 민족의 편에 서서 반일저항운동을 주동하고, 민족독립선언서를 기초·작성했다.

국민문학파의 일원으로 참여한 단계에서도 육당의 그런 단면은 조금도 흐려지지 않았다. 이런 경우의 우리에게 좋은 보기가 되는 것이「朝鮮民是論」이다. 여기서 '민시(民是)'란 물론 '국시(國是)'에 대비되는 말이다. 나라에 '국시'가 있듯, 우리 민족 전체가 지향하고 추구할 정신적 핵에 해당되는 '민시'가 있는 것이다. 그런데 이 글에서 육당은 3·1 독립만세를 가리켜 '민족 전체'가 위대한 능력을 발휘한 역사적 대사건이라고 규정했다. 뿐만 아니라 같은 자리에서 그는 "한껏 膨脹된 勢力은 다만 噴火口 될 곳을 찾은 것뿐이었읍니다. 밀리고 밀리다가 탁 터진 것이 그 宣言이란 것이외다"10)라고 하여 삼엄한 총독부 검열국의 감시체제 아래서도 3·1운동이 지닌 민족사상 의의를 그 나름대로 밝혀 낸 바 있다. 이런 사실은 그가 민족의 올바른 인식을 위해 선행되어야 할 두 가지 요건, 즉 근대적 교양·지식과, 민족적 자아에 대한 각성을 아울러 지녔음을 뜻한다.

1) 자아 탐구로서의 민족사 연구

육당이 꾀한 민족 탐구 가운데 제일 먼저 손꼽아야 할 것이 한국사 연구와 그 정리·체계화 시도다. 우선, 육당이 우리 민족사에 대해 관심을 갖기 시작한 것은 1910년대부터였다. 이때 그는 자신이 주재한 ≪청춘≫에 당시로 보아서는 상당한 수준에 달한 논문「계고답존(稽古剳存)」을 발표한 바 있다.11)

---

10) 崔南善,「朝鮮民是論」, ≪東明≫(1921. 9. 3), 3쪽.

이어 그는 1920년대에 접어들면서 체제와 분량 양면으로 보아 본격적인 통사라고 할 수 있는 「조선역사통속강화(朝鮮歷史通俗講話)」를 ≪東明≫에 연재했다. 육당의 이 통사는 우리 손으로 쓴 것으로는 최초의 근대적인 한국사에 해당된다.12)

이렇게 시작된 육당의 한국사 연구는 1920년대 중반기부터 그 열기가 더해졌다. 이 무렵 그는 우리 민족의 건국 시조로 일컬어진 단군에 대해 비상한 관심을 기울이기 시작했다.13) 그 구체적인 표현으로 나타난 것이 77회에 걸쳐 ≪동아일보≫에 연재된 「단군론(檀君論)」이다. 육당의 이 글은 여러 회의론을 일축하고 우리 민족사의 기점을 단군 시대로 잡은 데서 시작된다. 그리고 이때부터 육당은 스스로의 주장을 증명하기 위해서 여러 문헌을 인용하고 다방면에 걸쳐서 논리적 근거를 제시하는 박물학적 입장을 취하기 시작했다.

한편, 육당의 한국사 연구는 크게 두 개의 유형으로 나타난다. 그 하나가 국사에 대한 지식·교양을 보급하기 위해 쓰여진 글들이다. 본래 전공으로 한국사를 택한 사람들은 전문적인 입장에서 사실을 발굴하고, 그것을 정리·평가하고자 했다. 그러나 육당은 그가 이해·파악한 여러 사실을 반드시 일

---

11) 이 글은 ≪靑春≫(14)(1918. 6)에 실린 것으로 제1기 단군시절, 제2기 부여시절 등 2부로 대별되어 있다. 그리고 2부의 「符婁朝의 창업」, 「遼西 河北의 貊人」을 비롯하여 부여(夫餘)·읍루(挹婁)·옥저(沃沮)·예맥(濊貊)과 진(辰)·한(韓) 등이 포함된다.

12) 이에 대해서는 洪以燮, 「朝鮮民族史의 方法과 課題」, 『韓國史의 方法』(탐구당, 1970), 21쪽 참조. 홍이섭은 여기서 한국사의 개설서 가운데 근대적인 방법에 의한 최초의 것이 현채(玄采)의 『東國史略』이라고 전제한다. 그러나 이 책은 임태보(林泰輔)의 것을 대본으로 한 것이라고 밝혔다. 그리고 이어서 "이 뒤를 이어 韓國史의 通史的인 것으로 나타난 것은 아무래도 崔南善(號, 六堂)의 『朝鮮歷史』일 것이다"라고 밝혀 놓았다.

13) 그 단적인 증거가 되는 것이 1926년 2월 11일~12일 양일에 걸쳐 ≪동아일보≫를 통해 발표된 「檀君 否認의 妄」이다. 이 글은 그 부제가 "'文敎의 朝鮮'의 狂論"으로 되어 있다. 여기서 광론이란 당시 경성제대 예과부장으로 재직중인 소전(小田)이 단군의 존재를 부정하려는 주장을 내세운 것을 가리킨다. 그리고 육당의 그에 대한 반론은 일본인 학자의 단군부정론과 그 추종자들에 대해 일괄해서 제기한 비판에 해당되는 것이었다.

반 대중에게도 알리려는 입장을 취했다. 우선, 그는 많은 역사 관계의 논문을 전문지가 아닌 일반 교양지를 통해서 발표했다. 뿐만 아니라 그 기술 방식이나 문장도 일반이 이해하기 쉽도록 평이하게 풀어썼던 것이다. 이와 아울러 육당의 한국사 연구에는 그 바닥에 민족적 자아 탐구를 의도한 자취가 깔려 있다.

이와 같은 그의 한국사 연구가 우리 주변에 끼친 공적은 크게 두 가지라고 할 수 있다. 우선 그가 추진한 한국사 연구의 폭이 넓어지고 지식을 제공하는 양이 많아지자 그에 정비례해서 우리 주변의 민족에 대한 인식도 그 넓이와 깊이가 더해 갔다. 그리하여 그것은 자연스럽게 우리 문단 일각에 민족과 문화・전통에 대한 관심을 불러일으키는 쪽으로 작용하게 된 것이다. 뿐만 아니라 육당 자신도 한국사 연구와 병행해서 그 제재를 우리 민족사에서 취한 상당수의 작품을 발표했다.

육당은 역사를 그 중요한 국면에 있어서 민족의 힘에 의해 좌우되는 것이라고 보았다. 그는 역사가 전적으로 상황이나 여건, 물질이나 경제적 토대에 의해서 결정된다고 보는 견해에 반대한 것이다. 이것은 그가 넓은 의미에서 민족의 편에 서서 역사 파악을 시도한 경우임을 뜻한다. 그리고 좁게는 카프 측의 유물사관에 맞서 역사 결정의 주체가 그 민족과 집단의 역량임을 내세운 것이다. 단적으로 말해서, 육당의 민족사 연구는 국민문학파가 요구한 두 개의 행동이념, 곧 반계급・민족전통 수용론을 이론상으로 추구한 궤적에 해당된다. 이런 의미에서 이 분야에 끼친 그의 발자취는 올바르게 평가될 필요가 있다.

2) 문화 유산의 발굴 정리와 그 평가 시도

육당이 평소 줄기차게 시도한 것 가운데 하나는 우리 민족의 문화 유산을 발굴・정리하고 그것을 평가・해석한 일이다. 그의 이런 단면은 대충 세 가지 형태로 나타난다. 그 하나는 우리 선조들이 끼친 문헌 또는 고전들을 찾아서 정리하고 그것을 소개・평가한 일이다. 이것은 곧 고전의 정리와 평가,

간행사업에 해당된다. 다음으로 그가 꾀한 일 가운데는 민요·전설·속담 등 구비전승의 문화 유산을 수집·소개한 것이 있다. 여기에는 동시에 일반 민속과 풍속·전승예술 들까지 포함된다. 뿐만 아니라, 육당은 우리 선인들이 끼친 유적이나 유물 등에 대해서 상당한 관심을 지녔었다. 그리하여 때로는 현장을 찾고 실물을 직접 살핀 다음, 그에 대한 생각을 담은 글을 써서 발표했다. 먼저 육당이 답사해서 관심을 표명한 고적·유물들은 국내 여러 곳에 산재하는 단군 봉사 사당을 비롯하여 낙랑 고분, 흥복사, 원각사 사지 및 백제·신라·가야의 유적들이다.14) 그는 또한 북으로 멀리 여행하여 만주와 몽골에서 고구려와 발해가 남긴 여러 사적과 유물들도 접했다. 다음으로, 구비전승 분야에 끼친 육당의 발자취는 여러 편의 글로 활자화된 바 있다. 우선 신화·민담 분야에서 육당은 건국신화·동화·선녀설화·여의주설화·괴담 등을 채집하여 일반에게 소개했다.15) 또한, 『조선상식문답(朝鮮常識問答)』이나 『속상식문답(續常識問答)』을 보면, 세시풍속·유희·속요로 일컬어진 잡가와 민요 등이 차례로 수집·소개되어 있다.

그런데, 이상 세 유형의 시도 가운데 육당이 가장 역점을 두고 추진시킨 작업은 고전문헌들의 정리·평가·발간 사업이다. 신문관 단계 이후 그의 이런 사업은 '조선광문회(朝鮮光文會)'를 통해 본격화되었다. 구체적으로 광문회가 발족된 것은 1910년의 일이다. 그러니까 시기적으로 보아 광문회의 발족은 아직 근대문화운동의 초창기에 속한다. 그럼에도 이 철 이른 시기에 육당은 우리 고전을, 그것도 다방면에 걸쳐서 정리·평가하여 널리 일반이 이용

---

14) 그 자취의 일부분에 해당되는 것이 『六堂崔南善全集』(9)에 실려 있는 「피무덤이에서」, 「古蹟 保存의 要諦」, 「朝鮮의 古蹟」, 「興福寺, 圓覺寺로부터 파고다 公園까지」, 「三都 古蹟 巡禮」, 「通溝의 高句麗 遺蹟」, 「古蹟 愛護에 대하여」, 「江西大墓」, 「雙楹塚」 등이다.
15) 『六堂崔南善全集』(5)에는 朝鮮의 神話, 朝鮮의 神話와 日本의 神話, 外國으로서 歸化한 朝鮮古談, 神話 傳說上의 牛, 朝鮮의 民譚 童話, 토끼타령, 奇談小說, 動物故鄕 小說, 寶盆說話, 仙境說話, 異物世界說話, 隱君子說話, 異人說話, 如意珠說話, 因鬼致富說話, 怪談, 動物怪談, 變化怪談, 人妖談 등 여러 장에 걸쳐 다수의 민담, 설화가 수록되어 있다.

할 수 있도록 발간·보급시키는 일에 착수했다. 그리고 그 범위 역시 역사·지리에서 시작하여 언어·문학·병서·교육·경제류에까지 이르는 방대한 것이었다. 광문회는 초기에 고전소설로 불린 『춘향전』, 『옥루몽』, 『사씨남정기』, 『흥부놀부전』, 『심청전』, 『장화홍련전』, 『조웅전』 등도 정리해서 일반 대중에게 공급했다. 또한, 본격적인 고전 복각사업으로 『東國通鑑』과 『熱河日記』가 발간된 사실도 명기할 필요가 있다.16) 광문회의 활동이 답보 상태로 들어간 이후로 그의 고전 정리 보급 사업은 '동명사(東明社)'와 '계명구락부(啓明俱樂部)' 등을 통해서 계속 추진되었으며, 그 중 계명구락부는 특히 중요한 구실을 한 기구다. 본래 이 기구의 활동은 육당이 재야 한국어 연구가의 한 사람인 박승빈(朴勝彬)과 제휴하면서 구체화된 것이다. 이 기구를 통해서 육당은 광문회 이래의 숙원인 조선어편찬사업을 기도했고, 순수 한국학 연구지로 『계명(啓明)』을 발간했다. 육당은 거기에 「삼국유사해제(三國遺事解題)」를 썼고, 당시 희귀본에 속한 『금오신화』 전문을 원문대로 활자화시켜 발간한 바 있다. 미루어서 우리는 민족의 고전을 정리·보급하고자 한 육당의 의지와 열기를 짐작할 수 있으며, 이런 사업의 바닥에 깔린 육당의 민족의식에 주목하지 않을 수 없다.

3) 국토 산하 순례와 그 의의

육당이 시도한 민족 탐구의 또 다른 단면은 국토 산하의 순례와 그에 대한 예찬을 통해서도 나타난다. 본래 육당은 일찍부터 우리 국토 산하에 대해서 남다른 관심을 가지고 있었다. 구체적으로 ≪소년≫과 ≪청춘≫지 시대에 이미 그는 국토의 명소·고적을 소개하는 기사들을 빈번하게 발표했다. 그리고 국민문학파의 일원으로 참여한 단계에서 이 방면에 미친 그의 눈길은 더욱 폭이 넓어지고 동시에 예리하게 되었다. 이 무렵부터 그는 몸소 국토 산하를 찾아 나서서 그 실제에 접하는 입장을 취했다. 그리고 거기서 얻은 여

---

16) 趙容萬, 『六堂崔南善』(三中堂, 1964), 112~114쪽.

러 생각과 느낌들을 제 나름의 문장으로 표현·발표했다. 그것들이 곧 방대한 양에 달하는 기행문들이며, 수상과 가사·시조·답사기 등이다. 그 중요한 것들로는 「심춘순례(尋春巡禮)」(1925. 3~5월 ≪동아일보≫ 연재), 「조선유람가(朝鮮遊覽歌)」(1926. 6. 1~10일 ≪동아일보≫ 연재), 「백두산관참기(白頭山觀參記)」(한성도서, 1926. 7), 「금강예찬(金剛禮讚)」(한성도서, 1928. 7), 「송막연운록(松漠燕雲錄)」(1937. 10~1938. 4. ≪매일신보≫ 연재) 등이 있다.

육당이 우리 국토와 산하대지를 순례하면서 지니게 된 의식은 하나의 초점으로 수렴된다. 그는 비단 명소·고적·선인이 끼친 역사의 발자취가 남은 곳뿐만 아니라, 우리 국토의 모든 자리에서 겨레의 마음을 읽고 그 숨결을 느꼈다. 그리고 그것을 일종의 낭만파적인 정열과 함께 문자로 나타낸 것이 바로 육당의 수상과 기행문이다. 본래 국민문학파에게 민족에 대한 감정은 나라와 겨레에 대한 사랑을 뜻한다. 그것을 국토 산하를 통해 표현한 것이 육당의 국토 산하 찬미이다. 그런 이상이 역시 민족문학의 정신경향에 상당한 자극이 되었음에 틀림없다.

4. 방향전환과 그 해석

국민문학파의 단계에 이르기까지 육당은 한국 문단의 상징적 존재였다. 그러나 1930년대 이후, 그는 점차 역사의 뒤안길을 걷는 입장이 되었다. 1928년 그는 조선총독부의 부설연구기관인 조선사편수회 위원이 되었다. 그렇게 함으로써 그는 일찍 자신이 독립선언문에서 그 부당함을 만방에 외친 일제의 한반도 통치를 수긍하는 꼴이 되어 버렸던 것이다. 이후 그는 박물관설비위원회·고적보물천연기념물보존위원회·역사교과서편수회 등에도 위원이 되었고, 이어 중추원 참의를 거쳐 건국대학의 교수직을 맡기까지 했다. 그리고, 1943년에 이르러서는 이광수 등과 함께 학병 지원을 권유하기 위해 도일했다. 학병 권유 지원 강연은 동경에 있는 명치대학 강당에서 행해졌다고 한다. 그리고 이때 그는 다른 인사들과 달리 한국 민족을 위해 출전하라고 함으로써 아직 그가 완전히 민족적 양심을 등지지 않았음을 간접적으로 알린 바 있다.17) 그러나 여기서 우리는 한 가지 사실을 지적하지 않을 수 없다. 일찍 그가 약관의 나이로 도동(渡東)했을 때 비슷한 자리에서 꿈꾼 것이 무엇이었던가. 한마디로 그것은 몽매한 동포의 계몽이었고, 그를 통해 다져질 신생 대한제국의 튼튼한 기반이었다. 그것이 30여 년의 세월이 흘러 그 입장이 180도 바뀌어 민족주권의 침탈자인 일제의 공식정책을 수긍·추종하는 입장이 되었던 것이다.

1) 몇 가지의 논리

간혹, 이상과 같은 육당의 변모를 방향전환으로 받아들이고자 하지 않은 견해가 우리 주변에 있다. 대개 그들은 육당의 전향을 사실로 시인하기를 회피하거나 위장이었다는 말을 쓴다. 그리고는 그 이유로 대충 다음과 같은 사실들을 든다.

① 육당이 조선사편수회 위원이 된 것은 민족을 등진 것이 아니라 오히려 그 반대의 경우였다. 즉 조선사편수회 위원이 된 다음, 육당은 일제 관학자들과는 반대입장을 취했다. 그리하여 우리 민족사를 일방적으로 왜곡하려는 그들의 시도에 맞서 싸운 바 있다. 그 한 보기로, 우리는 한국사에서 단군조선을 정립코자 한 시도를 들 수 있다. 즉 일인학자들은 그 고증이 불가능하다는 이유로 한국사에서 단군시대를 삭제하고자 했다. 이에 대해 육당은 그 부당함을 지적하고 끝까지 시정을 주장하고 나섰다.18)

---

17) 『六堂崔南善全集』(10), 531쪽.
18) 이에 대해서는 同委員會 8차 회의에서 행한 육당의 발언이 참작되어야 한다. 즉 同會議에서 日人 黑坂委員이 "檀君·箕子는 歷史的 인물이 아니고 神話的인 것이어서, 思想의 信仰으로 發展된 것이므로 思想, 信仰 방면으로 따로 연구할 것이고, 編年史 속에서는 取扱하기가 어렵습니다"라고 하자, 육당이 다음과 같이 맞섰다.
"무릇 檀君, 箕子가 歷史的 人物인지 神話的 人物인지 그것은 연구거리지만 적어도 朝鮮 사람 사이에는 그것이 歷史的 史實이라고 인식된 것입니다. 그런데 本會의 朝鮮史에 그것을 採入하지 않은 것은 우리 朝鮮 사람으로 심히 유감이 많은

② 육당의 만주 건국대학 교수 취임 역시 학구적 관심의 소치였다. 그 곳에서도 그는 민족적인 의식이 엿보이는 환경 속에서 기거했다. 그리고는 그 주변 인사들에게 거침없이 한국 문화의 우수성과 독자성을 주장하여 민족의식을 과시했다.19)

③ 학병 지원 권유 강연 때에도 그는 여느 인사들과 달랐다. 가령, 이광수가 천황의 적자 운운으로 우리 유학생들의 심정에 짙게 먹물을 끼얹은 데 비해, 육당은 당당히 민족의 신운명 개척을 위해 피를 흘리지 않을 수 없음을 설파했다는 점이다. 다같이 희생을 권유한 경우이기는 하나, 민족을 전제로 한 점이 춘원과 육당의 차이점이라고 보는 게 이 경우의 옹호내용 요지다.

2) 육당의 전향에 대한 해석

그러나 설사 위에서 말한 사실이 그대로 우리에게 수긍된다고 하더라고 그것으로 곧 육당의 전 생애가 완전한 절조 속에서 이루어졌다는 증명이 될 수는 없을 것이다. 우선 앞에서 살핀 바와 같이 육당의 본령은 민족주의자이면서 점진주의자·문화운동가인 데 있었다. 구체적으로 그는 민족의 정신을

일입니다. 이 때문에 本會의 朝鮮史를 朝鮮 사람 사이에 잘 徹底되어 있지 않습니다."
趙容萬, 앞의 책, 356쪽 참조.
19) 李鍾桓은 육당 선생을 회상하여 "마고자에 韓服을 입은 六堂 先生이 큼직한 버선발로 滿面의 웃음을 띠우시면서 반가이 맞아주시는 것이었다. 이것이 故國에서면 물론 별것이 아니다. 그러나 당시 그 곳 風習으로나 常識으로는 이 역시 심상하게만 느껴질 수 없었던 것이었다. 古書가 天井까지 빽빽이 쌓인 應接室을 겸한 이 서재에서 先生은 歷史의 偉力을 역설하시는 것이었다. 數千年의 歷史를 가진 韓民族이 불과 2, 30年 간의 外部的인 어떤 條件으로 말미암아 쓰러진다는 것은 절대로 있을 수 없다는 것이었다. 言語에 있어서도 마찬가지 理論을 전개하였다. 祖上代로 사용해 온 民族의 言語가 어떤 政策이나 式力으로써 변화한다는 있을 수 없는 일이라는 것이었다. 아무리 무리한 억압으로 강행한다 해도 그것은 一時的인 現象일 뿐 결코 간단하게 넘어지지는 않는 법이라고 열변을 吐하시는 것이었다."고 하였다.

교도하는 역할자였던 것이다. 그랬음에도 그는 바로 스스로의 붓을 통해 자신이 설 자리를 부정하는 발언을 했다. 1930년대 말기 ≪每日申報≫ 지상을 통해 발표한「朝鮮文化當面의 問題」라는 일문(一文)은 그 한 보기가 된다.

「朝鮮文化當面의 問題」는 한국 문화의 궁극적인 과제가 일본 문화의 추종·동화에 있음을 주장한 것이다. 여기서 우선 육당은 일본 문화가 세계에서 그 유례가 없을 정도로 특징적이며 정통적인 것이라고 전제했다. 그에 의하면, 일본 문화는 '그 建國精神과 歷史的 行進相'을 통해 특징지어지는 문화다. 그리고 그 특이한 일본 문화로 하여금 '世界에 있어서 가장 고귀한' 문화임을 의심치 않게 한다는 것이다. 문화의 이상 가운데 하나는 물론 고귀한 것을 지향하는 데 있다. 따라서 당연히 조선 문화가 일본 문화에 수렴되리라고 본 것이 육당이었다.

육당이 설사 그런 역군을 자처한 바 없다고 할지라도, 본래 한 민족의 최후 교두보는 정신문화가 수호되는 데서 가능하다. 그럼에도 위의 예에서 보는 바와 같이 명백한 문자들로 육당은 우리 문화 자체를 전면 부정해 버렸다. 이 문자들이 허상일 수 없는 이상, 그의 전향이 사실이 아닌 것으로 호도될 수는 없을 것이다.

(1) 계층설(階層說)과 그 허실(虛實)

육당의 이와 같은 전향에 대해서 정신경향과 계층설을 내세운 예가 있었다.[20] 여기서 말하는 계층설은 육당이 속한 사회적 신분이 중인계급이었다는 점과 관계된다. 이조사회에 있어서 중인계급은 일종의 기능직 담당자들로 구성되어 있었다. 그들은 국사를 좌우할 위치에 있지 못했던 것이다. 그럼에도 그들은 문자해득 능력에 있어서는 사림계급을 능가한다고 볼 수는 없었으나 별로 그에 뒤지지는 않았다. 그리고 그들의 이런 측면은 곧 역사의 한 전환기에 처해서 매우 미묘한 사태를 야기케 했다. 즉 개항이 시작되고 서구의 새로운 문물이 들어오자 그들은 재빨리 그것을 수용할 수 있었다. 그리고 그

---

20) 金允植,「開化期 文學樣式의 問題點」,『韓國文學史論』(法文社, 1973), 11~119쪽.

것을 기능 면에서 살펴도 거기에는 사림계급보다 효과적인 면이 있었다. 사림계급은 그들이 오래 동안 젖어 온 행동원칙 때문에 서구의 충격에 반발하는 입장을 취했다. 그러나 중인계급은 최소한 그런 부담에서 면제되어 있었던 것이다. 그러나 불행은 그 다음 단계에서 시작되었다. 즉 시대와 상황이 바뀌면서 우리 주변에는 새 문화의 수용자를 수용자로 그치게 하지 않는 사태가 야기되었다. 개항 이후 우리는 급격하게 국제사회의 격변하는 상황 속에 말려들어 갔다. 그런 경우 국제사회의 경쟁에서 뒤떨어지지 않기 위해서는 그들의 생활과 습속, 사고와 행동양식을 알 필요가 있었다. 그런데 그 교화를 담당할 자가 달리 있을 수 없었다. 우선 그들의 습속과 문화를 수용한 자만이 그게 가능했던 것이다. 그러나 막상 중인계급에게 그런 시대의 멍에가 씌워졌을 때 또 다른 사태가 야기되었다. 역사는 그들에게 계몽·교육의 기수가 될 것을 요구했으나, 현실은 또한 그들에게 그것을 포기하도록 강요했다. 이른바 식민지체제가 한반도 내에 구축되었기 때문이다. 그런데 한반도 내의 식민지체제란 우리 민족의 노예화에 그 궁극적인 목적을 둔 것이었다. 그렇다면 민족의 교화·계몽과 그를 통해 궁극적으로는 민족사의 한 국면타개에 목적을 둔 중인계급의 활동이 허용될 리 없었음은 물론이다.

육당은 바로 그와 같은 중인계급 출신이었다. 우선 그의 선친인 최헌규(崔獻圭)는 관상감·학부·학무국장을 지낸 사람이었다. 후에 그는 당초재(唐草材)의 수입으로 막대한 재산을 모았다.[21] 육당이 이와 같은 중인계급 출신인 이상, 그는 민족운동의 한 방편인 민중의 교화, 계몽운동에는 적격자였다. 그러나 그 이상의 일, 곧 실제적인 민족해방투쟁에 가담하는 데 있어서는 적격자가 아니었다. 그럼에도 그는 그 반대 입장을 취했다. 그리하여 심한 논리의 모순에 봉착하게 되었다. 그 모순에서 빚어진 것이 육당의 전향이라고 보는 것이 계층론의 입장이다.

물론 이와 같은 계층론에는 그 나름의 장점이 있다. 우선, 그 이전 우리 주변에서 전향은 무조건 타기(唾棄)할 행동으로 점 찍히고, 그 거론조차 회피

---

21) 『六堂崔南善全集』(15), 272쪽.

되었다. 그러나 한 사실에 대한 지양·극복은 그에 대한 비판과 합리 타당한 평가·분석 없이는 이루어지지 않는다. 그 누구의 전향이 타기할 일이라면 그 지양·극복을 위해서도 합리 타당한 평가와 분석이 이루어져야 했던 것이다.

다음으로, 일부에서는 전향을 언필칭 권력체제에 의한 강압에 그 빌미가 되는 것으로 설명해 왔다. 그에 의하면, 모든 사람에게는 일종의 식물적 향일성(向日性)이 있다는 것이다. 이런 경우 태양은 물론 편리한 생활이라든가 생 자체에 대한 아날로지가 된다. 그리고 그런 향일성이 있기 때문에 사람들은 흔히, 그를 해로부터 막는 정치권력이 태동하면 그에 대해 허리를 굽힌다. 말하자면 전향을 인간의 생존 또는 보호본능의 소치로 보는 것이 정치권력에 대한 굴종성이 되는 셈이다. 그러나 우리가 알고 있기에는 모든 사람이 권력체제에 대해 굴종을 일삼은 것은 아니다. 그 가운데는 오히려 그 압력에 맞서가면서 스스로를 지키고자 한 예도 나타난다. 이런 경우의 비근한 예로 우리는 봉건왕조시대에 충절을 지키고자 한 사람들을 들 수 있을 것이다. 가령 정몽주가 이성계 일파의 위협과 압력을 배제하면서 고려왕조를 일편단심으로 지켜 나간 것이 자기보호본능에 입각한 굴절·복종으로 설명될 수는 없다. 이것은 전향이 반드시 정치권력에 대한 굴종을 의미하는 것이라는 등식관계를 통해서 논단될 성질의 것이 아님을 말해 주는 좋은 증좌라고 보겠다.

계층론에 입각하면 적어도 육당의 전향이 이와 같은 상식론에서 벗어날 수 있다. 그것은 전향을 사회를 구성하는 기층의 맥락 속에서 살피는 것이다. 이를 통해 우리 주변의 전향은 적어도 상식론의 차원에서 벗어날 수가 있게 될 것이다. 그러나 그렇다고 계층론이 전향의 이해 시도에 전혀 난점이 없는 것은 아니다. 그것은 우선 전향자 각자의 독특한 입장과 내면세계의 문제가 계층론만으로는 명쾌하게 설명될 수 없기 때문이다. 가령 육당과 비슷한 계층 출신으로, 역시 점진주의적인 입장에서 민족운동을 전개한 도산(島山) 안창호(安昌浩)를 들 수 있다. 육당이 중인계급 출신인 것과 거의 비슷하게 그 역시 강서지방의 한 농가에서 자랐다.22) 그리고 육당의 경우와 아주 흡사하게 그 역시 서구의 충격에 접하고 그를 수용・이해하는 입장에서 민중의 교화・계몽을 시도했다. 그러나 1931년 상해조계(上海租界)에서 일경에게 피체된 후 국내로 압송되어 거듭되는 그들의 위협 속에 있었음에도 불구하고 끝내 도산은 민족적 절조를 꺾지 않았다. 이것은 전향이 단지 계층과 거기서 빚어지는 대사회적 자세만으로 논단될 수 없음을 알려 주는 단적인 증거다.

(2) 의식구조 분석

효과적으로 육당의 전향을 설명하기 위해서, 우선 우리는 그의 의식내용을 살펴야 하지 않을까 본다. 범박하게 볼 때 전향은 행동의 한 양태다. 그리고 모든 행동을 결정하는 것은 우리 자신이 지닌 의식내용이다. 이런 관점에서도 우선 육당의 전향은 그가 지닌 정신세계 내지 의식내용을 통해 설명되어져야 할 것이다. 또한, 육당의 전향을 구체적으로 명제화하는 데도 이와 같은 태도는 필요하다. 얼핏 볼 때 육당의 전향에서는 개인적인 동기가 적용되기 어려운 면을 지닌다. 가령, 우리가 전향이라고 말할 때 흔히 그 동기는 ① 신앙 ② 가정관계 ③ 논리적 모순 ④ 국민으로서의 자각 ⑤ 신상관계 ⑥ 구금으로 인한 후회 등과 같은 사실에 귀착되는 것이라고 한다.23)

그런데 육당의 경우, 적실히 그의 전향이 이상에서 열거된 것 가운데서 어떤 것이 동기가 되어 이루어졌으리란 추단을 불가능케 한다. 우선, 육당은 뚜렷이 어떤 종교에 의거하지 않았다. 따라서 그의 전향이 종교적인 것과 유관하리라는 생각은 성립될 수 없는 것이다. 다음, 그도 처자권솔이 있는 몸이었으나 특별히 그들에게 은애의 정을 쏟은 흔적은 없다. 따라서 그에서 빚어진 감성적 태도가 그의 민족의식을 흐리게 했으리라는 논거도 성립하지 않는다. 다음, 식민지체제하에서는 민족적 양심을 가진 모든 자가 어떻든 민족의 편에 서야 한다. 그런 이상 육당의 전향이 논리적 모순에 봉착한 나머

---

22)『島山 安昌浩』(安昌浩先生記念事業會, 1948), 15~16쪽.
23)「1942年 思想 保護對象者에 관한 調査」,『共同硏究』(思想科學會, 1950), 19쪽.

지 이루어졌을 가능성도 없다. 또한, 1910년 이후 주권을 박탈당한 우리에게 국가가 있을 리 없었다. 따라서 국민적 자각에 입각한 전향이란 애초부터 성립될 수가 없는 일이었다. 그런가 하면 1928년을 경계로 하여 육당의 신변에 특별히 이렇다고 할 만한 대변동이 일어난 사실도 없었다. 여전히 일제의 감시는 계속되었고, 그의 활동도 또한 부자유스러웠다. 그러나 어쨌든 그는 그런 가운데서 몇 개의 문화사업을 벌이고 있었다. 그리고 그 자신이 필생의 사업으로 삼은 한국사연구를 진행 중이었다. 끝으로 육당은 체질 면에서 볼 때 견고하고 믿음직한 남아형이었다. 그런 그가 얼마간의 철창생활로 심경의 변화를 일으켜 민족으로부터 등을 돌렸으리라고 생각되지도 않는다. 뿐만 아니라 이 경우 우리를 더욱 당황케 하는 것은 앞에서 제시된 바와 같이 육당이 공식적으로는 일제 총독부가 설치한 기구에 위원으로 참가한 후에도 자주 반목적인 언동을 일삼은 점이다. 이것은 그의 전향을 1928년 조선사편수회에 참여한 이래의 일로 보고자 하는 우리의 논점을 적지 않게 혼란에 빠뜨린다. 이 논리상의 혼미상태를 막기 위해서도 그의 전향은 내면적인 각도에서 포착되어야 하리라 믿는다.

(3) 농본주의적 단면

육당의 내면세계를 살피는 경우, 우리는 곧 거기에 나타나는 아주 강한 줄기로 농본주의적 단면을 읽을 수 있다. 물론 여기서 말하는 농본주의란 제반 산업의 기반이 되는 것을 농업으로 보는 태도에 관계되는 것이다. 농업을 제일의적(第一義的)인 것으로 보는 이와 같은 태도는 결과적으로 귀전원(歸田園), 복고풍(復古風)의 성격을 띠게 된다. 그리고 자연 현실적인 쪽보다는 꿈에 의거하는 낭만적 풍모를 띠기도 하는 것이다.

육당은 인공보다 자연이, 그리고 기계문명보다 전원생활이 체질적으로 맞는 사람이었다. 그런 이상, 그는 진정한 의미에서 근대주의자라기보다는 농본주의자로서의 측면을 더 강하게 드러낸 편이었다고 보겠다.

한편, 현대사회에 있어서 농본주의는 불가피하게 결격(缺隔)을 메우고자 하는 충동을 버리지 못한다. 우선, 산업구조를 통해서 근대 이후 우리 주변을 지배하기 시작한 것은 도시형 상공업이며, 그에 따른 기계문명의 압도적인 영향력 행사이다. 현대사회에서 농업 중심의 자급자족 생활이란 이미 빛을 잃은 지 오래다.

또한, 정신구조를 문제 삼은 경우에도 아주 흡사한 논리가 성립된다. 한마디로 산업혁명 이후 우리 주변을 지배해 온 것은 일정한 도시형의 관료체제 내지 인간의 기계화 현상이었다. 생산수단이 공업 위주로 개편된 현대사회에서는, 우선 우리의 노력은 최대한 능률적인 방향으로 개편·집약될 수밖에 없었다. 그리고 여러 개인을 묶어 최대한도로 능력을 발휘시키기에 가장 적절하다고 생각한 것이 근대적인 관료체제였다. 그러나 관료체제에 따르면 한 인간은 개성적인 존재이기 이전에 전체 기구 속의 한 부속품이라는 의미가 더 승한 편이었다. 관료체제는 이미 결정되어 있는 것이었다. 그리고 그 속에서 개인이란 주어진 임무에 최대한 충실하면 그만이었다. 그리고 그 이상의 자유는 허용되지 않는다. 그것은 지나친 개성의 발휘 외 창의성의 행사가 이미 결정되어 있는 관료체제를 훼손·파괴시켜 버릴 위험성이 있기 때문이다. 그리고 물론 근대사회에서 일어난 이와 같은 인간의 비인간화 현상은 농본주의의 입장에서 볼 때 참을 수 없는 병폐가 아닐 수 없었다. 바로 그런 까닭으로 해서 농본주의자들은 항상 현대사회에 불만을 느낀다. 그리고는 희랍 신화의 크로노스처럼 못내 정신적인 기갈 상태에 허덕이는 것이다.

5. 맺음말

농본주의자로서의 육당은 그의 흠락(欠落)을 메울 길을 한국적인 것의 탐구를 통해 모색한 듯하다. 그리고 여기까지에 이른 태도는 그 나름의 논리적 근거가 인정된다. 우선 그가 민족주의자였기 때문에 그가 느낀 흠락도 부득이 그런 범위 안에서 메우지 않을 수 없었으리라 생각된다. 민족주의적인 입장에서 본다면 흠락을 메울 자격자로서의 몇 가지 요건을 갖추고 있었던 사람이 육당이었다. 우선 아직 모든 것이 소재 그대로 남아 있었던 것이 육당이 등장한 무렵의 우리 주변 실정이었다. 이 소재가 정리·체계화되지 않는 한 흠락을 메우는 다음 단계의 작업은 바랄 수가 없는 일이었다. 그리고 그 정리·체계화를 시도한 사람이 육당이었던 것이다. 여기서 우리는 그가 『少年』이래 유난히도 정열을 기울인 분야가 바로 한국의 지리·풍속이었음에 주목할 필요가 있다. 육당은 그것을 정리해 가면서 고전에 관심을 가졌다. 또한 민요·전설에서 현대시조에 이르기까지 그 범위가 미치지 않는 데가 없을 정도로 널리 우리 것을 정리하고 새롭게 하는 데 정열을 쏟았다.

그러나 모처럼의 이 소중한 시도도 결과적으로는 충분한 성공을 거두지 못했다. 우선 육당의 입장에서 흠락을 메운다는 것이 민족적 현실과 무관할 수 없는 것이었다. 한마디로 우리는 당시 식민지적 질곡에 허덕이고 있었다. 그렇다면 민족주의자로서 육당이 이를 완전히 외면한 상태에서 행동할 수는 없었다. 그랬음에도 불구하고 육당은 이와 같은 우리의 요구에 충분히 부응하지 못한 편이다.

우선 한국사 연구에서 그가 단군시대 연구에 역점을 두었다는 점은 이미 밝힌 바와 같다. 단군은 물론 우리 민족의 개조였고, 따라서 그에 대한 연구가 민족사 기술을 위한 한 방편일 수는 있었다. 그러나 그것으로 곧 민족적 현실에 역학적 상관관계를 맺게 하는 일은 불가능했다. 왜냐하면 그는 고(古) 기록에 나오는 존재일 뿐 우리 자신의 동시대 현실에 역학적인 상관관계를 맺어 줄 수 있는 실체가 아니었기 때문이다.

다음, 육당이 벌인 고전의 주석 정리라든가 민족문화 자료의 수집·정리에 대해서도 거의 비슷한 이야기가 가능하다. 물론 육당이 이 방면에서 시도한 것은 민족문화건설의 저변을 확대한다는 관점에서 볼 때 충분히 그 나름의 의의가 있는 일이었다. 그러나 그 당시 사정은 민족문화 건설 이전에 당장 민족의 존립 자체가 문제였다. 이런 각도에서 볼 때 육당이 이 분야에서 보인 시도 역시 당대의 현실에 충분히 부응한 것은 아니었다.

셋째, 그가 우리 문단에 끼친 발자취는 더욱 교훈적이다. 우리 문단에 있어서 육당의 활동은 주로 시조부흥운동의 형태로 이루어졌다. 그는 후에 『百八煩惱』로 집성된 바와 같이 몸소 시조를 창작하고, 또 그 이론적인 밑받침으로 앞에서 보인 바와 같이「朝鮮國民文學으로서의 時調」이하 수삼 개의 시조부흥론을 폈던 것이다. 그러나 이런 경우에는 또 다른 반문이 예상된다. 대체 시조부흥운동이 이런 이유로 이루어져야 하는가 하는 점이다. 만약, 시조부흥이 단순히 시조가 우리 민족의 고유한 장르이기 때이라는 이유에서 시작된 것이라면 결국 그것은 너무 소박한 태도가 아닐 수 없었다. 그런 경우 향가와 고려가요, 가사와 판소리 등을 제외하고, 왜 하필 시조인가라는 반문이 제기될 수 있기 때문이다. 다음, 시조가 우리 민족문학의 정수라고 해도 그 역시 만족할 정도의 응답이 될 수는 없다. 본래, 장르는 생성·전개·소멸하는 것이며, 이 과정의 배후에는 다 그만한 이유가 도사리고 있는 법이다. 그럼에도 현대화를 위한 구체적 노력도 없이 시조부흥을 외치고 나서는 일은 초보적 문학이론조차 돌보지 않는 일이기 때문이다.

　이상에서 우리가 살핀 육당의 시도들은 어딘가에 이카리우스의 옛 이야기를 생각나게 하는 면이 있다. 만약 육당에게 좀더 냉철한 현실파악의 능력이 있었다면 그가 결코 자신의 흠락을 그처럼 낭만적인 각도에서 메우고자 하지는 않았을 것이다. 더 냉철하게 현실을 파악하고 그 범위 안에서 가능한 연구활동과 문화활동을 전개할 필요가 있었으리라 믿어진다. 그러나 유감스럽게도 그렇지 못했던 것이 육당이었다. 그 결과, 우리는 어쩌면 가졌을 가능성이 있는 민족문학사의 한 대립상(大立像)을 상실하게 되었다.

　그러나 여기서 우리가 아쉬워하는 것은 육당 개인의 실수가 아니다. 그의 전향을 타기할 배신행위로 돌려 한 개인을 성토할 생각은 더욱 없다. 어쩌면 우리가 아쉬워하는 것은 육당을 육당인 데 그치게 한 이 땅의 정신풍토이며, 그 지적인 상황이다. 물론 이것은 우리에게 유쾌한 이야기가 아니다. 분명히 그것은 열린 생채기를 파헤칠 때와 같은 고통을 수반한다. 그러나 아프고 불쾌하다고 할지라도 치유를 위해 생채기는 파헤쳐져야 한다. 바로 여기에 우리가 결코 유쾌하지 못한 이야기를 길게 벌인 까닭이 있는 셈이다.

김억의 「格調詩形論小考」에 대한 일고
— 계몽과 민족

주 근 옥*

1. 머리말

　문학사에서 김억에게 주어지는 지위는 프랑스 상징주의의 도입자이며, 번역시인이라는 면이 강조되어, 시인으로서의 면모가 무시되는 경향이 있다. 게다가 그의 제자인 김소월(金素月)의 클로즈업으로 인하여 시는 물론이고 독자적인 시론까지도 흐려지거나, 심지어 현대시에 대한 역행으로 간주되어 공격의 대상이 되고 있는 것이 사실이다. 그러나 이러한 공격의 직접적인 대상이 되고 있는 그의 「格調詩形論小考」는 결코 현대시에 대한 역행이거나 저질의 연구가 아니며, 한국 현대시의 격을 한층 더 높이는 데에 기여하고 있다는 것을 알아야 한다는 것이 본고가 제기하는 문제이다.

　김억의 시가 처음 활자화된 것은 ≪學之光≫을 통해서인데, 이 잡지는 동경에 가 있던 한국인 유학생들의 문집의 성격을 띠고 있어서 여기에 실린 작품들의 수준이 습작 정도를 넘지 못한 것은 사실이다. 이 잡지 제5호(1915. 5. 2)에는 「夜半」, 「밤과나」, 「나의적은새」 세 편이 실려 있는데, 「夜半」은 P. M. Verlaine, 나머지 두 작품은 C. Baudelaire의 산문시를 연상케 한다.[1]

---

* 대전대학교 강사
1) 金恩典, 『韓國象徵主義詩硏究』(한샘, 1991), 104~107쪽.

《泰西文藝新報》에 시가 실리기 시작한 것은 제5호(1918. 11. 2)부터인데, 「밋으라」, 「오히려」 두 편을 보면, 시상이나 구성 면에서 H. W. Longfellow의 "The Rainy Day"를 연상케 한다. 「밋으라」는 "쒸노는 바다, / 셩니인 큰물결, / 나의벗이여, 밋으라! / 째만오며논 / 고요한 세상 / 잔잔한 푸른바다, / 되리라, 아아 되리라."로 제1연이 시작되고 있는데, 이것은 "The Rainy Day"의 내용이, 아무리 날씨가 춥고 어둡고 심난하고 비가 구질구질 내려도, 구름 위에는 밝은 태양이 빛나고 있을 것 아니냐, 우리의 인생도 궂은 날은 얼마 쯤 있을 것이라고 되어 있는 것과 별로 다르지 않음을 살펴볼 수 있다.[2] 제9호에는 「봄」, 「봄은 간다」, 「무덤」이, 제13호에는 「겨울에黃昏」, 「나리는눈」, 「六月의낫잠」이 실려있는데, 이 시편들이 나타남으로써 그의 습작기가 끝나는 것으로 보인다. 서구시의 번역을 통해 길러진 역량이 잘 반영되어 있음을 볼 수 있다.

   가득한 눈의저녁하늘
   늘찬바룸은 나무가지를흔드난데,
   하로길을 마츈疲困한해빗
   金色을노흐며 고요히넘는다.

   씃수래를 타고나리는밤은
   山이나 고을, 들이나 쏘한바다에
   다갓치 검은옷을 입힌다,
   이리ᄒᆞ야 모든 것은 安息에.

   어두움과밝음의 희미한
   하늘에는 初旬의맑은半月,
   짜른목슴과갓치 사랑과갓치
   한동안 쩌돌다가 슬어지다.

---

2) 앞의 책, 107~108쪽.

아아 설어라, 겨울의 黃昏
적믐의꼿봄, 절믐의고혼꿈은
슬어저 자최좃차 바이업는데
것츨은눈 들네는 바롬만분다.

— 「겨울에黃昏」 전문

　김은전에 의하면, 연의 배열 순이 시각의 경과에 따라 구성되어 있고, 각 연에는 석양·밤·반월 등의 그 연에서의 구심점이 되는 주역이 있으며, 마지막 연은 이들을 포괄하여 겨울의 황혼이라는 주제를 선명히 드러내고 있고, 또 제1연의 첫머리에 나온 '눈'과 '찬바람'은 마지막 연 말미에 반복됨으로써 이 시의 구성에 안정감을 준다고 한다.[3]
　그렇다고 한다면, 이 연의 형식과 운율은 서구의 자유형식과 자유운율에 해당하는가, 아니면 서구적 정형으로서의 Stanza와 Metre에 해당하는가? 김은전은 김윤식의 연구를 인용하면서 이제까지 신시의 효시로 인정받던 주요한의 「불노리」를 앞질러, 그 발표의 시기로 보나 작품으로서의 수준과 완성도로 보나 김억의 이 시야말로 신시의 효시로 지목될 만하다는 연구가 나오고 있다고 한다.[4] 그러나 김윤식은 '신시'가 아니라 '근대시'라고 언급하고 있으며,[5] 신시와 근대시는 문학사 기술에서 분명하게 구별하고 있다는 것을 잠시 착각하였던 것이 아닌가 하는데, 설령 '신시 = 근대시'를 인정한다고 가정하더라도, 「겨울에黃昏」이 「불노리」와 같이 서구적인 자유운율의 시가 아니고, 서구적인 정형운율의 4행연(quatrain)을 모방한 시라고 한다면, 현대시의 개념에서 정형시를 배제하여야 한다는 시각에서는 어떻게 답변을 해야 할 것인가?
　본고는 이 점에 초점을 맞추어 기본적으로는 기호학적 방법을 동원해 문제를 풀어나갈 생각이다.

---

3) 앞의 책, 109~111쪽.
4) 위의 책, 102쪽.
5) 金允植, 『韓國近代文學의 理解』(일지사, 1973), 243쪽.

2. 자유시론에 대한 비판

자유운율(개성률, 내재율)뿐만 아니라 의미의 개별성(自說性)의 발견으로 현대시의 개념 또는 의미장(意味場)이 완성되는 듯하였으나,6) 명쾌한 결론을 얻지 못하고 미해결의 문제로 남아있는 터에, 이 문제를 다시 들고 나와 그 실마리가 풀릴 수 있는 가능성의 계기를 마련한 학자는 조동일이다. 그는 현대시가 전통적 율격(정형운율)을 어떻게 계승하였는가에 현대시 이해의 기본적인 문제가 있다는 데 미처 생각이 미치지 못했다고 지적하면서, 이와 같이 된 이유는 문단과 학계 양쪽에서 쉽게 찾아낼 수 있는데, 문단에서는 현대시가 시작된 이래 적어도 표면적으로는 자유시가 지상의 목표인 것처럼 생각하는 경향이 농후했고, 시를 논할 때 완전한 자유시가 되지 않은 점은 중대한 결함이라고 말하는 비평이 유행했다고 지적한다. 그리하여 중대한 결함이라고 한 것을 진지한 관심의 대상으로 삼아 의미나 가치를 부여하지 않는 것을 당연한 일로 알고 있었다는 것이다. 한편, 학계에서는 전통적 율격에 관한 연구를 수십 년 동안 해왔으나, 그 연구 방법이 한국시가의 본질과는 다른 일본시가의 율격론에서 도입한 음수율의 연구였다는 것이다. 본질적인 연구가 아니기 때문에 볼 만한 결론이 없는 것은 당연하며, 현대시에 나타난 전통적 율격의 계승에 관한 논의가 일어날 수 있으리라는 기대 또한 애초부터 가질 수 없었다는 것이다. 그 후 음수율적 연구 방법론이 비판되면서 음보율로 그 방향이 바뀌게 되었는데, 이때 비로소 전통적 율격도 현대시에 계승될 수 있다는 이론적 기초가 마련되게 되었다는 것이다.7)

이어서 그는 한용운, 김소월, 김영랑, 이상화, 이육사 등의 자유시를 분석하고, 그 결과, 이들의 시 속에는 일정한 율격적 규칙이 있다는 것을 발견하

---

6) 朴喆熙, 『文學槪論』(螢雪出版社, 1985), 184~187쪽.
　　『韓國詩史硏究 : 韓國詩의 構造와 그 背景』(一潮閣, 1980), 73쪽.
7) 趙東一, 『우리문학과의 만남』(기린원, 1988), 207~209쪽.

였다. 물론 이 규칙적인 율격이 전통적인 율격 그대로가 아니라 그것을 변형시켜 새로운 규칙을 창조하고, 이 새로운 규칙이 그 시에서만 존재하거나 그 시를 창작한 시인의 작품세계에서만 존재하는 경우에는 자유시라고 불러도 무방하며, 그러므로 자유시는 율격을 가지지 않은 시가 아니라 작품마다의 독자적인 율격을 가진 시라고 정의되어야 할 것이라고 하였다. 자유시 옹호론자들은 자유시의 이러한 내재율을 가져야 한다고 하면서도, 전통적 율격에서 완전히 이탈하는 것이 바람직한 방향이라 하고, 전통적 율격과 일정한 관련을 가진 자유시는 정형시에서 자유시로 이행하는 과도기적 작품이거나 시인의 시작태도가 불철저하기 때문에 생기는 것이라고 처리하는 것이 오랜 관습이었다고 한다. 그러나 위에서 언급된 시인들을 그러한 맥락에서 바라보는 것은 잘못이며, 오히려 그들은 시작태도가 철저했기 때문에 전통적 율격에 대한 깊은 이해를 가지고 이것을 새롭게 변형하고 창조하여 계승할 수 있었다는 것이다.[8]

조동일의 견해는 자유시 옹호론자들을 혼란에 빠뜨릴 수도 있지만, 매우 예리한 관찰이 아닐 수 없다. 왜냐하면, 지금까지 믿어왔던 '자유시(자유운율) +암시=현대시'의 통설을 뒤집는 주장이 될 수도 있기 때문이다. 그리고 이러한 관점은 정형율격을 파괴한 자설 사설시조와 정형율격의 자설 평시조에서 제기된 문제를 푸는 열쇠가 될 수도 있다는 것이다. 다른 한편, 박철희에게서 발견된 이 문제가, 조동일이 "전통적 율격을 계승한 현대시는 한국적인 것을 지니고 있어 좋기는 하나, 이미 이루어진 형식에다 생각을 맞추기 때문에 자유롭고 개성적인 발상을 담을 수 없는 결함을 지닌다고 생각하는 경향도 적지 않다. 이러한 지적은 전통적 율격을 충실히 따르려고만 한 시, 예컨대 김 억의 시 같은 데서는 타당성을 가질 수 있다."[9]고 한 언급에 대한 반론도 될 수 있다는 것을 지적하지 않을 수 없다. 다시 말해서, 조동일은 전통율격을 변형하여 새롭게 창조한 율격이 아니고, 전통율격을 충실히 따르기만

---

8) 앞의 책, 241~242쪽.
9) 위의 책, 242쪽.

할 때에는 현대시가 될 수 없다고 간파하고 있는데, 전통율격을 엄격히 지키고 있는 기녀 천금의 자설 평시조를[10] 조동일의 이러한 관점에서라면 어떻게 평가할 것인가? 여기서 우리는 다음과 같은 두 가지 종합명제를 이끌어낼 수 있다.

① 자유운율을 가지고 있다고 해서 모두 현대시인 것은 아니다.
② 정형운율을 가지고 있다고 해서 모두 전통시인 것은 아니다.

이 말은 자유운율은 물론 박철희가 주장하는 '자설적 요소(개별성)'나 조동일의 '전통적 율격의 변형 내지는 창조(비정형운율)' 모두 현대시의 필요충분조건이 되지 못한다는 것을 지칭하는 것에 지나지 않는다는 것이다. 정형운율이거나 이것의 변형이거나 새로운 창조이거나 또는 더 새로운 개성률(내재율)이거나 상관없이, 또 의미의 개별성(자설성)과도 상관없이, 다른 무엇인가에 의하여 현대시라는 이름이 붙여질 수 있다는 것을 암시한다. 물론 아주 독창적인 내재율(자유운율)을 가지고 있을 때에는 같은 율격이라도 정형운율의 시보다 더 높은 가치가 주어져야 한다는 것은 틀린 지적이 아니다. 이것을 기호 사각형으로 분석해보면 다음과 같이 나타난다.

---

10) 朴喆熙, 『文學槪論』(형설출판사, 1985), 184～187쪽.
    (A) 山村에 눈이 오니 돌길이 뭇쳐셰라
        柴扉을 여지마라 날츠즈리 뉘이스리
        밤듕만 一片明月이 긔벗인가 ᄒ노라(申欽)
    (B) 山村에 밤이드니 먼듸기 즈져 온다
        柴扉를 열고보니 하ᄂᆞ이ᄎ고 달이로다
        져긔야 空山 잠든달을 즈져 무슴ᄒ리오(千錦)

김억의 「格調詩形論小考」에 대한 일고 35

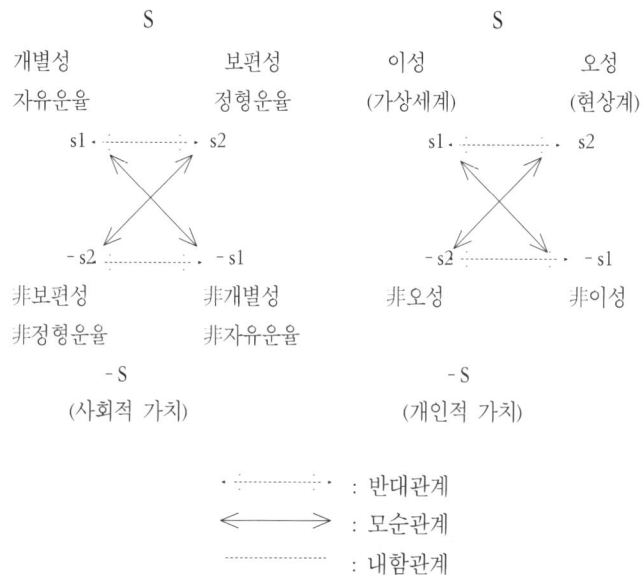

　위의 왼쪽 도표에서 보는 주체(s1)로서의 개별적 자유운율(자설적 운율)은 反주체(s2)인 보편적 정형운율(타설적 운율)과 非주체(-s1)인 非개별적 非자유운율을 갖게 되고, 非보편성과 非정형운율을 함축한다. 이것은 기왕에 발설된(표층으로 나타난) 것으로서의 사회적 가치, 즉 누구나 공유할 수 있는 가치이다. 오른쪽의 주체로서의 이성(가상세계)은 反주체인 오성(현상계)과 非주체인 非이성을 갖게 되고, 非오성을 함축한다. 이것은 심층에 숨어 있는 것으로서, 오직 청자만이 가질 수 있는 개인적 가치이다. 이러한 사회적 가치와 개인적 가치가 어느 순간에 합쳐져(詩作 행위에 의한 변형, syntagme) 통사구조를 이룰 때 다음과 같은 모습으로 나타난다.

36 한국현대시인연구

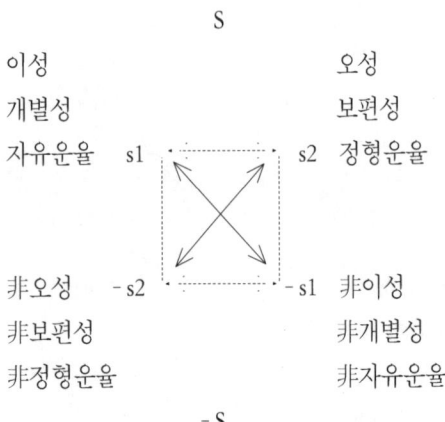

주체 속에 이성(가상세계)이 숨어들어 옴으로 해서 표층의 非오성·非보편성·非정형운율과 非이성·非개별성·非자유운율에 변형이 발생한 것이다. 이 말은 앞에서 도출해낸 종합명제 ①과 ②의 명제가 진(眞)이라는 것을 증명해 줌을 뜻한다. 즉 자유운율이나 정형운율에 상관없이 그 심층에 이성(가상세계)만 있게 되면, 현대시가 될 수 있다는 것이며, 이 이성(가상세계) 또한 자유의 세계이므로, 현대시는 자유시라는 명제와 함께 성립되고 증명된다는 것이다.11)

---

11) 조용훈, 「근대시의 형성과 格調詩論」, 『金岸曙 硏究』(새문사, 1996), 112~140쪽. 그도 같은 견해를 가지고 있는데, 즉 "정형으로부터의 일탈인 자유시형과 정형시형은 대립적인 것은 아니다. 이별이니 그리움이니 죽음이니 하는 자유시에서 자주 발견되는 개인적인 정서도 민요에서 자주 나타나는 恨과 애수의 정서와 다를 바 없고, 구속으로부터의 자유가 자유시임을 이해한다면 그가 자유시와 근대화된 민요(시)를 대립적으로 인식하고 있지 않은 것은 이상한 것이 아니다"라고 언급하며, 그 논리적 근거로서, 金億이 "定形詩에는 一定한 規準과 拘束이 잇는 것만치 詩歌로서의 形式이 完全히 表現되고 아니 된 것가튼 것은 容易히 알 수가 잇슬 뿐 아니라 또 엇던 意味로는 拘束 업는 自由에서보다 拘束 잇는 自由에서 좀더 緊張한 것을 볼 수가 잇습니다"고 한 것을 부연 설명하며, "규제 속에서의 자유를 말하는 것에 다름 아니고 가장 초기의 시관이었던 규제로부터의 일탈에서 시적 자유를 주장한 것과도 일맥상통하는 것"이라고 한다. 그는 "규제 속에서의 자유"를 "규제로부터의 자유"로 이해하고 있는 것이다. 규제로부터의 일탈이 아니

3. 「格調詩形論小考」의 재검토

이러한 맥락에서 본다면, 자유시 옹호론자들에 의하여 무시되고 경원되었던 김억의 견해, 즉 「프랑스 詩壇」과 「格調詩形論小考」에 대하여 재검토하지 않으면 안 될 시점에 이른 것으로 생각된다. 그는 백대진, 황석우 등과 더불어 상징주의를 이 땅에 소개하고 문화접변이 이루어지도록 애쓴 인물로 호칭되고 있는데, 전자들보다 비교적 정확하게 상징주의를 포착 인식하고 있는 것으로 나타났다. 그는 알려진 바와 같이 문예사조를 비교적 정확하게 인식하고 있다. 즉 고답파는 감정과 상상을 멸시하고 냉정한 객관으로서의 미를 중시하며, 시형의 절대적인 완성미, 그 극치에 이른 음악과 조소의 미를 추구한 것이었다고 한다. 그 고답파의 반대운동이 데카당스(decadence)이며, 여기에서 상징주의가 출현했다고 한다.

> 象徵主義란 무엇인가? 象徵派 詩人들은 잡기 어려운, 理解를 쒸어나는 神秘의 解答을 우리에게 提供한다. 만은 그 가쟝 올혼 解答은 아마 簡單한 듯하다. 卽 "記述를 말아라, 다만 暗示" 그것인 듯하다. 象徵은 神秘의 換意라고도 싱각홀 슈 잇다. 뻬르렌 以後에 이 派의 詩調를 完成식혓다. 스테판·마라르메의 象徵派에 對한 根本의 生命인 暗示에 對한 有名한 說明을 듯는 것이 바른 길일 듯하다. Nommer un object, C'est suyrimer les trois puarts de le jouissance du poe'me, qui est faite du bonheur de derener peu a peu. le suggérer, voila le Reve.(物件을 가르쳐 이러々々 하다 홈은 詩味의 四分一이나 업시하는 것이다. 조곰식々々 推想하여 가는데 詩라는 眞味가 싱긴다.

라 규제 그 자체 안에 가지고 있는 자유라는 것을 그는 잘못 이해하고 있는 것이다. 그러므로 자유시와 민요시에 함축되어 있는 정서에 대한 논리적인 설명이 되지 못하고 있는 것이며, 따라서 Paul Fort(1872~1960)가 전통적인 형식으로 시를 쓰지만 근대적인 민요시인 동시에 자유시라는, 더 나아가 "정형시=자유시=산문시=민요시=격조시"라고 하는 金億의 주장에 대한 논리적 뒷받침도 되지 못하고 있다.

暗示는 곳 幻想이다.) 다른 사람의 말을 드르면 눈에 보이는 世界와 눈에
안 보이는 世界, 物質界와 靈界, 無限와 有限을 相通식히는 媒介자가 象徵
이라 한다. 暗示다. 神秘다. 그러기 때문에「難解의 詩」라는 꾸지람을 밧는
다. 마라르메 갓흔 詩人은 "詩歌는 반듯시 象徵語가 잇서야 한다"고 까지
하엿다. 象徵派의 特色은 意味에 잇지 안이하고, 言語에 잇다. 다시 말하면
음악과 갓치 神經에 닷치는 音響의 刺戟─그것이 詩歌이다. 그러기에 이 點
에서는 "官能의 藝術"이다. 利那々々에 刺戟, 感動되는 情調의 音律 그것이
象徵派의 詩歌이기 때문에 自然 '朦朧' 안 될 슈 업다. 베르렌의 有名한「
作詩法(Art poétique)」의 主張이 다 그것이다. 람보(Amour Rimboud)의「母音」
詩와 갓튼 音樂的 章句이며, 同時에 象徵派의 極致이다.

A는 黑, E는 白, I는 藍, O는 赤, U는 綠
黑은 風琴, 白은 入琴, 月은 胡弓, 赤은 嘲叭, 綠은 橫笛
風琴은 單調, ××와 純朴, 立琴은 沈靜, 胡弓은 熱情, 盾×
嘲叭은 光榮, 凱戰, 橫笛은 智慧, 微笑.

이와 갓흔 것은 詩人의 神經過敏으로 생기는 病的 現象이며, 官能의 交
錯이다. 예르랜의「가을의 노래(Ceaneon a autamne)」갓흔 것이 가쟝 잘 音樂
的 방면을 表現한 것이다.(本報 第七號 僕譯 參照)[12]

인용문에서 보는 바와 같이 상징주의를 "記述을 말아라, 다만 暗示" 그것
이라고 단적으로 말하고 있다. 물론 백대진도 같은 언급을한 바 있지만, 문
예사조나 철학의 깊은 이해 없이 일본인들의 말을 그대로 옮겨놓는 데 그치
지 않고 더 나아가 이것을 소화하여 자기 것으로 만들어 언급하고 있다는
것이 백대진과 다른 점이다.

김억은 S. Mallarmé의 말을 인용하여, 사물을 가리켜 이러이러하다고 하는
것은 시의 맛을 1/4이나 없애버리는 것과 같고, 이것을 조금씩 추상하여 갈
때 시의 진미가 우러나는 것이며, 이러한 암시가 곧 환상이라고 한다. 그리
고 눈에 보이는 세계와 안 보이는 세계, 물질계와 영계, 유한과 무한을 서로

---

12) 金億,「쓰란스 詩壇」,《泰西文藝申壇》제10~11호(1918. 12. 7~12. 14).
　　金億,「要求와 悔恨」,《學之光》, 제10호(1916. 9).
　　金億,「詩形의 音律과 呼吸」,《泰西文藝新報》, 제14호(1919. 1).

상통하게 만들어주는 매개자가 곧 상징이라고 한다. 그렇기 때문에 신비롭고 난해한 것이라고 한다. 또 상징은 랑그(그는 '의미'라고 표현)에 있지 않고 파롤(그는 '언어'라고 표현)에 있으며, 다시 말해서 개별적 수행언어이기 때문에 신경에 와 닿는 음향의 자극과 같은 것으로서 찰나의 자극, 감동되는 정조의 운율일 수밖에 없다는 것이다. A. Rimbaud의 "母音," P. M. Verlaine의 "가을의 노래" 등이 음악성의 극치를 이룬 시의 예라고 한다. 이와 같이 음악성의 극치를 이룬다는 것은 판에 박힌 운율에 따른다는 것이 아니라, 이러한 보편성에서 벗어난 개성적 운율이어야 한다는 것이다. 이 말은 자유시에 대한 견해에서 좀더 분명하게 부연된다. 자유시의 기원과 발전과정을 비교적 정확하게 포착하여, 종래의 Foot·Metre·Rhyme 등의 제약과 율격을 버리고 아름답고 미묘한 언어의 음악으로 직접 시인의 '내부생명'을 표현하는 것이라고 한다. 이와 같은 시와 음악의 결혼은 상징주의자들의 공적이며, 그 효력은 회화를 비롯해 다른 예술로 전이되었다는 것이다. 질서 있게 배열된 언어가 표현하는 색채와 선 안에는 경이로움과 아름다움과 암시가 있다는 것이다. 이렇게 진보된 예술은 음악뿐이며, 표현의 자연적 매개자 또한 음악뿐이라는 것이다. 이와 같이 판에 박힌 정형성[有形詩]을 버리고 내부생명[無形詩]을 추구하는 상징주의 시의 음악성은 '희미한 몽롱'을 냉엄하게 배격한다는 것이다. 그리하여 "음향, 방향, 색채의 일치"라고 한 C. Baudelaire의 말은 생각하면 할수록 근대적 예술관이 아닐 수 없다는 것을 깨닫게 한다는 것이다.

　이는 현대시의 아주 정확한 포착이 아닐 수 없다. 그의 '내부생명·암시'는 이성(가상세계)과 다르지 않으며, 운율관 또한 판에 박힌 정형운율을 배격할 뿐이지 결코 정형운율 그 자체를 배격하지 않고, 자유운율 또한 바람직한 것으로 이해하고 있음을 볼 수 있다. 이러한 맥락에서 김억은 드디어 「格調詩形論小考」로까지 발전한다.

　그는 서사시가 희곡에게 그 영역을 빼앗긴 것과 마찬가지로 서정시도 소설에 의해 그 영역을 침범 받게 됨과 동시에 운율도 아무 것도 모르는 이들에 의해 사이비 시가 남작(濫作)되어 시가의 자리를 더럽히게 되니 시가의 멸망이 가까워졌다는 말을 듣게 되어도 괴이한 일이 아니라고 서두를 꺼낸다. 설령 그렇다 할지라도 시가는 결코 멸망하지 않을 것이니, 그 이유는 시가는 시가대로의 독자성이 있기 때문이라고 한다. 단 한 행의 시가일지라도 그 안에 운율의 아름다운 조화가 담겨져 있다면 몇 천만 행의 논문이 줄 수 없는, 반드시 사람의 심금을 울려 영혼을 일깨우는 묘미를 느낄 수 있다는 것이다. 그렇기 때문에 시가를 언어예술의 정화니 극치니 하는 것이며, 그렇기 때문에 한 자(子) 한 구(句)라도 고쳐놓을 수 없는 절대성을 가지게 되는 것이며, 또 그렇기 때문에 다른 언어로 옮겨놓을 수 없는 것이라고 한다. 이 말은 곧 언어도단(言語道斷)의 심층에 있는 것으로서의 '절대성'을 가리키는 것이 되겠는데, 이러한 시가 만들어지기까지는 자연언어를 소재로 하여 마치 대장장이처럼 이것을 두드리고 담금질하여 찬란한 광채가 나도록 하지 않으면 안 된다는 것이다. 그러므로 시인은 자신의 민족언어의 정신을 이해하지 않으면 안 되는 것이며, 그렇게 해야만 전 민족의 심금을 울릴 수 있다는 것이다. 시가 마치 뿌리 뽑힌 꽃송이처럼 그 민족언어의 뿌리를 모른 채 단순하게 시상(詩想)만으로 만들어질 때 방향(芳香)의 생명을 잃게 된다는 것이다. 꽃에는 색채 이외에 달콤한 방향이 있는 것처럼, 시 또한 이와 마찬가지로 뜻 밖에 뜻이 있고 말 밖에 말이 있다는 것이다. 그것은 다름이 아니라, 운율과 내용의 조화에서만 느낄 수 있는 암시이며, 이 암시를 모른다면, 헛되게 문자만 핥다만 것에 지나지 않는다는 것이다.

이러한 언급으로 미루어보아 김억은 암시, 즉 심층의 가상세계에 대하여 분명하게 인식하고 있음을 알 수 있다. 그는 자연언어(랑그)의 의미 이외의 파롤의 의미를 정확하게 포착하고 있는 것이다. 뿐만 아니라 시는 조잡하고 무질서한 번역 투의 시여서는 아니 되며, 반드시 민족언어를 뿌리로 한 운율을 가져야 한다는 것이다.

나는 詩歌를 言語藝術의 精華요 極致라고 하얏습니다. 그리고 詩歌의 가질 수 잇는 가장 큰 感動은 어쩌한 사람의 心琴이든지 울러노치 아니 하고는 말지 아니 한다고 하얏습니다.
 그런데 그러케 言語의 精華的 表現을 거치지 아니 할 수 업는 詩歌에서 言語를 어쩌케 使用하겠는가 하는 것은 대단히 興味잇는 일일 쑨 아니라 갑히 생각하지 아니 할 수 업는 問題로 그것은 말할 것도 업시 表現과 技巧에 對한 問題외다. 이곳에서 나는 形式論의 關門으로 들어가지 아니 할 수가 업게 되엇습니다.
 言語에는 精神이 잇고 生命이 잇습니다. 이 精神과 生命을 理解하야 使用하지 아니 하면 使用하기는 姑舍하고 演 돌이어 使用을 함이 寄食밧게 됩니다. 가튼 材料를 가지고도 하나는 玉이 되고 다른 하나는 모래알이 되고 마는 것 가튼 것은 다 이러한 使用方法의 조코 낫븐데서 생긴 結果외다. 實際 어쩌한 約束으로써 言語를 制裁 統一하야 調和시켜노흐면 그곳에는 무어라 말할 수 업는 言語 그 自身의 本質美가 찬란한 光彩를 놋습니다. 이것은 말할 것도 업시 가튼 言語에서 內容으로는 意味를 그리고 形式으로는 音調美를 찾자는데 지내지 아니 하는 것이외다. 그러나 便宜上 이러케 內容이니 形式이니 하야서 갈나서 말할 수는 잇습니다만은 選擇된 말에는 決코 意味와 音調를 두 가지로 난호아 노흘 수가 업습니다. 그것은 어대까지든지 서로 쩌날 수 업는 둘이면서 하나요 하나이면서 둘이외다.
 그러면 詩歌에서 이러한 言語를 어쩌케 볼 것인가 다시 말하면 詩歌에는 어쩌한 制限과 約束이 잇는가 하는 것이외다. 무엇보다도 위선 詩歌가 우리의 눈에 보이는 것은 그 낫브고 조코 하는 內容보다도 外形으로 나타납니다. 그것은 형식 업시는 아모리 偉大한 가진 思想이라도 표현될 길이 업기 째문이외다. 어쩌한 藝術을 勿論하고 藝術品에는 形式과 內容 두 가지가 잇지 아니 할 수 업는 것도 이째문이외다. 그러기에 形式은 內容으로 內容은 形式으로 思想은 그 自身의 價値를 決定하는 것이외다. 이곳에서 詩想은 整頓된 詩形을 要求하지 아니 할 수가 업습니다. 그야말로 업서서는 아니 될 것이외다.
 그러면 우리에게 詩形이 업섯든가. 現在 여러 詩人이 詩作을 發表하는 그 形式은 詩形이 아니고 무엇인가. 하는 反問이 잇슬 것이외다. 우리에게 詩形이 업는 것은 아니외다. 一定한 詩形으로는 時調形式이 잇고 그 自身에 亂雜한 感은 잇스나마 自由詩形도 愉入되어 누구나 只今 그 詩形을 使用합니다. 그러나 時調形은 現代의 우리 思想과 感情을 담아 노키에는 자유롭지 못할 쑨만 아니라 무엇보다도 넘우 簡單하야 使用하기 어렵은 點이 만습니다. 그리고 저 自由詩形에 이르러서는 音節數도 아모 拘俗도 업는 그야말로 自由詩形인 만큼 흘러나오는 詩感 그대로 가장 自由롭게 長短도 돌아보지 아니하고 記錄하야 한 句 한 連을 맨드엇기 째문에 詩人 그 自身의 內在律을 尊重하는 點으로 보아서는 조흘는지 몰르겟습니다. 만은 한마디로 말하자면 原始的 表現方式에 지내지 아니 한다는 感을 禁할 수가 업습니다. 自由詩의 內在律은 實로 十人十色의 觀을 呈하야 (쏘 그리되지 아니 할 수 업는 것이 이 詩形의 特色입니다만은) 어쩐 程度까지 眞正한 意味로의 內在律을 自由詩形의 詩歌가 가지게 되는지 대단히 알기 어렵은 일이외다. 이리하야 外見上 詩形을 가저 詩歌 비슷한 것이라도 자세히 精讀하며 鑑賞해보면 그 質은 조금도 詩답은 것이 업는 것을 어찌합니까. 쏘 그것보다도 아모리 內在律을 尊重하지 아니 할 수 업다 하드라도 自由詩形의 가장 무섭은 危險은 散文과 混同되기 쉽은 것이외다. 나는 自由詩를 볼 째에 넘우도 散漫함에 어느 點까지가 散文이고 어느 點까지가 自由詩인지 알 수가 업서 놀래는 일도 만습니다 만은 如何間 自由詩의 當面한 위험은 거의 散文에 갓갑은 그 點에 잇습니다.

그러타고 나는 自由詩形을 내어버리자는 것은 아니외다. 自由詩形에는 自由詩形 그 自身으로의 存在理由가 充分히 잇는 以上 어대까지든지 새길을 開拓해 나아갈 것이고 내가 압흐로 말할 格調詩形으로 自己의 길을 忠實히 밟아나아가면 그만이외다.13)

그는 먼저, 언어에는 정신과 생명이 있어 이것을 잘 이해하여 사용하지 않으면 안 된다고 한다. 같은 재료를 가지고도 옥과 모래알이 될 수 있는 것처럼, 자연언어를 가지고 잘 다듬어 놓으면 언어 그 자신의 본질로부터 나오는 미(美)가 광채를 내게 되는데, 이것은 자연언어로부터 내용적으로는 새로운 의미(사전적·역사적 의미가 아닌)를, 형식적으로는 음조미(音調美)를 발견하는 것에 지나지 않는다는 것이다. 그러나 내용이다 형식이다 하는 것은 편의상 그렇게 하는 것일 뿐 이 둘은 결코 나눌 수 없는 것으로서, 둘이면서 하나요 하나이면서 둘이라는 것이다. 그럼에도 불구하고 먼저 보이는 것은 내용보다 형식이며, 이 형식 없이는 아무리 위대한 사상이라도 표현될 길이 없

---

13) 金億,「格調詩形論小考」,《東亞日報》, 1930. 1. 16~26, 28~30.

다는 것이다. 이렇게 시의 형식을 주장한다고 해서 우리에게 시의 형식이 없기 때문인 것은 아니며, 시조형식과 유입된 자유시형이 있긴 있으나, 전자는 너무 간단하여 현대의 사상과 감정을 담기에 자유롭지 못하고, 후자는 음절수도 장단도 아무런 구속도 없어 흘러나오는 시상(詩想) 그대로 자유롭게 표현하기 때문에, 즉 시인 그 자신의 내재율을 존중한다는 점에서는 좋은 형식이라고 할 수 있다고는 하지만, 그러나 이 형식은 원시적인 표현방식이며, 내재율(자유운율) 또한 각인 각색의 관점을 갖게 되므로, 어느 정도까지가 진정한 의미로서의 내재율인지 가늠하기가 매우 어렵다는 것이다. 다시 말해서 자유시형은 산문과 구별하기가 어렵다고 하는 위험이 따른다는 것이다. 더욱 한국어와 같이 음운적으로 고저장단이 거의 없는 언어에서는 이러한 염려가 심하다는 것이다. 이렇게 음운적으로 빈약한 언어에서는 자유로운 시형을 취하는 것보다 음절수의 정형을 지키는 것이 음운적 효과를 높일 것이라고 한다. 그렇다고 해서 자유시형을 버리자는 것이 아니고, 자유시형에는 자유시형 그 자체로서의 존재이유가 충분히 있는 이상 그 나름대로의 새로운 길을 개척해야 할 것이며, 앞으로 언급될 격조시형은 그 나름대로의 길을 충실히 밟아나가면 된다는 것이다. 이러한 주장은 음수율을 바탕으로 세워진 것으로서, 그것이 현재에는 음보율로 바뀌기는 하였지만, 현대 한국시에 있어서 전통적 운율이 계승되어야 한다는 조동일의 주장과 일치한다는 것에 우리는 주목해야 할 만한 가치가 있다고 생각하며, 또 이러한 주장이 앞에서 증명된 바 있는 종합명제에도 일치한다는 것을 잊어서는 안 된다.

 이렇게 현대시는 자유운율뿐만 아니라 정형운율로도 만들어질 수 있다는 관점의 맥락은 김억·양주동·김기진을 비롯해서 조동일과 성기옥에서도 찾아볼 수 있다. 그는 '자유시'라는 명칭이 현대시의 대명사처럼 쓰이고 있는 오늘날, 새삼스레 시의 율격을 들추어 거론한다는 것이 현대시의 창작에 무슨 의미를 지닐 수 있을까 자문하면서, 현대시가 전통적인 율격의 질곡으로부터 이미 벗어나 있음을 솔직히 시인하는 일 외에 율격론이 할 수 있는 일이란 아무 것도 없다고 자탄하기까지 한다. 그만큼 현대의 자유시는 율격론이 거부할 수 없는 시인의 창조적 개성문제와 직결된 그 자체의 역사적 필연성을 가지고 있다고 한다. 그 존립근거와 미학적 기반 역시 확실한 논리에 입각하고 있으며, 그 필연성을 의심하거나 그 가치를 부정할 수 있는 사람은 아무도 없을 것이라고 한다. 그러나 이 당연함과 필연성을 문제의식 없이 맹목적으로 받아들일 때 사정은 간단하지가 않은데, 먼저 자유시의 율격적 '자유'가 그 진정한 의미를 확인하지 않은 상태에서 행사될 때 문제가 제기된다는 것이다. 이 문제는 오늘날 한국시의 상황과 결코 무관하지 않으며, 자유시에 대한 이해가 매우 과격하고 극단적인 방향으로 흐르고 있다는 것이다. 그 결과, 많은 시작품들이 한국의 전통적 율격을 근본적으로 무시하거나 외면함으로써 전통적 율격과의 통로를 철저히 차단해버리려는 경향을 보이고 있다는 것이다. 그러나 자유시가 뜻하는 진정한 의미의 자유는 전통적 율격과의 통로가 차단된 상태에서 인식되는 고립된 자유가 아니라 그것과의 팽팽한 대결로부터 인식되는 자유임을 명념해 두지 않으면 안 될 것이라고 한다. 새로움이란 무엇에 대한 새로움이며, 새로운 질서란 기성질서와의 팽팽한 대결적 긴장관계에 놓여있을 때 의미를 지닐 수 있는 것이며, 마찬가지로 자유 역시 무엇에 대한 자유이며, 자유시 역시 전통적 율격이 전제되지 않고서는 그 진정한 의미를 지닐 수 없다는 것이다. 엄격한 율격적 질서로부터 벗어나려는 전통율격과의 팽팽한 긴장관계를 유지하고 있을 때 그 의미는 중요성을 지닌다는 것이다.14)

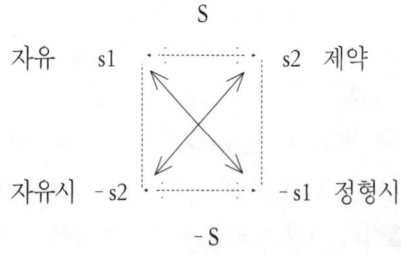

---

14) 成基玉, 『한국시가율격의 이론』(새문사, 1986), 292~293쪽.

이러한 기호학적 구조 또는 변증법적 구조를, 성기옥은 명확하게 인식하고 있다. 다시 말해서 주체로서의 자유(s1)는 반주체인 제약(s2)과 비주체인 정형시(-s1)와 단절되어 고립된 채 존재할 수 없다는 것이다. 이 말은 어떻게 보면 지극히 당연한 말 같지만, 극단적인 자유시론 추종자들에게서는 발견되지 않는 관점이다. 왜냐하면 그들은 자기 마음대로 제약 없이 칼을 휘두르듯이 언어를 구사하는 것을 자유라고 믿고 있기 때문이다. 그러나 이것은 자유가 아니라 또 다른 제약이라는 것을 알아야 할 것이다. 또 이것이 확인된다면 자유시 또한 자유가 아니라는 것이 판명되는 것이므로 위의 도표 또한 다음과 같이 수정되어야 할 것이다.

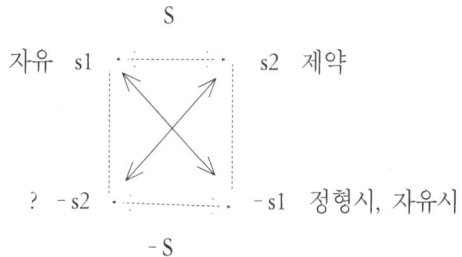

(?)의 위치에 무엇인가 있어야 할 것이다. 비주체(-s1)인 정형시와 자유시가 제약이며 외형을 가지고 있는 것으로 기왕에 밝혀져 있으므로, 여기에는 반대의, 다시 말해서 비반주체(-s2)로서 비제약의 무엇이 있어야 할 것이다. 그렇다면 제약의 세계 곧 정형시와 자유시가 언어의 세계이므로 여기는 그와는 반대의 세계, 즉 제약되지 않는 언어도단(言語道斷)의 세계이어야 할 것이며, 이 언어도단의 세계가 바로 심층의 가상세계이며, 이성이며, 자유의 세계, 절대지라고 할 수 있는 것이다. 물론 성기옥은 여기까지 인식하고 있는 것은 아니며, 이러한 낌새를 어느 정도 알아차리고 있을 뿐이지만, 이 정도야말로 획기적인 발상이며 발견이 아닐 수 없다.

한편, 정한모의 "엄격한 구분으로서의 내재율은 외재율이 없는 산문 내지 산문시 속에만 존재한다고 할 수 있다"는 견해에 착안해서 강홍기는 지금까지 내재율은 곧 개성률이라는 의미에 대하여 반기를 들고 나오고 있다. 즉 현대 자유시는 '율격의 폭력적 구속'으로부터 해방되고자 하는 자유율과 이 내재율이 주도하고 있는 것으로 생각하여, 이 내재율은 현대 자유시만이 지니고 있는 특징인 것처럼 인식되어 왔다는 것이다. 그러나 이러한 생각은 잘못된 것이며, 정형시에도 내재율을 인정해야 하며, 따라서 이 내재율은 시 일반에 해당하는 운율로 받아들여야 한다는 것이다. 왜냐하면 내재율 형성 요인은 한 작품을 만들고 있는 시어, 시구, 시행, 시련 등의 의미, 정서, 이미지, 구조, 문체, 구문 등이라고 할 수 있는데, 이러한 요인들은 자유시에서뿐만 아니라 정형시에서도 훌륭히 갖추고 있고, 더 나아가서는 산문시에서도 찾을 수 있기 때문이라는 것이다.15) '자유시(자유운율)=내재율'이 아니라, '내재율=암시(가상세계)'로 보고, 더 나아가 이 암시(내재율)가 정형시・자유시・산문시 어느 것에든지 존재하게 될 때 현대시가 된다는 견해는 확실히 놀랄 만한 발전이 아닐 수 없다. 그러나 정작 이 내재율에 대한 구체적인 언급에서, 즉 "내재율은 의미 자질에 의해서 형성된 의미율과 구문 자질에 의해서 형성된 구문율로 크게 양분되는데, 전자는 다시 지속적 구조 장치에 의한 반복률・병렬률, 대립적 구조 장치에 의한 대조율・경중률, 그리고 전이적 구조 장치에 의한 순환율・연쇄율・점층률 등으로 구분되고, 후자는 다시 성분율・대행률・대연율 등으로 나누어진다"라고 언급함으로써,16) 이 내재율에 대한 인식이 외재율의 연구로 되돌아가고 있음을 살필 수 있는데, 모처럼 잡은 큰 물고기를 놓치고 만 느낌이 든다. 실로 안타까운 일이 아닐 수 없다. 그의 관점에 있어서 내재율이 '암시'라는 것이 분명하다면, 이와 같이 내재율은 표층으로 나타나 있어 언어적으로 분석할 수 있는 것이 아니라는 것을 알아야 할 것이며, 이러한 분석은 내재율(암시) 그 자체의 분석이 아니라 이

---

15) 강홍기, 『현대시 운율 구조론』(태학사, 1999), 45~46쪽.
16) 위의 책, 43쪽.
   이 밖에 강홍기는 자유시에 대해 이상섭으로부터 힌트를 얻고 있다.
   李商燮, 『文學批評用語辭典』(민음사, 1976), 245~249쪽.

것을 만들어내는 외적·언어적 표층구조의 분석 연구에 지나지 않는다는 것을 알아야 할 것이다.

3. 정형시에 있어서의 모더니티

이제 우리는 앞에서 자유시에 있어서의 자유에 대하여 고찰한 바와 같이, 정형시에서는 자유(가상세계, 이성, 암시, 절대지, 모더니티)가 어떻게 구현되고 있는가 살펴보아야 할 것이다. 먼저, 격조시형론을 주장한 김억의 시에 다음과 같은 것이 있다.

> 바다가에 깨어진
> 낡은椅子에는,
>
> 옛날에 누구가
> 안젓든고.
>
> 달밤 바다가에는
> 바람만 부는데,
>
> 각금 가다가 그椅子에
> 갈매기가 안고는 하누나.
>
> ―「낡은」전문

이 시는 서구의 정형을 모방하고 있다. 먼저 Stanza는 Couplet(2행연), Metre는 일정하지 않게 Monometre, Demetre, Tremetre를 혼용하며 변형을 시도하고 있어 단조로움을 피하려고 하는 의도가 엿보이며, Rhyme에 있어서는 울림도가 높은 자음 'n'과 모음 'a, o, e'를 사용하고 있어 운율적 효과가 매우 높다.

1행 Demetre   (Rhyme, a)
2행 Demetre   (Rhyme, a)

3행 Demetre   (Rhyme, b)
4행 Monometre   (Rhyme, b)

5행 Demetre   (Rhyme, a)
6행 Demetre   (Rhyme, b)

7행 Tremetre   (Rhyme, b)
8행 Tremetre   (Rhyme, b)

특히, 이 시에서 돋보이는 것은 비록 서구의 정형을 모방하고 있기는 하지만 당시에 유행하고 또 그 자신도 많이 시도해 보던 7·5조의 운율을 사용하지 않고, 새로운 방향에서 독창성을 찾고 있다는 데 그 의의가 크다고 할 수 있다. 그러나 여기서 언급하고자 하는 것은 이러한 정형성에 대해서가 아니라 이 시의 심층구조이다.

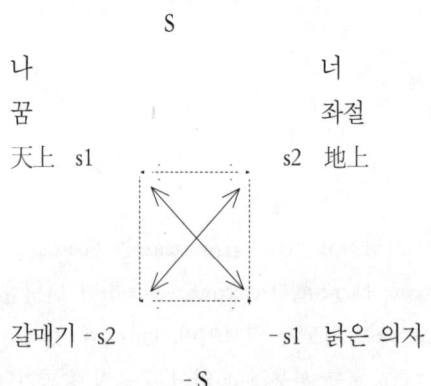

갈매기는 사전적 의미 이외에 '天上, 꿈, 나'라고 하는 심층의미가 있지만, 이 갈매기가 낡은 의자에 앉음으로 인해서, 다시 말해서 '갈매기가 낡은 의자에 앉아 있다'고 하는 통사구조를 만들어냄으로써 양쪽 모두 변형이 생기고 있음을 확인할 수 있는데, 그것은 갈매기(-s2)가 그 자신의 대상가치인 꿈(天上, 나)과 분리되어, 낡은 의자(-s1)의 대상가치(O)인 좌절(地上, 너)과 결합하는 것을 의미한다. 더 나아가 그것은 두 언술 사이의 상호간 예측을 가리키는 것으로, 곧 둘 사이의 관계가 패러다임적으로 결속되었다는 것을 말하며, 또 의미소적 범주의 두 항 사이의 상반을 규정하는 것에 의한 관계인 합접과 이접을 말하는 것이다. 이제 우리는 의미소적 항이 합접과 이접으로 된 범주를 나타내는 항으로서 접합을 사용할 수 있다.

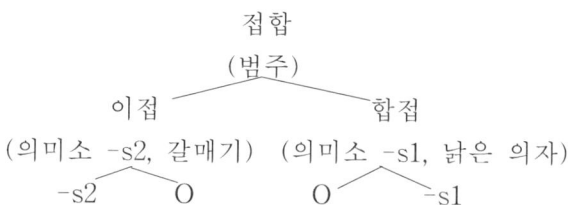

접합의 의미소적 범주의 두 항은 두 언술 상태의 구성적 기능의 의미소적 투여를 계속한다. 접합으로 나타난 범주 자체는 두 언술을 포섭하는 메타 기능으로 나타난다.

접합언술 = (-s2 ∪ O ∩ -s1)

이제 이러한 접합의 정의는 더 나아가 어떤 정련(精鍊)을 도입하도록 우리에게 요구한다. 요컨대, 접합의 의미소적 범주는 펼쳐지고 표명된 상태의 이미 주어진 관점에서, 두 주체(갈매기와 낡은 의자)로 하여금 하나의 대상가치(너, 좌절, 地上) 안에서 활동하도록 한다. 우리는 패러다임적인 접합의 항이 명료한 두 주체에 영향을 미치는 합접과 이접 두 언술의 논리적으로 필연적인 성체(聖體, 빵 속에 그리스도의 피와 살이 병존한다는 신앙)를 나타내는 것과 같이 사용되고 있음을 알 수 있다.[17]

>숨기내기하든 째를
>가만히 생각해보면,
>
>암만 기다려도
>차자오지 안킬내,
>
>고요한 헛간의
>집단속에서,
>
>살짝 눈을 들어 엿보면
>뜰압헤 섯는
>
>오동나무가지에
>「싸우」하든 가마귀.
>
>— 「숨기내기」 전문

 이 시 또한 서구시의 정형성을 모방하고 있으며, 같은 맥락에서 접합이 이루어지고 있음을 알 수 있다.

---

17) A. J. Greimas, *On Meaning : Selected Writings in Semiotic Theory*, trans. Paul J. Perron and Frank H. Collins(Minneapolis : University of Minnesota Press, 1987), 93~95쪽.

김억의 「格調詩形論小考」에 대한 일고 51

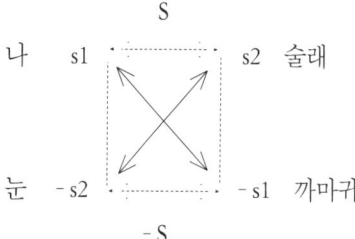

통사구조는 '눈이 까마귀와 마주친다'인데, '눈'이 까마귀의 대상가치인 '술래'와 합접된 상태, 곧 '술래'라고 하는 하나의 대상가치 안에서 두 주체 (눈과 까마귀)가 활동하는 갈등의 상태이며 임신한 상태라는 것을 확인할 수 있다. 이는 곧 '술래에게 들켰다'는 것을 의미하기도 하는 것이다.

이와 같이 우리는 모더니티(자유, 가상세계, 이성)가 자유시에만 있는 것이 아니고 정형시에서도 있음을 살펴보았다. 이 정형성에 대해서는 김억의 격조시형론을 중심으로 서구의 정형시를 모방한 것과, 또 그것과 한국의 전통운율이 문화적 접변을 이룬 형식에서 찾아보았으나, 민요조의 시에서도 같은 방식으로 존재함을 확인할 수 있다.

에헤에헤 넝쿨이요 넝쿨이라,
넝쿨넝쿨 츩넝쿨이
넝쿨넝쿨 박넝쿨이
스리슬슬 제世上에
모두자라 모두벋네,
에헤에헤 넝쿨이요 넝쿨이라.

에헤에헤 넝쿨이요 넝쿨이라,
넝쿨넝쿨 츩넝쿨은
草家單間 못덮어도
넝쿨넝쿨 박넝쿨은

草家三間 다덮엇네,
에헤에헤 넝쿨이요 넝쿨이라.

에헤에헤 넝쿨이요 넝쿨이라,
서리치고 눈내리니
넝쿨넝쿨 츩넝쿨이
넝쿨넝쿨 박넝쿨이
숙으리고 말이 없네
에헤에헤 넝쿨이요 넝쿨이라.

에헤에헤 넝쿨이요 넝쿨이라
봄바람에 새가우니
넝쿨넝쿨 츩넝쿨은
가지마다 눈이터도
넝쿨넝쿨 박넝쿨이
죽엇는가 눈못뜨네,
에헤에헤 넝쿨이요 넝쿨이라.

― 「넝쿨타령」 전문

 이 시의 형식은 4음절이 1음보가 중심이 되어, 세 연은 6행, 마지막 한 연은 7행, 모두 4연으로 되어 있는 시이다. 각 연의 첫 행과 마지막 행은 3음보로서, 2음보로 되어 있는 2·3·4·5행과 마지막 연은 6행을 에워싸고 있다. 이 전통운율은 매우 리드미컬하여, 이 시를 읽는 동안은 시라기보다 민요를 부르고 있는 착각을 일으키게 한다. 물론 이러한 형식의 시는 개화가사에서도 많이 구사되었지만, 그것들은 시라기보다 어떤 주장이나 논설을 듣는 것과 같은 것이었다. 그러나 이 시에서는 전혀 그러한 느낌이 없다. 왜냐하면 전자가 개념을 구사함으로써 청자를 설득하거나 강제로 주입하려는 것에 반하여, 후자는 상황의 제시와 암시로써 청

김억의「格調詩形論小考」에 대한 일고 53

자로 하여금 스스로 정신적으로 또는 육체적으로 움직이게 하는 역동성
을 발휘하고 있기 때문이다.

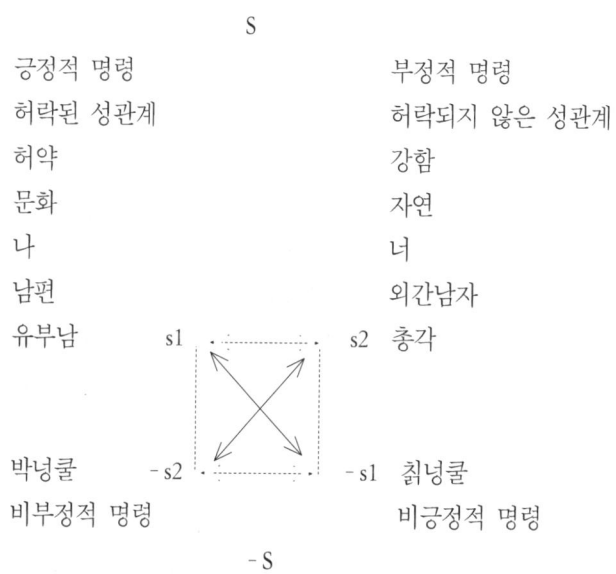

A. J. Greimas에 의하면, S는 명령을 설정하는 것으로, -S는 비명령을 설정
하는 것으로 나타난다. 그리고 이 모형에 있어서 의미론적 세계를 문화와 자
연의 두 차원으로 분리하는 것은 C. Lévi-Strauss의 기술에 빚을 지고 있는데,
문화는 그들이 당연한 일로 치거나 그들이 그들 자신에게 투여하는 내용에
의해 규정되고, 자연은 그들이 거절하는 것에 의해 규정된다. 이러한 관점의
경우에 문화는 허락할 수 있는 성적 관계를 포함하고, 자연은 허락할 수 없
는 것을 포함한다. 이들 관계의 두 가지 유형은 자연적 지호 속에서 금지된
관계(근친상간, 혼외정사)와 문화적 지호 속에서 지령된 관계(부부관계)가 된
다.18)

---

18) 앞의 책, 52~55쪽.

이 시의 화자는 부부관계를 이루고 있는 '나'이며, 여자로서 주체 s1이다. 이 주체가 내함관계인 박넝쿨(남편)과 비주체인 츩넝쿨(외간남자)을 비교하고 있다. 두 사람의 성기가 발기해도(넝쿨이 제 世上에 벋어도), 남편(박넝쿨)은 허락된 관계이기 때문에 화자(여자로서의 자신, 초가)를 끌어안을 수 있지만 외간남자(츩넝쿨, 총각)는 그렇게 할 수가 없다는 것이며, 그것은 곧 사회적 가치이며 규정이라고 할 수 있는 것이다. 그러나 우리는 제3연을 주목할 필요가 있다. 즉 "서리치고 눈내리니 / 넝쿨넝쿨 츩넝쿨이 / 넝쿨넝쿨 박넝쿨이 / 숙으리고 말이없네"라는 언술을 보면, 서리 치고 눈 내리는 초가삼간 밖 자연 상태에서 외간남자와의 성관계가 성립되어 외간남자의 성기도 남편의 성기와 마찬가지로 성관계가 끝난 후에는 늘어지고 만다는 것을 화자는 기술하고 있다. 금지된 성관계로서 근친상간 아니면 혼외정사를 언술하고 있는 이 시는 다음과 같은 구조를 성립시키고 있다.

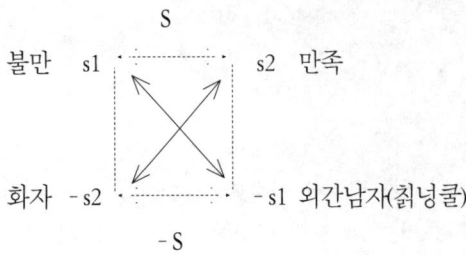

이는 곧 화자의 대상가치인 '불만'과 이접되어 외간남자의 대상가치인 '만족'과 합접되어 있음을 의미한다. 새로운 가치의 잉태이며 갈등인 것이다. 이 만족이 이루어지는 것은 "봄바람에 새가우니 / 넝쿨넝쿨 츩넝쿨은 / 가지마다 눈이터도 / 넝쿨넝쿨 박넝쿨이 / 죽엇는가 눈못뜨네"라고 하는 언술에서 확인된다. 즉 남편은 정력이 약해서 한 번 성관계가 끝나고 나면 다시 할 수 없지만, 외간남자는 정력이 강해서 얼마든지 가능하다는 것이다.

5. 맺음말

　조동일은 현대시가 전통적 율격을 어떻게 계승하였는가에 현대시 이해의 기본적인 문제가 있다는 데 미처 생각이 미치지 못했다고 지적하고 있다. 이어서 그는 한용운, 김소월, 김영랑, 이상화 등의 자유시를 분석하고, 그 결과 이들의 시 속에는 일정한 율격적 규칙이 있다는 것을 발견하였다. 그러나 자유시 옹호론자들은 이러한 전통적 율격의 변형에서조차 완전히 이탈하는 것이 바람직한 방향이라고 주장하고 있는 데 대하여 반론을 제기하며, 오히려 위의 시인들은 시작태도가 철저했기 때문에 전통적 율격에 대한 이해를 가지고 새롭게 변형하고 창조하여 계승할 수 있었다는 것이다. 그럼에도 불구하고 평시조와 같은 형식에다 생각을 맞추기만 한다면 자유롭고 개성적인 발상을 담을 수 없을 것이라고 주장한다. 다시 말해서 전통운율은 지키되 그것의 변형이어야지 고수하는 것은 안 된다는 것이다. 그러나 박철희의 고찰에 의하면, 천금(千錦)의 평시조에도 현대적 개별성[自說性]이 있다는 것이다. 이 점을 놓고 볼 때 현대시를 규정하는 것은 그 자유운율과 같은 형태에 있는 것이 아니라, 다시 말해서 그 표층구조에 달려 있는 것이 아니라 이것들과는 아무 상관없이 다른 무엇인가에 의하여 규정된다는 것을 감지할 수 있다. 그것은 다름이 아니라 심층구조의 이성(가상세계, 절대지)이라는 것이다. 이러한 맥락에서 본다면 김억의 「格調詩形論小考」는 무시되고 경원되어야 할 것이 아니라, 이제 재검토되지 않으면 안 될 시점에 이른 것으로 생각된다.

　그는 이 땅에 상징주의를 소개하면서 서구시에 있어서 Foot · metre · Rhyme 등의 제약과 율격을 버리고, 아름답고 미묘한 언어의 음악으로 직접 시인의 '내부생명'을 표현해야 한다고 했다. 여기서 율격을 버린다고 하는 것은 아주 내팽개친다는 의미가 아니라, 새로운 이성(내부생명)이 심층에 자리잡지 않은 표층구조로서의 틀에 박힌 율격이 필요 없다는 것으로 이해해야 할 것이며, 그러므로 자유운율이든 정형운율이든 질서 있게 배열된 언어는 필요한 것이며, 그것이 표현하는 색채와 선 안(심층)에는 경이로움과 아름다움과 암시가 반드시 있어야 한다는 것으로 이해하여야 할 것이다. 이러한 시를 만들기 위해서는 민족언어의 뿌리를 알아야 하며, 그래야만 전 민족의 심금을 울릴 수 있는 것으로 생각하고, 그리하여 꽃에는 색채 이외에 달콤한 방향이 있는 것처럼 시 또한 이와 마찬가지여서 뜻 밖에 뜻이 있고 말밖에 말이 있다는 것으로 비유하기도 했던 것이다. 특히, 민족언어 운운하는 것은 서구시의 운율이 다양하고, 또한 고도로 발달되어 있음에 반하여, 한국의 경우에는 시조 등의 정형시가 있지만 전자에 비하여 매우 빈약한 것이 사실이므로, 이것을 안타깝게 생각한 나머지 「格調詩形論小考」를 구상하고 썼던 것으로 판단된다. 그렇다고 해서 자유시형을 버리자는 것은 아니고, 그것은 그 자체로서의 존재 이유가 충분히 있는 이상, 그 나름대로의 새로운 길을 개척해야 할 것이며, 격조시형은 또한 그 나름대로의 길을 밟아나가기만 하면 된다는 것이다. 이러한 주장은 당대의 양주동·김기진 등과도 맥락을 같이하는 것으로서, 현대에 와서는 조동일과 성기옥 등이 이에 동조하여 다시 문제를 제기하고 있음을 볼 수 있는 것이다.

한편, 정한모가 지금까지 자유운율로서의 개성적 운율의 의미로 사용돼 오던 내재율의 의미에 의문을 제기하고 내재율은 그러한 의미가 아니라 외재율이 없는 산문 내지는 산문시 속에서만 존재한다고 했던 견해에 착안하여, 강홍기는, 현대의 자유시는 율격의 폭력적 구속으로부터 해방되고자 하는 자유율과 이 내재율(암시, 이성, 절대지, 가상세계)이 주도하고 있는 것으로 생각하여 이 내재율은 자유시만이 가지고 있는 특징인 것처럼 인식되고 있으나, 이러한 생각은 잘못된 것이며, 정형시에도 이것을 인정해야 하며, 따라서 이것은 시 일반에 해당하는 운율로 받아들여야 한다고 주장한다. 그러나 정작 이 내재율의 구체적인 언급에서는 지속적 구조장치, 대립적 구조장치, 전이적 구조장치로서의 외재율(표층구조)의 연구로 되돌아가고 있음을 볼 수 있는데, 이는 매우 안타까운 일이 아닐 수 없다.

격조시형론에 입각하여 김억의 시 「낡은」을 분석해보면, 먼저 서구시의 정형을 모방하고 있음을 볼 수 있다. Stanza는 Couplet(2행연), Metre는 일정하지 않게 Monometre, Demetre, Tremetre를 혼용하며 변형을 시도하고 있어 단조로움을 피하려고 하는 의도가 엿보이며, Rhyme에 있어서는 울림도가 높은 자음 'n'과 모음 'a, o, e'를 사용하고 있어 운율적 효과가 매우 높다. 갈매기는 사전적 의미 이외에 '天上, 꿈, 나'라고 하는 심층의미가 있지만, 이 갈매기가 '갈매기가 낡은 의자에 앉아 있다'고 하는 통사구조를 만들어냄으로써 양쪽 모두 변형이 생기고 있음을 확인할 수 있는데, 그것은 갈매기가 그 자신의 대상가치인 꿈과 분리되어 낡은 의자의 대상가치인 좌절과 결합하는 것을 의미한다. 더 나아가 그것은 두 언술 사이의 상호간 예측을 가리키는 것으로, 곧 둘 사이의 관계가 패러다임적으로 결속되었다는 것을 말하며, 또 의미소적 범주의 두 항 사이의 상반을 규정하는 것에 의한 관계인 합접과 이접을 말하는 것이다. 이 접합의 의미소적 범주의 두 항은 두 언술 상태의 구성적 기능의 의미소적 투여를 계속한다. 접합으로 나타난 범주 자체는 두 언술을 포섭하는 메타 기능으로 나타난다. 요컨대, 접합의 의미소적 범주는 펼쳐지고 표명된 상태의 이미 주어진 관점에서, 두 주체(갈매기와 낡은 의자)로 하여금 하나의 대상가치(너, 좌절, 地上) 안에서 활동하도록 한다. 우리는 패러다임적인 접합의 항이 명료한 두 주체에 영향을 미치는 합접과 이접 두 언술의 논리적으로 필연적인 성체(聖體, 빵 속에 그리스도의 피와 살이 병존한다는 신앙)를 나타내는 것과 같이 사용되고 있음을 알 수 있다. '숨기내기' 또한 같은 맥락에서 접합이 이루어지고 있으며, 까마귀의 눈은 그것의 대상가치인 술래와 합접된 상태, 곧 술래라고 하는 하나의 대상가치 안에서 두 주체(눈과 까마귀)가 활동하는 갈등의 상태이며, 임신한 상태라는 것을 확인할 수 있다. 이는 곧 '술래에게 들켰다'는 것을 의미하기도 하는 것이다. 이와 같이 모더니티(자유, 가상세계, 이성)는 자유시에만 있는 것이 아니고 정형시에도 있음을 볼 수 있으며, 이 정형성에 대해서는 김억의 격조시형론을 중심으로 서구의 정형시를 모방한 것과, 또 그것과 한국의 전통운율이 문화

적 접변을 이룬 형식에서 찾아보았으나,「넝쿨타령」과 같은 민요조의 시에서
도 같은 방식으로 존재함을 확인할 수 있다.

결론적으로 말해서, 시에 있어서의 현대성을 판가름하는 것은 자유운율에
있는 것이 아니라 그 심층구조의 이성의 존재 여부에 달려 있는 것으로서,
김억이「格調詩形論小考」에서 주장하고 있는 바와 맥락을 같이하고 있음이
증명되었다. 이러한 결과를 놓고 볼 때 그의 주장은 결코 공격의 대상이 되
거나 무시될 수 있는 것이 아니며, 한국시의 발전에 적지 않게 기여하고 있
음을 인정해야만 할 것으로 판단된다.

한국 근대시의 새로운 길 찾기
― 주요한론

방 경 태*

1. 머리말

　우리 근대시의 선구자로 불리는 송아(頌兒) 주요한(朱耀翰)은 한마디로 단정지을 수 없는 다양한 인생 스펙트럼을 가지고 있다. 그는 시인으로서, 문학평론가로서, 경제인으로서, 언론인으로서, 정치인으로서, 사회운동가로서 나름대로 각 방면에서 커다란 족적을 남기며 늘 새로운 길을 개척하고 탐색하며 한평생을 보냈다.
　주요한은 1900년 10월 14일(음) 평안남도 평양시 기림리에서 기독교 목사였던 아버지 주공삼(朱孔三)과 어머니 양진심(梁鎭心) 사이에서 8남매 중 장남으로 태어나 1945년 해방을 맞기까지 시, 시조, 수필, 평론 등 여러 가지 문학활동을 맹렬히 전개시켰다.
　그러나, 해방을 전후해 시인 혹은 문학가로서의 인생은 종지부를 찍고 다른 인생의 길을 걷는다.
　1946년 한국무역협회와 대한상공회의소 등을 창설하고, 1947년 영풍기업 사장으로 취임하였다. 1970년 대한해운공사 사장, 1978년 전국 경제인연합회 수석부회장 등을 역임하였고, 급기야는 1970년 한양대학교에서 명예 경제학

---
* 대전대학교 강사

박사학위를 수여하기까지 하였다.

언론인으로서는 1926년 동아일보에 기자로 입사한 이래 동아일보에서 8년간 생활하면서 학예부장, 평양지국장, 중국특파원, 편집국장을 지냈고, 1933년 조선일보 편집국장, 1948년 국민신문 편집국장, 1959년 경향신문 논설위원, 1968년 대한일보 회장 등을 역임하며 많은 논설을 집필한 논객으로서 사회의 여론을 주도해 나갔다.

뿐만 아니라, 송아는 1950년 9. 28 수복 이후 당시 조만식이 당수로 있던 조선 민주당에 입당하여 선전부장과 사무국장을 지낸 것을 인연으로 정치에 가담한다. 1952년 부산정치파동 때에 호헌선언에 서명했다가 체포되기도 하였고, 1954년 국제문제연구소를 설립, 월간지 ≪새벽≫을 창간하였다. 그 후 1957년 민주당에 입당하여 정책심의회장, 1958년 제4대 민의원, 1960년 국회의원 당선, 같은 해부터 부흥부, 상공부 장관 역임 등 정치적 편력 역시 다양하다.

사회운동가로서는 1948년 대성빌딩을 불하받아 흥사단 건물로 인가해 주면서 흥사단 활동과 인연을 맺은 후 1963년 흥사단 이사장에 취임, 1964년 흥사단 학생 아카데미 운동을 일으키며, 안창호 정신을 고취시키는 데 앞장섰다. 또, 1964년 서울 로타리클럽 회장, 1973년 한국특허협회 회장, 1975년 한국능률협회 회장 등을 각각 역임하기도 하였다.

1979년 11월 20일 서울 반포동 소재 아파트에서 폐암으로 사망하여 경기도 고양군 벽제면 문봉리 '새문안동산'에 안장되기까지 그는 80여 평생을 어느 한 곳에 안주해 있거나 만족해하지 않고 끝없이 새로운 길을 찾고 모색하여 왔다.

이렇듯 다양한 방면에서 다양한 삶을 구가했음에도 불구하고 우리 문학도에게는 시인으로서만 각인되고 회자되는 것은 무엇인가? 본고에서는 송아의 그 다양한 인생 스펙트럼 중에서 시인 혹은 문학인으로서의 활동, 즉 해방 이전까지의 그의 문예 활동만을 재조명하면서 그 전개 양상을 고찰해 보고자 한다.

2. 근대 자유시의 개척

　송아 주요한의 문학수업과 시의 습작은 아주 어린 시절부터 이루어진다. 이미 1906년(7세) 숭덕소학교 4학년 때에 학급신문을 만들어 급우들에게 돌릴 정도로 문예에 뛰어난 재능을 보였던 주요한은 13세 때인 1912년 소학교 6학년이 끝날 무렵 일본 동경의 조선인 교회 목사로 부임하는 아버지를 따라 도일하여 1913년 일본 명치학원 중학부에 입학하여, 재학 중에 회람지 『부르짖음』을 출간하였다. 1916년에는 일본 시인이며 스승이었던 川路柳虹의 집에 드나들며 일본시를 지도받았다. 이때 주요한은 일어시와 일어로 번역된 서구시들을 접하고, 때로는 깊은 영향을 받아 스스로 일본어로 시를 써서 발표하기로 했다. 그리고 1918년에는 일본 제일고등학교에 입학하였고, 경도 유학생회에서 원고청탁을 받고 '에튜우드' 시편 원고를 써서 《학우》지에 발표하였다. 「시내」, 「봄」, 「눈」, 「니애기」, 「기억」 등이 그것이다. 1919년에는 우리 나라 최초의 순수동인지 《창조》를 김동인, 전영택, 최승만 등과 함께 간행하면서 「불노리」, 「새벽(꿈)」, 「해외시절」, 「아츰처녀」 등을 발표하였다. 그리고 1924년에는 조선문단사에서 간행된 첫 시집 『아름다운 새벽』을 내놓았다. 시집 『아름다운 새벽』은 「샘물이 혼자서」, 「봄의 (꿈은 빠르다)」, 「복사꽃이 되면」, 「할미꽃」, 「묵상」 등으로 각각의 제목을 달아 수록했다. 물론 이에 앞서서 1917년 「홀로 안저서」, 「푸른 하늘 아래」 등의 습작을 발표하기도 하였다.

　이 시기는 주로 이렇게 습작으로부터 발전·성숙하면서 자유시와 산문시의 형식을 자유롭게 실험적으로 넘나들고 있다. 우리의 근대시가 그만큼 보다 높은 차원으로 진전되어 왔다는 반증이기도 하다.

　이 시기의 작품 중에서 가장 많은 논의의 대상이 되고 있는 것은 두말할 필요 없이 「불노리」이다. 그 동안 백철이 그의 『조선신문학사조사』(수선사, 1948)에서 우리 나라 최초의 자유시라고 평가한 이래, 그것이 정설로 받아들여졌다. 주요한의 「불노리」=근대시의 효시라는 등식이 성립되었다. 그러나 근간에 들어 이 정설은 문헌적 오류로 받아들여졌고, 「불노리」 이전에 많은 자유시가 제작된 것이 확인되었다.

심지어 오세영·김재홍은 근대시의 기점을 영·정조로 소급하기도 한다. 오세영은 자유율의 모색, 민중언어 및 산문적 진술 등의 시어 해방, 근대적 이념의 표출, 사실주의적 태도 등을 들어 사설시조를 근대시의 효시로 지목한다.1) 김재홍 역시 근대문학의 기점을 영·정조로 잡고, 평시조 형식의 해체, 반유교체제 비판의식, 근대적 자아 발견 등의 특성을 들어 사설시조를 근대시의 기점으로 잡고 있다.2) 이러한 주장들은 그 동안 근대시의 형성을 서구 충격의 관점에서 해석해 온 것을 전통문학적 내지는 주체론적 시각으로 접근했다는 점에서 높이 평가할 만하다. 그러나 고트프리트 벤이 "현대시는 낭송할 수 있는 것으로 생각하지 않는다. 현대시라면 종이 위에 인쇄되기를 요구하고 읽기를 요구한다"3)고 주장했듯이, 근대시는 읽는 시여야 한다. 따라서 근대시의 시조창, 가사창 등 창곡 장르와는 구별돼야 한다.

한국시사를 통시적으로 확장해 볼 때 자유시형의 대두는 하나의 개혁적 의미를 띠고 있다.4) 자유시의 출현을 위한 기존 시형의 변형 모색은 찬송가의 보급과 같은 서구 문화의 이입에 영향을 받고 있다는 징후를 보여주고 있다. 그리고 시형의 변화가 주로 개화기 학회지를 중심으로 순수 문예란을 통하여 형성되고 있는 사실은 일부 유학생 등 지식층의 문학적 자각에 의한 소산임을 시사한다. 그러니까 한국 자유시는 1890년대 찬송가의 영향에서 신체시의 이르는 동안 여러 가지 실험과 모색을 통해 개화를 위한 정지작업을 꾸준히 개진했고, 신체시 출현 이후 보들레르, 투르게네프 등 서구 산문시의 번역과 소개 과정을 거치면서 기본 골격을 튼튼히 다져갔다.

이러한 정형률의 파괴와 자유율의 모색 작업을 거쳐 등장한 최초의 자유시는 《소년》 1910년 2월호에 발표된 최남선의 「태백산부」와 「태백산맥

---

1) 오세영, 『20세기 한국시 연구』(새문사, 1989), 25~29쪽.
2) 김재홍, 『시와 진실』(이후출판사, 1984), 68~69쪽.
3) G. 벤, 장영태 옮김, 『서정시, 이론과 역사』(문학과 지성사, 1994), 127~128쪽.
4) 김영철, 「근대시의 기점을 둘러싼 논쟁」, 《문학사상》 1999. 5, 85~88쪽.

四時」를 손꼽을 수 있다5). 그리고 ≪소년≫의 선구적 작업에 힘입은 ≪학지광≫은 1910년대 자유시 창작의 주요 산실이 되었고, ≪청춘≫과 ≪창조≫가 자유시 창작의 선구적 역할을 수행하였다.

그럼에도 불구하고 송아 주요한이 우리의 시사(詩史)에서 근대 자유시를 개척하였다는 업적을 간과할 수는 없다. 한때 일본 상징주의 시를 탐독하고 번역했으며, 나아가 그 운동에 참여하는 등 간접적인 서구시의 자극에 힘입어 우리 나라 신시에의 반성을 몸소 체험한 바 있다. 바로 이 점이 주요한으로 하여금 우리 나라 기존의 신시를 구속해 온 형식의 정형성에서 탈피하고 개념적·진술적 시 등에 반기를 들게 한 이유가 되었을지도 모른다.

아아, 날이 저문다. 서편(西便) 하늘에, 외로운 강물 우에, 스러져 가는 분홍빛 놀……. 아아, 해가 저물면, 해가 저물면, 날마다 살구나무 그늘에 혼자 우는 밤이 또 오건마는, 오늘은 4월이라 파일날, 큰 길을 물밀어가는 사람 소리는 듣기만 하여도 흥성시러운 것을, 왜 나만 혼자 가슴에 눈물을 참을 수 없는고?

아아, 춤을 춘다, 춤을 춘다, 싯벌건 불덩이가, 춤을 춘다. 잠잠한 성문(城門) 우에서 나려다보니, 물 냄새, 모래 냄새, 밤을 깨물고 하늘을 깨무는 횃불이 그래도 무엇이 부족하야 제 몸까지 물고 뜯을 때, 혼자서 어두운 가슴 품은 젊은 사람은 과거(過去)의 퍼런 꿈을 찬 강물 우에 내여던지나 무정(無情)한 물결이 그 그림자를 멈출 리가 있으랴? ― 아아, 꺾어서 시들지 않는 꽃도 없건마는, 가신 임 생각에 살아도 죽은 이 마음이야, 에라, 모르겠다, 저 불길로 이 가슴 태워 버릴까. 이 설움 살라 버릴까. 어제도 아픈 발 끝면서 무덤에 가 보았더니, 겨울에는 말랐던 꽃이 어느덧 피었더라마는, 사랑의 봄은 또다시 안 돌아오는가, 차라리 속 시원히 오늘 밤 이 물 속에……그러면 행여나 불쌍히 여겨 줄 이나 있을까……할 적에 퉁, 탕, 불티를 날리면서 튀어나는 매화포. 펄떡 정신을 차리니, 우구구 떠드는 구경군의 소리가 저를 비웃는 듯, 꾸짖는 듯. 아아, 좀 더 강렬한 열정(熱情)에 살고 싶다. 저기 저 횃불처럼 엉기는 연기(煙氣), 숨맥히는 불꽃의 고통 속에

---

5) 김학동, 『최남선과 이광수의 문학』(새문사, 1981), 24쪽.

서라도 더욱 뜨거운 삶 살고 싶다고 뜻밖에 가슴 두근거리는 것은 나의 마음……

　4월달 다스한 바람이 강을 넘으면, 청류벽(淸流碧), 모란봉(牡丹峰) 높은 언덕우에, 허어옇게 흐늑이는 사람 떼 바람이 와서 불 적마다 불빛에 물든 물결이 미친 웃음을 웃으니, 겁 많은 물고기는 모래 밑에 들어백이고, 물결 치는 뱃슭에는 졸음 오는 '니즘'의 형상(形像)이 오락가락—어른거리는 그림자. 일어나는 웃음 소리, 달아 논 등불 밑에서 목청껏 길게 빼는 어린 기생의 노래, 뜻밖에 정욕(情欲)을 이끄는 불 구경도 인제는 겹고, 한 잔 한 잔 또 한 잔 끝없는 술도 인제는 싫여, 즈저분한 배 밑창에 맥없이 누우면, 까닭 모르는 눈물은 눈을 데우며, 간단(間斷)없는 장고 소리에 겨운 남자들은, 때때로 불이는 욕심(慾心)에 못 견디어 번득이는 눈으로 뱃가에 뛰어나가면, 뒤에 남은 죽어 가는 촛불은 우그러진 치마깃 우에 조을 때, 뜻있는 듯이 찌걱거리는 배젓개 소리는 더욱 가슴을 누른다…….

　아아, 강물이 웃는다, 웃는다, 괴상한 웃음이다, 차디찬 강물이 껌껌한 하늘을 보고 웃는 웃음이다. 아아, 배가 올라온다, 배가 오른다, 바람이 불 적마다 슬프게 슬프게 삐걱거리는 배가 오른다…….

　저어라, 배를, 멀리서 잠자는 능라도(綾羅島)까지, 물살 빠른 대동강을 저어 오르라. 거기 너의 애인(愛人)이 맨발로 서서 기다리는 언덕으로 곧추 너의 뱃머리를 돌리라. 물결 끝에서 일어나는 추운 바람도 무엇이리오. 괴이(怪異)한 웃음 소리도 무엇이리오, 사랑 잃는 청년의 어두운 가슴 속도 너에게야 무엇이리오, 그림자 없이는 '밝음'도 있을 수 없는 것을 -
　오오, 다만 네 확실한 오늘을 놓치지 말라.
　오오, 사로라, 사로라! 오늘 밤! 너의 발간 횃불을, 발간 입술을, 눈동자를, 또 한 너의 발간 눈물을 -.

　　　　　　　　　　　　　　—「불노리」 전문

　먼저 이 시는 시 구성이 고르지 못하고 다소 산만한 구성의 결함을 지니고 있다.

그러나 주요한의 「불노리」는 최남선의 「해에게서 소년에게」에서 비롯되는 일련의 개화기 시가와는 달리 보다 주정적인 자아의식에서 발상하고 있다. 삶과 죽음, 밝음과 어둠, 과거와 현실, 기쁨과 슬픔의 대립적인 의미 구조를 가지고 있는 것이다.6)

서정적 자아는 스스로를 '혼자서 가슴에 눈물을 참을 수 없는' 혹은 '어두운 가슴 품은 젊은' 사람이라고 말하고 있다. '아픈 발 끌면서'까지 찾아가지 않고는 견딜 수 없는 임에의 그리움이 서정적 자아의 전부를 차지하고 있는 것이다. 그러나 그 임은 현존하지 않는 '가신 임'이다. 따라서 서정적 자아는 '물'로 표현되는 정서를 가지고 '죽음에의 유혹'으로 드러내지만, 되돌아올 수 없는 '사랑의 봄'을 향한 갈망이 발목을 붙잡고 있다. 반면, 이 작품에 나타난 '불'은 삶을 향한 뜨거운 욕망으로 해석된다. '매화포' 소리에 정신을 차리게 되고, '더욱 뜨거운 삶을 살고 싶다'고 고백하게 된다는 사실이 이를 입증한다. 요컨대, '불'은 '물'과 정면으로 대립적인 이미지를 갖고 있으며, 이 대립적인 요소가 빚어내는 갈등의 중심에 서정적 자아가 서 있는 것이다. 그리고 그 서정적 자아는 궁극적으로 '물'의 상태에서 '불'의 상태로 나아가기를 열망한다. '그림자 없이는 '밝음'도 있는 수 없는 것'이라는 자각에 이르게 되고, 마침내는 '오오. 다만 네 확실한 오늘을 놓치지 말라'고 자기 내면을 향해 절규하게 된다. 이 절규 속에 삶에 대한 강한 의지가 담겨 있으며, 그것은 '물', 다시 말해 죽음을 극복한 사람의 외침이 내포되어 있다.

이 「불노리」에 대해 주요한 자신은 "형식상으로는 자유시"7)라고 규정하고, 당시 프랑스에서 생겨난 자유시 운동은 우리말에 '안성맞춤'이었다고 첨언하였다. 당시 문학사의 주류에 편승한 서구적 경향을 나름대로 적절하게 수용하였다고 볼 수 있다.

내용상으로는 대립적인 이원구조를 차용하여 비교적 성공을 거둔 것으로 평가되고, 사적으로는 근대시의 효시라는 의의는 문헌적인 오류로 유보하더

---

6) 김학동, 「<불노리>의 대립의 의미구조」, 정한모·김재홍 편저, 『한국대표시평설』(문학세계사, 1993), 61쪽.
7) 주요한, 「나의 창조시대 회고」, 《동아일보》, 1968. 3. 2.

라도 전 시대의 육당, 춘원에서 찾아보기 힘든 상징적 원용과 확고한 자유시형의 확립, 시의 순수성과 미적 가치에의 독자적 인식 등에서 우리 나라의 대표적인 근대시의 면모로서 손색이 없다 하겠다.

　　인경이 운다. 쟝안 새벽에 인경이 운다.
　　안개에 쌔운 아츰은 저 높은 흰 구름 우에서 남모르게 발가오지마는 차듸 찬 버슨 몸을 밤의 아페 내여던지는 거리거리는 阿片의 꿈속에서 허기적 거릴 때, 밤을 세워 반짝이는 빨간 등불아레 노는 계집의 푸른 피를 빠는 歡樂의 더운 입김도 식어져 갈, 쟝안거리를 東西로 흘러가는 葬事나가는 노래의 가──는 餘韻이 바람치는 긴 다리 미트로 스러져 갈 때, 기름마른 등불이 힘없고 길은 한숨소리로 過去의 歎息을 거퍼하면서 껌벅거릴 때, 꿈속에 서 웅웅하는 인경소리가 울리어 간다. 새벽 고하는 인경이 울리어 간다.
　　　　　　　………중 략………
　　아아, 인경이 운다. 은은히 니러나는 인경소리에 눈이 쌔운다. 쟝안에 넓고 조븐 길이 눈에 메운다. 님을 못뵈고 죽은 계집의 서름에 겨운 눈물이 되어 내린다. 먼젓해 봄바람에 지고 남은 흰 복숭아꽃이 죄 품은 션녀의 뜨거운 가슴에서 흘너 나린다. 안개에 쌔인 아츰은 저 노픈 구름 우에서 남모르게 발가오지마는, 바람조차 퍼붓는 눈은 쟝안거리를 가로막고 외로 메운다. 아아, 눈이 쌔운다. 눈물이 쌔운다. 그침업시, 쌔운다. 쌔운다.……쌔운다.

　　　　　　　　　　　　　　　　　　　　　　　　　─「눈」에서

　이 시는 형식상「불노리」와 동궤에 서는 작품으로, 산문시지만 어조의 반복과 동격구절의 열거 등으로 흘러가는 리듬이 있다.[8] 눈이 내리는 겨울 새벽 풍경의 감각적 인상을 사실적으로 표현한 데 그 특징이 있다.
　이런 유형의 산문시는 1910년대 중반, 최남선·이광수·현상윤·최소월 등에서 시도되고 있음을 볼 수가 있다. 그러나 이들의 작품은 단순한 산문에 그쳤을 뿐이며, 주요한의「눈」이나「불노리」의 경우와 같이 시적으로 형상화

---

8) 정한모,『한국근대시문학사』(일지사, 1974), 297쪽.

되지는 못하고 있다.
이렇듯 송아 주요한은 우리 현대시에서 자유시 형식을 실험하고 개척하여 우리의 근대시를 본 궤도에 올려놓은 공적을 남긴 사람으로 높이 평가된다.

3. 민요시 운동의 제창

초기에 주류를 이루었던 자유시와 산문시의 경향이 1924년 후반기로 오면서 민요시, 시조로 그 시작경향이 변모된다. 춘원 이광수, 파인 김동환과 함께 펴낸『시가집』(1929)과 시조 및 소곡집인『봉사꽃』(1930) 등이 이 시기를 대표하는 송아 주요한의 시집이다. 한 일례로『시가집』에 수록된 작품들의 유형을 보면, 크게 시가(25편)·시조(17편)·역시가(4편) 등으로 구성되어 있다. 시가 25편 중에는 4·4조 또는 3·4조의 4행으로 된 단가로「가신누님」,「북그러움」,「꽃밧」,「반듸불」,「자장가」,「목탁소리」,「늙은 농부의 한탄」등이 있고, 2열의 단가로는「남국의 눈」,「지금에도 못 닛는 것은」,「등대」,「누이야」등이 있다. 그리고「불노리」나「눈」과 같은 산문시는「채식장」한 편밖에 없다.

그런데 주요한의 민요시의 지향은 우리 시 전통의 내적 경험에서 비롯된 것이 아니라 초기 서구시의 경험에서 비롯되었다는 데 주목하지 않을 수 없다.

> 조선의 신시 운동이 성공하려면 반드시 민요를 긔초삼고 나아가야 되리라 합니다. 이것은 엇던 나라 문학사를 보드래도 증명할 수 있는 것이외다. 문학 발생의 초창시대에 잇서서 그 새문학의 출발뎜이 언제든지 민요에 잇섯습니다. 멀리 그릭이고 그럿섯 라틘문학, 영, 법, 덕의 근대문학, 각가히 러시아, 일본 문학이 그랫습니다.[9]

---

9) 주요한,「노래를 지으려는 이에게(3)」, ≪조선문단≫ 제3호, 1924. 12, 44~45쪽.

한 나라의 근대문학이 모두 민요를 수용하며 발전되었다고 할 때, 민요의 수용은 그 나라의 내부사정과 역사적 당위에 의해 이루어지는 것이므로 세계문학의 공통된 현상으로 받아들이기에는 무리가 있다. 그런데도 주요한은 민요를 바탕으로 한 근대문학을 세계문학적 보편성으로 이해하고, 우리의 근대문학도 그러한 세계문학의 보편적 흐름에 편승해야 된다는 것이다. 다시 말해서 주요한은 민요의 수용을 세계문학에서 공통된 현상으로 이해하고, 민요시 지향의 합리적 근거로 삼고 있는 것이다.

> 신시운동의 목표가 조선덕 사상 정서의 표현과 조선덕 언어의 미를 발견하는데 잇다 하는 것을 말할 것이외다. ……중 략…… 예술은 인류의 예술이지 조선의 예술이 아닌 것을 나는 밋습니다. 그러나 예술이 조선의 예술이기 때문의 인류의 예술인 가치가 생긴다 합니다. 우리의 나아갈 길은 다른 것 아니라 국민문학의 챵셩, 그를 조출 세계문학의 공헌이라 하겠슴니다.10)

이는 "조선시가의 시형은 다른 곳에서 구할 것이 아니고 조선사람의 사상과 감정에 또는 호흡에 가장 갓갑은 시조와 민요에서 구하지 아니할 수가 업는 줄 압니다"11)라고 한 김억의 주장과 일치하는 것이기도 하다.

주요한은 초기 전통적 율조에서 아직도 신체시의 흔적을 떨치지 못한 채 급격히 밀어닥친 서구의 자유시형에 심취한 나머지, 「불노리」를 위시해 한동안 산문시적 자유시를 시험한 바 있다. 그러다가 후기로 내려오면서 초기의 자유시형을 극복하고 '조선적 사상 정서 표현'의 발견을 위해 새로운 시형의 모색을 필요로 했다. 후기 시조를 비롯한 민요시의 지향이 그것이다.

그러나 주요한의 민요시 지향은 우리의 민요를 깊이 이해한 터전 위에서 비롯된 것이 아니며, 우리의 문학 전통과 유산에 관심을 새롭게 기울인 바탕에서 전개된 것도 아니라는 데 문제가 있다. 주요한은 "「불노리」를 쓸 당시

---

10) 주요한, 「노래를 지으려는 이에게(1)」, ≪조선문단≫ 제1호, 1924. 10.
11) 김억, 「밝아질 조선시단의 길」, ≪동아일보≫, 1927. 1. 2.

본뜰 만한 우리 문학의 전통이 없었다"고12) 토로했다. 그래서 일본시와 서구시의 다양한 경향을 접해보고, 이를 우리시의 발전적 동력으로 삼아야 한다는 것을 우리 문학의 불가피한 사정으로 받아들였다. 그의 초기 시작을 두고 '시험적'인 작품이라 하는 것도 이 같은 이유이다.

따라서 주요한의 경우, 민요시 지향이나 자유시 지향이 모두 새로운 우리시의 모색을 위한 시험정신에서 나왔다고 할 수 있다. 여기서 '시험적'이란, 전에는 없었던 것을 새롭게 모색해 보았다는 것인데, 이런 시험정신으로부터 우리시는 근대적 변용을 계속 할 수 있었던 것이다.13)

> 강남제비 오는날
> 새옷닙고 꼿 꽂고
> 처녀색시 앞뒤서서
> 우리누님 뒷산갓네
>
> 가서올줄 알앗더니
> 흙덥고 금잔듸덥허
> 평풍속에 그린닭이
> 우더라도 못온다네
>
> 섬돌우에 봉사꼿이
> 피더라도 못온다네
>
> ―「가신 누님」 전문

> 호박꼿 반듸불/ 호박넉굴에도 반듸불
> 옷축이러 나갓더니/ 풀밧헤도 반듸불

---

12) 주요한, 「노래를 지으려는 이에게(1)」, 《조선문단》 제1호, 1924. 10, 49쪽.
13) 박경수, 「주요한의 민요시 지향의 경과와 성격」, 『두메 박지홍 스승 회갑기념 논문집』(문성출판사, 1984), 380쪽.

불쎠라 방등쎠라/ 반듸불을 구경하자
파라케 븟는불은/ 반듸불의 불이다

밝아케 타는 불은/ 배맘속의 불이다
                          —「반듸불」전문

지금에도 못닛는 것은
안개속에 돗달고 가던배

바람도 업슨 아츰물결에
소리도 업시 가버린배

배도가고 세월도 갓것마는
안개속가튼 어릴적 꿈은

넷날의 돗달고 가던배가치―
안개속에 가고오지 안는 배가치―
           —「지금에도 못닛는 것은」전문

　이 같은 작품들은 모두 4·3조 혹은 3·4조의 2음보 2, 4행연의 민요 혹은 동요조의 소곡들로, 감상과 비애의 정조를 띠고 있다.
　「가신누님」은 '죽음'이 무엇인지를 모르는 소박한 동심에서 발상한 것으로, 죽어서 뒷산에 묻혀 돌아오지 못하는 '누님'에 대한 비애와 감상이 주조를 이루고 있다. 그리고 「반듸불」은 어두운 여름밤을 밝히는 "반듸불"을 소재로 산업사회 이전의 전형적인 우리 농촌의 여름 풍경을 노래하고 있다. 또 어린 시절 안개 속에 돛을 달고 떠나가던 배를 "지금에도 못닛는 것은" 배도 세월도 어린 시절 꿈도 모두가 되돌릴 수 없는 하나의 추억이기 때문임을 노래한다.
　이외에도 "뒷동산에 꼿캐러 / 언니따라 갓더니"라고 노래한 「북그러움」과

"라발꽃이 피었네 / 백일홍이 피었네"라고 노래한 「꽃밧」도 이와 같은 동심의 세계에서 발상한 민요 지향의 시이다. 이렇듯 그의 민요조 서정시는 대부분 그의 집과 고향을 둘러싼 자연과 그 곳에 전해지는 민요나 설화에서 소재를 취하고 있는 것이 특징이다.

> 이제부터 나아갈 우리의 길은 다름이 아니라 이 외국문화의 전제에서 버어나서 국민덕 독창문학을 건설함에 잇습니다. 그러케 하기 위하야서 우리는 우리 민족이 가진 모든 조흔 것 사상으로나 던통으로나 창조덕으로 나를 발견하고 해석하고 노래하여야겟습니다. 이런 의미에 잇서셔 우리가 가진 유일한 발족뎜이 한시도 아니오 시됴도 아니요. 민요 및 동요라 함은 나의 전부터 주장하는 바이외다. 민요를 발족뎜으로 삼거나 말거나 하여간에 조선말로 쓴 노래가 조선사람의 가슴에 먼저 울리기 전에 예술적 가치가 생길 것 아니외다.14)

주요한은 국민적 독창문학을 건설하기 위한 방법의 하나는, 우리가 가진 장점을 발견하고 그 가치를 올바로 해석하는 것이라 했다. 그것은 창조적인 자기 발견의 방법이다. 여기서 민요와 동요가 창조적인 자기 발견의 대상으로 제시되었던 것이다. 이는 외국문학의 일방적인 모방 내지 수용에서 시작된 과거 시작에 대한 반성이기도 하며, 우리의 사상과 정서 표현에 우리말을 살린 것은 앞으로의 시작에 관한 방향 모색에서 비롯된 결과라고도 볼 수 있다.

주요한은 이렇게 민요를 우리 시 발전의 기반으로 삼음으로써, 민요는 우리말에 가장 적절한 표현 형식이며, '조선 사람된 개성', 즉 '조선혼'을 잘 간직한 시로 인식하였다. 이는 김억이 우리말과 리듬에 적합한 시형을 찾으면서 '조선심'을 강조하고 민요시에 귀착한 점과 동일 선상으로 이해된다.15)

---

14) 주요한, 「노래를 지으려는 이에게(2)」, 《조선문단》 제2호, 1924. 11. 49쪽.
15) 박경수, 앞의 글, 383쪽.
    주요한과 김억은 둘 다 외국문학의 경험에서 역으로 국민문학을 주장하면서 민요시를 내세웠던 시인이다. 그러나 이들의 민요시 주장에는 오랜 기간의 방황과 민요시가 향토적·민습적 시어 율조의 정형성 언어의 단순성이라는 한계를 지님에도 불구하고, 주요한의 시는 민요를 수용하여 질박한 서민 생활을 정감적인 묘사로 집중하여 점차 민중에 가까워져 갔다. 물론 이 같은 자유시에서 민요시에로의 방향 전환은 주요한의 상해시절의 시작 활동, 예컨대 '송아지', '목신(牧神)' '요(耀)' 등의 필명으로「대한의 누이야 아우야」,「조국」등 11편의 민족 의식을 표현한 시작이 중요한 요인으로 보인다. 즉, 동경유학시절 일본시 및 서구시의 무분별한 수용을 반성하고, 우리 시의 나아갈 방향을 설정했던 것이다.

> 비소리 끈첫다 닛는
> 가을은 아름답다.
> 빗맑은 국화송이에
> 맺친이슬 빗나고
> 쒱 우는소리에 해저므는
> 가을은 아름답다.
>
> 곡식닉어 거두기에 밥브고
> 은하수에 흰돗대 한가할때
> 절아래 노픈 남게
> 싸맛이 소리치고
> 피무든단풍닙 바람에 날리는
> 가을은 아름답다.
>   —「가을은 아름답다」1~2연

뎐원으로 오게, 뎐원은 우리에게

모색이 필요했다. 민요시를 주장하기에는 서구시의 경험이 압도적이었고, 우리시의 잠재적인 전통으로 지속해 온 민요를 재인식하기에는 경험의 기반이 너무나 약했다. 그렇지만 과거 그들의 서구시 지향을 반성하고, 새로운 국민문학 건설의 동력으로 삼은 것이 결국 민요였다는 점은 1920년대 시 지향에서 다행하면서도 아이러니한 일면이라 하겠다.

새로운 깃븜을 가저오나니.
닉은 열매와 불근 닙사귀—
가을의 풍성은 지금이 한창일네.

아아, 도회의 핏줄선 눈을 버리고
수그러진 억개와 가쁜 호흡과
아우성치는 고독의 거리를 버리고
푸른봉아리 소사오른 뎐원으로 오게, 오게.

—「田園頌」1~2연

위의 시들은 주요한의 시에서 흔히 찾아 볼 수 있는 목가풍의 작품들이다. 퇴폐적이고 병적인 내용과는 거리가 먼 작품들로서, 건강한 자연미를 보여주고 있다. 그러나 그가 주장한 민중시처럼 '민중의 마음과 가치 울리는' 작품으로 인정받기에는 전원적 배경 외에 민중생활의 어떤 진실이 포착되어야 할 것이다. 《독립신문》에 발표된 상해시절의 시와 『시가집』에 실린 「늙은 농부의 한탄」과 「채석장」 정도가 민중시로서 비교적 성공했을 뿐이다. 위의 두 시에서 전원생활이 마치 유토피아처럼 묘사된 것은 민중들의 생활과 감정을 깊이 있게 통찰하고 이해하지 못한 결과이다.

결국, 주요한의 '조선의 혼'의 주장과 나아가서 민중시, 민요시의 주장은 현실적 기반을 갖추지 못한 관념적 내용들이었다고 볼 수 있다.

이 외에 주요한은 후기에 이르러서는 시조를 많이 썼는데, 이들 중 상당수가 1930년 세계서원에서 간행된 『봉사꽃』에 수록되어 있다. 그리고 태평양전쟁이 발발되자, 일본 관헌들은 문인들로 하여금 문인보국회를 결성케 하여 친일전선을 내세웠다. 이때 주요한도 이에 가담하여 《삼천리》, 《춘추》 등에 「八紘一宇」, 「靑年」, 「지키라 우리 동아」, 「大東亞行進曲」 등과 같은 친일 시편을 쓰기도 했다.[16] 그러나 그의 본령은 그렇지가 않다. 이것은 당시의 탄압정책이 얼마나 가혹했는가 하는 시대적 반영이기도 하다. 죽을 때까

---

16) 김학동, 『현대시인연구Ⅰ』(새문사, 1995), 199~201쪽.

지 안창호의 유업을 계승하고 흥사단을 재정비하여 기념사업으로 『안도산전서』를 펴내는 등 흥사단을 중심으로 민족운동을 하면서 일관된 생애를 살아간 점이 이를 대변해 준다.

　잠시 불가항력적인 훼절에 참회라도 하듯 해방을 맞은 후 그는 시작을 하지 않았다. 다만 정치, 사회, 경제, 언론 분야에서 활동하면서 시가 아닌 다른 방면에 걸쳐 방대한 분량의 글을 지상에 발표했을 뿐이다.

4. 맺음말

　지금까지 본고는 우리 근대시의 선구자로 불리는 송아 주요한의 다양한 인생 스펙트럼 중에서 해방 이전까지의 시를 중심으로 한 문예활동을 재조명하면서 그 전개 양상을 고찰해 보았다. 이에 앞서 본고는 경제인, 정치인, 사회운동가로서의 송아의 활동도 연보적인 면에서 간단히 소개하여 송아를 이해하는 데 도움을 주고자 했다.

　송아 주요한이 시작 활동에서 남긴 업적을 양식적 측면에서 볼 때 크게 두 가지로 대별하여 정리하면 다음과 같다.

　첫째는 근대 자유시를 개척하였다는 것이다. 그의 「불노리」가 근대 자유시의 효시라는 평가가 문헌적 오류로 밝혀졌음에 불구하고 여전히 대학 국어 교재에 가장 많이 등장[17]하여 근대시에서 가장 많은 관심을 끄는 작품으로서의 학문적 논의의 대상이 되고 있다. 이는 그가 혹은 그의 「불노리」가 우리 근대시사에서 차지하는 업적을 간접적으로 시사해 주는 것이다.

　「불노리」는 형식상으로는 문학사의 주류에 편승한 서구적 경향에 힘입어 자유시를 택하고 있고, 내용상으로는 상징적 원용과 대립적인 이원구조를 차용하는 데 성공한 우리 나라를 대표하는 근대시로서 손색이 없다. 그의 초기 작품들은 주로 습작으로부터 발전, 성숙하면서 자유시와 산문시 형식을 자유

---

17) 서승옥, 「누구의 어느 작품이 제일 많이 실려 있나」, 《문학사상》, 1982. 2, 140~150쪽.

롭게 시험적으로 넘나들며 근대 자유시를 개척하여 우리의 근대시를 본 궤도에 올려놓았다는 점에서 높이 평가된다.

둘째는 1924년 후반기로 오면서부터 일기 시작한 민요조 서정시의 제창이다. 일본시와 서구시의 다양한 경향을 접해보고, 이를 우리 시의 발전적 동력으로 삼았다. 따라서 초기에 주류를 이루었던 자유시와 산문시의 경향이 민요시 지향의 시적 경향으로 그 변모를 이루게 된다. 이는 외국문학의 일방적인 모방 내지 수용에서 시작된 과거 시작에 대한 반성이기도 하며, 우리의 사상과 정서를 표현하고 우리말을 잘 살려야 한다는, 앞으로의 시작에 대한 방향 모색의 결과라고도 볼 수 있다. 후에 주요한이 시조부흥운동은 새로운 시의 형태를 마련하고자 고심하는 신시운동에 영향을 주는 것이라 하면서 크게 환영한 것은 이런 점에서 당연한 귀결로 생각되어진다.

결국 송아 주요한은 다양한 인생 스펙트럼을 가지고 있는 것처럼 그의 시작 활동도 다양한 시험과 모색의 연속이었다고 볼 수 있다. 일본시와 서구시를 탐색하고 근대 자유시를 개척하였으며, 그 자유시에 대한 의식에 의해 역으로 발견된 정형시형의 민요조 서정시를 제창하였다. 그는 또 이 민요조 서정시에 '조선의 혼'을 심고자 노력했다. 그의 이러한 시적 궤적은 곧 우리 근대시의 새로운 길 찾기를 실증적으로 보여준 것이라 해도 과언이 아니다.

이렇듯, 본고는 주로 송아 주요한이 창작한 시의 형태적인 측면에 많은 관심을 갖고 그 양상과 전개를 고찰해 왔다. 따라서 이제는 작가의 심리 상태 내지는 사회학적 방법을 동원하여 이를 좀 더 내부적이고 심층적으로 그 변화추이를 추적하는 종합적인 연구를 앞으로의 과제로 남긴다.

황석우론

신웅순*

1. 머리말

황석우(1895~1959)[1]는 김억, 주요한과 함께 19세기 프랑스 상징주의 시론을 우리 문학에 수용·전개한 시론가이자, 한국 근대시의 벽두를 장식한 시인이다.

그는 ≪태서문예신보≫ 14호(1919. 1. 13)에 「은자(隱者)의 가(歌)」라는 제하의 「송(頌) (K형에게)」, 「신아(新兒)의 서곡」을 발표하면서 시단에 등장했다.[2]

---

* 중부대학교 교수
1) 호는 상아탑(象牙塔), 또는 하윤(河潤)이며, 어려서 부모를 여의고 진경 누이의 손에 양육되었다고 한다. 그가 언제, 어떻게 소학교나 중학과정을 마쳤는지는 잘 알려져 있지 않다. 대학시절의 교우 관계로는 선배인 신익희(전 국회의장)와 가까웠으며, 김기곤, 이병도, 이종영 등과도 막역한 사이였다고 한다.
   한때 그는 언론기관에 몸담기도 하여 중외일보 기자, 조선실업신보 논설위원을 지내기도 했다. 8·15 이후에는 대동신문 논설위원으로 있었고, 6·25 이후에는 신익희가 초대 학장으로 있었던 국민대학 교수로 부임하여 교무과장을 지내기도 했다. 그러나 이런 안정된 생활도 잠시였을 뿐, 신익희의 급서로 학교를 그만두고 고독과 빈곤 속에서 살다가 1959년 수도의대 부속병원에서 64세를 일기로 생을 마쳤다.
   김학동, 『현대시인연구Ⅰ』(새문사, 1995), 110쪽.
2) 그가 시를 습작한 것은 1917년 와세다 대학에 유학할 당시 '미래사' 동인으로 활동하면서 그 기관지 『리듬』에 시를 발표하면서부터이다.

동지 16호에「어린 자매에게」라는 제목으로「봄」,「밤」,「열매」,「연(鳶)」등의 시를 발표했다.

≪폐허≫(1920), ≪신민공론≫(1921)의 동인으로 참가하였고, 최초의 시 전문지 ≪장미촌≫(1921)을 편집·주재하였다. ≪조선시단≫(1928)이라는 시 전문지를 창간, 신인 발굴에 기여하기도 하였다.

1921년까지 왕성한 시작을 보이다가 1921년 사상운동에 관계하면서 1924년에는 '탑골승방여승사건'으로 만주 방랑길에 올랐다.3) 1929년에는 시집 『자연송』을 간행하였고, 1932, 3년에 ≪문예월간≫, ≪신동아≫, ≪신생≫, ≪동방평론≫, ≪삼천리≫ 등에 수편의 시를 발표했다. 1934년에 ≪조선문단≫ 속간 1호에 「오전회비(五錢會費)」라는 작품을 발표한 후 문단에서 자취를 감추었다.

20년이 넘어 ≪현대문학≫ 40호에「나의 호흡과 말」을 발표하면서 재등장했으나, 그 이듬해 작고하고 말았다. 1959년 6월, 자유문학에 그의 유고「초대장」과「우주의 기승(奇勝)」,「잠!」등의 5편과 동년 12월에「우주」가 발표되었다.4)

---

3) "여자와 이 사건으로 말미암아 오늘날 황석우로 하여금 문인사회에서 제거되었으며 조선사회에서 쫓겨나다시피 하였다."
이천,「시인 황석우 사건 진상」, ≪조선문단≫, 속간 제2호, 1935. 4(김은철, 『한국근대시연구』에서 재인용).

4) 작고 직후 1959년 6월 호 ≪자유문학≫에도 유고가 발표되고 있으나, 편집후기에서도 그의 작고에 대해서는 한 줄도 언급하지 않고 있을 뿐만 아니라, 추도의 글을 실은 곳은 더더욱 없다.
≪폐허≫ 창간호 편집후기에 기록된 바에 의하면, 그와 안서가 중심이 되어 있다.
"이번 창간호는 안서 군과 나와 둘이 편집하였다. 나는 이 잡지를 세상에 내보내는데는 너무 큰 부끄러움과 불안을 느낀다." 그러나 동지(同紙) 2호에는 "여러 가지 사정으로 황석우 군과 폐허와는 관계를 끊게 되었다."로 기록되어 있다. 호흡이 맞지 않는 그의 성격 결함을 지적할 수 있다.
1935년 4월 ≪조선문단≫ 속간 2호에 「시인 황석우 사건 진상 - 일천군 '조사단 제2회 보고서'」라는 글로써 그의 데카당스하고 복잡한 여성편력의 일부를 보여주고 있다.
≪현대문학≫ 1953년 1월 호 백대진의「낙백(落魄) 시인 황석우」라는 글에서도 그는 성격상의 결함으로 고독과 편협 속에 살아간 점을 지적하고 있다.

본고는 그의 시론과 시 창작 전개과정을 검토하고, 그의 문단 역할을 검증해 보는 데에 목적이 있다. 상징주의 시론을 수용 전개해 나간 시론가로서, 근대 자유시를 개척한 시인으로서의 두 측면을 심도 있게 논의해 볼 것이다. 그것은 그가 근대 초기 문단에서의 시인의 위치로 자리매김될 수 있다고 생각되기 때문이다.

2. 시론의 전개 양상

황석우의 시론으로는 「시화」[5], 「조선시단의 발족점과 자유시」[6], 「일본 시단의 2대 경향」[7], 「최근의 시단」[8] 등과 「희생화와 신시를 읽고」[9], 「주문치 아니한 시의 정의를 일러주겠다는 현철 군에게」[10], 「시작가로서의 포부」[11]가 있다. 전자를 논의 대상으로 했으며, 후자는 제외했다. 이는 후자의 내용은 조잡하고 감정적인 측면이 많기 때문이다.

황석우의 시론은 3·1운동을 전후하여 발표되었다. 상징주의가 본격적으로 소개, 유입되었던 시기였다. 김억의 상징주의 소개는 번안적인 글이었고, 백대진의 글은 개론적인 소개에 지나지 않았으나, 황석우는 상징주의 창작 시론이었다.[12]

---

5) ≪매일신보≫에서 주관하는 '매일 문단' 현상모집에서 선외로 뽑힌 논문으로, '시의 초학자에게'라는 부제가 있고, 1919년 9월 22자와 같은 해 10월 13일자 2회에 걸쳐 발표되었다.
6) ≪매일신보≫ 1919년 11월 10일 선외로 뽑힌 논문이다.
7) ≪폐허≫, 창간호, 1920. 7.
8) ≪개벽≫, 5호, 1920. 11.
9) ≪개벽≫, 6호, 1920. 12.
10) ≪개벽≫, 7호 1921. 1.
11) ≪동아일보≫, 1922. 1. 7.
12) 김영철, 『한국근대시론고』(형설출판사, 1988), 312쪽.

1) [시화(詩話)]

「시화」는 시인의 위치, 시의 맛, 시의 회화적 요소, 시의 음악적 요소, 상징파의 특징, 시의 언어, 시의 사상, 시작의 태도, 명상, 시인의 임무, 영감 등 11개의 단락으로 이루어졌다. 핵심 내용은 영률(靈律)론이다.

> 詩人은 神의 玉座에 對坐하는 榮光을 가졌다. 詩人은 實노 藝術界의 帝王일다. 詩人의 感興은 곳 神人과의 接觸 – 그 會話일다. 그러나 神의 말은 細菌보다 纖微하다. 이 纖微의 壙圖가 곧 '表顯'일다.
> 시에는 '靈律'한 맛이 잇슬 뿐이다. 技巧라 함은 結局 '靈律의 整頓'에 불외ᄒ다. 다시 말ᄒ면 律이라 함은 氣分의 識目(오리메)을 이름일다. 이 氣分의 機의 機微를 암에 이르러야 비로셔 一人의 詩人됨을 얻는다.[13]

시인의 위치와 시의 맛에 대해 언급하고 있다. 시인의 감흥은 신과 인간과의 접촉이라고 하였다. 시를 신앙의 대상으로 인식하고 있는 것이다. 보들레르의 '교감의 시학'을 수용하고 있다. 교감 대신 영률이라는 말로 대치하고 있다.

'율'을 '기분의 식목(識目)'으로 표현했다. 감정의 기미를 아는 것이라고 했다. 그래야 시인이 될 수 있다고 했다. 영률은 신과 인간과의 접촉에 의해 쓰인 말의 리듬으로 해석된다. 시 창작은 기교가 요구되는데, 이 기교가 '영률의 정돈'에 지나지 않는다는 것이다.

시 창작에는 관계 설정이 필요한데, 황석우는 이를 보들레르의 지상계인 자연과 인간인 시인, 천상계인 신의 삼 단계와 연결시켰다.[14] 그러기 위해서는 영률의 정돈, 기교가 요구된다는 것이다.

> 色彩 香 形의 造粧, 選擇, 調和 等은 固히 技巧의 重要項目이나 이는 僅

---

13) 황석우, 「시화」, ≪매일신보≫, 1919. 9. 22.
14) 김영철, 앞의 책, 315쪽.

히 그 外律 곳 그 粧飾에 불과하다. "詩는 繪畵的이 되지 아어셔는 안이된다." 함은 곳 이 곳에 그 重한 根底를 둔 말이다. 繪畵性은 詩의 必需要素의 一이다. 그러나 單히 粧飾으로의 하이카라의 繪畵的 加工이어셔는 안이된다. 그 色彩 그 香 그 形이 곳 詩의 血液의 色·香 또는 이 것에 適한 自然形이 되지 아니하여서는 高貴한 價値를 占하기 不能하다.

　詩는 繪畵的要素와 共히 音樂的要素와의 情을 握한 藝術일다. 그럼으로 '音響'의 節制 洗練이 詩의 가장 緊要한 工夫일다. '音響'은 詩란 산 人格의 呼吸 그 脈의 鼓動일다. 이것이 普通詩 詩의 音聲律 音量律 等이라는 하는 者일다.

　詩의 象徵派라며 事實派等이람은 그 內容으로보담도 色彩 香 音響의 配列形 式如何에 구별되는 자이다.15)

회화적·음악적 요소와 상징파의 특징에 대해서 말하고 있다. 시는 색채·향·형이 회화적 가공이어서는 안 되고, 혈액 속에 자연스럽게 용해되어야 한다고 했다. 인격의 호흡인 음향 역시 절제·세련이 필요하다고 하였다. 회화적 요소와 음악적 요소가 조화를 이루어야 한다는 말이다.

보들레르와 랭보의 향기·음향·색채 등의 상호 교감과 일치하고 있다. 이러한 언어에 도달하는 시인의 경지가 보편적 영혼 속에 눈뜨는 경지이다.16) 황석우의 고귀한 가치나 인격의 호흡이 바로 이런 경지일 것이다. 이를 음성률, 음량률의 용어로 나타냈다.

음성률은 음위율, 음보율에 대한 말이지만, 음량률은 운율에 있어서 음의 양을 두고 말한 것이다. 음량률은 외형률에 있어서 등장성, 등시성을 염두에 두고 말한 것이다. 탁월한 식견이다. 그러나 색채, 향, 음향 등의 배열식이 다른 문예 사조와 구분 기준이 된다는 견해는 그의 한계로 지적될 수 있다.

　詩에는 '人語'와 '靈語'의 別이 있다. 詩의 用하는 語는 곳이 靈語일다. 靈語라함은 人間과 神과의 交涉에만 쓰이는 한 語學일다. 그러나 이 '말'

---

15) 《매일신보》, 1919. 9. 22.
16) 김붕구,「보들레에르와 상징주의」,『보들레에르』(문학과 지성사, 1977), 437쪽.

에는 辭書도 업고 學校도 업다. 그럼으로 天才가 아니면 그 '말'을 學홀 수 업다. 이 靈語에 依ㅎ야 綴혼 자라야, 비로셔 詩라는 일홈이 붓는다. 彼 '人語' 곳 '現實語'에 依ㅎ야 綴혼 '俗謠,歌等 또는 商賣藝術派(麵구 또는 名利 때문에 맛치 拾錢萬年筆 갓흔 싼 原料의 模擬의 玩具藝術派)의 作이, 비록 울마콤 '詩'의 形式을 具ㅎ야 잇다하르ㅣ도, 그는 결코 시가 아닐다. 强히 그것을 詩라 ᄒ려면 或 '人語詩'라고나 稱흠이 그것들의게 對흔最上의 優遇라 ᄒ겟다. 現代의 亞細亞詩壇도 其中 몟사람을 除혼 外에는 아직도 이 人語詩의 領域을 버셔잇지 못ᄒ다.

現實語의 가쟝 곱고, 가쟝 完全혼 者가 靈語에 取ᄒ여는 그 僅僅한 [밧침]의 用에밧겐 充치 못ᄒ게된 靈語에는 靈語로의 特別흔 子母가 잇으나 靈語의 '性'의 調和强緊의 補用에 例컨드 ㅣ '一' 'ㅅ' 갓흔 者로 提供되는 者일다.

現實語는 한 空氣(언으 조직체의)일다. 그러나 靈語는 한 液일다. 그럼으로 詩는 한 液體일다.17) 自我最高의 美를 홈키며 그 美에 觸훌쩌의 '늣김'을 普通 '靈感' 或은 '新興'이라 혼다. 더 强ᄒ게 말ᄒ면 '靈感' (Inspiration)은 神의 雪白의 행귀(句)로운 頬에 觸훌 더 그 손을 쫜쥐 일더 일어나는 '魂의 淨한 肉感'일다. 이 肉感의 滴이 엉겨, '쓰거운 말'이 되야 全神經의 纎維의 絃에 슷쳐써러질째가 抒情詩形의 낫는일가 詩가 흔 液體란 意義흔 이곳에서 더욱 발게 盡ᄒ여진다.18)

시의 언어와 영감에 대해서 말하고 있다. 시에는 인어와 영어가 있다고 했다. 인어는 현실어이다. 인어시인 속요, 속가 등이 시의 형식을 갖추었다고 해도 그것은 진정한 시가 아니라고 했다. 신과의 접촉에 의해 이루어진 영어시가 진정한 의미의 시가 된다는 것이다. 그리고 현실어를 공기로, 영어를 액으로 대비시켰다.

또한, 영감은 최고의 미와 접할 때의 느낌, 신과 접할 때의 혼의 정(淨)한 육감이라고 하였다. 이 영감도 영률이나 영어와 같은 관계로 설정되었다.

이 외에 시의 사상과 임무는 음악적 요소의 중요성을 말하고, 시작의 태도

---

17) 《매일신보》, 시화, 1919. 10. 13.
18) 《매일신보》, 시화, 1919. 10. 13.

와 명상은 신과 대좌할 때의 감정이며, 신의 궁전에 들어가기 위한 마음의 계율이라고 했다.

황석우의 「시화」는 영률, 영어, 영감 등의 용어로 요약될 수 있다.

시인은 신과 인간 사이의 중개자이며, 시인의 감흥은 신과 인간이 접촉할 때 쓰는 회화라고 하였다. 영률은 신과 인간 사이의 교감의 리듬이다. 기교가 바로 이 영률의 정돈이다. 영어는 신과 인간과의 교섭에 의해 쓰이는 말이다. 신과 인간 사이의 매개어이다. 언급한 시인의 감흥과 같은 말이다. 이 영어로 쓰여져야 진정한 시가 될 수 있다는 것이다. 영감은 신과 접할 때 느끼는 육감이다.

신과 시인이 소통한 내용이 시이다. 색, 향의 고귀한 가치와 함께 음향의 절제·세련, 즉 인격 호흡 또한 시에 있어서 없어서는 안 되는 가장 긴요한 것이라고 했다.

황석우 시론의 본질은 색, 향의 가치, 음향의 절제·세련과 함께 영어를 유로시키는 영률로 영감을 나타내는 것으로 정리할 수 있다. 그 세계는 이상의 세계, 신비의 세계, 진리의 세계이다. 황석우 시인의 상징주의는 바로 이러한 유토피아적 세계를 인식하고 탐구하는 데에 있는 것이다.

2. 「조선시단의 발족점과 자유시」

「조선시단의 발족점과 자유시」에서 황석우는, 우리 시단은 자유시로부터 발족하지 않으면 안 된다고 역설하고 있다. 일본의 신체시나 서구시의 모방에서 벗어나 독특한 자유시를 세워야 한다고 주장하고 있다.

> 諸君이여! 우리 詩壇은 적어도 自由詩로부터 發足하지 안으면 아니되겟습니다. 그리고 시단이 次次 꾀우는 찍를 따러 象徵詩, 惑 民衆詩, 人道詩, 或 寫象詩 등에 旗를 分ᄒᆞ여 나가는 것이 그 가장 賢明ᄒᆞ 順序라 ᄒᆞ겟습니다. 적어도 우리가 日本詩壇, 世界詩壇에 對立ᄒᆞ며 나가는 데는 이런 詩形을 세우지 안어서는 아니되겟습니다. 그러나 우리의 '힘'과 才能은 아직 이

곳까지 잇지 못홈니다. 우리는 모던 것이 느껴 잇슴니다.[19]

황석우는 '신체시'란 말은 구체적으로 쓰고 있지는 않으나 일본 시단을 이야기함으로써 신체시를 간접적으로 지칭하고 있다. 같은 글에서 자유시를 주장하는 대목에서는 "最近 우리 朝鮮에는 新體詩란 말과 그 詩風의 流行이 各 知識階層에 蔓延되어 잇슴니다. 이 말을 들을 때마다 昏倒할만치의 큰 고통을 늣김니다."라고 하여, 그가 주장하는 우리 개성의 독특한 새 시형을 세우는 것이 신체시에서 빨리 탈피하는 것과 밀접한 관계에 있는 것으로 파악하고 있다. 신체시에 대해 심한 혐오감을 가진 까닭은 신체시가 한시, 민요체와 같이 낡은 시대의 시를 가리키기 때문으로 보인다. 그래서 신체시에서 빨리 탈피해야 한다고 주장했을 뿐만 아니라, 그것을 지양하고 극복하기 위해 자유시의 제작을 열망한 것이다.[20]

춘원과 육당이 일본의 신체시가 자유시라는 개념을 갖고 있었던 것과는 달리 황석우는 신체시와 자유시에 대한 정확한 개념을 갖고 있었다.[21]

> 自由詩의 發祥地는 더 말홀 것 업시 彼佛蘭西입니다.……이 專制詩形에 反抗ᄒ야 立흔 者가 곳 自由詩임니다. 自由詩는 그 律의 根底를 個性에 置하였습니다.……이 律名에 至ᄒ야는 사람의게 衣ᄒ여 各各 或가 內容律가, 或 內心律, 或 內律, 或 心律이라고 呼홈니다.[22]

자신이 밝히고 있듯, 자유시가 프랑스의 상징파 시에서 비롯된 것이라고

---

19) 황석우,「조선시단의 발족점과 자유시」, ≪매일신보≫, 1919. 11. 10.
20) 김용직,「본격 근대시의 등장과 전개」,『한국근대시사』(새문사, 1982), 177쪽.
   김병택,『한국현대시인론』(국학자료원, 1995), 59쪽에서 재인용.
21) "諸君이여 新體詩라는 말은 日本 明治期에 詩壇에서 일어난 말이니 彼, 井上, 矢日, 外山 博士 등의「新體詩抄」를 그 嚆矢로 하는 者입니다. 이는 日本 재래의 歌體로부터 西詩의 모의에 移하려는 과도기의 五七七五 기타의 종종의 제약을 가진……최근 이 말은 廢語가 되어 버렸습니다……."
   황석우, ≪매일신보≫, 1919. 11. 20.
22) ≪매일신보≫, 1919. 11. 10.

했다. 황석우는 「시화」에서 '영률'에 대해 구체적으로 언급하지 않았다. 영어로 시를 만드는 리듬 정도가 '영률'이라고 했다. 「조선시단의 발족점과 자유시」에서는 영률이 자유시의 개성률, 즉 내용률(內容律), 내심률(內心律), 내율심률(內律心律)이라는 구체적인 용어로 언급하고 있다. 이는 내재율과 같은 의미의 용어이다. 「시화」에서의 영어, 영률, 영감이라는 용어도 이런 맥락에서 쓰여진 것임을 알 수 있다.

황석우의 시론은 서구 프랑스의 상징주의 시에서 자유시의 전범을 구했다. 서구 시론을 「시화」, 「조선시단의 발족점과 자유시」에서 적극적으로 수용, 전개해 나간 것이다.

「시화」에서 상징주의를 소개했고, 「조선시단의 발족점과 자유시」에서 이를 심화시켰다.

이러한 전개는 「일본 시단의 2대 경향」으로 다시 이어진다.

3. 「일본 시단의 2대 경향」

「시화」에서는 상징시학의 개념을, 「조선시단의 발족점과 자유시」에서는 신체시의 극복과 자유시에 대해서, 「일본 시단의 2대 경향」에서는 지적 상징주의, 지적·정서적 상징주의, 정서적 상징주의에 대해서 말하고 있다.

황석우는 상징주의를 광의와 협의의 상징주의로 나누고, 광의의 상징주의는 지적 상징주의와 정서적·지적 상징주의로, 협의의 상징주의는 정서적 상징주의로 나누어 설명하고 있다. 일본 영문학자인 山宮允의 논문을 통해 영국 시인 예이츠의 상징과 상징주의에 대해 소개하고 있다.

「일본 시단의 2대 경향」은 「시화」와 함께 상징시학에 대한 그의 근대적 인식을 보여주는 중요한 자료이다. 전반에서는 일본 상징 시단의 계보와 경향을, 후반에서는 山宮允의 시론을 차용하여 예이츠의 시론을 소개하고 있다. 그리고 상징주의에 대한 그의 시론을 나름대로 체계화시키고 있다.

이 글에서 그는 상징주의를 광의의 상징주의와 협의의 상징주의로 나누어 논리를 전개시켜가고 있다.

지적 상징주의는 "지적 상징과 또는 지적 상징의 결합에 의하여 어느 관념·사상을 표시하는 상징주의이니, 풍유·우화·譬 등은 다 이 상징주의에 속하는 자"[23]라는 것이다. 상징주의 예로 든 우화나 비(譬) 등은 상징과는 거리가 멀다. 우화는 빗대어 풍자한 이야기이며, 비유는 직유나 은유를 말하는 것이다. 상징주의 대한 황석우의 이해는 불충분했던 것으로 보인다.

정서적·지적 상징주의는 "어느 觀念 思想 象徵, 또는 일군의 상징에 의하여 표시하는 점"[24]에 있어서는 지적 상징주의와 같으나, "구성상 富하고 次에 베푸는 정서적 상징주의와 함께 본질적되는 예술적 표현인 점"[25]에 있어서는 지적 상징주의와 다르다고 했다. 「햄릿」, 「리어왕」, 「파우스트」, 「신곡」 등을 예로 들고 있는데, 이 점 역시 지적·정서적 상징주의의 설명과 부합되지 않는다. 어떤 장르, 어떤 사조이건 본질적으로 예술적 표현 아닌 것이 없으며, 내용이나 형식 또한 그것으로 변별력을 가질 수 없기 때문이다.

정서적 상징주의는 "音·形·色·香·美의 상징에 의하여 어느 種의 정서·기분을 환기하는 상징주의"[26]이다. 이것은 근대 상징주의를 의미하는 것으로서, 주로 프랑스의 상징주의 시인들의 작품들이 그 전형적인 예가 된다.[27] 황석우가 말하는 근대 상징주의의 특질은 다음과 같다.

① 人 또는 想像의 所産이다. 且 이에 想像이라 함은 洞察, 理想主義, 幻覺 등 온갖 自然主義, 論理的 物質主義 具體的 科學的 事實에 反자하는 者.
② 內容으로 하는 觀念, 思想, 情緖, 氣分, 及 形式은 同樣의 價値를 有함.
③ 形式과 內容이 分離되어 있지 아니하고 二者 渾融한 二體를 이르러

---

23) 황석우, 「일본 시단의 2대 경향」, ≪폐허≫ 창간호, 1920. 7, 80쪽.
24) 앞의 책, 82쪽.
25) 위의 책, 82쪽.
26) 위의 책, 83쪽.
27) 김병택, 앞의 책, 64쪽.

있는 것.
④ 具象性에 富함.
⑤ 形式과 內容과는 渾融한 一體를 짓고 具象性에 富하여 있음으로써 '知的 象徵主義'에 在함과 같이 鑑賞에 際하여 審美의 及 享樂을 妨하는 知, 또는 意志의 活動을 要치 않는 것.
⑥ 藝術的 表現으로서 가장 審美性 及 必然性에 富하여, 事物의 統一的 確한 本質의 表現인 것.28)

정서적 상징주의를 프랑스 근대 상징주의의 본질이라고 보고, 상징주의를 자연주의, 논리적 물질주의, 구체적 과학적 사실과 반대 개념으로 파악하고 있다. 주관주의·정신주의로 파악하고 있는 것이다. 정서적 상징주의는 비교적 정확성을 띠고 있다.

지적 관념보다는 구상성을 획득함으로써 사물의 본질이 형상화된다고 보는 견해는 근대시를 제대로 인식하고 있음을 보여주는 것이다. 구체성을 띤 이미지를 통해 시인의 정서가 형상화된다는 점을 제대로 파악하고 있는 것이다. 이러한 구상성의 시학은 그가 창작시에서 줄곧 집착하였던 은유 시학의 모태가 되었다.

몇 가지 오류가 있음에도 서구 중심의 이론과 일본의 상징주의에 대해 구체적으로 기술함으로써 상징주의에 대한 시야를 넓혀 주었고, 서구문학 수입이 일본을 매개체로 하고 있었음을 명확히 보여주었다는 점, 상징주의에 대한 명확한 이론적 분류체계를 시도했다는 점 등에 그 의의가 있다.

4.「최근의 시단」

「최근의 시단」은 실제비평이다. 앞에서 언급한 「시화」, 「조선시단의 발족점과 자유시」, 「일본 시단의 2대 경향」은 프랑스 상징주의 시론을 수용, 전개하고 있는 데 비해, 「최근의 시단」은 상징주의 이론에 입각하여 작품을 평

---

28) ≪폐허≫, 1920. 7.

하고 있다.
 비평 장르가 부재했던 당시에 비평의 효용성을 제기한 가치 있는 논문이라 할 수 있다.

> 步星의 「네 발자국소리」; 마치 온갓 村里의 까치새끼란 까치새끼는 모조리 잡아먹은 貪慾의 罪깁흔 까마귀가 한가의 적은 寂寞한 '매미'로 轉化하려 할 때의 무섭고 압프고 슬픈 그 瞬間의 煩躍, 嗚咽의 狂姿를 봄과 가튼 近代人의 뿌리깁흔 속타(燃)는 苦惱를 을픈 者나일다.
> 그러나 이곳에도 또한 君의 痼疾되는 '憧憬의 이슬' '戰慄의 微動' '恐怖의 밤' '神秘의 까마귀' '의 쇠사실' 等과 가튼 君의 獨特한 藝語가 있다.[29]

《폐허》 1호의 적성의 「네 발자국소리」에서 "무섭고 압프고 슬픈 그 瞬間의 煩躍', '嗚咽의 狂姿를 봄과 가튼 近代人의 뿌리깁흔 속타(燃)는 苦惱"와 같은 표현들을 보면 상징주의 시론으로 작품을 재단하고 있음을 볼 수 있다.
 《창조》 11호 요한의 "아편에 중독된 四肢 百體", "힘없고 약한 애처러운 燭火", "샘물 같은 淨한 눈동자", "死의 정다운 고운 얼굴" 등과 같은 표현이 있어 상징주의의 가늠 정도를 알 수 있다.

3. 황석우의 시

1) 시작 시기의 구분

황석우의 시작 시기는 대체로 5기로 구분된다.
 제1기는 《태서문예신보》 14호(1919. 1. 13), 16호에 발표했던 몇몇 작품들이 이에 해당되며, 그 후 《매일신보》, 《폐허》, 《장미촌》, 《개벽》에서 활동한 1919년에서 1921년까지가 제2기에 해당된다. 제3기는 《조선시단》을 창간한 1928년에서 1929년까지, 제4기는 1930년부터 1935년까지의

---
29) 앞의 글.

시기이다. 그리고 해방 후에 쓰여진 11편의 작품은 제5기에 해당된다. 1기는 3·1운동 이전이며, 2기는 상징주의 영향을 많이 받았다는 시기이며, 3기는 시집『자연송』이 발표된 때이다. 4기는 침체기이며, 5기는 20년 공백이 있은 말년에 해당된다.30)

시는 시대와 길항하면서 변모되어 간다. 변모되어 가지만 근저에 흐르는 세계관은 변하지 않고 굴절되어 간다. 이동되어 가는 작품 세계를 추적하는 일이다. 시대 구분은 형식에 지나지 않는다. 중요한 것은 작품의 일관성을 찾아내는 일이다. 이는 시사에서의 시인의 위치를 가늠할 수 있기 때문이다.

2) 제1기

≪태서문예신보≫ 14호에 수록된「隱者의 歌」라는 제목의「頌 <k군에게>」,「新我의 序曲」과 동지 16호에 실린「어린 姉妹에게」라는 제목의「봄」,「밤」,「열매」,「鶯」등의 작품이 이에 해당된다.

≪태서문예신보≫ 14호에 수록된 작품은 동지 16호에 수록된 작품과는 많은 차이를 보이고 있다. 전자는 지나친 한자어를 사용하는 데 비해, 후자는 우리말에 대한 세심한 배려가 보인다. 또한 전자는 관념적인 메시지로 짜여져 있는 반면, 후자는 관념이 아닌 서정으로 구체성을 띠고 있다.31)

> 勇士야들으라, 未來의 戶口에 나가들으라
> 官能의 廢圻, 噫, 落月의밋으로
> 고요히, 哀달케, 울녀나오는
> 尊한 辱日의曲−新我의頌
>
> 僞의骨董에날근나는가고
> 嬰兒생는懺悔의闇−三位一體의胎에 頰笑하다
> 自然. 人生. 時間.

---

30) 양왕용,『한국근대 시연구』(삼영사, 1982), 119쪽.
31) 유성호,『한국현대시의 형상과 논리』(국학자료원, 1997), 42~44쪽.

新我는불으짓다. 오오 大我의引力에
感電된肉의柵木 ――我냐, 一我야
新我의血은世의始와終과에흘너가고, 흘너오다.
나의게 哀愁업다. 恐怖업다. 苦惱업다,
참의 '나'無限의傷과滅亡밧게,
噫, 死와老는
調和의化和일다, 夕宴일다라고

——「新我의 序曲」 전문

이는 습작기에 해당되는 시이다.

제목 그대로 '新我', 곧 '새로운 나'의 자각을 주제로 하고 있다. '낡은 나'를 버리고 '새로운 나'를 찾을 때 애수, 공포, 고뇌가 사라진다는 것이다. 관념 지향, 한문투의 문체이다. 시적 형상화에는 실패했지만 정서적 지향이 검출되고 있다.[32]

은자는 현실을 외면 도피하는 은둔자를 뜻하며,[33] '새로운 나'에로의 관념적 개인주의를 보이는 작품[34]이라고 볼 때, 이 작품은 현실 부정과 관념세계를 지향하는 작품임에는 재론의 여지가 없다. 현실은 암울하지만 '참 나'를 발견하려는 작가의 건실한 이미지를 엿볼 수 있다.

가을가고 결박풀어져 봄이오다
나무, 나무에 바람은 연한 피리부다.
실강지에 날감고 밤감아
꼿밧에 매여 한바람, 한바람식당기다
가을가고 결박풀어져 봄이오다
너와나 단두사이에 맘의그늘에

---

32) 앞의 책, 43쪽.
33) 장병희, 「상아탑의 황석우시 연구」, 『한국학 논총3집』, 국민대 한국학연구소, 1981, 155쪽.
34) 위의 책, 156쪽.

絃音, 감는소리, 타는소리
새야, 봉오리야, 細雨야, 달아.

—「봄」전문

이 작품은 생경한 한문투에서 탈각되어 있다. 구체성을 띠고 있으며, 대상을 객관화시키고 있다. 또한, 회화적이며 감각적이다. 「隱者의 歌」와는 달리 시적 형상화가 뛰어나다.

가을이 가고 결박이 풀어진다고 했다. 시간을 시각화시키고 있다. 나무와 나무가 부딪쳐 피리를 분다고 했다. 시각의 청각화이다. 실강지에 낮과 밤을 감아 꽃밭에 매어 한 바람씩 당긴다고 했다. 시간을 시각화시키고 있다. 너와 나 단 둘이서 현음 감는, 타는 소리를 느끼고 있다는 것이다.

낮과 밤을 감아 당기면 결박이 풀어진다. 이것이 너와 나로 형상화되어 있다. 너와 내가 감고 당기면 풀어지는 소리를 느낀다는 것이다. 시각과 청각을 적절히 사용하여 정서를 극대화시키고 있다.

「隱者의 歌」는 추상적 관념으로 이미지를 시화한 것이요, 「봄」은 구체적 사물로 이미지를 감각화시키고 있는 것이다. 「隱者의 歌」는 관념어가 남발되고 있으며, 「봄」은 감각적 이미지를 실험하고 있다. 그러나 상징주의 시론에는 접근하지 못한 것으로 보인다.

3) 제2기

≪폐허≫, ≪장미촌≫, ≪개벽≫에서 활동한 1919년에서 1921년까지가 제2기에 해당된다. ≪폐허≫ 창간호에 「석양은 꺼지다」, 「태양의 침몰」, 「벽모의 묘」 등이, ≪장미촌≫에는 「장미촌의 향연」, 「장미촌의 제1의 여명」 등이 발표되었다.

≪폐허≫기의 시는 퇴폐적 상징주의, 세기말적 사상을 나타내고 있으며,[35] ≪장미촌≫기의 시는 ≪폐허≫와는 달리 투명하고 감상적인 정조를 띠고 있

---

35) 김은철, 『한국근대시연구』(국학자료원, 2000), 175쪽.

다.36)

> 네 우슴이 나의에게만 열어 뵈희는
> 너의 悲哀의 秘密한 畵帖일진댄
> 나는 내 마음이 洪水의 속에 잠기도록 울어주마.
> 愛人아 우서라, 夕陽은 써지다.
> ―「夕陽은 꺼지다」에서

> 太陽은 잠기다. 저녁 구름(夕雲)의 癲狂者의기개품갓치, 어름비(氷雨)갓치,
> 여울(渦)지고 보랏빗으로 여울지는 끝업는 岩窟에 太陽은 잠겨 떠러지다.
> 太陽은 잠기다. 넓은 들에 길일흔
> 少女의 哀歎스러운 가슴안 갓흔
> 黃昏의 안을 숨(潛)여 太陽은 잠기다.
> 太陽은 잠기다. 아아 죽는 者주의 움푹한 눈갓치
> 異國의 祭壇의 압헤, 太陽은 휘도라 잠(翔沈)기다.
> ―「太陽의 沈沒」 전문

「夕陽은 꺼지다」에서는 애인에 대한 열렬한 사랑을 노래하고 있다. 애상적이고 낭만적이나 어둡고 우울하다. 이는 석양이라는 시간적 배경 때문일 것이다. 홍수 속에 잠기도록 운다는 화자의 비통한 심경이 깔려 있다.

「太陽의 沈沒」에서는 절망적 상황을 말하고 있다. 당시의 시대 상황과 무관하지는 않다. 보랏빛 암굴에 태양이 떨어진다. 태양은 죽는 자의 눈같이 이국의 제단 앞에 휘돌아 잠기는 것이다.「太陽의 沈沒」 뒤편에 그 자신의 심경을 피력한 것을 보면37) 당대의 현실과 밀접한 관련이 있다. 이국의 제단 앞에 태양이 휘돌아 잠긴다는 것은 고국의 태양을 상대적 개념으로 설정한

---

36) 김학동, 앞의 책, 123쪽.
37) "이 전편의 시 안에 특히 「저녁」이란 말이 많이 써 있으나 이는 한 世紀末的이 氣分에 붙잡힌 나의 最近의 思想의 傾向을 가장 率直히 나타낸 것이다. 독자여 양지하라."
≪폐허≫ 1호, 1920. 7. 25.

것이다. '민족 원형의 빛'의 침몰을 뜻하고 있다.38) 시대적 상황과 맞물린 세기말적 경향을 느낄 수 있다. 자신의 고백같이 세기말적 기분에 편승함으로써 퇴폐적인 정서를 느끼게 할 뿐 다른 대다수의 시인들과 마찬가지로 식민지 현실과 민족 이념과는 간접적인 관계에 머무는 한계를 지니고 있다.39)

>   어느날내靈魂의
>   午睡場(낮잠터)되는
>   沙漠의우, 수풀그늘로서
>   碧毛(파란털)의
>   고양이가, 내고적한
>   마음을바라보면서
>   (이애, 네의
>   왼갓懊惱, 運命을
>   나의 熱泉(끌는샘)갓흔
>   愛에 살젹삶아주마,
>   만일, 네마음이
>   우리들의世界의
>   太陽이되기만하면
>   基督이되기만하면)

―「벽모의 묘」 전문

 이는 14행으로 이루어진 작품이다. 1~6행은 고양이의 출현에 대해서, 7~14행은 고양이가 화자에게 속삭이는 영원의 대화로 이루어져 있다. 서구 상징주의 시론의 측면에서 실험한 대표적인 상징주의 시이다.
 어느 날 낮잠 터인 사막의 수풀 위에서 화자는 파란 털의 고양이를 만난다. 시간은 낮잠 자는 오후이며, 공간은 사막 위의 수풀이다. 여기에서 파란

---

38) 손광은, 「한국시의 상징주의 양상 연구」, 충남대 박사학위 논문, 1985, 87쪽.
39) 김은철, 앞의 책, 177쪽.

털의 고양이를 만나는 것이다. 현실 세계가 아닌 원초적인 신비의 세계이다.

고양이는 화자에게 속삭이듯 말을 걸어온다. 화자는 고양이에게 태양과 기독의 존재가 되어준다면 너의 온갖 고뇌와 운명을 화자의 뜨거운 사랑으로 삶아주겠다는 것이다. 화자의 사랑으로 고양이의 고뇌와 운명을 없애주겠다는 것이다.

화자의 세계는 초월적인 신비의 세계이다. 화자와 고양이는 서로 다른 두 존재가 아니다. 일원적인 분신이다. 내가 또 하나의 내게 말하고 대답하는 독백 형식으로 되어 있다. 고양이는 현실 세계에서 이상 세계로 인도하는 매개자의 역할을 하고 있다. 화자는 고양이로 하여금 고뇌와 운명의 현실 세계를 벗어나 초월적 신비의 세계로 가고자 한다. 태양과 기독은 현실세계를 구원하는 존재로 나타나고 있는 것이다. 언급한 「夕陽은 꺼지다」, 「太陽의 沈沒」과 같이 아직도 세기말적인 분위기를 불식시키지 못하고 있다.

> 孤獨은내靈의月世界. 나는그우의沙漠에깃드려잇다.
> 孤獨은나의情熱의佛土
> 나는그우에한薔薇村을 세우려한다.
> 그리하여나는스사로그村의王이되려한다.
> ― 「장미촌의 향연」에서

《장미촌》은 23면의 소책자로 창간호만 나왔으나 우리 나라 최초의 시 전문지로서 그 문학사적 의의가 크다. 또한 《폐허》와 《백조》 동인들의 문학사적 성격을 동시에 지니고 있기도 하다.[40]

'자유시의 선구'라는 부제가 붙어 있는 이 작품은 고독을 그 주제 의식으로 삼고 있다. 고독은 내 영의 월세계이며, 내 정렬의 불토라고 하였다. 그 위에 장미촌을 세운다는 것이다. 고독은 신인동체(神人同體)의 깨끗한 사랑, 사랑의 절정이라고 하였다. 그 위에 장미촌을 세운다는 것이다. 전편의 퇴폐

---

40) 김학동, 앞의 책, 125쪽.

적인 속성과는 달리 감상과 낭만적인 색조를 주조로 하고 있다.
「벽모의 묘」에서는 그 이상향이 태양과 기독의 세계로, 「장미촌의 향연」에서는 장미촌으로 나타나고 있다. 박영희의 '꿈의 나라', 박종화의 '캄캄한 밀실', 이상화의 '나의 침실'과 같은 세계이다. 이들은 어둠의 이미지로 나타나지만, 황석우의 「장미촌의 향연」에서는 밝은 이미지로 나타나고 있다.

4) 제3기

1921년 11월 ≪개벽≫지상에 「丘上의 淚」를 발표하고 1924년 '탑골승방여승사건'으로 시단에서 자취를 감추고 만주 방랑길에 올랐다. 귀국하여 1928년 11월 15일 시 전문지 ≪조선시단≫을 창간, 신인 발굴에 기여하기도 하였다. 제 3기는 ≪조선시단≫을 통해 '자연시'라는 그 나름대로의 장르를 갖고 활동했던 1930년 1월 제6호 전까지이다.

황석우는 제3기에 이르러 상징시를 벗어나 자연시라는 새로운 경향을 나타내기 시작한다.

그의 유일한 시집인 『自然頌』은 1929년 11월 19일 조선시단사에서 발간되었다. 여기에는 창작시 129편과 동경시대의 것 15편, 일문시 7편 등 총 151편이 수록되어 있다. 그에 의하면 『자연송』의 시편은 사회운동 이전인 1920년 이전의 작품들과 만주 방랑시대의 것이라 밝히고 있다. 또한 그는 서문에서 근작 대부분이 경향 색채 같은 사상시들이라고 하면서 이런 계열의 시를 따로 묶겠다고 했는데, 그 후 그는 시집을 내지 않았다.

『자연송』의 머리에 "자연을 사랑하라. 자연을 사랑하지 못하는 자는 사람도 사랑할 참된 길을 아지 못한다."라고 하고 있다. 자연에 대한 사랑에서 모든 것이 출발하고 있음을 말한 것이다.

이 시기에는 근대 자유시가 어느 정도 확립되어 있었다. 그로서는 새로운 출구가 필요했을 것이다. 이 시집에 구현되어 있는 우주적 일체감, 태양 숭배로서의 밝은 이미지가 바로 그것이다.[41]

『자연송』에 나타난 자연관은 천체와 계절로 나누어진다. 천체는 태양, 지구, 달, 별 등이고, 계절은 봄, 비, 눈, 강, 바다, 구름, 꽃, 초목 등이다.

(1) 천체
사람의 눈에 보이는 宇宙는
太陽系 둘레의 天體 뿐입니다.
그곳을 '島嶼的 小宇宙'라고 합니다.
小宇宙 안에는 헬크레스 星雲의 別宇宙系統과 二億萬의 몸 嚴莊한 별들이
하늘 놉히 屛風과 갓치 둘너안져 잇고
그 밋으로 달과 太陽과 地球는 족으만 風扇공과 갓치 귀엽게 쩌돌아 다님
니다.
이 우주 밧갓은 大宇宙, 그 안에 잇는 銀河의 저ㅅ 족으로 저ㅅ 족까지의
씨업는 無限의 모든 '島嶼的 小宇宙' 星雲,또는 그들 星雲 속의 恒河 모래
갓치 쌀니여 잇는
족으만 별들
太陽들
生物의 世界들의 그 種類와 數爻를 어즈러워 想像할 수도 업슴니다.
— 「소우주·대우주」 전문

태양계 둘레가 도서적 소우주, 소우주 바깥 은하 저쪽 무한한 공간이 대우 주라는 것이다. 자연과학적 지식을 바탕으로 천체 운행의 질서에 따른 변화를 서경적으로 읊고 있다. 직유와 은유로 천체를 의인화시키고 있다. 자연이 인사를 말하기 위한 보조수단으로 동원되는 것이 아니고, 인사가 자연의 보조수단으로 동원되고 있다는 점이 특이하다. 화자의 감정 이입이 없다.

太陽은 運轉手님!
太陽은 地球의 自動車 우에
億兆生物의 家族을 태우고
놉흔 空中에 배걸치고 업대여
地球의 기-ㄴ 핸들을 잡고

---

41) 유성호, 앞의 책, 47쪽.

아 츰에는 朝鮮으로 달녀오고
저녁에는 西半球의 아메리카로 달려갑니다.
—「空中의 運轉手님」

　태양이라는 운전수가 지구라는 자동차에 억조 생물의 가족을 태우고 밤낮으로 달려간다는 인식 자체가 우화적이며 동화적이다. 감정 이입이 없는 단조로운 작품이다.

太陽은 앗츰마다와서
넓은 光線의 부ㅅ채扇로써
萬象의눈우로부터 잠을 날녀쫏습니다
穀食풀폭이에 안즌 참새떼를 휘몰아쫏듯이
—「선의 부ㅅ채」

東쪽한울의 끝정거장에서
달과太陽은交叉합니다
달은水國으로설흠을실고가고
太陽은陸地로歡喜를실고옴니다
—「달과太陽의交叉」

　태양을 인식하는 작자의 태도가 낙천적이다. 태양은 넓은 광선으로 잠을 쫓고 참새 떼를 쫓는다고 했다. 또한, 태양은 육지로 환희를 싣고 온다고 했다. 언급한 「태양의 침몰」이나 「태양은 꺼지다」과 같은 세기말적 인식은 찾아볼 수 없다. 서구지향적이며 미래지향적이다.

그도 설게 돌아가(逝)실 날이 머ㅡㄹ지 안엇담니다
달뎅이는 임의 小太陽이 돌아간 그 木乃伊!
그는 곳 巨人 太陽이 돌아가신 뒤에
그 무덤 압헤 깍거 세울 碑石으로서 準備된 者랍니다.
—「太陽의 壽命」에서

>   地球는
>   太陽이 끄는 乳母車
>   生物들은
>   그 우에 채인 太陽의 애기들
>
>   —「地球・生物」

　　태양이 죽거든 그것을 조각하여 하늘에 모셔야 한다는 것이다. 언젠가는 소멸된 태양, 열이 식으면 태양계는 얼음덩이로 변하는 것이다. 태양의 소멸은 지상의 생물의 소멸을 의미한다. 또한, 지구는 태양이 끄는 유모차라는 것이다. 생물들은 그 위에 채인 태양의 애기들이라는 것이다. 미래지향적이면서도 생자는 필멸한다는 허무사상이 깔려 있다. 밝음과 어둠의 이미지가 공존하는 대자연의 순환으로 파악하고 있는 것이다.

　(2) 계절
　　전반은 천체에 관한 시편들로, 후반은 계절에 관한 시편들로 구성되어 있다. 봄과 가을의 시편들인데, 가을의 시편보다는 봄의 시편들이 많다.

>   봄의 치마는 東風, 그 빛은 草綠!
>   봄의 얼골은 둥글고 눈갓치 희다!
>   봄의 눈은 粉紅빗의 비둘기눈!
>   봄의 마음은 꿀맛의 사랑의 샘!
>   봄의 職業은 꼿 製造, 빗製造, 노래製造!
>   봄은 곳 아릿다운 生命을 맨드는 女流技師!
>   봄은 太陽의 젊은 슈夫人!
>
>   —「봄」

>   흙속에서 파란
>   어린 싹들이 입술을 쪽쪽 빨며

봄의 단 키-스를 더 맛보려고 벗채는 듯이
머리 쏠근 쏠근 치켜들고 나옵니다.
—「새싹」

그러나 그들은 바람과 맛껴안는 雙舞로 춤을 춥니다.
가을 바람은 곳 自然界의 아릿다운 勞動者-물과 풀과 나무들과 시냇가의 舞臺,江우의 舞臺
들과 山숲속의 舞臺에서
그들의 봄, 여름동안의 勞動의 勝利를 祝賀하는 춤추러온 젊은 童貞女이람니다. 그 몸에는 靑丹楓의 舞衣를 입엇담니다.
—「가을 自然의 舞踏」에서

「봄」에서는 불가시적 대상인 봄을 가시적으로 형상화하고 있다. 조형화, 색채화 하고 있는 것이다. 봄은 여류기사이며, 태양의 젊은 영부인이라고 했다. 은유의 틀을 벗어나지 못하고 있다. 인사의 감정이 이입되는 것이 아니라 인사가 자연의 보조 개념으로 등장하고 있는 것이다.

「새싹」에서는 돋아나는 새싹의 모습을 생동감 있게 표현하고 있다. 동시적이며, 이미지가 밝다.「가을 自然의 舞踏」에서도 같은 톤을 유지하고 있다. 풍요로운 무도회가 벌어지고 있는 것이다. 가을의 애상이나 우수의 정조는 찾아볼 수가 없다. 은유의 시학을 통한 구상성과 밝고 건강한 이미지를 제시하고 있는 것이다.

또한 지적할 수 있는 것은 ≪태서문예신보≫에서 보여주었던 연구분을 찾아볼 수 없다. 작품 자체에서 리듬을 찾아 볼 수 없다는 것은 아니나, 규칙적인 연구분에서의 리듬의 가능성을 철저히 배제했다는 점이다.

5) 제4기

제4기는 1930년부터 1935년까지의 침체기이다. 당시의 수준에서 크게 뒤져 있다.[42] 서정시와 경향시의 두 색채가 엿보인다.

少女의 마음은 봄잔디풀!
　　　그는　밟으면 웅크러지고
　　　그는 불대면 타진다

　　　少女의 마음은 琉璃 풍경
　　　그는 바람 부딪치면 울리고
　　　그는 내던지면 깨진다
　　　　　　　　　　　　　　　　　—「소녀의 마음」

　소녀의 마음은 봄잔디풀이며, 밟으면 웅크러지고 불에 대면 탄다고 했다. 소녀의 마음은 유리이다. 바람에 부딪히면 울리고 던지면 깨진다고 했다. 감각적이며 감상적이다. 동화적이며 정감이 있다. 이와 같은 유의 서정시들은 『자연송』의 시편들과 연관되고 있다.

　　　그대들 革命家의 意志는 蒼天과 갓고
　　　그대들 革命家의 魂은 그 尊貴함이 沙漠에 피는 사보덴의 꼿과 갓고
　　　그대들 革命家의 情熱은 太陽우의 푸로미넨스와 갓고
　　　그대들 革命家의 피는 地心을 뛰어 휘도는 熔岩液 갓고
　　　　　　　　　　　　　　　—「그대들 革命家!」에서

　　　여보게 동무 오늘은 어데서 모힐까
　　　오늘은 출출한 저녁 으스름에 拾錢식만 가지고
　　　액구갈보네 모주 ㅅ집네서 모여 보지 않으려나
　　　모주 ㅅ집은 우리들의 한盞 慰安의 가장 즐거운 호—ㄹ이 아니요, 빠—
　　　니까……
　　　그곳은 우리들의 술잔 아래의 은근한 共同立談所이니까
　　　　　　　　　　　　　　　　—「五錢會費」에서

---

42) 양왕용, 앞의 책, 119쪽.

「그대들 革命家!」에서 혁명은 창천과 같고 사보뎬의 꽃과 같고 용암액과 같다고 했다. 과격하고 원색적이다. 경향적 사상시를 의도하고 쓴 시이다.

「五錢會費」에서는 무산자의 궁핍한 생활을 희화화하고 있다. 십 전 회비도 벅차 오 전만 갖고 무시룻 떡집으로 모이자는 것이다. 무산 노동자들의 일상을 풍자하고 있다.

황석우는 『자연송』의 서문에서 근작의 대부분이 경향 색채를 가진 사상시라고 말했다. 이런 계열의 시를 꾀하기도 했지만, 시도에 그치고 말았다.

6) 제5기

해방 후의 11편의 작품이 이에 해당된다. 20년간의 공백 기간이 있었다. 죽기 직전 시단에 다시 복귀했다. 끝내 시를 버리지 못한 천성의 시인이었다.

『자연송』에서는 우주와 자아를 객체화시킨 데 반해, 5기의 작품은 우주와 자아를 일체화시키고 있다.

> 나는 산, 들, 바다와 함께 호흡한다.
> 나는 별의 무리, 해와 달과 함께, 창공과 함께 호흡한다.
> 나는 우주와 함께 호흡한다.
> 나는 우주의 대기 속에서 조그마한 개미들과 풀싹과도 함께 호흡한다.
> 나는 사나운 사자, 호랑이들과 함께 코를 마조대고 호흡한다.
> ―「나의 호흡과 말」에서

자연과의 일체감이란 자연에로의 회귀를 말한다. 이는 죽음과도 연관된다. 결국 인간은 자연으로 돌아가게 되어 있다. 광복의 기쁨을 노래한 시편, 유고에는 죽음의 징후 시편들이 보인다.

> 반가웁다 눈물이 난다 / 데엥데엥 그냇鐘소리
> 우리나라 목숨피어나 / 億千萬年 기리살리라
> ―「넷 鐘소리」에서

꽃동산에 珊瑚卓을 놓고
어머님께 賞狀을 드리렵니다.
어머님께 勳章을 드리렵니다.
두 고리 붙은 금가락지를 드리렵니다.
한 고리는 아버지 받들고
한 고리는 아들딸, 사랑의 고리
어머님이 우리를 낳은 공로 勳章을 드리렵니다.
나라의 다음가는 家庭賞, 家庭勳章을 드리렵니다.

— 「초대장」에서

6. 맺음말

황석우의 시론은 다음과 같은 의의가 있다.

첫째, 「시화」에서 프랑스 상징주의 시론에 입각하여 한국근대 상징주의 시론에 대해 논하고 있다. 서구시 개념조차 분명하지 못했던 1920년대에 한국 시단에 시에 대한 이론적 논의를 제공했다.

둘째, 「조선시단의 발족점과 자유시」에서는 일본의 신체시 극복과 우리의 자유시를 제작할 것을 주장하고 있다. 육당의 계몽적 시학, 불완전한 정형성에 대해 자유시라는 개념으로 문제를 체계적으로 제기한 상징주의 시론이다.

셋째, 「일본 시단의 2대 경향」에서는 지적·정서적 상징주의의 개념을 체계적으로 정리하고 있다. 오류에도 불구하고 상징주의에 대해 체계적으로 논의한 최초의 글이다.

넷째, 「최근의 시단」은 상징주의 이론에 입각한 실제 비평으로, 1920년대 초기 시단에 비평의 전기를 마련하였다.

황석우의 시 창작은 다음과 같이 정리할 수 있다.

첫째, 제1기에서는 《태서문예신보》 14호의 한문투의 관념어의 남용과 동지 16호의 감각적 이미지 실험이 보이지만 상징주의 시론에는 접근하지 못한 것으로 보인다.

둘째, 제2기는 ≪폐허≫기의 퇴폐적 상징주의와 ≪장미촌≫기의 투명한 감상주의가 대비되고 있다. 특히, 「벽모의 묘」는 서구 상징주의 시론 측면에서 실험한 대표적인 상징주의 시이다. 어둠에서 밝음의 이미지로의 이동과 공히 이상향 추구를 엿볼 수 있다.

셋째, 제3기에서는 상징시를 벗어나 자연시라는 새로운 경향이 나타난다.

직유와 은유를 통한 천체의 의인화이다. 또한 인식 자체가 우화적이며 동화적이다. 서구지향적, 미래지향적이면서 허무사상도 깔려 있다. 밝음과 어둠의 이미지가 공존하는 것으로 보아 자연을 대자연의 순환으로 파악하고자 한 것으로 보인다.

넷째, 제4기는 서정시와 경향시의 두 색채가 엿보인다.

서정시는 감각적이며 감상적이고 동화적이다. 이는 3기의 『자연송』의 시편들과 연관되고 있다. 경향시는 원색적이고 사상적이며 무산자의 궁핍한 생활을 희화화하고 있다.

다섯째, 제5기는 광복의 기쁨과 죽음의 징후들이 엿보인다. 자연시와 같이 우주와 자아를 객체화시킨 것이 아니라 우주와 자아를 일체화시키고 있다.

황석우는 시 창작에 그의 상징주의 시론을 적용하고자 했던 시인이다. 황석우는 상징주의 시론을 수용·전개하여 1920년대 근대 자유시로 가는 경로를 마련하는 데 중요한 업적을 남겼을 뿐만 아니라, 서구지향적인 자유시를 끝까지 고수한 밝고 건강한 이미지를 제시한 근대적인 시인으로 그 의의를 찾을 수 있을 것이다.

관념과 허무의 시인

성 기 조*

1.

　오상순(吳相淳)은 1894년 8월 9일 지금의 서울 장충동 1가에서 태어나 1963년 6월 3일 이 세상을 떠났다. 아버지가 경영하는 목재상이 잘 되어 부유한 가정이었으나 13세 때 모친이 별세 갑자기 환경이 바뀌게 된다. 효제초등학교를 나온 뒤 경신학교를 거쳐 1917년에 일본 도오쿄의 도오시샤대학(同志社大學)종교철학과를 졸업하고 귀국했다. 이 때 그의 집은 하왕십리로 이사했고 그 곳에서 잠시 지내다가 출가(出家)했다.
　황석우(黃錫禹) 등과 함께 동인지 ≪폐허≫에 참가했고 창간호에「시대고(時代苦)의 희생(犧牲)」이란 글을 발표했다. 이 글은 3·1운동이 좌절된 후 시대고를 희생적으로 극복하며 새로운 사회풍조를 앞세워 시대를 창조하자고 부르짖는 논문이었다.
　1921년에 조선중앙불교학교(朝鮮中央佛敎學校), 1923년에 보성고등학교 교사를 지낸 후에는 직업도 일정하지 않고 주거 또한 정해진 곳이 없어 방랑하면서 일생을 보냈다. 평생 독신으로 지낸 것은 너무 유명하다. 방랑과 참선(參禪) 애연(愛煙)으로, 그가 피우는 담배가 하루에 열갑, 이것을 국가 기관인

---
* 교원대학교 명예교수

전매청에서 댔다는 것은 지금도 신화처럼 들리는 이야기이기도 하다.

　1940년 전후 대구에서 잠시 살 때, 이상화(李相和) 시인의 주선으로 어떤 여인과 한동안 동거한 일은 있으나 해방 이듬 해 부친이 별세한 뒤에는 안국동 근처의 역경원(譯經院), 선학원(禪學院), 조계사(曹溪寺) 등을 전전했고, 특히 조계사 승방은 그가 이 세상을 떠나기까지 주거처가 되었다.

　6·25 전쟁 때는 대구 부산 등지에서 지냈고 정부가 환도(還都)한 이후에는 다시 조계사에서 지냈으며 이 무렵부터 낮에는 명동에 있는 청동다방에서 소일을 했고, 그의 주변에는 젊은 대학생과 문학청년들이 모여들었다. 그 유명한 『청동산맥』이란 사인첩도 이때부터 만들어 졌다. 청동다방에 드나들던 문학청년들이 모여 '청동문학회'를 만들었고, 195권이나 되는 사인첩을 관리한 것은 한국 문단에서는 전무후무한 일로 그가 죽은 후 『흐름 뒤에 보금자리 친 나의 영혼』이란 제목으로 한국 문학사에서 출간(1982.12)되었다. 그가 죽은지 20여 년만의 일이었다.

　평생에 단 한 권의 시집도 내보지 못했던 오상순이 타계한 20일 후, 시인 구상(具常)이 주축이 되어 『아시아의 마지막 밤풍경』이란 제목으로 출간되었다. 그 책에는 66편의 시와 4편의 산문이 들어 있다.

　오상순의 호는 공초(空超), 담배를 하도 많이 피워 꽁초라고 말하는 이도 있는데, 공초는 담배와는 관계가 없다. 그가 일본에서 공부할 때 공초라고 쓴 종이로 도배를 하다시피 사면에 붙여 놓고 밤늦게까지 혼자서 춤을 추웠다는 이야기는 아주 유명하다. 시공(時空)을 뛰어 넘었다는 철학적 의미가 더 강한 이 말은 불교에서 크게 깨닫는 돈오(頓悟)의 일순(一瞬)을 맞았다는 뜻이었을 것이다. 그 기쁨 때문에 덩실덩실 춤을 추웠을 것이란 생각은 그이 말을 듣지 않아도 알만하다. 삶의 진실과 생명의 존엄, 그리고 살아가는데 필요한 지혜를 깨우쳤다면 어찌 춤뿐이겠는가. 당시 청동문학회의 주축이었던 조남두(趙南斗) 시인이나 이탄(李炭) 시인들이 이 의견에 동조하고 있는 것만 보아도 알만하다.

　그는 일생동안 방랑하면서 반성과 허무를 의식하면서 물외도(物外道)의 달관(達觀)에서 오는 무심(無心)으로 사해고(四海苦)를 완벽하게 체감(體感)하고 실천한 사람이었다. 불교에서 보면 머리깎지 않은 수행인(隨行人)이었고 무생법인(無生法忍)의 경지에 이르른 큰 시인이었다. 그가 일생동안 써낸 시에서 예술적 가치를 발견할 수 없다고는 하지만 종교적, 철학적 가치는 그 뒤를 이을만한 사람이 없다고 해도 지나친 말이 아니다.

한국 문단에서 공초만큼 신화 속에 살다간 시인은 없다. 밥 먹을 때도 담뱃불을 끄지 않는 애연(愛煙), 그래서 니코틴에 절은 상아 파이프가 노랗다 못해 끝이 까맣게 변했고 파이프를 쥔 인지와 가운데 손가락이 노리끼하게 물들어 있었다. 술이 있으면 한량없이 마실 수 있는 유주무량(有酒無量)의 경지, 일생을 독신으로 지내 신비에 가까운 괴력(怪力)을 풍기던 몸가짐 그리고 끝없는 방랑은 아무도 흉내를 내지 못했다. 이런 이유 때문에 그의 시보다 생애 자체가 시적(詩的)이란 지적이다.

해마다 돌아오는 그의 제삿날에는 수유리 빨래터(옛날에는 한적한 산비탈로 물 좋고 경치가 좋았지만 지금은 아파트 단지가 들어섰다.)에 그를 따르던 많은 시인들이 모여든다. 푸짐한 제수와 음복할 음식은 구상(具常) 시인과 박호준(朴虎準)씨가 장만했으나 근 40년이 지난 요즘은 좀 뜸한 편이다.

그는 한때 공초(空超) 대신 상순(想殉)이란 호를 썼는데 이것도 죽음과 연관된 그의 종교철학에서 나왔다고 생각된다. 필자와는 50년대 후반부터 인연이 있어 명동공원 빈 터, 그 윗쪽에 위치해 있던 청동다방으로 자주 찾아 뵈웠는데 어쩐 일인지 하루는 아주 예쁜 호를 지어 주셨다. 고월(皐月), 언덕 위에 뜬 달이란 뜻인데 내가 너무 나약하고 쓸쓸하다고 말하니까 힘없는 게 가장 힘이 세다는 것을 몰라. 그리고 언덕 위의 달이 얼마나 아름다운가? 이 말씀에 나는 할 말을 잃었다.

2.

공초를 관념의 시인, 허무의 시인, 형이상학적 시인이라고 평가하는 사람들이 많다. 그러나 이러한 평가는 몇 사람들의 연구 결과일 뿐, 공초에 대한 연구가 활발하지 않은 것은 퍽 유감스런 일이다. 구상과 황태용 그리고 김용직, 김윤식, 김열규 등의 단편적인 논의가 있었고 정공채의 평전이 있을 뿐이다.

공초의 시연구가 많이 되지 않은 까닭은 여러 가지 이유가 있겠지만 공초 자신의 허무주의와 관계가 있는 듯 하다. 그는 그의 작품에 관한 연구에 대하여 일체 관심을 표명하지 않았다. 이러한 사실은 그의 대범한 성격 탓도 있을 것이지만 종교와 철학에 시가 미치지 못한다는 생각 때문이었을 것이라 짐작된다.

공초의 시에 관해 글을 쓴 정태용의 견해를 보면 '허무는 허무 이상으로 상승되지 못하고 신비적 몽상을 방황한다.'고 말하였고, 김윤식은 '한갓 돈우로 이상은 아니다'란 부정적 평가를 하고 있다. 이 말들을 깊이 생각해 보면 오상순의 시에서의 허무는 시 속에 완전히 용해되어 예술적인 승화도 못했고 다만 그의 상표처럼 '신비적 몽상'으로 남아 있다는 말이다. 그러나 이와 반대로 공초의 시가 '에로스적이고 존재론적이며 구경적(究竟的)인 시'라고 말하는 사람도 있다. 그리고 그가 '시를 체현한 구도의 시인'이라고 구상 시인은 말하고 있다. 이는 오상순의 시세계가 내면세계로 옮겨가는 것을 의미한다.

어떤 시인이고 그 평가는 평가자의 자유로운 결단에 의해 이루어질 수 있지만 공초만큼 부정과 긍정이 엇갈리는 시인도 드물 것이다. 그 까닭을 살펴보면 공초만큼 형이상학적이고 철학적으로 일관된 시세계를 가진 사람이 없었다는 점을 들 수 있다. 또한 일생을 통해 철저하게 무소유(無所有)를 실천한 시인이었기에 그를 따르는 사람이 많았고, 그의 삶의 신비성은 시보다 공초의 사람 됨됨이를 더 알아주는 결과를 가져왔다고 생각된다.

공초는 폐허의 동인이면서도 퇴폐적 경향이나 허무성에 기조를 두지 않은 것만 보아도 삶과 시를 엄격하게 구분지었다고 생각된다. 그는 단순한 퇴폐성이나 허무적 경향보다도 삶의 본질을 탐구하고 삶의 신비를 밝히는 데 더 큰 매력을 느낀 것 같다. 공초의 대표시라고 말하는 「폐허의 제단」, 「방랑의 마음」, 「허무혼의 선언」, 「아시아의 마지막 밤 풍경」 등은 상당한 무게를 지닌 편폭(篇幅)이 큰 시이다. 30~40행의 시에 비하면 몇 배나 되는 긴 시이지만 공초의 세계가 잘 드러나 있기 때문에 공초의 문학세계를 알려면 반드시 읽게 된다.

그러나 그가 즐겨 다룬 삶의 신비에서 생명을 연상하는 비교적 짧은 시가 있다. 「첫날밤」이란 시인데 이 시를 읽고 나면 참으로 묘한 생명에 대한 지극한 신비, 그리고 기대, 인간의 극진한 행복감을 동시에 맛볼 수 있다.

    이어 밤은 깊어
    華燭洞房의 燭불은 꺼졌다.
    虛榮의 衣裳은 그림자마저 사라지고…
    그 靑春의 알몸이
    깊은 어둠바다 속으로
    魚族인양 노니는데
    忽然 그윽히 들리는 소리 있어

    아야……야!

    太初 生命의 秘密 터지는 소리
    한 生命 無窮한 生命으로 通하는 쇨
    涅槃의 門 열리는 소리
    오오 久遠의 聖田 玄牝이여!
    머언 하늘의 뭇 星座는
    이 밤을 뒤치여 새로 빛날진저!
    밤은 새벽을 배(孕胎)고
    침침히 깊어 간다

                           —「첫날밤」 전문

1945년에 지었다는 기록으로 보아 그의 말기 시에 해당한다. 일생을 독신으로 살아 온 그가 어떻게 첫날밤을 이렇게 생생하게 그려 낼 수 있을까? 혼례를 치룬 첫날밤에 일어나는 일이 여실하게 그려져 있다. 청춘의 알몸이 깊은 어둠 바다 속에서 어족인양 노닌다는 대목은 한 폭의 그림 같다. 그러나 이내 들리는 소리 있어 '아야……야'는 정적(靜的)인 그림에서 동적(動的)인 소리의 세계로 옮겨가면서 절실한 현장감을 생동감 있게 그려내고 있다. 과연 공초도 이런 첫날밤을 지냈을까? "涅槃의 門열리는 소리 / 오오 久遠의 성전(玄牝)이여!"에 이르면 생명을 잉태하여 분만하는 여인을 성모(聖母)에 견주고 있다. 이 대목에서 주의 깊게 볼 것은 "太初 生命의 秘密 터지는 소리"란 구절이다. 비밀 터지는 소리는 두 가지 해석이 가능하다. 첫째는 처음 만난 남녀가 사랑으로 얽혀 '열반의 문 열리는 소리'로 표현하는 부분과 둘째는 새 생명의 잉태를 하나의 생명을 출산할 때 터지는 소리로 표현되는 부분이다. 물론 이 두 가지 소리는 서로 연결되어 떨어질 수 없다. 하지만 그 소리가 함의하고 있는 내용과 기능은 다르다. 하나는 표현할 수 없는 두 사람의 사랑의 확인이다. 이것은 열락(悅樂)으로 이어지는 소리이지만 다른 하나의 소리는 여인의 고통에 따른 새 생명의 탄생을 빚기 위한 탄생의 소리, 즉 '터지는 소리'이다. 이 두 가지 소리는 모두 '아야……야'로 이어지지만 결과는 다르다. 공초는 이런 경우를 삶의 극치 인생의 할 일로 생각했기에 이 밤을 위하여 하늘의 뭇 성좌(星座)는 새로 빛난다고 예찬하고 있다.

인생의 할 일이란 참으로 많다. 출세하여 성공하는 경우도 있고, 돈을 많이 벌어 남보다 많이 쓰는 경우를 행복이라고 생각하는 사람도 있지만 진정한 행복은 무엇인가. 우리는 생전에 귀양살이로 지지리 고생한 추사 김정희의 한 줄의 글씨에 관심을 가져야 한다. 추사는 인생의 가장 큰 모임, 즐거운 모임(즉 행복)은 아들, 딸, 손자가 함께 모여 일상으로 다가오는 범상한 일을 의논하는 것이라고 말하고 있다. 물론 귀양살이에서 뼈저리게 느낀 것이 식구들과 떨어져 사는 고독이었겠지만 아들 딸과 함께 살아가는 얘기를 하면서 때로는 슬퍼하고 때로는 손뼉을 치면서 즐거워하는 것을 고회(高會)한 말로 표현하고 있다. 글자의 의미는 높은 모임이지만 높은 모임은 엄숙하고 근엄한 것이 아니라 인생의 삶을, 모습 그대로 나타내는 모임이어야 한다. 이런 모임은 아들을 낳고 딸을 낳고 다시 그 아들 딸들이 또 아이를 낳아야만 가능하다. 그래서 한 자리에 모여 앉아 즐거워하는 것이다.

공초가 생각한 생명의 연원(淵源)은 바로 이런 것을 의미하는 것은 아닐까? 그러기 위해서 태초의 생명의 비밀 터지는 소리에 귀를 기울이고 여성은 구원의 현빈(玄牝)이 되어 한 남성이 현빈과 교섭하여 비밀스럽고 무궁한 생명을 만들기 위하여 하늘의 뭇 성좌가 지켜보는 가운데 아야……야, 비밀 터지는 소리를 경험하는 게 아닐까?

공초는 마지막으로 "밤은 새벽을 배(孕胎)하고 / 침침히 깊어 간다"고 말하는데다 이 시의 힘을 싣고 있다. 이러한 일련의 작업이 공초가 시에 표현한 생명의 신비, 즉 생의 본질을 탐구하는 모습이란 생각이다.

3.

공초는 그의 시론(詩論)이라고 할만한 글 「예술과 종교」를 발표했다. 1920년대 암울한 우리의 현실에서 벗어나지 못한 지식 청년의 글로 무게 있는 철학 논문처럼 틀을 갖추고 있지만 시를 공부하는 사람이나 공초를 연구하는 이들은 반드시 읽어 볼 만한 글이다.

> 예술과 종교는 함께 직관적으로 우주의 진상(眞相)을 해석하며 직관적으로 삼라만상 중에 있고 심현(深玄)하고 오만한 뜻을 포착해 왔다.
> ……
> 고답탈속(高踏脫俗)의 사람이라면 능히 즉각적으로 범상한 눈이 꿰뚫어 보지 못하는 우주, 인생의 진상을 통찰하며 현상계의 끝바닥 속에 잠재한 큰 의미를 이해함으로써 이를 예술작품에 올리고 제 인격의 영광에 실현해야 할 것이다.

공초의 주장은 시도 예술이란 확고한 신념과 시에는 당연히 사상성이 투철해야만 조화와 품격을 유지할 수 있다는 뜻을 내포하고 있다. 공초는 시가 스스로 종교와 예술의 열매라고 자처했고 인생의 삶은 취미와 가치를 내세워 그 기준에 맞게 살아야 한다고 말하면서 예술과 종교가 인생의 두 개의 큰 요구이기 때문에 이것만이 인생의 수수께끼를 푸는 지렛대요 생명의 비밀을 여는 열쇠라고 생각했다. 때문에 공초의 시에서는 종교적 철학적 의미를 제하면 존립할 수 없을 만큼 종교와 철학이 시의 모태(母胎)가 되어 있다. 증거로는 그의 시에 자주 나타나는 영혼, 생명, 불멸 등의 관념어는 철학이나 종교와 깊은 연관을 지닌 낱말들이다. 이러한 시어를 동원하여 인간의 현세적 삶과 우주의 본질을 탐색하고 있다.

폐허의 동인으로 참가하면서 발표한 「힘의 동경」이나 「힘의 비애」 등은 약자에 대한 비애감을 나타내고 있지만 한 발 물러서서 생각해 보면 힘의 실체는 단순한 역사적 의미만으로 해석하기에는 한계가 있다. 우리나라가 물리적 힘이 모자라서 일제의 사살에 얽혔다는 단순 논리에 우주적 자연적 실체에 대한 자각으로서의 힘에 대한 노래란 생각이다.

그의 대표작으로 손꼽는 「아시아의 마지막 밤 풍경」을 위시하여 「타는 가슴」과 「폐허의 제단」, 「허무의 독백」 등을 발표한 이후, 극도의 허무사상에 사로잡혀 자신의 존재마저도 의심스럽다는 상황에 이르러 「방랑의 마음, 그」를 발표했다.

그는 해방을 맞고 ≪문예≫(15호)에 「한잔 술」을 발표하면서 불교적 관념세계가 그의 시에 뚜렷하게 나타나며 모든 것에서 해탈한 듯 삶에 대한 긍정과 낙관적 인식이 싹트게 된다.

공초의 시를 통시적으로 훑어보면서 느껴지는 것은 어머니의 죽음에서 싹튼 삶에 대한 깊은 성찰을 바탕으로 허무주의에 대한 동경과 이에 대한 초극의지, 그리고 일상적 삶에서 벗어나 방랑을 하면서 영원한 자유인으로 표표히 흘러다니며 우주와의 조화를 이루어 내고자하는 의지를 시에 담았다고나 할까.

　　　　……중 략……

허무야
오 허무야
불을 끄고
바람을 죽이랴!
그리고 허무야
너는 그 자체를
깨물어 죽여라!

─「허무 혼의 선언」에서

　이 시에 담고 있는 것은 허무에 대한 예찬이 아니라 허무 자체를 깨물어 죽여야할 만큼 강인하고 단단한 마음을 가지고 허무를 미워하고 있다. 이는 허무를 동반한 삶에 대한 연민이며 진정한 고뇌가 아닐 수 없다. '불을 끄고'란 구절에서 드러난 불꽃의 이미지는 공초 자신의 열정과 고뇌를 함축한 것으로 거룩하고 무서운 실체로 우주에 충만한 영혼의 위력으로도 생각할 수 있다. 이렇게 볼 때 불꽃은 젊은이의 단순한 열정이 아니라 영혼과 정신이 서로 갈등하는데 무게를 두고 있음을 발견하게 된다.

　마지막 연에서 "허무야 / 오 ― 허무야 / 불을 끄고"란 표현은 공초 자신이 간직한 삶의 의지가 불꽃에 응축되어 나타나 있다. 그러나 '불을 끄고'에서 보듯 새로운 삶으로 나아가는 의지보다 더 강렬한 허무의 벽에 부딪혀 좌절하고 마는 게 공초가 지닌 상황이다. 때문에 공초의 시에서 허무는 단순한 허무의 늪이 아니라 생을 동반하는 사랑으로 연속된다. '너 자체를 깨물어 죽여라'고 하는 것은 허무인데, 허무를 깨문다는 것은 공초의 삶에 허무가 함께 들어앉아 있음을 말한다. 질겅질겅 씹는 껌에서 단물을 빼 먹어도 껌은 껌이다. 허무하고 비교할 수 있는 단물을 다 빼 먹었다는 껌이 아닐 수 없듯 공초는 삶과 허무를 껌과 같은 이치란 생각한 것이 분명하다. 이러한 공초의 태도는 허무를 초월하려는 그의 의지에서 기인했고 그가 시를 통하여 새로운 세계를 지향하려는 원천이 되고 있음을 알게 된다. 이런 해석은 그의 시「나와 시와 담배」에서도 발견된다.

나와 시와 담배는
異音同曲의 三位一體

나와 내 詩魂은
滾滾히 샘솟는 연기

끝없는 曲線의 旋律을 타고
永遠히 푸른 하늘 품속으로
刻刻 물들어 스며든다

―「담배」전문

비교적 짧은 형태의 시이기에 전문을 옮겨 놓았다. 공초와 그가 즐기던 담배, 그리고 시는 이음동곡의 삼위일체란 생각은 마치 솥발처럼 인식하고 이 세 가지가 공초를 떠 받치고 있음을 나타낸다. 시가 없고 담배가 없으면 공초도 없다. 그러나 공초가 없고 시와 담배가 있어도 아무런 의미가 없다. 담배를 태우는 공초가 있어야 시혼(詩魂)이 펑펑 솟아오르듯 물처럼 용솟음 친다. 곤곤(滾滾)히 용솟음치는 시혼은 공초를 이 세상에서 삶을 유지케 하는 원천이 된다.

담배를 태우면 공초는 큰물이 출렁이듯 끝없이 흐르는 물처럼 시혼을 일깨운다. 이 시혼은 새로운 세계를 향하여 쉼없이 달려간다. 끝없는 선율을 타고 영원히 푸른 하늘 품 속으로 각각 물들어 스민다는 공초의 진술은 그대로 새롭게 창조되는 환희의 세계가 된다.

이런 시는 공초가 허무주의에 빠져 헤어나지 못한 것이 아니라 허무를 딛고, 허무를 초월하는 경지를 엿보게 한다.

봄이 온다.
순간이자 영원한
생명의 봄이 온다.
이 어마어마한
대자연의 추이 유동과

영원질서의 심포니 하모니 속에
영겁에서 영겁으로 유유히
생멸유전(生滅流轉)하여 유희삼매(遊戱三昧)에 도치하여
—「영원회전의 원리」에서

위의 시에서 보듯 자연 순환의 거듭되는 반복 형식으로 표현하면서 인간의 삶과 죽음, 태어남의 이치를 잘 드러내고 있다. 만약 허무와 좌절에 탐닉하여 공초가 빠져 있었다면 인간의 태어남과 삶의 이치를 이렇게 명쾌하게 노래하지는 못했을 것이다. 인간의 태어남과 죽음은 인간이 만든 질서가 아니라 자연과 우주의 오묘한 이치에 속한다는 것을 공초는 깨닫고 있다. 공초는 이런 점을 시에 융해시켰다. 자연의 깊은 이치를 깨달으면서 살아가는 지혜 있는 방법을 찾았다. 이러한 그의 노력은 공초의 종교관에서 얻은 특징일 것이다.

'끝없는 곡선의 선율을 타고 / 영원히 푸른 하늘 품속으로' 퍼져가는 담배 연기가 허무의 상징이라면 시시각각으로 물들어 스며드는 시혼은 공초를 이 세상에 있게 하는 존재의 상징이 된다.

4.

지금까지 공초의 시 가운데 아주 짧은 형식을 가진 「첫날 밤」과 「나의 시와 담배」를 인용해서 그의 시 세계를 엿보고 생애와 사상을 단편적으로 살폈다. 그러나 이 글이 공초 오상순을 이해하는데 단편적인 의미는 있을지 몰라도 공초의 시 세계를 살피는데는 크기 미치지 못한다. 그 까닭은 공초의 대표작이라 할만한 「폐허의 제단」이나 「방랑의 마음」, 그리고 「허무의 선언」, 「마지막 밤 풍경」에 관하여는 살펴보지 못했기 때문이다. 이 시편들은 우선 길이가 길고 함의하고 있는 내용이 커서 짧은 글로는 다루기 어렵기 때문에 다음으로 미루었다.

공초 오상순의 시가 관념적 언어를 읊은 종교적인 시, 그리고 삶의 허무에서 헤어나지 못한 허무주의 계열의 시, 아니면 종교적 바탕을 깐 형이상학적 시라고 평가하지만 형이상학보다는 관념과 허무의 속내를 드러낸 시어를 동원해서 공초 자신의 삶의 세계, 그리고 자신의 사상체계를 시로 나타냈다고 보면 틀린 관찰일까?

50년, 공초를 가깝게 뵈면서 느꼈던 허무와 방랑에 대한 것들이 그가 간간이 들려주던 말과 겹쳐 생각난다. 지금 생각해 보면 이 모두가 인간을 바탕에 깔고 있었음을 알 수가 있다. 생명의 유한성 때문에 느껴지는 허무, 일정한 지역에서 갇힌 것처럼 꼼짝 못하고 살 수 없는 자유인의 기질 때문에 생기는 방황은 삶을 진실하게 살고자 하는 사람들에게는 누구나 동경하는 것이다.

공초의 시를 다시 살피면서 복잡한 감성에 휘말리면서도 머리가 확 비는 것 같은 느낌을 갖게 하는 이유가 바로 이것이다. 공초가 죽은지 근 40년이 지난 오늘에도 공초처럼 물욕이 없는 시인, 명성과 자질구레한 세속사에 초연한 시인이 이 나라에 한 사람도 없다는 것을 깨닫고 그의 처신과 인간이 그리워진다.

김소월의 죽음의 길과 삶의 스타일의 문제

심 원 섭*

1. 머리말

　김소월의 생애와 문학에서 관심이 많이 가는 대목이 상실감이나 단절감으로 점철된 그의 문학과 생애라는 점에 이의를 제기할 이는 드물 것이다. 특히 그의 죽음과 관련하여, 구성(龜城) 시대에 그가 운영했던 신문사 지국 경영 실패를 그 원인으로 제시하는 예라든가[1], 그의 비극적인 생애를 결정지은 요소로 시대적 요인을 제시하는 예들은 김소월 연구사에서 광범위하게 확인해 볼 수 있다. 물론 사업의 실패나 식민지 시대라는 외부적 요인이 그의 문학과 비극적인 죽음에 영향을 미쳤다는 관점에는 일리가 있다. 그러나 이러한 관점들이 극단화될 경우는, 한 인간이 환경적 요인에 수동적으로 반응할 수밖에 없다는 관점, 즉 환경결정론에 빠질 수 있다는 점에서 문제가 될 수 있다고 생각된다. 소월의 생애에 불우한 환경적 요인이 있었다 하더라도, 하나의 주체적 인간이 그것을 극복하기 위한 노력의 가능성은 언제나 열려 있는 것이기 때문이다.
　이러한 문제들이 보다 정밀하게 연구되기 시작한 것은, 그의 비극적인 문

---

* 경기대학교 교수
1) 김열규 외 편, 「작가연보」, 『金素月 硏究』(새문사, 1982), 38쪽.

학과 생애의 이면에 존재하는 정신적 기원들을 보다 정련된 방식으로 검토한 김종은이나 이규동 등의 정신분석적인 연구 성과들이 발표된 뒤부터가 아닐까 생각된다.[2] 이 성과들이 갖고 있는 의미는 여러 가지로 설명이 가능하겠지만, 본고의 입장에서 주목되는 바는, 소월의 비극적인 생애가 그의 생의 어느 과정에서 갑자기 시작된 것이 아니라, 그의 전 생애에 걸쳐서 지속된 일관성을 갖고 진행되었다는 점을 제시한 데 있다.

본고가 주목하는 바, 그리고 위의 견해들에서 더욱 발전적인 방향에서 논하고자 하는 논리의 출발점은 바로 여기에 있다. 가설부터 제기하자면, 김소월은 그러한 환경적 요인에 '협조적'이라고 할 만한 태도로 임한 것으로 판단된다. 바꿔 말한다면, 김소월은 의지적으로 그러한 비극적 세계를 추구해 나간 요소가 있는 것으로 판단된다.

이하에서는 소월의 최후의 심경이 고백되어 있는 서간문에 대한 상세한 검토와 소월의 숙모인 계희영의 증언을 기초로 하여, 김소월의 비극적인 생애와 문학이 유소년기부터 장년기에 이르는 그의 전 생애에 걸쳐 지속적으로 진행된 삶의 스타일로서의 측면을 가지고 있다는 점을[3] 제시해 보고자

---

[2] 김종은은 오이디푸스 컴플렉스를 중심으로 김소월의 유년기와 가정 환경을 분석하면서 그의 문학적 역정 속에 '자기 확대력의 상실, 발전의 정지, 퇴행'이라는 단계가 포함되어 있다고 보았다. 문학적 초상화라는 방식으로 김소월의 생애를 다룬 이규동은 김종은의 입장과 비슷한 관점을 보이는 한편, '애정에 대한 양가감정' '우울증' 등의 요소로 소월의 문학과 생애의 특징들을 정리했다. 이외에 정신분석적인 연구는 아니나, 소월의 부정적인 감정 양식을 분석하면서 그것이 그의 문학 세계에 지속적으로 반복되고 있다는 점을 지적한 김준오의 견해도 주목할 만하다.
김종은, 「素月의 病跡」, 《文學思想》, 1974, 5.
이규동, 「정신분석학적으로 본 김소월」, 『위대한 컴플렉스』(대학문화사, 1985).
김준오, 「素月 詩情과 原初의 人間」, 『金素月 硏究』(새문사, 1982) 참조.
[3] '삶의 스타일' 혹은 '인생 스타일'이라는 용어는 원래 심리학자 아들러가 사용한 용어이다. 그는, 인간은 유년기부터 자신의 삶의 과정을 스스로 선택해 나간다는 견해를 제시한 바 있다. 돌토는 심지어 인간은 태아기 이전부터 자신의 운명을 스스로 선택한다는 논리도 제시한 바 있다. 본고의 중심 논리는 이들에게 빚진 바 많다는 점을 미리 밝혀 둔다.
아들러 외, 『아들러 심리학 해설』(선영사, 1982), 325~326쪽, 르두, 「돌토」, 나지오 외, 최혜련 역, 『프로이트에서 라깡까지 위대한 7인의 정신분석가』(백의, 1999), 251

한다.

2. '유서'에 나타난 김소월의 내면 세계와 이전 시기의 자기 암시들

김소월은 1934년 12월 23일에 죽음을 맞이한다. 구성(龜城)에서 9년째 살고 있었던 소월은 그해 가을, 그간 방문한 적이 없었던 고향 곽산 남산리를 방문한다. 그의 숙모 계희영은 당시 상황에 대해 이렇게 증언한 바 있다.

> 소월은 그 가을에 구성에서 곽산 남산리에 돌아와서 조상님의 무덤을 다 찾아 알뜰히 돌보았다. 해마다 추석이 되어도 십 년간 한 번도 오지 않았던 소월이었는데, 이번에는 곽산을 찾아와서 일일이 뒷산에 다니며 무덤의 떼가 잘 자라는지 돌보았고, 허술한 무덤은 잘 다듬어 떼를 입혔다.
> 이러한 소월을 보고 동네 사람들은 "왜 저러고 다니지?" 했을 뿐이었다. 소월은 마지막이라는 것을 알고 있었으므로 고향에 와서 하직인사를 했던 것이었으나 아무도 알지 못하였다.
> 소월은 고향을 떠나서 구성 남시(南市)로 내려가 9년 동안 두문불출하고 은거생활을 계속하며 나날을 보냈다.
> 그리고 가정 생활에 대해서도 매우 무관심하였고 온종일 술에 취해서 살았다. 날이 갈수록 문밖 출입을 소월은 더욱 싫어했다. 그러던 어느 날 무슨 생각에 장에 갔었는지 돌아오는 길에 생아편을 사 가지고 돌아왔다.[4]

이미 잘 알려져 있는 바이기도 하나, 김소월이 구성의 남시에서 9년 동안 은둔에 가까운 생활을 영위했으며 음주로 시간을 보냈다는 사실, 그리고 그 마지막 해 죽음을 불과 3~4개월 앞둔 시점에서 그간 돌아보지 않았던 고향

쪽 참조.
4) 계희영, 『藥山 진달래는 우련 붉어라-김소월의 생애』(문학세계사, 1982), 271쪽. 이하에서 이 책은 인용문 밑에 인용 쪽수만 기재하기로 한다.

을 방문하여 묘소들을 돌보았다는 사실을 알 수 있다. 이 기록에 의거해 볼 때, 우리는 김소월의 고향 방문이 죽음을 앞둔 자 특유의 행동 스타일이었다는 것, 그리고 이 시점에서 소월은 자신의 죽음에 대해 어느 정도 결단을 내려둔 상태가 아니었겠는가 하는 추측을 해 볼 수 있다. 당시 소월의 내면 세계는, 고향 방문 직전에 쓴 그의 서간문 속에 생생하게 드러나 있는 것으로 보인다.

가) 멧해만에 先生님의 手跡을 뵈오니 감개무량하옵니다 그우에 보내주신 책 亡優草는 再三 披閱하옵 때에 바로 함께 잇서 모시든 그 옛날 이 安全에 방불하옴을 깨닷지 못하엿습니다. 題 亡憂草는 근심을 이저버린 亡憂草입니까 이저버리는 亡憂草입니까 닛자하는 亡愛草입니까 저의 생각 가터서는 이 마음 둘데업서 닛자하니 이리 불너 亡憂草라 하엿스면 조켓다 하옵니다.

나) 저가 龜城와서 明年이면 十年이옵니다. 십년도 이럭저럭 짤븐 歲月이 아닌 모양이옵니다. 山村와서 十年잇는 동안에 山川은 別로 변함이 업서 보여도 人事는 아주 글러진 듯하옵니다. 世紀는 저를 버리고 혼자 압서서 다라간 것 갓사옵니다. 讀書도 아니하고 習作도 아니하고 事業도 아니하고 그저 다시 잡기 힘드는 돈만 좀 노하보낸 모양이옵니다. 인제는 또 돈이 업스니 무엇을 하여야 조켓느냐 하옵니다.

다) 요전 號『三千里』에 이러한 絶句가 잇섯습니다. 生也一片浮雲起 死也一片浮雲滅, 浮雲自體本無質, 生死去如亦如是라 하엿사옵니다. 저는 只今 이럿케 생각하옵니다. 焦燥하지 말자고 焦燥하지 말자고 그러하옵는데 이 글을 引用하신 그 분이 生死運命座談會席에서는 運命을 否定하얏스니 亦是 사람의 心理란『몰으겟다』하얏사옵니다. 저는 술이나 限 三五盃 마신 후이면 말을 아니하면 말지 엇쨋든 제맘나는 양으로 하겟다 생각이옵니다

라) 自古 以來로 中秋明月을 일커러 왓사옵니다. 오늘밤 창밧게 달빗, 月色, 옛날 小說에는 女子 다리 欄干에 기대여서서 흐득흐득 울며 死의 誘惑에 薄德한 신세를 구슯프게도 울든 그 달빗 그 月色이 白晝와 지지 안케 밝사옵니다. 오늘이 열사홋날 저는 한 십년만에 先祖의 무덤을 차저 明日 故鄕 郭山으로 뵈오려 가려 하옵니다.

마) 志士는 悲秋라고 저는 志士야 되겟사옵니까 만은 <u>近日 멧멧칠 부는 바람에 베옷을 버서노코 무명것을 입고 마른 풀대 욱스러진 들까에 섯슬 때에 마음이 어쩐지 먼먼 거출은 마음이 먼 멀은 어느 時節 옛 나라에 살틀하다 只今은 넘어도 疎遠하여진 그 나라에 잇는 것가티 좀 설어워지옵니다.</u>5)

(밑줄 및 (가)에서 (바)까지의 표기는 인용자)

편지의 마지막에 유명한 「차안서선생삼수갑산운(次岸曙先生三水甲山韻)」이 첨부되어 있는 것으로도 유명한 이 서간문은 여러 가지 의미에서 중요한 자료다. 라)의 기록에 따르면 이 글은 마지막 고향 방문 직전에 쓰여진 자료임에 틀림없다. 또한, 이 편지가 자신이 아버지 대신 흠모했던 스승인 안서에게 쓴 것이라는 점을 고려할 때6), 소월이 자신의 내심을 비교적 편하게, 혹은 하소연하는 심정으로 드러냈을 가능성이 높다. 따라서 이 서간문은 소월의 생시의 마지막 심경을 보여주는 자료, 즉 공식적인 유서를 남겼다는 기록을 확인해 볼 수 없는 그의 '유서'를 대신할 수 있는 자료로서의 가치를 갖고 있는 자료라고 보아도 무방하다고 생각된다.

소월은 우선, 스승 안서에게서 받은 『망우초(忘憂草)』라는 시집명에 자신의 심경을 투사한다. 자신의 "마음 둘 데 없어 잊자" 하는 심경이 '망우초'라는 제명 속에 담겨 있는 것이 아니냐는 것이다. 스승의 의도가 나름대로 개입되어 있을 시집명에 자기 심경을 대뜸 투사하는 이러한 태도는, 가까운 사이가 아니었다면 용납되기 어려운 것이었을 것이다. 김소월이, 자칫 실례가 될 수도 있는 고백을 이렇게 성급하고도 일방적으로 했다는 것은, 그만큼 당시의 소월이 절박한 자신의 심경을 고백할 곳 혹은 하소연할 곳을 찾고 있었다는 증거가 될 수 있는 것이 아닐까 한다.

"이 마음 둘 데 없"다는 고백은 물론 이 자료에서 처음으로 나타나는 대

---

5) 金億,「夭折한 薄倖詩人 金素月에 對한 追憶」,《朝鮮中央日報》, 1935, 1, 23.
6) 김소월은 상실한 아버지 대신 스승 안서에게서 동일시 대상을 구했다. 김종은의 앞 글 205쪽 참조.

목은 아니다. 20년대 중반에 씌어졌던 그의 작품들 속에서 흔히 목격되는 예로서, 가령 「길」과 같은 작품에서는 그런 요소가 매우 요약적인 형태로 제시되어 있다.7)

 어제도 하루밤
 나그네집에
 가마귀 가악가악 울며 새웠소

 오늘은
 또 몇십리
 어디로 갈까

 山으로 올라갈까
 들로 갈까
 오라는 곳이 없어 나는 못가오.

 말마소 내 집도
 定州 郭山
 차가고 배가는 곳이라오.

 여보소 공중에
 저 기러기
 공중엔 길있어서 잘 가는가?

 여보소 공중에
 저 기러기
 열십자 복판에 내가 섰소.

---

7) 「길」 외에 「차안서선생삼수갑산운」 역시도 이런 성격을 뚜렷하게 보여주는 예로 보인다.

갈래갈래 갈린 길
길이라도
내게 바이 갈 길은 하나 없소.
—「진달래꽃」소수(1925년 『文明』 발표작)

　소월은 곽산이라는 고향이 버젓이 있음에도 불구하고, 자신은 정주할 곳이 없는 나그네와 같다고 고백한다. 그리고 "십자로"로 상징되는 다양한 인생 행로 한가운데에 서서 자신만이 갈 길이 없다고 노래한다. 그렇다면 그가 선택할 수 있는 현실적 길이란 무엇이었을까. 만약 이 시가 김소월의 삶의 진수를 정직하게 고백해 놓은 것이라면, 이 길은 현실을 초월하는 길일 수밖에 없을 것이다. 그리고 그 현실 초월의 길이 여의치 않을 것일 때는 그것은 도피로 점철된 삶이거나 혹은 그것에 종지부를 찍은 선택, 즉 죽음일 수밖에 없을 것이다.
　범부들의 욕망이 뒤얽혀 돌아가는 세상사에 대한 혐오감이나 기피증은 비단 소월만 갖고 있는 것은 아닐 것이다. 아마도 보통 사람들의 경우는 이 혐오증이 생활의 필요성이나 자신의 타락 때문에 희석되거나 또는 이 세계를 바꿔보려는 노력과 더불어 적극적으로 극복되는 형태로 존재하는 경우가 많지 않을까 생각된다. 이렇게 생각해 보면 김소월의 경우는 특이하다. 그의 경우는 이러한 혐오증이 청춘기의 일시적 취향이나, 세월의 흐름과 더불어 희석된다거나 극복되거나 하는 것이 아니라, 죽음을 통한 이 세상과의 이별이라는 형태로 일찌감치 실천으로 옮겨지는 것이다. 이렇게 보면, 그의 마지막 서간문의 첫머리에 등장하는 "이 마음 둘 데 없어"는 일시적인 마음 상태가 아니라, 그의 청년기부터 지속되어 온 세상 혐오증, 혹은 '불귀(不歸)의식'이라 할 만한 그의 의식적 성향이 자살이라는 최후의 행동을 앞두고 나온 심각한 언어임을 추측해 볼 수 있다.
　이런 성향이 투사적인 형태로 표현되어 있는 것이 다)에 인용되어 있는 "生也一片浮雲起 死也一片浮雲滅, 浮雲自體本無質, 生死去來亦如是"와 관련된 대목이다. 소월은 모인사가 이 절구를 인용한 글을 쓴 뒤에, 좌담회 석상에서는 그 절구의 내용을 부정하는 주장을 펼쳤다고 비난조로 이야기하고 있다. 이 말은 김소월이 이 절구시의 내용을 어떻게 파악하고 있었는가를 보여준다는 점에서 중요한 의미가 있는 것으로 판단된다.

이 절구시는 원래 『능엄경(愣嚴經)』에 실려 있는 구절로서, 무상성(無常性)으로 요약할 수 있는 인간의 삶의 본질을 비유적으로 표현하는 데 그 중심 의미가 있는 것이 아닌가 생각된다. 그렇게 본다면, 이 대목은 삶에 대한 인식의 질을 비약시켜 보다 고차원적인 삶을 인도하기 위한 방편적 지혜의 세계라 해도 무방할 것이라고 생각된다. 그런데 소월은 다)에서 볼 수 있는 바처럼 "이 글을 인용하신 분이" 좌담회석상에서는 "운명을 부정하였"으니 모순이 아니냐고 밝혔다. 이 말은 "이 글을 인용하면서" 운명론에 대해 긍정을 하신 분이, 같은 책에 실린 좌담회 석상에서는 운명론을 부정하는 논리를 폈다는 것을 의미하는 것으로 보아도 무방할 것이다. 김소월의 이 견해에는 오해가 섞여 있는 것 같기도 하나[8], 이러한 언급 속에서 그가 비관적인 관점 아래 운명론을 옹호하는 입장을 취하고 있었다는 사실을 분명하게 확인할 수 있을 것이다. 그리고 김소월이 이 절구 내용을 발전적인 관점에서 파악하는 것이 아니라, 자신의 비관적인 인생관과 관련하여 생의 허망성을 강조하는 부정적인 방식으로 파악하고 있었다는 것 역시 알 수가 있다.

이렇게 생의 허망성을 비관적인 관점에서 파악하는 태도 역시 김소월의 글에서 처음으로 확인되는 것은 아니다. 집필 시기는 알 수 없으나 적어도 위의 서간문보다는 이전에 쓰여진 것으로 추측되는 다른 서간문의 내용을

---

[8] 이 절구가 인용되어 있는 글과 '생사운명좌담회석상'이라는 것은 《三千里》 1934년 9월 호에 수록되어 있는 유광렬의 「嗚呼, 漢江畔의 西洋人墓地」와 김동환 등 8명의 좌담 내용을 기록한 「運命과 死生觀」 좌담회를 뜻한다. 유광렬은 「嗚呼, 漢江畔의 西洋人墓地」의 서두에서 위의 절구 시를 인용한 것은 사실이나, 운명론을 긍정하는 논리는 편 적이 없다. 또한 좌담회 석상에서도 단호하게 운명론을 부정한 바 있다. 즉 유광렬은 두 글에서 일관되게 운명론을 부정한 것이다. 그러므로 김소월의 위의 판단에는 다소간의 오해가 개입되어 있는 것이 아닌가 싶다. 그러나 이 문제는 중요하게 생각되지 않는다. 중요한 것은 유광렬의 견해가 아니라, 김소월이 이 절구의 내용을 어떤 관점에서 보고 있었는가를 규명하는 데 있다고 판단되기 때문이다.

보기로 한다.

> 차차로 西山에 날이점으니 <u>가든길이 끝나는듯한 늣김</u>이 있습니다. 사람은 결국 다 이러할 것입니다.
> 만나는 사람마도 무엇이나 하여보라고들 합니다. 그러나(건)드리고 십지 안습니다. 건드리면 구적물이 니러납니다. 그러나 이대로 가만이 앉아있드래도 까라안고 말기는 할것입니다.
> 동이 터온다, <u>希望</u>이 새롭다, 고들 합니다. 하지만 <u>인생생활의 끗없는 밤</u>은 연의밤과 달나 새이기도 하고 밝기도 하는 밤이 아닙니다. 희망, <u>希望</u>도 어스렁달밤, 나락 밭고랑의 허수아비외다. 사람은 結局낫다가 잠간 없어지는 것이니까요
> <u>生은 寄也요, 死는 歸也</u>라고도 하였고 사람은 <u>希望</u>이요 예술은 <u>永遠</u>이라 한 것들도 <u>亦是</u> 할 수 없어서 나중에 한말이지요. 그러치 않으면 그것도 죄다 참말 쓸데업는말이구요. 사람은 結局 없어지고 마는 것이니까요. 이 말에는 反對할 사람이 없을 것입니다.9) (밑줄은 인용자)

  소월이 인용한 "生은 寄也요, 死는 歸也"라는 말은 상당한 타당성을 내포하고 있는 견해라고 생각된다. 특히 욕망 쟁취를 위한 무한한 갈증의 세계에 탐닉하는 우리 중생들은 경청할 필요가 있는 언어가 아닐까 생각된다. 이 언어는 결국 "死也一片浮雲滅"로 끝나고 말 무상한 인생 자체를 유일한 생의 가치로 보는 태도를 경계하는 의미를 내포하고 있기 때문이다. 그러나 그렇다고 해서, 이 언어가 결코 생 자체를 부정하는 것일 수는 없을 것이다. 생의 무상성에 대한 인식은 생을 부정하는 데 목적이 있는 것이 아니라, 생 자체를 고차원의 것으로 승화시키면서 살아가도록 하는 데 목적이 있는 것이기 때문이다.
  그러나 소월의 경우에는 다르다. 그는 앞서 "生也一片浮雲起 死也一片浮

---

9) ≪朝光≫ 48호, 1939, 10, 293~295쪽. 김종욱은 이 서간문이 1925년~1926년 사이에 쓰여진 것 같다고 추정하고 있다.

雲滅, 浮雲自體本無質, 生死去如亦如是"를 극도의 비관주의자의 입장에서 본 것처럼, "生은 寄也요, 死는 歸也" 역시도 부정적인 관점에서만 파악하는 태도를 보여주고 있다. 그리하여 그는 생의 활력소가 될 수 있는 '희망', '영원성'과 같은 언어 범주들을 모조리 부정하고 있다. 그 이유는 김소월 자신의 실감적인 체험 고백 내용 – 자신의 생에는 언제나 "끗없는 밤"만 지속되어 왔다는 – 속에 제시되어 있다.

이 곳에는 희망의 존재, 새로운 내일의 존재에 대한 믿음을 완전히 상실해버린 자로서의 소월의 영혼이 뚜렷하게 내비치고 있다. "死는 歸也", "가던 길이 끝나는" 느낌이 있다는 말 속에는, 생을 부정하는 태도를 확정한 자가 죽음의 길을 지향해 가는 자세가 강하게 내비치고 있다고 보아도 좋을 것이다. 그런 의미에서 라)와 마)에 기록되어 있는 고향 방문은 이러한 과정들의 최종 결산이라고 보아도 무방할 듯하다.

소월은 장손임에도 불구하고 9년 동안이나 조상의 묘소를 돌아보지 않았다. 그러했던 그가 마지막으로 자신의 고향을 돌아보고 조상들의 묘소를 돌본다는 것은 무엇을 의미하는 것일까. 죽음이 이 세상과의 이별을 뜻하는 통과의식의 하나인 것이라면, 그리하여 '흙에서 나온 자가 흙으로 돌아가는' 과정을 뜻하는 것이라면, 자신이 이 세상에 나오게 된 그 원초적인 공간을 다시 한 번 돌아보는 것은 당연한 순리인 것이 아닐까. 소월의 이러한 생의 과정은 생자(生者)의 입장에서 보자면 비극적인 요소를 내포하고 있는 것이지만, 당사자에게는 자신의 고통을 잊고 안식할 수 있는 곳을 찾아가는 귀향(歸鄕)의 의미, 즉 자궁 회귀 본능의 구현으로서의 의미를 갖고 있는 것일 가능성이 높다. 그런 의미에서 김소월의 이 진술은 그 나름의 엄숙한 개인적 의미를 갖고 있는 것이 아닐까 생각된다.

자신의 생의 마지막을 정리하려는 소월의 이러한 의지는 일단 일회적인 행동으로서의 의미를 갖는 것이라고 할 수가 있을 것이다. 그러나 앞에서도 계속 확인한 바이지만, 죽음에 임하는 시점에서 소월이 고백한 내용들 역시도 이십대 시기의 그것과 연속성을 갖고 있다. 조상의 무덤을 돌아보는 모티프 역시도 예외는 아니다. 『진달래꽃』에 수록되어 있는 「열락」과 「무덤」이 대표적인 예인데, 이 중 「무덤」을 보기로 한다.

> 그 누가 나를 헤내는 부르는소리
> 붉으스럼한 언덕, 여긔저긔
> 돌무덕이도 음즉이며, 달빗헤,
> 소리만남은노래 서리워엉겨라.
> 옛祖上들의記錄을 무더둔 그곳!
> 나는 두루찻노라, 그곳에서,
> 형젹업는노래 홀너 퍼져,
> 그름자가득한 언덕으로 여긔저긔,
> 그누구가 나를 헤내는 부르는소리
> 부르는소리, 부르는 소리,
> 내넉슬 잡아쓰러헤내는 부르는소리.
>
> ―「무덤」 전문

무엇이 소월을 부른다는 것일까. 소월은 이 '부른다'는 표현을 주술처럼 자꾸 반복한다. 이 소리가 들려오는 공간은 '달빛'이 내리는 '붉으스럼한 언덕'이며, 돌무더기가 움직이는 공간이며, 그림자가 가득한 공간이다. 이 음산하고도 불길한 공간 속에서 들려오는 소리가 밝은 생의 소리일 리는 없다. 소월은 그 정체를 분명히 묘사하지는 않았지만, 그의 '넋을 잡아 끌어 헤내는' 소리가 대낮으로 상징되는 삶의 공간, 원활하고 기운찬 삶의 현실이 아닌 것은 분명해 보인다. 그의 시 속에서 상실감이라는 동일 모티프가 지속되는 일반적 특성을 고려해 볼 때, 그리고 위의 김소월의 최후의 유서 내용을 고려해볼 때, 이 소리는 스스로 죽음을 찾아 나선 소월의 비극적인 최후를 직감할 수 있게 하는 정서로 차 있음을 알 수 있다. 천재 시인으로서의 명성을 한창 누릴 때인 20대에 이미 소월은 자신의 죽음을 일찌감치 불렀던 것이 아닐까. 이것은 자기가 자신의 운명의 향방을 미리 결정 내리고 또한 그것이

성취됨을 믿는 행동 방식, 즉 지속적인 자기 암시의 세계에 가깝다. 그가 1934년 훨씬 이전부터 죽음의 세계를 동경해 온 듯한 느낌을 주는 것은 이 때문이다. 이것이 맞다면, 그는 언제부터 이러한 자기암시의 세계를 시작했는가, 그 경과는 어떤 것이었는가를 알아보는 것이 당연한 수순일 것이다.

3. 유소년기의 자기암시와 비극적인 인생 스타일의 문제

앞글에서 계속 확인해 온 자료들이 공통적으로 보여주고 있긴 하지만, 김소월은 1932년, 취중에 직접 '죽겠다'고 말한 적이 있다. 다음은 이해 숙모인 계희영과의 대화 내용을 기록한 자료다.

"그런데 언제부터 술인가?"
"벌써 오래 되었어요."
"삼촌이 술 마신다고 걱정하던 네가 무슨 일이냐? 너도 예수나 믿자."
"숙모님이나 잘 믿으세요. <u>나는 예수도 못 믿어요. 나는 죽는 길밖에 없어요.</u>"
하더니 다시 소리내어 울기 시작했다.
"술상 치워라." 하고 나는 색시에게 말한 뒤 엄한 얼굴로 소월에게 말했다.
"너 취했구나, 그토록 똑똑하던 네가 어쩌다가 이렇게 되었니."
"숙모님! 저 정신은 똑똑해요. 취하지도 않았어요. 숙모님 평양 가서 잘 사세요. <u>이제는 고개에 다 올랐으니 내리막길입니다.</u> 고생 발뿌리만 보지 말고 고개 들고 사세요."
나의 물음에 동문서답으로 다른 말만 하며 울고 말하고 하는 모양을 보니 가슴이 터질 것 같아 더 이상 말도 못하고 나도 울었다. (267쪽)

(밑줄은 인용자)

비단 이 부분뿐만이 아니라 저자의 책 내용 전체의 기술방식에서 받는 인상이긴 하지만, 대화 내용의 세부가 너무도 소상하게 제시되어 있어 신뢰감이 떨어지는 데가 있다. 그럼에도 불구하고 이 대화문의 핵심적인 문맥을 믿어보기로 한다면, 당시 김소월은 친지 중에서는 가장 편하게 대하던 숙모에게 생에 대한 자신의 자세를 요약적인 방식으로 털어놓았던 것으로 보인다. 소월은 당시 분명한 자의식 아래 음주로 세월을 보내고 있었으며, 남은 생의 과정은 '죽는 길' 외에는 다른 길이 남아 있지 않은 '내리막길'로 파악하고 있었다는 것이 그것이다. 이것은 앞장에서 인용한 자료들과 함께 김소월이 자신의 죽음에 관해 명료한 자의식을 갖고 있었다는 것을 입증하는 자료라고 할 수가 있을 것이다.

그러나 김소월의 죽음에 대한 지향은, 앞에서도 확인해 온 바처럼, 『진달래꽃』이 나온 시절인 1920년대 중반부터 이미 나타난다. 최소한 소월은 이십대 때부터 죽음에 대한 자신의 의지를 '상실'이라는 문학적 주제와 함께 표현하고 있었던 것이다. 그러나 계희영의 증언을 보면, 소월은 훨씬 이전부터, 즉 유소년기부터 '상실'이라는 문학적 주제를 표현하고 있었으며, 동시에 '죽음'에 대해서도 강한 집착을 보이고 있었다는 것을 알 수가 있어서 놀랍다. 다음 예화들은 일곱 살부터 열두 살 사이에 이르기까지 소월이 보여준 성향을 보여주는 예이다.

> 가) 며느리들은 모두 머리를 풀고 울었다. 소월은 그때 일곱 살밖에 되지 않은 나이인데도 내 곁에 꿇어앉아 우리들과 같이 슬피 울었다. / 소월의 작은 숙부는 열넷이었는데도 잘 울지를 못했는데 어쩌면 소월은 그렇게 슬프게 울었던지 후에 두고두고 칭찬을 받았다. (84쪽)
>
> 나) 이날 밤에는 웬일인지 이상하게도 하늘 멀리 떠있는 별만 바라보며, 깊은 생각에 잠겨서 슬픈 표정을 띠며 듣고 있었다. 이야기는 계속되어 오작교의 이별 대목까지 오자 소월은 그만 눈물을 주르르 흘렸다. ....
> "형님, 그만 해 주소. 이 자식 눈물 흘리는 꼴이 보기 사납수다." 하며 소월을 비웃었다.
> "갓놈 왜 우노?"

"울고 싶어요. 나는 외로와요."
하며 또다시 눈물을 흘렸다.
　소월의 고모는 우는 꼴이 보기 싫고 재수 없다고 소월을 책망하면서 삼 광주리를 들고 방으로 홱 들어가 버렸다.(112쪽)

다) 여덟 살의 소월은 자기가 이야기의 주인공으로 등장된 것 같아 깊은 감동과 함께 슬픔을 느낀 모양이다. 세상에 태어난 후 인생의 슬픔을 느껴 처음 흘린 귀한 첫 눈물이었다. 소월은 아마 이때쯤부터 아버지의 불행과 비애를 느꼈던 것 같다. 차츰 자기는 아버지의 사랑을 받을 수 없는 몸이란 것을 알게 되었고, 집안의 슬픔이 아버지로 말미암아 벌어진다는 사실을 아는 지혜가 자라면서 마음의 슬픔도 같이 자랐던 것이다.(114쪽)

라) 소월이 열두 살 되던 해 팔월에 전국에 장질부사(열병)이 유행했는데 남산리도 예외 없이 이 병의 세력이 밀어닥쳤다. …… 제일 먼저 기력이 약하신 노씨 할머니께서 자리에 눕게 되시고 차례로 소월도 감염되었다. 그때가 바로 소월의 생일달이었다. 옛부터 사람이 생일달에 큰 병을 앓으면 죽는다는 말이 있어서 소월의 어머니는 이 말을 절대적으로 믿고 있었다. 하나밖에 없는 귀동이자 장손이 앓아 눕게 되자 누구보다도 가장 애타게 걱정하는 것이었다.(127쪽)
　이렇게 걱정하는 중에 소월의 병은 회복기에 들어섰고 영양만 섭취하면 곧 자리를 뜰 수 있을 정도로 회복되었는데도 소월은, "<u>나는 죽어. 나는 죽을 거야.</u>" 하면서 도무지 음식을 전폐하고 먹으려 들지 않았다.
"열이 다 내렸구나. 인제 머리 안 아프지?"
"예."
"그럼 무얼 좀 먹어야지."
"난 죽을 텐데 뭘 먹어요."
"왜"
"생일달에 병나면 나쁘다는데요."
　　　……중 략……

"엄마는 생일달에 병에 걸리면 죽는다고 울기만 하는 걸, 난 싫어요."(128쪽)

(밑줄 인용자)

가)와 나)에서 죽음이 의미하는 바를 알기 어려운 나이인 일곱 살짜리 아동이 어른의 칭찬을 받을 정도로 곡을 잘 했다는 사실, 오작교의 이별 대목을 듣다가 청승맞게 울었다는 사실, '나는 외롭다'고 고백했다는 사실을 알 수 있다. 물론 소월은 모두 남의 비극을 보고 슬픔을 표현하고 있다. 그러나 남의 비극을 보고 슬픔을 표현한다는 감정 양식은 실은 그러한 비극에 대한 예민한 동감력이 있을 때만 생성이 가능하다. 그 동감력은 어디에서 생길 수 있는 것인가. 그것은 다름 아닌 '나'의 세계다. 나의 슬픔에 대한 자의식이나 자기 연민이 있을 때만 우리는 남의 비극을 비로소 비극으로 느낄 수 있는 것이다. 이 말은 소월은 아동답지 않게 자신의 슬픔에 대한 모종의 깊은 자각이 있었다는 것을 의미한다. 그리고 소월은 12세 때 닥친 장티푸스 감염 때 "나는 죽을 거야, 나는 죽을 거야"를 반복한다.

비록 아동기에 일어난 사건이라고는 하지만, 이것을 다만 아동기에 흔히 볼 수 있는 변덕이나 어리광 정도로만 볼 수 있을까? 소월이 이미 이십대부터 '상실'과 '죽음'에 대한 주제에 집착했다는 사실을 알고 있는 입장에서 볼 때, 소월의 유소년기의 이런 모습은 예사롭지 않은 데가 있다. 이런 모습들은 자신의 의사를 비교적 간접적인 방식으로 표현하기 시작하는 소년기부터 보다 완곡하면서도 훗날의 소월의 모습을 직접 연상하게 하는 언어로 발전되고 있다.

철이 들면서부터 소월은 점점 쾌활하고 명랑했던 옛날의 성격이 줄어들고 그늘진 얼굴을 할 때가 많아지면서 조용히 앉아서 글이나 쓰고 있을 때가 많았다. / 특히 오산 중학에 가서 한 학기를 마치고 돌아온 소월은 몰라볼 정도로 사람이 달라져서 새색시 같이 얌전해졌다. (145쪽)

소월의 성격이 우울하고 고독감을 느끼는 원인은 아버지 때문이었던 것이다.
"나의 아버지는 왜 저렇게 되셨나?"
하는 근심과 슬픔이 항상 소월의 머릿속에 그림자처럼 뒤따라다녔던 것이다. 학교에서 소월의 가정 사정을 모르는 애들은 계모가 아니면 부모 없이 자라난 학생인 줄로 알고 있다고 말하면서 선생님까지도 그렇게 자기를 보는 것 같다고 선생님이 자기보고 한 말을 되풀이했다.
"너 왜 그리 기운이 없어 보이냐?" / "부모도 제대로 못 둔 놈이 무슨 기운이 있겠어요?"
이 입버릇 같은 대답으로 선생님께 이렇게 이야기했다고 했다. (146쪽)
소월은 친구가 없었다. 하나밖에 없던 친구 상섭이가 장가간 후 바깥출입이 줄어서 멀어졌으니 친하던 단 하나의 친구도 잃어버린 셈이다. 그래서 소월은 누구도 찾아가지도 않았고 다른 사람들과 이야기하며 긴 시간을 허비하지도 않았다. 다만 소월이 찾아가는 곳이란 사람들이 모여서 웅성거리는 복잡한 장소가 아니라 책 한 권 들고 한적한 뒷울안으로 올라가는 것이 고작이었다. (147쪽)

오산 중학 2학년, 그러니까 소월이 열다섯 되던 그해 여름방학 때 있었던 이야기다. 소월의 모습은 무척 쓸쓸해 보였으며 몹시 실의와 실망에 잠긴 듯한 얼굴이었다. 소월은 철이 들면서부터 늘 울적한 표정을 짓고 지냈으며 혼자서 외롭게 깊은 명상에 잠기곤 했는데, 이날은 유별나게 힘이 없고, 보기에도 딱할 정도로 슬픔의 표정이 역력히 어려 있었다. (174쪽)

어른이 된 뒤의 소월의 성격적 특성이 그대로 이 증언 속에 요약되어 있음을 알 수 있다. 이와 관련하여 소월의 스승인 김억은 소월의 성격에 모질고 외곬수적인 데가 있었으며, 처세에 불리한 면, 즉 세속적 삶에 대한 적응을 거부하는 면모가 있었다고 증언한 바 있다.[10] 물론 계희영은 소월의 아버지 상실 체험이 소월의 이러한 면모를 형성하는 데 결정적인 영향을 미쳤다고 진단하고 있다. 이러한 진단은 발달심리나 정신분석적인 관점에서 보아도

---

10) 金岸曙, 「素月의 生涯와 詩歌」, ≪三千里≫, 1935. 2, 433~435쪽 참조.

충분히 타당하며, 또한 기왕의 연구사에서도 많은 지적이 나온 바 있다. 왜냐하면 사내아이에게 있어서 '아버지'란, 바람직한 남성상으로서의 모델이 되는 것이며, 더 나아가서는 성인으로서의 생활을 하는 데 필요한 사회적 규범과 금지 체계를 전수해 주는 존재이기 때문이다. 소월이 문단 생활을 비롯하여 개인 사업 등등의 면에서, 즉 세속 생활 세계에 대한 적응에 사실상 실패했다는 사실, 혹은 그것을 거부했다는 사실은 아버지 상실이라는 개인적 요인이 얼마나 소월의 인생에 강력한 영향을 미쳤는가를 잘 입증해 주고 있는 예라고도 할 수 있는 것이다.

그러나 한편으로 우리는 아버지 상실이라는 체험이 모든 인간에게 일률적인 행동 양식을 낳는 것은 아니라는 사실 또한 알고 있다. 가령 유사한 체험을 갖고 있는 이광수가 아버지 상실이라는 원초적 상처를, 비록 과잉보상이라는 형태를 띠고 있긴 하나, 그 나름대로 극복하는 삶의 양태를 보여주었던 사실은 좋은 대조가 된다. 이 말은 소월의 위와 같은 경향은 아버지 상실이라는 외부적 요인만으로 설명할 수 없는 측면이 있다는 것을 의미한다. 이와 관련된 심리적 설명은 아들러의 견해 속에 잘 제시되어 있는 것이 아닌가 생각된다.

> 아들러에 따르면, 개인이 그 삶을 통하여 행하는 모든 협동의 중심이라고 할 수 있는 '인생 스타일'은 매우 이른 시기 — 만 5세까지의 시기에 형성된다. 아들러는 그때 그 개인이 남성인지 여성인지, 응석받이였는지, 무시당해 왔는지, 가족 사이에서 어떤 위치에 있었는지, 신체적인 결함을 갖고 있는지, 어떤 모습을 지니고 있는지 등등의 여러 가지 요인에 따라 그에게 커다란 영향을 미치는 것을 인정하면서도, 그 요인들을 절대적이고 궁극적인 것으로 여기지 않는다. 여러 가지 상황이나 다양한 경험은 오로지 그 개인의 특성에 의하여 해석되고 받아들여지는 것이다. 개인이 어떠한 상황이나 경험을 어떻게 이해하는가가 결정적인 것이다. 이러한 해석이나 이해가 협동적인 방향으로 향하는지, 아니면 개인적인 영역 속에 머물러 마이너스 방향으로 퇴행하는지의 여부가 그 사람의 삶을 좌우하는 결정적인 요인이 된다.

그리고 개인이 자신의 삶에 필연적으로 가하는 해석이나 이해나 의미가
그 사람의 삶의 방향을 결정하는 것이다. 이 해석이나 이해나 의미는 개
인의 마음의 작업인 것이다. 개인이 어떻게 해서 각기 다른 해석을 하는
지 그 이상의 규명은 불가능하다. 그것은 그야말로 인간의 마음이 빚어
내는 신비라고나 할까. 그것은 그 개인의 주체적 결정에 따른 것이라고
할 수 있을 것이다.[11]

아들러에 의하면, 인간은 환경의 영향에서 자유롭지는 않지만, 그 환경이 절대적인 구속력을 갖는 것은 아니라고 한다. 즉 특정 환경 자체가 인간을 좌우하는 것이 아니라, 그 특정 환경에 대응하는 인간의 주체적인 태도가 자신의 운명을 결정해 나간다는 것이다. 그렇다면 소월의 위와 같은 감정·행동 양식은 아버지 상실에서만 기인하는 것이 아니라고 할 수 있다. 소월에게는 자신에게 주어진 '아버지 상실'이라는 체험을 그 나름의 인생관으로 확정시켜 가는 주체적인 결정 방식이 있었던 것이다. 그것이 바로 기왕의 연구사에서도 흔히 지적된 바 있는 상실감이나 고독감, 사회에 대한 적응 거부, 생에 대한 우울증적인 혐오감, 생의 허망성에 대한 편향적 태도 등이었다고 볼 수 있는 것이다. 소년기의 소월의 다음과 같은 질문은 그대로 성년기의 소월의 모습의 원형을 연상하게 하는 면모를 갖고 있다.

"숙모 님께서는 사는 게 재미가 있어요?"……
"전 집이란 것이 재미가 없어요. 어디 훨훨 새들처럼 날아나 다녔으면 좋겠어요. 누구처럼 만주에나 갔으면 좋겠어요."……
"집을 떠나 있으면 집이 그리워 못 견디게 생각이 나는데 막상 집에 와 봐야 마음을 주고 정 붙일 곳이 없어요. 숙모 님이 세간을 나서 그런가 봐요."
"나야 세간을 나갔어요 네가 집에 없으니 마찬가지지. 이렇게 와서 만나 보는 것이 더 좋지 않니?"
"남들은 장가들고 재미가 나겠다고 하지만 이렇게 귀찮아서야 어디 재민

---

11) A. 아들러·H. 오글러,『아들러 심리학 해설』(선영사, 1987), 325~326쪽.

들 있겠어요?"
　"그것이 재미지, 네가 재미없다고 생각해서 그런 거야."
　"이팔청춘이라는데 나는 왜 봄이 없고 가을날만 같을까요?"
　"넌 별소리 다 하는구나. 할아버지가 꾸중을 좀 하셨다기로서니 그렇게까지 비관할 게 뭐란 말이냐?"
　"숙모님은 다 아시면서 그러시네요. 제가 무엇이 기쁘겠어요. 나라가 있습니까. 아니면 아버지 어머니가 계십니까?"
　"어머니야 멀쩡하게 살아 계시는데, 넌 별소리 다 하는구나."
　"어머니가 계시면 뭘 해요. 밤낮 울기만 하시는 어머니가 나와 무슨 의논할 상대가 돼야 말이죠. 내 어머니는 죽은 목숨이나 마찬가지예요. 가장 불쌍한 사람은 우리 모자뿐이에요."
　"그런 생각하지 말고 나는 우리 집안의 복덩이리다, 그렇게 생각을 고쳐 보려무나. 나는 적어도 중학공부를 하는 큰집의 장손이다라는 마음을 먹어 보란 말이야. 왜 자꾸 그런 비감한 생각만 하고 있느냐 말이다."
　"전 큰집도 장손도 다 귀찮고 싫어요." (180쪽)

　스스로 죽음을 선택해 간 김소월의 생과 그 내면적 특성이 이미 원형적인 형태로 요약이 되어 있는 자료가 아닐까 싶다. 열두 살의 소년 소월이 갖고 있는 사고방식은 너무도 소년답지 않다. 그것은 생이 허망한 것이며, 생의 기쁨을 추구할 만한 곳은 이 세상에는 없다, 고향 역시도 자신의 욕구를 충족시켜 주는 공간이 아니다, 내게 정주가 가능한 곳은 아무 데도 없다는 고백을 하고 있다. 이런 내용이 그대로 성년기의 김소월 작품의 중요 모티프가 되어 있는 점에 대해서는 재론할 필요가 없다.
　이런 의식을 지속적으로 길러온 소년 김소월이 성년기의 삶 속에서 선택할 수 있는 길은 어디였을까. 그가 천재시인이라는 명성을 누리고 있었어도, 지주의 아들로서 유복한 삶의 환경을 갖고 있었어도, 그의 이러한 사고방식과 인생 행로는 크게 바뀐 적이 없었던 듯하다. 그는 기이할 정도로 변화가 없는 길을 선택해나가다가 결국은 죽음의 길을 스스로 선택한다. 인용이 중복되기는 하나 「길」의 일부를 인용하면서 글을 맺는다.

갈래갈래 갈린 길
길이라도
내게 바이 갈 길은 하나 없소

4. 맺음말

  김소월의 비극적인 생애와 문학이 형성된 원인으로 아버지 상실의 문제, 식민지 시대의 질곡 문제, 개인적인 사업의 실패 등의 외부적 요인을 제시하는 경우를 많이 볼 수 있다. 외적인 환경의 불우성이 개인에게 깊은 영향을 준다는 이러한 논리는 널리 통용되고 있는 견해라고 생각이 된다. 그러한 환경적 요인을 과소평가하고 싶지는 않지만, 인생의 여러 문제들은 환경에 일방적으로 종속되어 있는 것이 아니라, 그 환경을 대하면서 생각과 행동을 선택해나가는 개인의 주체적인 의지에 의해 발생하는 측면을 강하게 갖고 있다고 생각된다. 이러한 관점에서 김소월의 생애와 문학을 살펴보면, 그는 자신이 맛보아야 했던 아버지 상실의 고통이나 식민지 지식인으로서의 좌절감 등을 다른 보상책을 통해 해소·승화시켜 나가는 길을 선택해 나갔던 것이 아니라고 생각이 된다. 오히려 그는 유소년기부터 기이할 정도로 슬픔이나 단절감, 고독감, 죽음 등의 세계에 집착을 하거나 혹은 그것을 자기암시라는 적극적인 방식으로 반복하는 성향을 보여준다. 이것은 김소월이 단순한 환경의 노예가 아니라, 스스로가 적극적으로 그러한 비극적인 생애와 문학의 길을 선택해 나가는 인생 스타일을 갖고 있었다는 것을 입증해 주는 자료가 될 수 있다.

  그렇다면 왜 김소월은 그러한 인생 스타일을 스스로 선택할 수밖에 없었는가. 그 본질적인 이유는 어디에 있는가 하는 의문이 일어날 수밖에 없다. 소월의 유년기부터 그런 인생 스타일이 시작되었다는 사실을 알고 있는 현재 입장에서는, 이 질문에 누구도 명쾌하게 대답하기 어려울 것이라고 생각된다. 그것에 대한 완벽한 대답은 소월의 출생 이전의 세계에 대한 탐색과 직결되는 문제이기 때문이다. 현재로서는 이 문제에 대해 누가 어떠한 대답을 내린다 해도 학문적 담론으로서 성립하기 어려울 것이다. 아들러의 말대로 그것은 미지의 신비 영역이기 때문이다. 아마도 개인의 생사를 초월한 지역에서 존재한다는 무의식에 대한 보다 깊은 탐구만이 이 문제를 해결할 수 있는 방편이 될 수 있을 듯도 하다. 다만 인간 정신의 탐구에 있어서 절대적인 한계를 갖고 있는 우리의 현재 입장에서 확인할 수 있는 것은, 김소월이라는 한 인간의 그렇게도 비극적인 생애가 자신의 온전한 책임하에 조리 정연하게 진행되었다는 사실이다. 인생 행로의 주체적인 선택이 그다지도 참담했다는 점에서 김소월은 우리에게 심각한 화두를 던지고 있으며, 그 사실을 확인하는 데 그치더라도 우리는 커다란 소득을 얻을 수 있는 것이 아닐까 한다.

이상화 시의 운율

양 애 경*

1. 머리말

　운율은 크게 두 가지로 나누어 설명될 수 있다. 하나는 단위분할의 반복적이고 규칙적인 양식인 율격이고, 하나는 상이한 요소들이 재현하는 율동인 리듬이다. 율격이 산문과 운문을 구분해주는 변별적 자질이며 불변이라면, 리듬은 형상화하는 언어 현상에 따라 가변성을 가진다.[1] 그러므로 같은 율격 하의 작품들 속에서라도 리듬은 같을 수 없다. 리듬은 각 시마다 독자적으로 형성된 체계를 가진다. 현대시의 운율 분석에서는 일정한 체계인 율격의 개념보다는 리듬의 개념을 적용함이 합리적이다. 그런데, 한 편의 시마다 독자적인 리듬체계의 구조가 존재한다는 현대적인 운율개념에 대한 연구는 아직도 미흡한 듯하다.
　우리 시가의 기본율격을 음수율에 두었던 학자들의 운율론은 이제 음보율을 기본원리로 하는 방향으로 선회하였다. 고전시가에 대한 운율연구에 있어서, 우리말의 구조에 상응하는 음보율 개념은 음수율 개념보다 훨씬 합리적인 설명을 가능케 한다.

---

* 공주영상정보대학 교수
1) 김대행, 「운율론의 문제와 시각」, 『운율』(문학과 지성사, 1984), 12쪽.

그러나 현대시의 운율을 음보율로 설명하려 하면 문제는 매우 달라진다. 우선 시인 자신이 의식적이든 무의식적이든 음보의 배치에 등장성(等長性)을 부여하려는 의지를 지녀야 할 것인데, 이는 다양한 시형을 추구하는 오늘날에 있어서는 어려운 요구일 것이다. 또한 시인이 쓰는 주된 음보율을 찾아낸다 해도 그것이 설명해주는 바는 많지 않을 듯하다.

상화(尙火) 이상화(李相和)의 시를 운율적 측면으로 다룬 논의는 그다지 많지 않고, 음보율로 다룬 것이 대부분이다. 이는 전통적 율격의 계승이라는 차원에서 상화의 「빼앗긴 들에도 봄은 오는가」를 4음보격의 계승으로 본 조동일의 연구[2]의 영향이 아닌가 한다. 이를 확대하여 상화 시의 3분의 2에 해당하는 작품이 4음보격이라는 주장[3]도 나왔다.

그러나 상화의 시의 운율은 이러한 율격 개념으로 설명할 수 없는 복합적인 음악성을 가지고 있다.

그러므로 이 글에서는 이러한 기존의 논의를 살펴보는 의미에서 잠깐 언급하고, 운율의 기저 자질이 될 수 있는 시행과 연의 형태를 찾아보며, 개별 작품의 운율구조에 대한 분석을 통해 상화 시의 한 운율모형을 추출해 보려고 한다.

2. 이상화 시의 음보 분할에 관한 문제

조동일은 「현대시에 나타난 전통적 율격의 계승」에서 음보율을 중심으로 현대시인들의 전통적 율격의 계승 문제를 논의하였다. 그는 3음보격을 계승, 변형시킨 시인으로 한용운·김소월·김영랑을 들었고, 4음보격의 계승으로는 이상화의 「빼앗긴 들에도 봄은 오는가」의 경우를 대표적인 예로 제시했다.

그는 3음보격을 무용의 율동으로, 4음보격을 보다 안정적인 보행의 율격

---

2) 조동일, 「현대시에 나타난 전통적 율격의 계승」, 『우리문학과의 만남』(홍성사, 1978).
3) 이기서, 「이상화의 시와 그 미적 특질」, 『이상화 연구』 I (새문사, 1981), 79쪽.

으로 정의하고, 걸어가는 것을 노래한 이 작품이 4음보격을 사용하였다고 지적하였다.4) 그리하여 이 작품을 거의 예외 없는 4음보격으로 제시하였다.

그런데 여기에는 한두 가지의 문제점이 있다. 우선 그는 음보를 이루는 음절수를 1음절에서 9음절까지로 잡고 있다. 1음절짜리 음보는 "바람은 내 귀에 속삭이며"와 "내 손에 호미를 쥐어다오"의 '내', 그리고 "고맙게 잘 자란 보리밧아"의 '잘'이다. 그런데 1음절을 한 개의 음보로 따지려면 장음을 인정하면 된다. 즉 ① "바람은 / 내— / 귀에 / 속삭이며", ② "내— / 손에 / 호미를 / 쥐어다오", ③ "고맙게 / 잘— / 자란 / 보리밧아"로, 장음 1모라를 발음하여 2모라짜리 음보들로 인정하는 것이다. ③의 경우의 '잘—'은 어느 정도 자연스럽게 하나의 음보로 인정된다.5) 그러나 ①과 ②의 경우는 다소 다른 듯하다.

물론 현대의 언어구사에서 '내 — '의 2모라 발음은 자연스럽다. 그러나 같은 작품 안에서 "내맘에는", "내혼자온것", "내혼아", 또는 "네가쓸었느냐", "네머리조차" 등의 '내' 또는 '네'가 모두 다음 음절들과 합쳐 3~6음절짜리 음보들을 구성하고 있음과 대비한다면 역시 부자연스럽게 느껴질 수밖에 없을 것이다.

또, 조동일의 연구에서는 "종조리는 / 울타리넘의아씨가티 / 구름뒤에서 / 반갑다웃네"의 4음보격으로 음보를 분할해 놓았다. 음보율은 음절수만으로 결정되는 것이 아니지만, 어느 정도의 심리적인 등장성을 인정받을 수 있어야 율독이 자연스럽다.

그런데 '울타리넘의아씨가티'는 아무래도 지나치게 숨이 가쁜 감이 있다. 오히려 이 부분은 "종조리는 / 울타리넘의 / 아씨가티 // 구름뒤에서 / 반갑다 / 웃네"의 3음보격 2단위가 합쳐진 행으로 보든지, 아니면 작자 자신의 띄어쓰기대로 "종조리는 / 울타리넘의 / 아씨가티 // 구름뒤에서 / 반갑다웃네"로

---

4) 조동일, 앞의 글, 146쪽.
5) 그러나 이 경우에도, "지심매는 / 그들이라 / 다보고싶다"의 '다'나, "아마도 봄신령이 / 집혔나보다"의 '아마도' 같은 부사들이 뒷말과 연결된 상태로 나타나는 모습을 보면 다소의 의문이 생길 수 있다.

3음보격 1단위와 2음보격 1단위가 합쳐진 행으로 보아야 할 듯하다.

그렇다 해서, 이 시의 기본율조가 4음보격이라는 사실을 부인하려는 것은 아니다. 문제는 상화의 시를 음보율로 설명하는 데에는 한계가 있다는 점이다. 우선 상화의 시에는 시어의 압축으로 인한 간결성이 그다지 나타나지 않는다. 또한 한글 맞춤법통일안이 보급되기 전의 상태에서 한 시인들의 띄어쓰기는 자의적인 것일 수밖에 없는데, 상화가 띄어쓰기 한 1어절은 현재의 맞춤법하의 1어절보다 적어도 2배 이상으로 길다. 이를 시인 자신의 호흡으로 보아 어느 정도의 의미를 보장하려 할 때, 상화 시의 음보 분할은 보는 이에 따라 지나친 주관에 흐르게 될 수밖에 없다.

신동욱은 같은 작품의 율조를 음수율이나 음보율이 아니라 낭송 때의 호흡에 관계된 박율(박자)에 의해 파악할 것을 제안한다. 즉, "지금은 / 남의 땅 / 빼앗긴 / 들에도 / 봄은 / 오는가"의 6박률보다는 "지금은 남의 땅 / 빼앗긴 들에도 / 봄은 오는가"의 3박률로 읽는 것이다. 같은 단위의 박에 음절이 많이 실리면 율격의 흐름이 자연히 힘을 얻게 되고, 그것이 시대의 압력에 대한 시 속의 화자의 울분을 잘 표출할 수 있는 호흡이 된다는 것이 그의 견해[6]이다.

율독에 관한 한 이러한 논의는 좀더 설득력을 지닌다. 그러나 본래 음악의 영역에 속하는 박률이 어느 정도로 폭넓게 시의 운율에 적용될 수 있을지는 아직 미지수라고 본다. 때문에 상화의 시의 형태와 운율에 대한 문제는 텍스트에 대한 보다 치밀한 접근과 분석에서만이 해답의 실마리가 찾아지지 않을까 한다.

3. 이상화 시의 행과 연의 구성

행과 연은 운문의 고유한 형태로서 시의 운율을 형성하는 기초적 조건이

---

6) 신동욱, 「『빼앗긴 들에도 봄은 오는가』의 율격미」, 『이상화 연구』 I (새문사, 1981), 65~66쪽.

된다. 전통적 개념으로서의 행과 연은 정형율격에 의해 이미 결정된 형태를 취하고 있다. 행과 연의 구분이 시인의 창조적 개성과 직결된 중요한 표현장치로 등장한 것은 서구의 경우는 19세기 후반 상징주의 시운동과 함께 자유율적 표현이 보편화되면서부터였고, 우리 나라의 경우는 인쇄매체의 대중화로 시의 행과 연이 시각적 효과를 갖기 시작했던 1910년대 이후였다.[7]

행과 연의 구성은 시의 외부구조이다. 이는 시어의 연결과 종지를 지시해 주고 율독할 때의 휴지의 길이를 암시해 준다. 행의 뒤에는 행말 휴지가, 연의 뒤에는 연말 휴지가 존재하게 되며, 행말의 휴지보다 연말의 휴지가 길 것은 당연하다. 행은 운율에, 연은 의미를 단락 지우는 일에 주로 종사한다.

또한 연과 행의 구성은 그 작품만이 가진 독자적 외부구조로서, 리듬·음향·의미 등의 내부구조와 작용하여 그 작품만이 가진 독특한 구조적 특성을 형성한다.[8] 때문에 작품의 구조를 파악하기 위해서는 개별작품을 대상으로 함이 이상적이다. 그러나 여기서는 상화의 시의 개괄적 형태를 우선 도출해 내기 위하여, 작품 57편의 연과 행의 구성을 살펴보기로 한다. 이러한 작업은 이 시인의 작품의 외형적 구성 원리를 파악하는 데서 끝나지 않고 작품의 내부구조에 어떠한 영향을 줄 수 있는가를 파악할 수 있는 기초작업이 된다는 데 의의가 있다. 상화의 시에는 행과 연에 대한 나름의 의식적 배려가 있었다고 판단되기 때문이다.

현재 남아 있는 상화의 시 57편은 크게 세 가지 형태로 구분할 수 있다. 시인 자신이 산문시로 구별해 놓은 것, 연의 구분이 없는 자유시, 연과 행을 모두 가진 자유시가 그것이다. 이에 해당하는 작품 수는 다음과 같다.

① 산문시 4편
② 연 구분이 없는 자유시 13편
③ 연과 행 구분이 있는 자유시 40편

---

[7] 성기옥, 「한국시가율격의 이론」(새문사, 1986), 298쪽.
[8] Wolfgang Kayser, 김윤섭 역, *Das sprachliche kunstwerk-Eine Einführung in Literaturwissenshaft*(대구출판사, 1982), 244~255쪽.

상화가 산문시로 분류해 놓은 작품은「그날이 그립다」,「몽환병」,「금강송가」,「청량세계」의 4편이다. 그런데 시인 자신이 산문시에 대한 오늘날의 기준9)을 가지고 이 시들을 산문시로 규정한 것은 아닌 것이 분명하다. 이 시들은 모두 연의 구분이 되어 있다.「그날이 그립다」를 제외한 3편은 연이 9~14까지로 되어 있으며, 따라서 길이도 자연 길어지고, 또 각 연 안에서는 보통 행의 구분이 없이 줄글로 붙어 있다. 아마 이것이 산문시로 규정한 기준이 되었을 것이다.

그런데「그날이 그립다」의 경우는 3행 또는 4행으로 된 4연으로 작품이 구성되어 있어 사실상 산문시로 규정하기가 곤란하다. 이 작품은 '1920년 작'으로 표기되어 있어서 연대상 가장 초기에 속한다고 할 수 있지만,『상화와 고월』에만 실려 있고 원전대교가 불가능한 상태이므로 산문시로 분류된 이유를 알아내기가 현재로서는 불가능하다.

「몽환병」은 전체가 14연이며, 각 연 안에서 행의 구별이 안 되는 부분이 많고, 일종의 스토리를 가지고 있다. 즉 숲 속에서의 가수면(假睡眠) 상태('잠도 아니고 죽음도 아닌 침울') → 요정의 출현 → 다시 사라짐 → 다시 출현 → 화자와의 교류(확인, 다가옴, 응시, 눈물을 보임, 돌아섬) → 요정이 사라짐 → 가수면 상태로의 복귀 → 몽롱한 상태로 깨어남이 그것이다. 그러므로 이 작품은 산문시로서의 요건10)을 갖추고 있다고 볼 수 있다.

「금강송가」는 12연으로 되어 있으며, 행의 구분은 없다. 연 안에서는 줄글

---

9) 산문시(prose poetry)는 시적인 내용을 산문으로 표현한 시를 뜻한다. 즉, 정형시와 자유시가 외형적이든 내재적이든 어떠한 운율의 요소와 해조(諧調)의 성분을 갖는 데 대해, 산문시는 전혀 이런 것에 관여하지 않는다. 산문시는 행과 연의 구별이 없이 산문과 같은 형태로 쓰여지는데, 물론 그 내용에는 시적인 세계가 들어 있어야 한다는 것이다.
10) "산문시는 시 전체가 하나의 총체적 상징을 이룬다는 점에 특징이 있다. 따라서 시의 내용은 곧 '상징적 사건'이 되고, 일반적인 시에 있어 한 구절 또는 한 행이 주는 상징의 효과보다 더 집약적인 감동과 충격을 줄 수 있다."
마광수,「윤동주 연구」(정음사, 1986), 188쪽.

로 이어져 있으며, 연의 구분은 산문에서의 단락구분과 같은 역할만을 한다. 「청량세계」는 전 9연으로, 한 연 속에 행의 구분이 되는 것과 되지 않는 부분이 섞여 있다. 이 두 작품은 비교적 산문시의 요건들을 구비하고 있으나 원전인 「여명(黎明)」 2호(1925. 6)가 확인되지 않았음으로 해서, 「금강송가」는 『씨뿌린 사람들』[11]에 실린 것을 그 연구대상으로 하고, 「청량세계」는 『상화와 고월』에 실린 것을 그 대상으로 한다. 전자는 비교적 원래의 모습을 갖추고 있는 것으로 보이나, 후자는 본래의 행과 연의 배열과 차이가 있을 것으로 판단된다. 따라서 시 형태에 대한 논의는 엄정한 의미에서는 이루어지기 어렵다고 본다.

연 구분이 없는 시는 13편이다. 이 중에서 4~8행까지의 단형인 것은 「구루마꾼」, 「엿장사」, 「조선병」, 「겨울마음」, 「통곡」, 「초혼」, 「예지」의 7편이다. 나머지는 최소 13행에서 최고 24행까지로 되어 있는데, 「원시적 읍울」, 「이해를 보내는 노래」, 「지구흑점의 노래」, 「독백」, 「조소」, 「달아」의 6편이다. 단형의 작품들은 단연시(單聯詩)와 구별하기가 어렵지만, 13행 이상 24행까지의 시들은 산문율 경향의 지속으로 볼 수 있을 듯하다.

연과 행의 구분이 있는 시는 대체로 같은 수의 행으로 짜여진 연들을 나열하는 형태를 보인다. 40편의 시를 구분해 보면 다음과 같이 된다.

① 2행이 1연인 시 : 6편 「가을의 풍경」, 「청년」, 「나의 침실로」, 「이별을 하느니」, 「선구자의 노래」, 「도-쿄-에서」
② 3행이 1연인 시 : 2편 「거러지」, 「쓸어져가는 미술관」
　　변형[12] : 6편 「빼앗긴 들에도 봄은 오는가」, 「달밤 - 도회」, 「단조」, 「병적 계절」, 「반딧불」, 「곡자사」
③ 4행이 1연인 시 : 9편 「지반정경」, 「방문거절」, 「허무교도의 찬송가」, 「무제」, 「바다의 노래」, 「극단」, 「비갠 아츰」, 「농촌의 집」, 「서러운해조」

---

11) 백기만 외, (사조사, 1959. 2)
12) 변형은 한 작품 속에서 하나 또는 두 개의 연이 행수가 달라져 있는 것을 말한다. 대체로 1편당 1개의 연이 변형을 보인다.

변형 : 3편 「나는 해를 먹다」, 「비를 다고」, 「저므는 놀안에서」
④ 5행이 1연인 시 : 3편 「시인에게」, 「빈촌의 밤」, 「비음의 서사」
　　　변형 : 2편 「역천(逆天)」, 「폭풍우를 기다리는 마음」
⑤ 6행이 1연인 시 : 1편 「말세의 희탄」
⑥ 7행이 1연인 시 : 2편 「가장 비통한 기욕(祈慾)」, 「무제(눈이 오시면 －)」
⑦ 8행이 1연인 시의 변형 : 1편 「오늘의 노래」
⑧ 9행이 1연인 시 : 1편 「본능의 놀애」
⑨ 규칙을 찾을 수 없는 시 : 4편 「이중의 사망」, 「마음의 꽃」, 「어머니의 웃음」, 「파－란 비」

　여기서 한 작품 내의 연이 일률적으로 동일한 행수를 가지고 있는 시는 24편이고, 한두 연이 변형을 일으킨 시는 12편으로 되어 있어, 상화가 행의 배열에 어떠한 법칙을 추구한 흔적을 볼 수 있다. 그러나 이를 정형성의 추구13)로 보기보다는 작품의 외형적 구성에 일종의 균형을 주고자 한 시인의 무의식적 의지의 작용으로 봄이 옳을 듯하다.
　상화가 가장 주력한 형태는 2행이 1연을 이룬 시이다. 4행이 1연인 시 12편은 연대별로 고르게 분포되어 있지만, 2행이 1연을 이룬 시는 대개 초기에 속한 작품들이다.14)
　그런데 흥미 있는 것은, 2행짜리의 연이 낮은 어조로 속삭이듯 하는 독백이 된다는 사실이다. 따라서 2행이 1연을 이루고 있는 배열은 감정에 호소하는 시에 적당한 형태가 된다. 그러므로 연인과의 사랑을 절실하게 노래한 두 편의 작품, 「나의 침실로」와 「이별을 하느니」가 2행짜리 연의 구성을 가진 것은 우연이 아니다. 이 두 작품은 또한 1행이 최소 23에서 최고 33음절을

---

13) 이기철은 「가장 비통한 기욕」, 「극단」, 「빼앗긴 들에도 봄은 오는가」를 대상으로 저항시의 구조를 논의하면서, 이 시들이 4음보를 중심으로 한 정형시의 모습을 보이고 있다고 주장하였다.
　이기철, 『이상화 연구』(영남대 출판부, 1985), 55쪽.
14) 25년 이전에 쓰여진 작품들이며, 「도－교－에서」는 26년 1월에 발표되었지만, '1922 가을'이라는 부제가 달린 것으로 보아 비교적 초기에 속한 작품으로 구분된다.

지닌 긴 행들로 짜여져 있다는 점과, 전체가 12연으로 구성되었다는 점에서 완전히 일치한다.15)

변형을 이루고 있는 시들의 경우, 2행짜리 연이 끼어 든 경우가 많은 것도 여기에서 기인한 듯하다. 즉 12편 가운데 7편에 2행짜리 연이 끼어 들어 파격을 일으켰으며, 그 중 5편이 서두 또는 말미에 그것이 배치되어 있다. 때문에 2행짜리 연이 작품 속에서 보다 호소력 있는 역할을 하도록 한 작자의 무의식적 배려가 있었다고 보아도 무리가 없을 듯하다.

4. 이상화 시의 운율 형성 요소

상화의 시의 운율에 대한 연구는 어떠한 방법으로 시도되어야 하는가.

상화의 시를 정형적인 4음보 율격으로 규정짓는 데 대한 문제점은 이미 지적한 바 있으나, 굳이 음보율을 적용한다면 변화와 비안정성을 기조로 하는 3음보격보다는 안정을 기조로 한 4음보 율격을 더 많이 사용하고 있다는 것은 인정한다. 이것은 산문율에 접근해 있다는 것과 같은 의미로 볼 수 있겠다. 상화는 시어나 감정을 절약하고 절제하기보다는 최대한의 표출을 꾀하는 경우가 많기 때문이다.

그러나 음보율로는 밝혀지는 것이 많지 않다. 왜냐하면 자유시의 운율은 정형시처럼 율격에 매여 있는 것이 아니라 작품 자체가 생성하는 독자적 리듬에서 발생하기 때문이다. 게다가 4음보 율격의 안정성이란, 율격(외형률)적인 차원의 안정일 뿐이지, 상화의 시에 나타난 울분의 외침이나 격렬한 감정의 동요를 설명해 줄 수는 없다. 때문에 다른 운율적 장치가 필요하게 된다.

상화가 감정의 토로와 주제 진술의 효과를 높이기 위해 사용한 운율적 장치는 긴 행과 그 속에 포함된 짧은 문장들로 이루어진 유장하고도 절박한 호흡, 감탄사나 종결어미 등의 반복이 가져오는 고조된 어조, 특히 문장부호

---

15) 이 두 작품의 구성이 같다는 점에 대해서는 이미 기존의 논의가 있었다.
　　조동일, 「이상화의 <나의 침실로> 분석과 이해」, 『이상화 연구』(새문사, 1981), 29쪽.

인 쉼표(,), 줄표(−), 느낌표(!) 등의 사용이다. 이러한 요소들이 시어의 음상징(音象徵)이나 의미와 결합될 때 그 작품만의 독자적 리듬이 발생하는 것이다.

카이저에 의하면 시의 구조는 다음과 같은 네 개의 층위들의 결합작용에 의해 발생한다. 첫째는 외부구조, 즉 시의 외형적 요소인 연과 행의 형태이며, 둘째는 언어의 의미와 분리시킨 리듬만의 계층구조이며, 셋째는 음향이며, 넷째는 의미구조이다. 의미구조가 시의 근본적 중심이므로 다른 세 단계는 이 중심을 향하여 집중하게 된다.[16]

여기서는 상화 시의 운율을 형성하는 요소들을 뚜렷이 관찰할 수 있는 몇 작품을 그 운율적 구조를 중심으로 분석해 보기로 한다.

① 「마돈나」지금은밤도, 모든목거지에, 다니노라疲困하야 돌아가려는도다,
　　아, 너도 먼동이트기전으로, 水蜜桃의네가슴에, 이슬이맷도록달려오느라.
② 「마돈나」오렴으나, 네집에서눈으로流轉하든眞珠는, 다두고몸만오느라,
　　쌀리가자, 우리는밝음이오면, 어댄지도모르게숨는두별이어라.
③ 「마돈나」구석지고도어둔마음의거리에서, 나는두려워썰며기다리노라,
　　아, 어느듯첫닭이울고−뭇개가짓도다, 나의아씨여, 너도듯느냐.
④ 「마돈나」지난밤이새도록, 내손수닭가둔寢室로가자, 寢室로!
　　낡은달은쌔지려는데, 내귀가듯는발자욱−오, 너의것이냐?
⑤ 「마돈나」짧은 심지를더우잡고, 눈물도업시하소연하는내맘의燭불을봐라,
　　羊털가튼바람결에도窒息이되어, 얄푸른연긔로써지려는도다.
⑥ 「마돈나」오느라가자, 압산그름애가, 독갑이처럼, 발도업시이곳갓가이오도다.
　　아, 행여나, 누가볼는지−가슴이쒸누나, 나의 아씨여, 너를 부른다.
⑦ 「마돈나」날이새련다, 쌀리오렴으나, 寺院의쇠북이, 우리를비웃기전에
　　네손이내목을안어라, 우리도이밤과가티, 오랜나라로가고말자.
⑧ 「마돈나」뉘우침과두려움의외나무다리건너잇는내寢室열이도업느니!
　　아, 바람이불도다, 그와가티가볍게오렴으나, 나의아씨여, 네가오느냐?

---

16) 볼프강 카이저, 앞의 책, 244∼244쪽

⑨ 「마돈나」가엽서라, 나는미치고말앗는가, 업는소리를내귀가들음은-,
　　내몸에피란피-가슴의샘이, 말라버린듯, 마음과몸이타려는도다.
⑩ 「마돈나」언젠들안갈수잇스랴, 갈테면, 우리가가자, 끄을려가지말고!
　　너는내말을밋는「마리아」-내寢室이復活의洞窟임을네야알년만……
⑪ 「마돈나」밤이주는꿈, 우리가얽는꿈, 사람이안고궁그는목숨의 꿈이다르
　　지안흐니,
　　아, 어린애가슴처럼歲月모르는나의寢室로가자, 아름답고오랜거기로.
⑫ 「마돈나」별들의웃음도흐려지려하고, 어둔밤물결도자자지려는도다.
　　아, 안개가살아지기전으로, 네가와야지, 나의아씨여, 너를부른다.
　　　　　　　　　　　　　　　　　　　　　　　　　-「나의 寢室로」
　　-「가장아름답고 오-랜것은 오즉꿈속에만잇서라」-「내말」

　「나의 침실로」는 2행이 1연을 구성하는 총 12연 24행의 자유시이다.[17] 각 행은 23~33음절로 특이하게 긴 형태이며, 1~3개의 문장으로 짜여져 있다. 짧은 호흡의 문장을 여러 개 한 행 속에 넣은 것은 '마돈나'에게 호소하려는 의도가 강박관념으로 작용하고 있기 때문[18]이다. 음보로는 분할할 수 없다.[19] 때문에 구조의 최소단위는 작자 자신의 호흡률을 기준으로 할 수밖에 없다. 그것은 주로 쉼표(,)에 의존한다. 당시의 다른 '백조'파 시인들과 마찬가지로 상화의 시가 연과 행의 구분의식이나 문장부호 의식 같은 것이 전혀 없었다는 견해[20]도 있으나, 적어도 이 작품을 기준으로 보면 작자 나름의 치밀한 운율 배려가 있음을 느낄 수 있다.
　이 작품의 리듬을 발견하기 위하여 언어의 의미를 제거하고 순수한 음절 수와 문장부호 사용만을 나열해 보면, 각 연 1행 서두의 '3'은 '마돈나'를 부르는 소리이고, 2행 서두의 '1'은 '아'로서 두 가지 다 그 행의 호흡을 고조

---

17) 산문시로 규정하는 견해도 있다.
　　오세영, 「어두운 빛의 미학-<나의 침실로>의 작품분석」, 『이상화연구』(새문사, 1981), 18쪽
18) 조동일, 「이상화의 <나의 침실로> 분석과 이해」, 위의 책, 30쪽
19) 조동일, 위와 같음
20) 이성교, 앞의 논문, 173쪽

시키는 구실을 한다는 것을 알게 된다. '마돈나'는 12연의 각 첫 행 전체에 출현해 정형적이고, '아'는 6연에 등장한다.

  문장부호로 단락지어진 1구절은 1음절에서부터 26음절까지로 이루어져 호흡 길이의 차가 크므로, 다른 형식적 틀에서 벗어나도록 변화를 주고 있음을 볼 수 있다.

  각 행의 끝은 일단 종결 어미를 사용하여서 문장을 끝내고 있으면서도 쉼표(,)를 찍어 2행과 연결시키고 있으므로 행말 휴지를 넉넉히 잡을 수가 없다. 따라서 각 2행의 끝, 즉 연의 끝에 가서야 완전한 문장의 종결이 이루어지는 셈이므로 최소한 47음절 이상이라야 휴지가 제대로 이루어지는 긴 호흡이다.[21] 12연 중 9연이 이러한 '—, —.'의 형태로 되어 있고, 나머지 3연은 1행과 2행이 단락지어진 연들이다.

        4연   1행 : …… 침실로가자, 침실로!
               2행 : …… 발자욱—오, 너의것이냐?

        8연   1행 : …… 내침실열이도없으니!
               2행 : …… 오렴으나, …… 네가 오느냐?

       10연 1행 : …… 우리가가자, 끄을려가지말고!
               2행 : …… 네야알련만 …….

  4연과 8연에서는 1행을 감탄부호를 사용한 강한 의지로 강조해 놓고 2행은 의문부호를 사용하여 의혹 — 자신이 없음 — 을 드러내고 있다. 즉 '가

---

[21] 이러한 리듬 유형은 카이저(Kayser)가 충일적 리듬이라 부르는 유형에 속한다 할 수 있다. 카이저는 리듬을 ① 유동적 율동, ② 충일적 리듬, ③ 구조적 리듬, ④ 무용적 리듬의 4유형으로 구분했다. 충일적 리듬은 「일리어드」 같은 장대한 스케일의 시의 리듬으로서, 유동적인 리듬보다 커다란 긴장과 힘을 느낄 수 있으며 긴장감의 확연한 정점이 존재한다. 최소리듬단위는 호흡이 비교적 크고 힘을 주어 발음하기 때문에 길어지게 마련이며, 휴지(休止)의 변화도 심하다.
볼프강 카이저, 앞의 책, 403쪽.

자 — 오느냐'로 청유와 기대가 엇갈린다고 볼 수 있다. 그런데 10연은 '가자……네야 알련만……'이다. 알 텐데 오지 않으니 답답하다는 것이지만, 이미 망설임을 나타내는 부호(……)는 작중화자가 마돈나가 오지 않으리라는 체념을 준비하고 있는 것처럼 보인다.

전체적으로 말을 끝내는 것을 기피하려는 듯한 호흡이다. 「마돈나」 뒤에 마땅히 준비되어야 할 휴지가 없이 다음 음절에 붙여져 있는 것도 그렇고, 문장이 끝나야 당연할 각 연의 1행 뒤가 쉼표로 2행과 연결된 것도 그렇다. 줄표(—)의 사용도 그렇다. '—'는 쉼표보다 긴 휴지라고 지적되고 있고, 사실 1모라 이상으로 길게 발음되지만, 쉼표처럼 말꼬리를 내려 끊어주는 것이 아니라, 음높이를 낮추지 않고 같은 높이에서 길게 끌어주는 것이다. 이와 같이 긴 호흡을 유지하는 것은 '마돈나'와의 대화의 통로가 막힐 것을 두려워하는 조바심 때문이다.

이 작품에서 가장 중요한 시어는 '부름'에 대한 것이다. '마돈나'와 '나의 아씨'라는 호칭과 '오느라—가자'의 명령과 청유를 혼합한 간절한 호소, 이 호소를 더 효과적으로 하기 위한 감탄사 '아'와 '—어라, —노라, —도다'의 감탄형 종결어미가 이 시의 주요한 구조를 이룬다.

또한 이 구조를 음향의 층위에서 보면 밝은 양성모음이 주조를 이루고 있음을 볼 수 있다. '마돈나'와 '아씨', '아'나 '오' 또는 종결어미 같은 가장 빈도가 잦은 낱말들이 'ㅏ', 'ㅗ'의 양성모음으로 되어 있다. 때문에 "「마돈나」—달려오느라", "「마돈나」 오렴으나—빨리가자"는 급박하면서도 가볍고 달콤한 속삭임으로 들린다. 물론 모든 낱말은 양성모음과 음성모음들의 결합으로 구성되어 있으므로 이러한 판단의 기준이 불분명하다고 여겨질 수도 있다. 그러나 되도록 많은 양성모음을 배치하려 한 의도가 여러 구절에서 보인다.

상화의 시에서의 2행으로 된 연의 구실이 숨죽인 속삭임을 형성하는 것이라는 의견은 이미 개진한 바 있다. 의미의 차원에서도 이와 같은 숨죽인 청각 심상이 전 작품을 지배하고 있다. 시간적 배경은 깊은 밤에서 새벽까지로, 가장 조용한 시간대이다. 또 연인은 남의 눈을 피해서 만나야 하는 사람이다.

둘의 만남은 "네집에서눈으로流轉하든 眞珠", 즉 눈물이 전제된 허용 받지 못한 만남이며, 일상생활의 안락과 사회의 보호를 희생시켜야만 하는 사랑이다. 그러니 몰래 속삭이듯 부를 수밖에 없다.

기다림은 두려움 속에서 진행된다. 두 사람의 관계가 백일하에 폭로될까 봐 두렵고, 연인이 오지 않을까봐 두렵다. 거기서 오는 근육의 긴장이 호흡을 더욱 압박한다. 풍만한 가슴에 '이슬이 맺도록 달려오는' 연인, 구석지고 어두운 곳에서 그녀를 '두려워 떨며 기다림', '눈물도 없이 하소연'하며 '양털 같은 바람결에도 질식'할 듯한 심정, 행여 누가 볼까봐 뛰는 가슴, 마침내는 '온몸의 피란 피─가슴의 샘이 말라버린 듯, 마음과 몸이 타려는' 지경에까지 점층적으로 진행된다. 온몸의 신경을 곤두세우고 있는 화자의 급박한 호흡과 긴장이 생생하게 전달된다.

두 사람을 숨겨주는 것, 즉 밤·어둠·안개·밀폐된 공간은, 인습과 새벽을 알리는 소리들 ─ 첫닭 울음, 개 짖는 소리, 특히 사원의 쇠북소리와 팽팽한 대립을 이룬다.

연 1~6까지는 부름이고, 연 7~12까지는 그 부름에 대한 '근거'이다. 네가 와야 하는 이유는 나의 침실이 '아름답고 오랜 나라'이며 '언제든 안 갈 수 없는 곳'이며 '부활의 동굴'이기 때문이다. 즉, 순간적인 관능의 욕구 때문에 네가 와야 하는 것이 아니라 그것이 인류에게 보편적인 숙명이며 자연의 질서와 조화를 이루는 생명의 창조와 관련되기 때문이라는 것이다.

그러나 이러한 기다림, 호소, 설득에도 불구하고 '마돈나'는 오지 않는다. 마지막 연에서는 새벽을 알리는 징조로, 별빛이 흐릿해지고 물결이 잔잔해지며 안개가 흩어지려 하는 가운데 "너를부른다"는 평서형의 진술로 종결되고 있는 것이다.

상화의 시 가운데 음악성이 강조된 또 한 작품으로 「이중의 사망」을 들 수 있다. 이 작품도 운율을 위한 장치는 「나의 침실로」와 유사하다. 단, 「나의 침실로」가 시어의 의미에 더 역점을 두었다면, 이 작품에서는 청각적 심상이 가장 중요한 역할을 한다는 차이점을 발견할 수 있다.

이상화 시의 운율 153

상화가 서울 냉동에서 함께 하숙하던 친우 박태원(朴泰元)의 죽음을 경험하고 썼다는 이 시는 독일가곡의 드라마틱한 요소 — 슈베르트의 「마왕」을 연상케 하는 — 를 내포하고 있다. 박태원이 성악에 빼어난 재능을 가졌던 사람이라는 점에서 상화의 음악적 상상력이 최대한 발휘되지 않았나 한다.

　　　죽음일다!
　　　성난해가, 닛발을 갈고
　　　입술은, 붉으락푸르락, 소리없시훌적이며,
　　　踩躪바든계집가티 검은무릅헤, 곤두치고, 죽음일다!

　　　晩鐘의소리에 마구를그리워 우는소—
　　　避難民의마음으로 보금자리를 찻는새—
　　　다—검은 濃霧의속으로, 埋葬이되고,
　　　大地는 沈默한뭉텅이구름과, 가티되다!

　　　「아, 길일흔, 어린羊아, 어대로, 가려느냐
　　　아, 어미일흔, 새새끼야, 어대로, 가려느냐」
　　　悲劇의序曲을 뢰프레인하듯
　　　虛空을지나는, 숨결이말하더라.

　　　아, 도적놈의죽일숨, 쉬듯한, 微風에부듸쳐도,
　　　설음의실패꾸리를, 풀기쉬운, 나의마음은,
　　　하늘끗과, 地平線이, 어둔秘密室에서, 입마추다,
　　　죽은듯한그벌판을, 지내려할때, 누가알랴,
　　　어여쁜계집의, 씹는말과가티,
　　　제혼자, 지즐대며, 어둠에 끌는여울은, 다시고요히,
　　　濃霧에휩사여, 脈풀린내눈에서, 썰덕이다.

　　　바람결을, 안으려나붓기는, 거믜줄가티,
　　　헛웃음웃는, 미친계집의머리털로묵근—
　　　아, 이내신령의, 낡은 거문고줄은,

青鐵의 城門으로 다친듯한, 얼싸즌내귀를뚤코,
울어들다-울어들다-울다는, 다시웃다-
惡魔가, 野虎가티, 춤추는깁흔밤에,
물방앗간의風車가, 미친듯, 돌며
곰팡스런聲帶로 목메인노래를하듯……!

저녁바다의, 끗도업시 朦朧한머-ㄴ 길을,
運命의악지바른손에끄을려, 나는彷徨해가는도다.
嵐風에, 돗대썩긴木船과가티, 나는彷徨해가는도다.

아, 人生의쓴
饗宴에, 불림바든나는, 젊은幻夢의속에서,
柩車를쌀흐며 葬式의 哀曲을듯는好喪客처럼-
털싸지고힘업는개의목을 나도드리고,
나는, 넘어지다-나는, 걱굴어지다!

죽음일다!
부들업게쮜노든, 나의 가슴이,
죽은牝狼의미친발톱에, 찌저지고,
아우성치는 거친어금니에, 깨물려죽음일다!
　　　　　　　　　　　　　　　—「二重의 死亡」
　　　　　— 가서못오는朴泰元의 애틋한 靈魂에게 바츰

　1연 첫 행에서는 설명 없이 "죽음일다!"의 자극적인 일절을 던지고 있다. 2행은 쉼표에 의해 2박으로 분할되고, 3행은 3박으로 분할되며, 4행은 쉼표 분할로는 3박이지만 첫 구절이 늘어난 1박자 또는 2박자로 읽힐 수 있으므로 1박 → 2박 → 3박 → 4박 식으로 박자가 차츰 늘어나면서 전개되고 있다. 또, 여기서는 치음(齒音)인 ㅅ과 ㅈ이 많이 쓰여, 마찰음으로 된 소음(騷音)을 일으키는 효과를 낳는다. 이것은 의식적으로 불유쾌한 음향을 조성하여 절망과 공포를 표현한다. '죽음, 성난, 니ㅅ발, 입슐, 소리업시홀적이며, 계집가티, 곤두치고, 죽음일다'의 ㅅ / ㅈ / ㅊ 음의 연속이 쇳소리를 낸다.

2연에 오면 행의 길이와 박자의 길이가 균등해진다. 줄표(-)가 1·2행에 나란히 대를 이루어 행말휴지가 각각 길게 늘어나고, 3행과 4행에서는 '-, -, / -,-!'로 끊어주어 1·2행에서 늘어진 리듬에 다시 긴장감을 준다. '만종의 소리'와 '마구를그리워 우는소'에는 음절 자체가 갖는 ㅅ / ㅈ 음의 효과와 청각이미지가 주는 상상력을 통한 청각효과가 있다. 즉 '만종'의 쇳소리[22]와 구슬피 우는 '소'의 울음소리이다. 이 소리들이 짙은 안개에 '매장'(묻힌다는 뜻에 죽음 이미지를 더 부여한 것)이 되면 음울하고 답답한 침묵의 상태가 된다.

3연의 1·2행은 「 」표로 묶여 대화나 또는 음악의 일절이 삽입된 상태를 보인다. 1·2행은 대구가 되며, '독백조로 속삭이는 듯한 2행짜리 연'의 구실을 한다는 인상을 준다. 또 이 부분은 특별히 1박이 짧은 호흡으로 되어 있다. 즉, "아, / 길일흔, / 어린羊아, // 어대로, / 가려느냐 /// "[23]로 되어 있어 같은 시의 다른 부분이나 상화의 다른 시들의 쉼표 구분에 비하면 특별히 짧다. 이는 속삭이는 듯한 신비로운 목소리의 삽입, 다른 구절과는 전혀 다른 느낌을 주는 부분으로, '낯설게 하기(defamiliazation)'의 효과를 낸다. 뒷부분의 "悲劇의序曲을뢰프레인[24]하듯 / 虛空을지나는, 숨결이말하더라"는 이를 설명해준다. 그리고 3연의 음향은 이 「 」부분으로 인하여 보다 부드럽고 나직하게 된다.

4연은 다시 쇳소리로 돌아간다. 1행의 쉼표 사용은 첫 음절 '아'에서 짧게 끊어지고 '도적놈의죽일숨쉬듯한'이 아니라 "도적놈의죽일숨, 쉬듯한,"으로 끊어져, 도둑의 긴장되고 억눌린 호흡이 참다못해 터졌다가 다시 억눌리는 것 같은 숨가쁜 효과를 노리고 있다. 이 부분의 장면 묘사는 '하늘과 지평선이 맞닿은 곳-, 죽은 듯한 벌판'으로서, 배경은 실외이지만 광활한 공간을

---

22) 이 만종은 한국의 종의 부드럽게 오래 여운을 끄는 종소리가 아니라 서구식 교회 종의 연속적 타음(連打音)이라는 느낌을 준다.
23) 이 부분은 음보율 구분에서의 휴지 표시를 빌어 썼다. 즉, / :음보말 휴지, // :중간 휴지, /// : 행말휴지를 뜻한다.
24) 원문에서는 '뢰프레인'이 외래어 표기임을 나타내려고 방점을 찍었으나, 여기서는 밑줄로 처리한다. refrain, 즉 반복구를 뜻하는 말.

향해 열려 있는 것이 아니라 폐쇄된 곳 '어둔 비밀실'이다. 그리하여 독자의 마음까지 답답하게 억눌러 놓고, 다시 중얼거리는 연속적 음향을 밑에 깐다. 어여쁜 여자가 끊임없이 종알거리는 의미가 전달되지 않는 음성, 저 혼자 지줄 대며 어둠 속에 끓는 여울물 소리, 이러한 소리와 풍경을 향해 귀와 눈을 열고는 있지만 몽롱한 상태에 빠진 화자가 영상처럼 펼쳐진다.

5연도 청각 이미지에 지배되는 부분이다. 현악기의 가냘프고도 날카로운 소리는 이윽고 화자의 둔감한 청각을 뚫어 깨우고, '울어들다 – 울어들다 – 울다는, 다시웃다 – '의 음향의 증폭을 걸친 다음에는 악마와 호랑이, 풍차의 미친 듯한 부르짖음 한가운데에 빠지게 한다.

6연과 7연은 다시 1연과 수미상관 되어 죽음이 첫 행에서 강력히 제시되고, 약한 것, 즉 생명을 지녔던 부드러운 가슴이 압늑대의 미친 발톱과 아우성치는 거친 어금니에 찢기고 마는 것을 탄식한다.

요약하면, 「이중의 사망」의 리듬을 주도하는 것은 행의 배열과 박자율의 호흡, 완급과 강약을 나타내주는 문장부호의 사용, 바람, 숨소리, 소나 닭이나 사람의 소리, 종소리, 시냇물 소리 같은 자연의 음향을 이용한 청각적 심상들임을 알 수 있다. 시의 율동감이 무엇보다도 청각, 압박감, 근육감에 의존함25)을 염두에 둘 때, 이 작품은 청각적 심상을 이용한 율동의 배려가 치밀한 작품임이 증명되었다.

시의 리듬이 주는 매력은 동일한 반복으로 기대감을 만족시키면서도 파격을 꾀하였을 때 고조된다. 이러한 관점에서 보면 「나의 침실로」와 거의 같은 외형적 특성을 가진 작품 「이별을 하느니」가 더 구조적 안정성을 가졌기 때문에 바람직하다26)는 지적은 옳다고 할 수 없다. 율격의 규칙성과 강제성은 리듬의 묘미를 오히려 반감시키는 경우가 대부분이기 때문이다.

같은 의미에서 상화의 시의 리듬은 중기 이후, 진술하려는 의미에 묻혀 오히려 퇴조하는 현상을 나타낸다. 초기에 쓰여진 위에 언급한 시들이 서정성

---

25) Kayser, 앞의 책, 376쪽.
26) 방인태, 「상화 시의 낭만성과 그 굴절」, 『국제어문』제6・7합호(국제대, 1986), 191쪽.

을 바탕으로 하는 장행(長行)의 자유시인 데 비하여 후자의 시들이 저항성을 바탕으로 하는 정형시적 지향을 보이고 있으며, 이는 사회현실과 민족정신을 담으면서 독자대중의 호응을 고려한 내용과 형태에 대한 배려에서 나온 것27)이라는 지적은 설득력이 있다. 그러나 작자가 저항시 계열의 시들의 운율을 단순화시킨 것이 리듬의 효과를 감소시켰음을 부인하기는 어렵다.

5. 맺음말

위에서 필자는 음보율로 상화의 시의 리듬을 설명함이 어려움을 지적하였고, 행과 연 구분의 특징적 요소와 운율 형성의 독자적인 요소들을 파악하였다. 상화의 시는 ① 산문시(4편), ② 연 구분이 없는 자유시(13편), ③ 연과 행 구분이 있는 자유시(40편) 등으로 구성되어 있는데, ③의 경우에 같은 수의 행으로 짜여진 연으로 통일된 작품이 60%, 한두 연에서 변형을 일으킨 것이 30%를 차지하여, 연과 행의 배열에 일종의 균형을 추구하였음을 볼 수 있다.

그의 시의 운율적 요소들은 정형적 율격보다는, 긴 행 속에 여러 개의 짧은 문장을 배열함으로써 얻는 긴장되고 급박한 호흡, 반복되는 영탄·돈호·명령의 화법이 주는 톤(tone)의 고조, 문장부호인 쉼표(,), 줄표(-), 느낌표(!)의 적절한 사용 등에서 찾을 수 있다. 여기에 자연의 음향을 이용한 청각적 이미지들이 이루는 음상징(音象徵), 마찰음·파열음·양성모음 등이 주는 음성적 효과, 의미적 요소들이 결합될 때 각개 작품의 독자적 리듬이 발생한다.

그러나 저항시 계통의 작품들에서는 의미 전달의 중압감에 눌려 리듬이 퇴조하는 현상을 보임을 볼 수 있었다.

---

27) 이기철, 앞의 책, 55쪽.

홍사용론

김 용 관*

1. 머리말

　노작(露雀) 홍사용(洪思容)(1900. 5. 17~1947. 1. 7)은 경기도 용인군 기흥면 농서리 용수골에서 아버지 홍철유(洪哲裕)(大韓帝國 通政大夫 陸軍憲兵副尉)와 한산 이씨(韓山 李氏) 한식(韓植) 사이에서 외아들로 태어났다. 그의 부친은 경기도 용인 및 화성 일대에 많은 농토를 가진 지주였으므로 노작은 어린 시절을 남부럽지 않게 유족한 환경에서 보냈다. 그는 17세(1916)에 휘문의숙(徽文義塾)에 입학할 때까지 집에서 한학을 배웠으며, 휘문의숙에 다니면서 학우인 정백(鄭栢), 월탄(月灘) 등과 함께 『피는 꽃』을 펴낸다. 그리고 졸업 후 3·1독립운동 때에는 학생운동에 앞장섰다가 일경에 체포되었다가 풀려나 그해 6월에 고향에 돌아와 정백과 함께 현량개에 은신하며 수필과 시를 쓰며, 월탄에게 편지를 보내기도 한다. ≪백조≫ 동인 중에서 특히 "月灘 雨田 夕影 노작 이 네사람은 동거이요 한방에서 기거를 하는 만큼 여러 동무들 중에서 제일 뜻도 맞고 교분도 더욱 두터웠다."[1)]고 밝히고 있는 것과 같이 이들은 한 방에서 같이 기거를 한 인물들이다. 그러나 그의 ≪백조≫에 대한 지대한

---

* 중부대학교 겸임교수
1) 홍사용, 「白潮時代에 남긴 餘話」, ≪조광≫ 제2권 9호, 1936. 9.

관심에도 불구하고 실제로 한 권의 시집도 내지 못한 채 생을 마감한다.
　그는 근대문학사상 중요한 위치에 서있다. 그 이유는 한국의 낭만주의 문학을 이끌어온 ≪백조≫ 동인이면서 실질적으로 백조를 운용한 점이다. 또한 당시 우리 문단에 종횡무진 횡행했던 문학의 맹목적인 서구화와는 달리 전통적인 맥락에서 시를 창작하고 민족적인 이념을 그의 시를 통해서 실천하려고 노력하였다는 점이다. 그러나 노작에 대한 대부분의 문학 연구는 그가 ≪백조≫ 동인이었다는 것에 착안하여 그들 동인의 시적인 경향에 비추어 감상적 낭만주의 대표적인 인물, 혹은 현실을 떠난 주관인 정열과 몽환적인 세계의 감상적인 경향으로 그의 문학을 치부해 버렸다. 이러한 점은 그의 시에 대한 구체적인 논의 이전에 문예지를 중심으로 한 선험적인 의식에서 비롯된 것으로 볼 수 있다.
　본고에서는 노작의 시 세계의 본질을 파악하기 위해 다음과 같이 탐구하고자 한다.
　첫째, 그의 문학 형성의 내적인 요인을 살펴보기 위해서 그가 지향한 문학관과 관련지어 전기적인 요인을 파악하고자 한다.
　둘째, 그의 전기적인 요소를 통해 초기 시의 이면에 작용하고 있는 내면의 무의식적인 세계와 당시의 현실적인 문제를 관련지어 그의 시를 분석하고자 한다.
　셋째, 그의 민요에 대한 관심은 민족의식을 바탕으로 한 식민지 현실과 관련된다는 점에서 민요시를 파악하고자 한다.
　노작 홍사용은 ≪백조≫ 동인이면서도 그들과는 다른 독특한 전통시의 형태를 도입해 그의 문학적인 토대를 마련하였다. 그러한 문학 형성의 내적인 요인으로 식민지 시대를 살아가는 억압적인 현실이 작용을 하였고, 주체적인 자각에 의한 민족의식이 자리하고 있었다. 당시 우리의 문학이 특수한 시대와 환경 속에서 형성되어 전개되었다는 점을 감안할 때 노작의 시문학은 문학사적인 측면뿐만 아니라 우리 민족의 정신사적인 측면에서도 의미와 가치를 부여할 수 있다.

2. 무의식과 문학적 탐색

　노작의 고향은 수원에서 30여 리 떨어진 곳이다. 그가 태어난 농서리는 주봉뫼라고 하는 산이 있고, 마을 앞으로는 현량개라는 냇물이 있다. 그는 학창시절 수원의 화성, 광교천, 홍충문, 연무정, 장군대, 창용문 등을 바라보며 성 둑길을 따라 농서리로 걸어오곤 하였다. 이러한 그의 고향은 노작의 문학을 형성하는 데 내재적인 요인이 되었다. 시「통발」,「漁父의 跡」,「별, 달, 쏘 나, 나는 노래만 합니다」,「그러면 마음대로」,「그것은 모다 꿈이엇지마는」,「나는 王이로소이다」등과, 수필「靑山白雲」, 소설「귀향」등은 그 배경이나 소재가 고향을 통해서 나타난다.

　그의 성격은 강직하고 고결한 한사(寒士)로 정평이 나있다. 박영희는 그의 모습을 "얼굴이 강파르기는 하였으나 총기 있고 다정한 눈, 날카로운 콧대, 강직하고 고결한 한사(寒士)임에 틀림이 없지만 시집 한 권 내지 않고 이대로 가버렸으니"[2] 하고 그의 죽음을 슬퍼하면서 그의 모습과 강인한 성격을 잘 묘사해 주고 있다. 그 예로 일제 강압에도 끝까지 창씨개명을 하지 않은 점, 죽어도 왜놈의 돈은 먹지 않겠다며 버틴 점, 그리고 발악적인 일제 말 민족의 위기 상황 속에서 그에게 희곡「김옥균전」을 집필할 것을 강요하였지만 그것을 거부하여 일제에 의해 주거 제한을 당한 점 등을 들 수 있다. 그리고 당시 한국 근대 문학의 중추적인 역할을 담당한 대부분의 문학인들이 일본에서 유학을 하고 돌아온 반면, 그는 경제적인 여건이 허락된 지주였음에도 불구하고 일본 유학을 하지 않았다는 점도 그의 성격을 반영하는 일면이다. 이러한 대담함은 그의 강직한 성품과 주체적인 자각에서 비롯된 것이다.

　1920년대 대부분의『백조』동인들이 서구 지향적인 문학 활동을 했던 것과 달리, 그는 전통 지향적인 문학 성향을 갖는다. 그가 주관한『백조』2호에

---

2) 박영희,「草創期의 文壇側面史」(제3회), ≪현대문학≫, 1959. 11.

실린 편집후기를 보면 외래사조의 무조건적인 수용에 반기를 들고 우리의 전통적인 문학의 형성과 정체성을 지향하는 내용은 그의 전통 지향의 문학관을 나타내는 좋은 예이다.

> 대개는 넘어 新을꿈이려 애쓰다가 新도新이안이고 舊도舊가 아닌 무엇인지 알수없는 일종특제품이 되어 바림이 큰缺欠이며 엇던심한 것은 무엇을 흉내낸다고 민족적리슴까지죽여바리는아모 뜻도없는 贋造王을맨드러버림은 매우 유감이올시다. 이런점은 新詩에서 더욱많히보였습니다. 행방불분명하고 사상이 불건강한 우리문단자신이죄이겠지요 그러나 될 수만잇거든 아무쪼록 순정한 감정을 그대로써스면합니다.3)

무분별한 서구 시의 모방은 신시(新詩)도 전통적인 시도 아닌 것이 되어버리고 민족적인 시혼과 전통적인 리듬마저도 잃어버린다는 것이다. 이러한 점은 우리 문단의 불건강함에서 비롯된 것이다. 그러므로 시를 창작할 때 될 수 있으면 순수한 감정이 우러나오는 대로 써야 한다고 역설하고 있다. 여기서 신시의 개념은 바로 우리의 문단에 팽배해 있던 낭만적 퇴폐주의 경향의 시를 말하는 것으로 볼 수 있다. 즉 "그때 한창 유행하든 퇴폐주의…… '데카단' …… '데카단'적 …… 회색의세계로 돌아다니며"4)로 회고하는 바 그대로이다. 노작은 우리가 서구시의 흉내에서 벗어나 전통적인 의식을 지켜 '민족적인 리듬'과 '순정한 감정'을 지향하고 회복해야 한다는 것이다. 그가 말하는 "다시금 조선의 예술이 그리웁니다. 우리의 조상들의 나리어 준 그 예술이 그리워 못견듸겠다"는 것은 바로 "조상에게서 예술적 천성을 유전해 바든 특별한우리의 조선사람이살아"5) 있기 때문이다. 이러한 전통적인 의식은 식민지 현실을 극복하기 위한 것인데, 특히 그의 민족혼은 민요에 대한 지대한 관심에서부터 비롯된다.

---

3) 홍사용, 「六號雜記」, 《백조》 제2호, 1922. 5. 25.
4) ──, 「白潮時代에 남긴 餘話」, 《조광》 제2권 9호, 1936. 9.
5) ──, 「그리움의 한묵음」, 《백조》 제3호, 1923. 9. 6.

그것은 우리로서는 아조 알기 쉬운 것이다. 싸고도 비싼 보물이다. '메나리'라는 보물! 한자로 쓰면 조선의 민요 그것이란다. ……
　　우리는 메나리스 나라의 백성이다. 메나리의 나라로 돌아가자. 내것이 아니면 모다 빌어온 것 뿐이다.
　　요사이 흔한 '양시조', '서투른 언문풍월, 도막도막 잘라놓은 신시타령, 그것은 다 무엇이나 되지도 못하고 어색스런 앵도장사를 일부러 애써 하는 것보다는 차라리 제국으로나 놀아라. 앵도장사란 무엇인지 아느냐, 바다판다는 말이다. 양가게에서 일부러 肉燭 부스러기를 사다 먹고 골머리를 알어 장발객들이 된다는 말이다.6)

　이 글에서 노작은 우리의 정서에 가장 알맞은 것을 민요(메나리)로 보고 있다. 그것은 조상의 숨결이 살아 있는 아주 알기 쉬운 메나리 가락으로 표현되는 것이다. 그러나 우리의 가락이 아닌 서투른 남의 시를 받아들여 그것을 흉내내는 것이 현실이라고 비판하고 있다. 당시 유행처럼 번진 서구 지향적인 이러한 시적 경향에서 벗어나 우리의 고유한 민요의 나라로 돌아가자는 것이다. 또한 우리가 쉽게 접할 수 있는 민요라는 보물을 버리고 신시를 쓰는 사람들을 '앵도장사'로 비유하고 있다. 이것은 앵두를 받아다가 파는 어색한 장사치로, 내 것이 아닌 남의 것을 취하여 행세를 하고 있는 20년대 초의 우리 문단 경향을 신랄하게 비판하고 있는 것이다. 그리고 한 발 더 나가 신시를 쓰는 사람들을 '양가게에서 일부러 얻어온 肉燭 부스러기'를 주워먹는 거지로 표현하고 있다. 즉 서구적인 신시의 부정적인 경향에서 벗어나 민족의 고유한 얼이 살아 숨쉬는 민요를 부활시키자는 것이다. 노작은 당시의 이러한 탈서구적인 시 경향은 그의 시 창작에도 중요하게 작용하여 전통적인 민요시들을 생산해 낸다.
　사회적인 현실이 3·1운동의 실패에 따른 좌절감 속에 퇴폐적인 낭만주의, 감상주의가 횡행하던 그 시기에 그의 전통지향의 문학관은 민족적인 주체성

---

6) 홍사용, 「朝鮮은 메나리에 나라」, 《別乾坤》 12호, 1928. 5.

과 관련지어 생각해 볼 수 있다. 이것은 일제의 식민지 정책에 굴복하지 않으려는 그의 강인한 의지의 소산이다. 즉 당시는 대부분 서구의 문학이론과 사조가 일본을 통해서 유학생들에 의해 전입되는 상황이었다. 따라서 노작의 민족의식은 우리의 고유한 정체성을 회복하는 차원에서 식민지 체제에 대한 저항 의지가 반영되어 민요론이 대두된 것이다. 이러한 점은 서구시를 적극적으로 수용하던 김억, 주요한 등도 노작의 뒤를 이어 서구문학의 지향에 대하여 반성하고 전통적인 시문학에 대한 관심을 가지게[7] 되는 것을 보아도 알 수 있다. 따라서 노작의 민족의식은 이미 선구적인 위치에 선 것이다.

그러나 1920년대 시문학을 논의함에 있어서 그는 대부분 백조파의 일원으로서 지극히 감상적인 낭만주의자로 취급되었다. 즉 그의 문학이 감상적 낭만주의를 지향한 다수의 ≪백조≫ 동인들 속에 묶여 독자적인 노작의 문학적 특성이 제대로 개별화되지 못하였다.

3. 유년의 회향(回向)과 자유시

노작의 시문학은 초기에는 자유시 계열의 작품들이 주류를 이루고 있으며 어머니와 관계된 유년동경의식이 강하게 작용한다. 당시의 대지주인 유복한 가정에서 외아들로 태어난 그는 귀여움을 독차지하면서 유년기를 서울에서 보낸다. 그러나 그의 나이 9살 때에 부친이 사망하고 난 뒤 시골로 돌아와 편모 슬하에서 자라나게 된다.

그는 줄곧 시골에서 생활하다가 휘문의숙에 입학하여 문학에 대한 관심을 갖게 되고 유인물 『피는 꽃』을 간행한다. 또 휘문의숙을 졸업한 후 3·1만세 운동에 앞장서다가 일경에 의해 체포되어 구속 수감되었다가 풀려나 고향에 은신하면서 민족의식이 강한 토속적인 수필 「靑山白雲」, 시 「푸른 언덕 가으로」를 창작한다. 약관의 나이에 월탄, 정백 등과 함께 서광사(曙光社)에 관여

---

[7] 송재일, 「홍사용 문학 연구」(충남대학교 대학원 박사학위논문, 1989), 19~20쪽.

하여 『문우』(1920)를 창간하고, 문화사(文化社)를 설립하여 ≪백조≫(1921)를 간행한다. 또한 극단 '토월회(土月會)'에 참여하여 자금을 조달하는 등 재정적인 지원이 필요한 사업을 하면서 점점 궁핍해져 나중에는 한방의학을 공부하여(1935) 그것으로 생계를 유지하게 된다. 이러한 전기적인 사실로 볼 때 노작의 어머니에 대한 동경은 가산을 탕진한 빈곤과 좌절감, 3·1운동 참여로 인한 구속 등이 정신적인 외상으로 작용하여 나타난 것으로 볼 수 있다.

① 거기서 우슴석거불으는 자쟝노래는 다소히 어리인금빗쑴터에 호랑 나뷔처럼 훨〆나라듬니다.
엇지노! 이를 엇지노 아—엇지노! 어머니 젖을 만지는듯한 달콤한 비 애가 안개처럼 이어린 넉을 휩싸들으니…… 심술스런 응석을 숨길수업 서 뜻안이한 우름을 소리처움니다.
　　　　　　　—「백조는 흐르는 데 별 하나나 하나」에서

② 이나라의 죠흔것은, 모다아가것이라고
내가어릴 녯날에 어머님께서
어머니의 눈이 끔적하실째, 나의 입은 벙긋〆〆
어렴풋이 잠에속으며, 그래도 조와서
모든세상이 이러한줄만 알고왔노라
　　　　　　　—「쑴이면은?」에서

③ 이밤을 새우면 내나히 스물네살!
어머니! 말어 주서요 十王殿에 축원을
문압해 가시성이 불이 부터요
당신의 외獨子 나도 가기는 갑나다
　　　　　　　—「바람이 불어요」에서

④ 어머니!
엇지하야서
제가 이러케 점잔어젓슷닛가
어머니 젖꼭지에 다시 매여달릴 수도 업이

이러케 제가 점잔어젓습닛가
그것이 원통해요
— 「어머니에게」에서

　심리적으로 노작의 시에 있어서 어머니는 어린 시절로 돌아가려는 회향적인 요소를 지닌다. 이것은 일제 식민지 치하의 지식인의 고뇌에서 비롯된 사회적인 현실과 맞물린 허무적인 의식에서 비롯된다. 현실의 모순 속에서 노작의 지향점은 성인으로서 감당할 수 없는 무게를 지니고 있다. 무의식적으로 전이된 심리적인 방어기제가 작용하여 유아의 세계로 돌아가려는 회향의식의 발로인 것이다. 그의 시는 어머니의 품안에서 절대적인 안전성을 획득하고자 하는 욕망의 한 표현으로 존재한다. 심리적으로 세계의 인식에 대한 불안에서 벗어나는 길은 그것을 초월해서 넘어서거나 영원한 안식처로 뒤돌아가야 하는 것이다. 그가 선택한 것은 모태로 돌아가는 회향의 길이다.
　①은 당시 현실의 강한 불만이 어머니의 품속, 꿈, 유아기적 경험세계로 향하면서 욕구충족의 수단으로 쓰이고 있다. 이처럼 과거 세계로의 지향은 상상에 의하여 행해지고 있다. 예술가는 일반적으로 충족되기 어려운 왕성한 욕구를 가지고 있으면서 항상 현실에 불만족스럽다.8) 그러나 예술창작의 원리는 이러한 불만족을 표면화하여 겉으로 드러내는 것이 아니라 그 대상을 변형시켜 욕구를 충족시킨다. 그러므로 작가는 자신의 상상력을 통해 백일몽을 정교하게 조작하여 다른 사람들의 눈에 거슬리지 않는다. 그들은 현실 속에서도 또 다른 문제를 발견하여 자신의 상상을 통해 창작하고 독자에게 받아들이게 하는 신비한 능력을 지니고 있다. 노작의 지식인으로서 문제의 발견은 현실의 불만족, 즉 일제식민지 상황에서 무너짐 없는 성으로서 지극한 어머니의 사랑이 성장 이후 부딪치는 것이다. 식민지의 현실문제 속에서 절대적인 안정을 추구하면서 어머니 품속인 유아의 세계로 돌려놓고 있다. 그것은 어머니의 "일상불으는 우렁찬소리가 어엽분나를불러"내는 "귀에닉은 음성이 머-르이서 들일째에 철업는 마음은 조와라고 밋처서 쟌듸밧 모래 톱

―――――――――――
8) L. 리너, 정희모 역, 『정신분석과 문학비평』(고려원, 1996), 13~14쪽.

으로줄다름줌니다"는 시적인 상상력을 통해서 드러난다. 어머니의 부름에 대하여 심리적인 갈증을 상상적인 산물인 시를 통해 답하면서 해결하고 있는 것이다. 시인의 절대적인 안식처로 작용하는 모성애는 어머니의 '웃음석거불으는 자쟝노래'가 '꿈에 호랑비븨'처럼 날아든다. 유아본능의 최고의 정점인 "어머니의 젖을 만지는" 달콤함을 욕망하면서 울음을 터뜨리는 것이다.

여기서 욕망의 울음으로 표현되는 화자의 무의식적 욕구불만은 대상인 어머니가 자신의 결핍을 완전히 채워줄 것이라고 믿기 때문이다. 그러나 그의 자아에 잠재되어 있는 불만족의 해결은 현실적으로 기대할 수 없다. 대상을 통해 욕망을 해소한다는 것은 죽음이다. 이것은 상상계 속에 존재하는 허구를 실제처럼 믿고 다가서는 과정 속에 있는 것이다.[9] 그러므로 화자는 실재계로 나서지 못하고 상상계 속에서 머무르고 있는 것이다.

②는 꿈을 매개로 하여 유년의 세계로 돌아가는 현실의 짓눌린 억압의 소산이다. 현실의 부정은 입을 다물고 있을래야 다물고 있을 수 없는 상황이다. '속고도, 말 못하는 이 세상 - 억울하고도, 말 못하는 이 세상'에서 모든 것을 취할 수 있었던 어린 시절로의 회향을 시도하고 있는 것이다. 어머니 품에서 어떤 것이라도 모두 얻을 수 있었던 것이 성장 이후 식민지적 현실은 '모든세상이 이러한 줄만 알고' 있었지만 현실은 상처투성이의 세계인 것이다. 따라서 그는 어머니의 품속에서 유년의 자아와 동일시를 시도하고 있는 것이다.

현실에 대한 구체화는 ③의 「바람이 불어요」에서 화자의 나이를 밝히면서 이뤄진다. "이밤을 새우면 내나히 스물네살!"의 현실로 돌아온 그는 이미 성인으로서 어머니와 마주하고 있다. 여기서 화자는 어머니에 대한 회귀가 아

---

9) 라캉은 욕망의 구조를 통해서 주체는 대상에게 욕망을 느끼면서 대상을 실제로 알고 있지만 사실은 허구세계인 것이다. 따라서 대상을 실제라 믿고 다가서는 과정이 상상계요, 대상을 얻는 순간이 상징계요, 여전히 욕망이 남아 그 다음 대상을 찾아 나서는 것이 실재계이다. S(주체) ◇(주체가 욕망을 충족시키지 못하는 결핍) a(욕망을 끊임없이 불러일으키는 허구적인 대상)일 때, S ◇ a 라는 공식을 상정하고 있다. 자크 라캉, 권택영 편역, 『욕망이론』(문예출판사, 1994), 19쪽.

니라 어머니에 의해서 미성숙한 어린 아들로 그의 역할이 바뀌고 있다. 자식을 사랑하는 어머니의 마음은 늘 미숙한 아들이 안녕하기를 기원하는 것이다. 이러한 어머니의 자식에 대한 염려는 어두운 시대적인 현실에서 비롯된다. 평탄치 않은 현실은 유년의 안식처에서 빠져 나와 힘겨운 현실을 직시한다. "문압헤 가시성이 불이" 붙는 "외獨子인 나도 가기는 갑니다"에서처럼 모든 사랑을 독차지한 외아들이 이제는 성인이 되어 있음을 의식하고 있다.

노작의 시에서 화자는 곧 작가 자신임을 전기적인 사실을 통해 알 수 있다. 그는 부유한 집안에서 독자로 태어나 아버지를 사별하고 어머니의 품속에서만 머물며 귀여움을 독차지하면서 자라난 것이다. 이러한 면들이 그의 시작품 속에서 시적인 화자로 전이되어 나타난다. 어머니에 대한 그리움은 심리적으로 유년시절로 돌아가려는 무의식적인 화자를 설정하게 된 것이다. 그러나 ④에서는 이제 성인으로서의 현실을 직시하고 자신의 성장에 대한 인식에서 넘어서서 유년을 그리워하는 감정이 더 이상 용납되지 않는다. 그의 시 「어머니에게」는 이제는 너무 자라서 어머니에 가까이 갈 수 없음을 원망하고 있다. 성인이 되었다는 것을 반어적인 표현을 통해 "엇지하여 제가 이러케 점잔어젓습닛가"라고 다시 묻고 불만하고 있는 것이다. 여기서 화자는 육체적으로는 이미 성장해 버렸지만 현실을 인정할 수 없다는 의미에서 "어머니의 젓쪽지에 매달"려 유년에 머무르고 싶은 강한 욕망을 표현하고 있다. 어머니의 젖무덤에서 멀어진 현재의 자신이 또한 원통한 것이다.

외부세계에 대한 강한 부정적인 요소, 식민지의 사회적 현실 등은 그가 현실을 직시하고 스스로 세계화를 하기에는 힘겨움으로 표현된다. 그는 부유한 집의 외아들로 자라다가 아버지를 사별(9살)하고 어머니의 품에서 자라나게 된다. 따라서 그는 새로운 외부적인 환경에 늘 불안하다. 그러나 성숙한 어른 '점잖아진 자기자신'을 인식하고 '10년전으로 어린애'로 돌아갈 수 없다는 것을 알고 있는 것이다. 이러한 면은 정신적으로나 육체적으로나 이미 성인으로 자신을 인정하고 있는 것이다.

「나는 王이로소이다」(《백조》 3호, 1923. 9)를 초반, 중반, 종반 부분으로

홍사용론 169

나누어 살펴보면 초반과 종반 부분은 현실적으로 존재하는 시인의 모습이, 중반 부분은 유년시절의 영원한 안식처인 어머니를 회상하고 回向을 시도하고 있다.

나는 王이로소이다 나는 王이로소이다 어머니의 가장어여쁜아들 나는 王이로소이다 가장 가난한 농군의아들로서……
그러나 十王殿에서도 쫏기어난 눈물의王이로소이다.

"맨처음으로 내가 너에게 준것이 무엇이냐" 이러케 어머니께서 무르시면은
"맨처음으로 어머니께 바든것은 사랑이엇지오마는 그것은 눈물이더이다" 하겟나이다 다른것도만치오마는……
"맨처음으로 네가 나에게 한말이 무엇이냐"이러케어머니께서 무르시면은
"맨처음으로 어머니께 들인말슴은 "젓주셔요"하는 그소리엇지오마는 그것은 "으아ー"하는 울음이엇나이다" 하겟나이다 다른말슴도 만치오마는……

이것은 노상 王에게 들이어주신 어머니의 말슴인데요
王이 처음으로 이世上에 울째에는 어머니의 흘리신 피를 몸에다 휘감고 왓더랍니다
그날에 동내의 늙은이와 젊은이들은 모다 "무엇이냐"고 쓸대업는 물음질로 한창 밧부게 오고갈째에도
어머니께서는 깃거움보다도 아모대답도 업시 속압흔 눈물만 흘리섯답니다
쌁아숭이 어린王 나도 어머니의 눈물을 짤하서 발버둥질치며 "으아ー" 소리처 울더랍니다

그날밤도 이러케 달잇는 밤인데요
으스름달이 무리스고 뒷동산에 부형이 울음울든밤인데요

어머니께서는 구슬픈 녯이약이를하시다가요 일업시 한숨을 길게쉬시며 웃으시는듯한 얼굴을 얼는 속이시더이다
王은 노상버릇인 눈물이 나와서 그만 곳까지 섧게 울어버리엇소이다 울음의뜻은 도모지 모르면서도요
어머니께서 조으실때에는 王만 혼자 울엇소이다
어머니의 지우시는 눈물이 젓먹는 王의쌤에 썰어질때에면 王도 쌀하서 실음업시 울엇소이다

열한살먹든해 正月열나흔날밤 맨재텀이로 그림자를 보러갓슬때인데요. 命이나 긴가 쌀은가 보랴고
王의동무 작난꾼아이들이 심술스러웁게 놀리더이다 목아지업는 그림자라고요
王은 소리처 울엇소이다 어머니께서 들으시도록 죽을가 겁이나서요

나무꾼의 山타령을 쌀하가다가 건넌산비탈로 지나가는 상두군의 구슬픈 노래를 처음들엇소이다
그길로 옹달우물로 가자면 지럼길로 들어서면은 썰레나무 가시덤풀에서 처량히우는 한마리 파랑새를 보앗소이다
그래 철업는 어린王나는 동모라하고 조차가다가 돌쑤리에 걸리어 넘어저서 무릅을 비비며 울엇소이다

한머니산소압헤 쏫심으러가든 寒食날아츰에
어머니께서는 王에게 하얀옷을 입히시더이다
그러고 귀밋머리를 단단히 싸어주시며
"오늘부터는 아모스 죠록 울지말어라"
아—그째부터 눈물의王은!
어머니몰내 남모르게 속깁히 소리업시 혼자우는그것이 버릇이되엇소이다

누—런쩍갈나무 욱어진山길로 허무러진 烽火쑥압흐로 쫓긴이의노래를 불으며 어실넝거릴때에 바위미테 돌부처는 모른체하며 감중연하고 안젓

더이다.
아―뒤ㅅ 동산將軍바위에서 날마다 자고가는 쁜구름은 얼마나만히 王의 눈물을 실고갓는지요

나는 王이로소이다 어머니의 외아들나는 이러케王이로소이다
그러나그러나 눈물의王! 이세상어느곳에든지 설음잇는짱은 모다 王의 나라로소이다
　　　　　　　　　　 ―「나는 王이로소이다」전문

　왕은 절대권력을 쥐고 있지만 여기서의 왕은 어머니 품안의 왕으로서 그 가치를 상실하였다. 그러므로 화자인 '나'는 현실에서 보잘 것 없는 '어머니의 가장어엿쁜아들'인 왕인 것이다. 또한 절대권력과는 거리가 먼 자연 속에 묻혀 사는 '가난한 농군의 아들'인 무위자연을 외치는 왕이다. 그리고 '十王殿'인 저승에서도 '쫓기어난 눈물의 왕'으로 현실에서 좌절한 무의지의 표현이다. 시인의 현실에 대한 좌절감은 왜곡된 자아의 불안을 내포하고 있다.
　이러한 현실적인 위치의 시적 자아는 유년의 안식처에 존재하는 왕으로 돌아가서 당시를 회고하고 있다. 그는 이미 어린아이로 돌아가 과거 속에 존재한다. 따라서 그는 '맨처음으로' 태어난 시점에 있는 것이다. 어머니가 '맨처음으로 내가 너에게 준 것이 무엇이냐', '맨처음으로 어머니께 바든 것', '맨처음으로 네가 나에게 한말'로 인생의 극점에서부터 시작된다. 아기가 '이 세상에 올때에는 어머니의 흘린신 피를 몸에다 휘갑고' 어머니의 몸에서 분리 될 때에 필연적으로 흘리게 되는 피, 아기가 세상에 태어난 이후 우리의 전통사회에서 가장 중요하게 인식하고 있는 性의 확인을 "온동네의 늙은이와 젊은이가 모다 무엇이냐고 '쓸대없는' 물음"으로 표현하고 있다.
　화자인 "어린왕 나도 어머니의 눈물을 짤아서 발버둥치며 '으아―'소리쳐 울더랍니다"의 물음은 동일시한다. 주체의 형성에 대하여 라캉은 생후 6개월에서 18개월 사이에 거울의 단계에서부터 시작된다고 본다. 그 중에서 나르시스적인 무의식적인 경향이 거울을 통해서 이루어진다. 거울 속에 자신의

모습을 인식하기 시작하면서 그 거울은 주체의 눈에 비친 타인의 모습까지도 자신과 동일시한다. 비슷한 아이들 둘이 놀다가 한 아이가 상대의 아이를 밀쳐서 넘어져 울면 그 자신도 따라서 운다. 밀친 아이가 자기가 넘어진 것으로, 자기가 아픈 것으로 나르키시즘적 자기 반영을 이루고 있는 것이다. 자기 아닌 타인과의 구별이 되지 않는 미성숙의 단계에 머물러 있다. 화자는 어머니의 눈물을 보고 자신도 따라 울어버리는 것은 어머니와 자기의 동일시 또는 그의 전부이기를 욕망 하면서 동일시를 이루고 있는 것이다. 화자의 회향의식이 드러난 것이다. 즉 현실의 고달픔은 영원한 안식처로서 어머니와 동일시를 시도한다. 그것은 인간이 가지고 있는 안정성에 대한 본능적인 사고에서 기인된 것이다.

　이러한 점은 열 한 살에도 어머니와 친밀적인 관계를 청산하지 못하여 그것이 작용하여 '상상적 관계' 속에 머무르고 있다. 어머니의 구슬픈 옛이야기를 듣고 뜻도 모르고 그만 '끝까지 섧게 울어버리'는 아동기의 울음이 성장 이후에도 슬픔으로 자리한다. '열한살'이 되면서 유아기를 지나 아동기에 접어들어 최초의 사회성의 시도 단계에서도 '작난꾼아이들이 심술스럽게 놀리'면 어머니께서 들으시도록 큰소리로 울어버리는 피안을 향한 울음을 울고 있다. 라깡이 말하는 거울의 단계 다음에 오는 사회적 진입과정에서 자아는 불안한 단계에 머물러 있는 것이다.

　시인의 전기적인 요소의 아버지의 부재는 곧 사회적인 현실의 변형된 모습으로 드러난다. 그러므로 화자는 어머니의 안정성을 향하여 안주하게 된다. 아버지의 부재는 주체와 타자인 어머니의 관계를 구분하지 못하고 혼란한 상태에 머문다. 즉 주체는 어머니가 원하는 모든 것이 되어 버리는 미성숙의 유아상태에 머물기를 고집한다. 주체의 형성은 타자를 인식하고 타자에 의해서 성립되는 것으로 어머니에 대한 동일시가 아닌 아버지의 금기를 통해서 이루어진다. 이러한 소외는 아버지의 적극적인 개입으로 '상상적 관계'인 아이와 어머니의 관계를 청산하게 되는 것이다. 여기서 아버지의 부재와 민족적인 주권상실은 동일한 의미로 파악할 수 있다. 식민지 상태는 국가로서의 역할을 상실한 것이다. 당시의 현실은 개인적으로 아버지의 부재를 의미한다. 즉 아버지는 금지의 법을 마련하고 그것에 의해 아이는 지배되면서 어머니의 닫힌 세계에서 벗어나 다양한 사회생활을 접하게 되고 새로운 생활에 적응을 하게 되는 것이다. 유아기의 아버지에 대한 인식은 어머니와의 상상적인 관계를 깨고 열린 사회로 진입하게 하는 결정적인 역할을 한다. 그러나 노작은 현실적으로 주체의 형성기에 아버지가 사망하여 그 역할이 부재하였고, 또한 일제 식민지 치하의 우리의 현실은 바로 민족의 주체성을 상실한 암담한 시기였다. 개인적인 상황이 사회적인 모습으로 확대되어 동일한 의미를 형성한다.

 화자는 아동기에 접어들면서 '상두군의 구슬픈 노래', '처량히 우는 한 마리 파랑새'를 동무하려 쫓아가다가 넘어져 우는 울음을 통해 동일시한다. 아버지의 부재는 어머니의 상상적인 관계를 계속해서 유지하며, 어머니의 품속인 안식처에 남아있다. 일제에 의한 주권 상실은 곧 아버지의 부재로 내면화되어 있으며 그것은 이미 돌이킬 수 없는 현실로 나타난다. 우리의 전통적인 정서의 표현으로 '상두군의 구슬픈 노래'와 '가시 덤불에 처량히 우는 한 마리 파랑새'는 시대적인 아픔과 고뇌를 표현한 구체적인 현실이다. 이러한 면은 화자의 울음과 연결되어 내면적인 의미를 간직한 채 이중적인 의미 망을 형성한다. 울음의 표면적인 의미는 사춘기에 접어들면서 '귀밑머리를 단단히 싸'는 것에서 주체하지 못하는 울음으로 표현되고 있다. 어머니의 울지 말라는 당부는 어머니에 의한 아버지의 대리적인 역할이다. 화자는 어머니를 통해 아버지의 금지의 법을 배우고 소외를 경험하게 되는 것이다. 현실에서 불완전하게 나마 어머니가 그의 아버지 역할을 대리적으로 수행하고 있는 것이다. 따라서 그는 어머니의 울지 말라는 말을 듣고 울음이 내면화되어 '소리없이 혼자우는그것이 버릇이' 되어 버린다.

 이후 사춘기에서 청년기에 접어들 때까지 '쫓긴이의노래를 부르며' 혼자서 아무도 몰래 '뒷ㅅ동산장군바위'에서 날마다 눈물을 짓는다. 그의 유아기, 아동기, 사춘기는 유아기에서 아동기로 넘어 오는 과정에서 심리적인 불안이 시작된다. 그 원인으로는 상상계 속에서 아버지의 부재로 인해 주체의 형성이 미숙한 상태에 이르게 되었다. 스스로 주체인 나의 의식이 아버지의 부재로 인해 계속 늦어지면서 그는 어머니라는 모태의 안식처로 회향하게 되는 것이다. 그러나 화자의 의식 속에는 식민지 현실과 마주하여 '장군바위'와 같이 절대적인 영웅을 기다리면서 울고 있는 것이다.

즉 화자의 미성숙의 주체는 왜곡된 일제 강점기의 억압된 사회를 접하면서 더욱더 안정성을 잃어버리고 어머니 품을 그리워한다. 3·1운동 이후 지식인으로서 겪게되는 시대적인 좌절 앞에 눈물을 흘리고 모태회귀로서 새로운 삶을 꿈꾸어야 했다. 따라서 그의 시에서 아버지의 부재는 일제의 침탈에 의한 국민주권의 상실과도 맞물려 억압된 현실을 반영한 것이다. 그러나 화자는 고통 속의 암담한 현실로 다시 돌아온다. 식민지의 암담한 현실 속에서 어머니의 외아들인 나는 왕이며 세상 어느 곳이든지 '설음이있는짱'에서 눈물나라의 왕이 되는 것이다. 시인은 현실로 돌아오지만 그 세계에 대한 좌절과 암울함은 '눈물의 왕'으로 '이세상어느곳에든지 설음이 잇는 짱은' 모두 그의 품으로 안을 수 있는 것이다.

4. 전통의식과 민요시

노작의 민족의식은 민요의 수집, 전통적인 시 창작을 통해서 드러난다. 그의 산문을 보면 "우리는 메나리ㅅ나라백성이다. 메나리 나라로 돌아가자. 내 것이 아니면 모다 빌어온 것뿐이다"는 그러한 사상을 잘 표현하고 있다. 1920년대를 들어서면서 서구의 문예사조의 홍수 속에서 우리의 전통적 민족혼과 자연발생적인 민중의식을 메나리인 민요를 통해서 지키려한 것이다. 이러한 민요시는 「새악시 마음은」, 「비오는 밤」, 「흐르는 물을 붓들고」, 「月蝕」, 「각시풀」, 「새악시 마음이란」, 「붉은 시름」, 「離恨」, 「감출 수 없는 것은」, 「고초당초 맵다한들」, 「호젓한 걸음」 등으로 볼 수 있다.

그는 초기시에서 민요에 대한 관심을 보이다 후기에 들어서면서 집중적으로 창작을 하게 된다. 문학은 사회적으로 당시의 현실에 처한 상황에 영향을 받지 않을 수 없다. 언어적인 매체를 통해 사회의식을 반영하고, 작가는 당시의 공간과 장소에서 정치·경제적인 상황은 물론이고 당시의 윤리적인 모든 것들에서 자유로울 수가 없다. 그의 민요시 창작은 이러한 입장에서 볼 때 사회·문화적인 요소가 그의 시문학을 형성하는데 많은 영향을 미쳤음을 암시하는 것이다.

  3·1운동 이후 한국의 민족주의적인 입장을 표명하는 민요시의 형식이 나타난다. 이것은 한민족 자체의 힘으로 사회적인 모순을 극복하려는 민족운동이다. 문학은 다른 표현보다 은유나 상징성을 갖기 때문에 민족주의 이념을 간접적으로 표출할 수 있다. 또한 민요시는 개인의 창작이면서 독자를 대상으로 하는 것이 아닌 대중의 참여에 의한 노래라는 점에서 그 의미를 찾을 수 있다. 민요시는 개인의 순수 창작물이지만 민요의 기본골격을 그대로 유지하면서 민중적인 공감대를 형성하고 노래로 불리어 지기를 바라는 의도가 들어 있다. 결국 노작의 민요시는 민족주의적인 주체적인 각성에 의해 민족의 혼을 보존하기 위한 문화적인 각성의 결과이다. 그는 당시 대부분의 시인들이 심각한 시대적인 현실을 부정하고 퇴폐시 혹은 낭만적인 상상의 세계에 머물러 있었는데 반하여 문학의 역사와 전통을 기반으로 한 고유한 민요 양식을 적용하여 시를 창작한 것이다. 그가 민요 양식을 받아들여 창작한 대표적인 민요시를 살펴보면 다음과 같다.

  ① 시냇물이 / 흐르며 / 노래하기를
     외로운 / 그림자 / 물에 쓴 마름닙
     나그네 / 근심이 / 끗이 없어서
     빨래하는 / 處女를 / 울리 엇도다.

     돌아서는 / 님의손 / 집어다리며
     그러지 / 마셔요 / 갈길은 六十里
     철업는 / 이눈이 / 물에 어리어

당신의 / 옷소매를 / 적시엇어요

두고가는 / 길시음 / 쥐어틀어서
여긔도 / 내故鄕 / 저긔도 내故鄕
저지나 / 마르나 / 가는이 설음
혼자울 / 오늘밤도 / 머지안쿠나
　　　　　　　　　　—「흐르는 물을 붓들고」

② 팔월에도 / 한가위는
고구령의 / 시름이라
칠백리 / 거친벌판
무삼일이 / 잇더니까
秋夕節氣 / 아기네들
祖上來歷 / 일으라니
도래 떡 / 울든겨레
오례송편 / 목이메네
　　　　　　　　　　—「月蝕」

　우리의 민요는 형식적인 측면에서 기본 음보율이 3음보격과 2음보격의 3, 4, 5조라는 것은 이미 잘 알려진 사실이다. 노작의 민요시 율격은 이러한 점을 충실히 반영하여 기본적인 민요형식을 따르고 있다. 그의 민요시 중에서 ①은 3음보격의 기본음수율에 3.3.5조, ②는 2음보격의 4.4조 혹은 3.4조의 전통적인 음수율을 그대로 따르고 있다. 이러한 형식적인 민요의 음수율에 대한 반영은 우리의 정서를 드러내는데 적절한 표현 방법이다. 그의 민요시의 3.4조와 4.4조를 기본으로 하는 3음보격과 2음보격은 전통적인 민요에서 가장 흔한 보격일 뿐만 아니라 우리의 정서를 반영한 것이다. 3음보격의 율격은 화자의 정서를 고백적으로 표현하는 다소 여유 있는 음율이며 또한 객관성을 바탕으로 한 전반적인 정서를 수용하여 측면을 지니고 있다. 2음보격은 우리의 민요에서 가장 흔히 쓰이는 기본적인 양식으로 누구나 쉽게 접근 할 수 있는 음율이다. 4.4조의 형태에 2음보격은 빠른 템포로 역동적인 행위를 동반할 수 있는 특징을 지니고 있다. 위의 시 이외에 3음보격은 「각시풀」, 「감출 수 없는 것은」, 「호젓한 걸음」 등이고, 2음보격은 「시악시 마음은」, 「비오는 밤」, 「離恨」 등을 들 수 있다. 그리고 자유시적인 형태에 민요적인 음율 자연스럽게 적용된 경우는 「꿈이면은?」, 「봄은 가더이다」, 「해저믄 나라에」 등에서 4.4조의 자연스러운 음률이 구사되고 있으며, 「그것은 모다 꿈이 었지만은」은 판소리 계통의 정서를 통해서 정서의 극대화를 시도하기도 한다. 이러한 점은 전통적인 민요의 음률을 변용시켜 그만의 독특한 민요시를 창작한 것이다.

노작의 이러한 면을 박종화는 "향토적 서정시인으로 소월과 함께 순서정시를 쓴 민요시인의 쌍벽이라 하겠다. 소월은 약간 뒤에 나왔지만은 다작이었고 노작은 같은 서정시인이면서 도 신비와 상징을 가진 본질적 서정시인"10)이라고 밝히고 있다. 즉 향토적인 소재를 도입한 민요시인이라는 점에서 《백조》 동인들의 데카당티즘과는 차별성을 갖는다고 말하고 있다.

그의 민요시는 현식적인 측면에서 뿐만 아니라 내용적인 측면에서도 전통적인 의식을 담고 있다. 월탄과 회월은 이러한 면을 '純 抒情性'과 '純情한 感情', 오세영은 "한국의 전통적인 정서 限"11) 등으로 표현하고 있다. ①의 「흐르는 물을 붓들고」는 의인화된 시냇물을 통해서 나그네의 외로움과 고향을 떠나오면서 헤어진 님을 그리워하고 있다. 우리의 시골 어느 곳에서든 볼 수 있는 "빨래하는 처녀"와의 이별이다. 여기서의 화자는 '눈물'과 '긴실음'에 빠져 '서럽게' 혼자 울면서 님과 이별하는 광경을 그리고 있다. 이러한 점은 식민지의 현실을 반영한 결과이다. 즉 「흐르는 물을 붓들고」의 시 제목에서도 그러한 의미를 찾을 수 있다. 당시의 외세의 도도한 흐름을 막아 보려고 안간힘을 쓰고 있다. 또한 '빨래하는 처녀', '갈길 六十里', '긴실음', '혼자 울' 등은 당시의 암담함을 토속적인 언어를 통해 드러내고 있다. 여기서 싱

---

10) 박종화는 홍사용의 1976년 발행된 『나는 왕이로소이다』(僅城書濟)의 서문에서 순서정시인 민요시인으로 밝히고 있다.
11) 오세영, 『한국의 낭만주의시 연구』(일지사, 1986), 372쪽.

실한 '내고향'이 의미하는 것은 광의로 볼 때 주권을 상실한 조국의 현실로 비유된다.

같은 맥락으로「離恨」역시 님과 이별한 여인이 그의 개인적인 삶을 하소연하고 있다. 즉 이농민의 아내가 겪는 현실의 고통스러움을 민요의 특성을 살려 식민지적 현실을 그려내고 있다. 즉 돈을 벌러 집을 나가고 그를 기다리는 여인의 애절함은 하소연을 넘어서 애원에 이른다. 그렇다면 그녀의 남편이 집을 나간 이유는 무엇인가. 그는 농민의 한사람이었으나 일제의 침략으로 인해 땅을 잃고 집을 떠나 돈을 벌러 나간 이농민임을 알 수 있다. 일제는 일본의 경제적인 공항을 타개하기 위해 만주를 침략하고 중일전쟁을 일으킨다. 1930년대는 대동아공영권, 신질서건설 등의 동화정책을 추진하던 시기로 당시 조선은 일제의 식량공급원으로서 역할을 하던 때이다.[12]

이러한 면은 ②의「월식」에서 팔월의 만월인 달을 통해서 우리의 전통적인 역사와 시대성을 드러낸다. "고구려"의 만주벌판을 호령하던 기상과 영광은 역사의 뒤안길로 사라지고 현실은 일제의 침탈로 주권을 빼앗기고 서러움 속에 울고 있다. 즉 한가위의 풍요로움 즐거움이 아닌 시름에 목이 메어 울고 있는 현실 속에 있다. 이러한 전통에 대한 인식은 '팔월 한가위', '고구려', '조상내역', '오례송편' 등에서 역사와 우리의 현실을 비교함으로서 더욱 더 전통에 대한 인식을 극대화시키고 있다. 노작의 식민지 현실은 좌절 속에 실의에 빠져 울음을 울 수밖에 없는 현실이다. 그러나 그는 이러한 뼈아픈 시련의 상황을 벗어나 과거의 찬란한 역사에 관심을 기울여 새롭게 재생시키려 하고 있다. 이것은 한가위의 달이 가지고 있는 생명성을 끌어 들여 쇠퇴와 퇴락의 길에서 회복시키려는 그의 적극적인 의지가 반영된 것이다.

노작의 민요시에 토속성은 '비탈길 밭쑥에 / 삽살이 조을고'('시악시 마음은」, 《백조》 2호. 1922. 5), '잡어뜨더 꽃따지 되는대로 뜨덧소', '보구니쏙 서리서리 되는대로 담엇소'('각시풀」, 《삼천리문학》 1호, 1938.1), '시악시 마음이란 여울목 달빛'('시악시마음이란」, 《삼천리문학》 1호, 1938. 1),

---

12) 신용하,『한국근대사와 사회변동』(문학과지성사, 1980), 185~189쪽.

'이슬비에 피엇소 마음고아도 찔레꼿'(「붉은시름」, ≪삼천리문학≫ 1호 1938. 1), '나물캐러 가면은 먼산 바래기 옹달 우물 거울삼어 무엇을 보누'(「감출 수 업는 것은」, ≪삼천리≫ 131호, 1939. 4), '호젓한걸음 捕廳다리 무섭지 안소'(「호젓한 걸음」, ≪삼천리≫ 131호, 1939. 4) 등에서 찾아볼 수 있는데 이러한 시어는 식민지적인 삶의 한 편린을 드러내는 토속적인 이미지이다. 민족의 희망이 사라지고 민족 전체의 이념이 붕괴된 식민지의 상황 속에서 시인은 우리의 고유한 정서를 찾아내려 탐색하고 있다. 이러한 향토적인 토속성은 화려하지도 않고 관심의 대상에서 벗어나 잊혀진 듯이 보이지만 그 강인한 생명력은 '비탈길 밭둑'의 '찔레꼿'같이 우리의 곁에 늘 가까이 존재한다. 따라서 전통적인 시인의 의식 속에서 발현되는 이러한 민족의식은 신문화에 길들여져 주체적인 민족의식의 부재에 대하여 각성하고 그 혼을 일깨우는 일환으로 쓰여진 것이다.

또한 이러한 면은 노작이 걸어온 유년시절의 사회적 활동 과정에서 좌절과 상처가 작용하고 있다. 3·1운동에 참여하였다가 구속되고 뒤에 고향에 은거하면서 겪게되는 심리적인 요인, 그리고 희곡 「벙어리굿」의 검열과 압수, 일제의 회유책으로 「김옥균전」을 쓰다가 스스로 붓을 꺾고 주거 제한을 받는 등의 일련의 사태는 그의 전통문화와 국민주권에 대한 자각에 의해서 민요시를 창작하게 된다. 그의 시는 독자가 읽는 것뿐만 아니라 실제로 민요와 같이 불리어질 수 있는 현장감이 중요시된 민요시로의 창작에 그 의미를 찾을 수 있다.

5. 맺음말

노작 홍사용의 시세계를 살펴본 결과 그는 뚜렷한 역사의식 속에서 시를 통해 철저히 민족혼을 보존하기 위해 노력한 시인이다. 일제 침략기 문학을 통해 암울한 현실과 대응하면서 자신의 정신세계를 지켜나간 인물이다.

연구 결과를 살펴보면 다음과 같다.

첫째, 그는 어린 시절 지주의 아들로 태어나 유복한 생활을 하면서 자라나지만 아버지의 부재로 인해 어머니를 통해 절대적인 안정을 회복하려고 한다. 이러한 점은 작가의 개인적인 삶이 식민지 현실과 부딪치면서 그의 시작품을 이루는데 중심적인 역할을 하게 되었다. 그러나 그의 강인한 성격은 일제의 회유와 압박 속에서도 뜻을 굽히지 않고 꿋꿋이 자신의 길을 간다.

둘째, 그의 자유시는 당시 대부분이 감상적인 낭만주의에 휩쓸려 데카당스적인 시적 경향을 띠고 있는 데 반해 식민지 현실의 모순 속에서 절대적인 안정을 추구한다. 그의 초기 자유시는 유년의 세계로 회향하는데, 이것은 억압된 암담한 현실을 반영한 것이다. 즉 어머니의 절대적인 안정성과 아버지의 부재로 인한 현실의 불안 의식이 상존 하는 상황에서 그의 시는 현실을 극복하고자 한다.

셋째, 시인의 주체적인 각성을 통해 식민지 현실을 극복하려고 노력하였다. 민요에 대한 지대한 관심과 채록은 그의 후기에 나타나는 민요시를 창작하기 위한 하나의 방편이었다. 밀물처럼 밀려오는 서구의 문학이론과 사조의 홍수 속에서 우리의 고유한 메나리(민요)를 통해 민요시를 창작하였다. 그의 민요시는 토속적인 언어를 통해 우리의 서정성을 드러내는 미학적인 효과를 거두었을 뿐만 아니라 찬란한 역사의식을 통해 현실의 뼈아픈 시련을 극복하고 회복시키려 의지를 적극적으로 반영한 것이다.

그의 시는 노작의 유년시절의 상처와 좌절 통해서 이루어낸 결과물이다. 유년시절에 아버지의 사망으로 인한 충격, 3·1운동의 적극적인 참여로 인한 구속, ≪백조≫를 주관하고 연극단체인 토월회를 지원하면서 경험한 경제적인 빈곤, 일제의 회유와 가택연금 등은 심리적으로 어머니의 안정성을 그리워하면서 회향하게 된다. 이러한 면은 일제 강점기 민족의 고통과 주권 상실에 대한 회복의 의지를 반영하여 그가 시를 창작하게 되는 직접적인 동기로 작용한다. 당시 우리의 문학이 특수한 시대와 환경 속에서 형성되고 전개되었음을 감안할 때 노작은 민족의식을 바탕으로 창작을 하고 그 이념을 실천하고자 한 대표적인 시인이다.

초허 김동명의 시세계

송 백 헌*

1. 머리말

　광복이후 청소년들에게 널리 애송되었던 「파초」와 「내마음」의 작가 초허(超虛) 김동명(金東鳴, 1900~1968)은 1923년 ≪개벽≫지(통권40호)에 처녀작 「당신이 만약 내게 문을 열어 주시면」이란 작품으로 문단에 데뷔했다. 이후 그는 총 6권의 시집을 발간하면서 우리 나라의 대표적인 시인 중의 한사람으로 떠올랐다. 그는 그윽한 시적 정조와 간결한 언어미가 담긴 일련의 시작품을 우리 시사(詩史)에 남겼다. 아울러 불안하고 부당한 권력이 지식사회를 억압하던 시대, 그것에 저항하는 강직한 글들을 남겼다.
　그의 시는 흔히 동시대의 다른 작가, 즉 김소월, 박두진, 신석정, 김상용 등과 더불어 전원시인·목가시인이라는 평이 지배적이다. 그러나 김소월이 자연을 인간적 한으로, 박두진이 범신론적 초월자의 의지로, 신석정·김상용 등이 자연을 관조하며 유유자적하는 자세로 자연을 노래했다면, 그는 단순히 유유자적하는 관조의 시풍이 아니라 그 서정성을 통해 시대의 아픔을 돌아본다. 그렇듯 시적 아름다움과 더불어 현실의식이 자리잡고 있다는 점에서 그의 시는 또다른 평가의 여지가 있다. 이러한 사실을 염두에 둔다면 그의

---

* 충남대학교 교수

시경향은 초기시와 후기시로 나누어 고찰해 볼 수 있다.

동명의 초기시는 주로 습작기에서 시작하여 1945년 해방되기까지 약 20여 년간의 기간이다. 이 기간에 이루어진 시집은 세 권으로 습작기 작품을 한데 모아 엮은 처녀 시집 『나의 거문고』(1922~1929)를 위시해서 두 번째 시집 『芭蕉』와 세 번째 시집 『하늘』(1930~1936)이 곧 그것이다. 이 시기는 주로 동명이 일체 다른 데 눈을 팔지 않고 오로지 시에 매달려 있을 때다. 그런지라 동명의 시 전반을 통해서 비교적 알차게 시심(詩心)이 영글어 가던 때라고 해도 큰 무리가 없을 것이다. 『나의 거문고』는 1920년대 3·1운동의 실패 당시 문단에 유행했던 세기말 사상 등의 영향으로 감상적·퇴폐적 경향이 주조를 이루고 있다. 『하늘』은 아름다운 자연에다 어두운 시대 상황과 인생무상의 느낌을 표현하였고, 『파초』에서는 역사적인 고뇌와 이를 극복하려는 적극적인 인생관이 나타나고 있다.

동명의 후기시는 주로 해방 후부터 동명이 작고(作故)하기까지의 기간을 말한다. 이 기간에는 전기에서와 같이 세 권의 시집을 냈다. 「술 노래」, 「광인」 등의 작품을 끝으로 붓을 꺽고 목상(木商)노릇을 하다 다시 쓴 정치적·사회적 경향의 작품집으로 『眞珠灣』(1945~1947), 『三八線』(1945~1947), 『目擊者』(1947~1955)가 바로 그것이다. 이 무렵의 작품은 초기시에 비해 작품 수준이 떨어지고 거칠은 표현이 많이 나타난다. 『三八線』은 월남전 2년 동안 공산치하에 있었던 우울한 이야기로 민족의 참상을 표현했고, 『진주만』은 태평양 초기의 전쟁상황 및 일제의 암흑상을 묘사했으며, 『목격자』는 풍물적인 사회시로 회고의 정, 향토색, 피난 시절 등을 주로 2행 1연의 형식으로 표현한 특색을 지니고 있다.

초기시와 후기시의 특색은 간략히 살펴본 바와 같이 김동명은 1920년대에서 1960년대 초기까지 가장 특색있는 작품으로 활약한 중요한 시인이라고 볼 수 있다. 그러나, 그에 대한 연구는 본격적으로 이루어지지 않고 불과 몇 편의 논문이 있을 뿐이다. 그 이유는 그가 시종일관 시인으로 활동했다기보다 문학을 여기로 생각하여 동인 활동이나 문단 활동을 거의 안했고, 한편으로 민주당 시절에는 참의원으로서, 정치 평론가로서 활동을 했기 때문이다.
 또한 그의 시에 대하여 평자들이 자연적·목가적·전원적 시라고 규정함으로써 더 이상의 논의를 전개시킬 여지를 축소한데서도 기인한다고 볼 수 있다. 이에 본고에서는 김동명의 시를 좀 더 넓게 보기 위해 그의 시 전반에 등장하는 '물'과 '황혼'의 이미지를 중심으로 그의 시세계를 살펴보고자 한다. 김동명 시에 있어 '물'의 이미지나 '황혼'의 이미지를 고구함으로써 그의 시적 특징의 한 면을 밝혀 보고자 하는 것이다.

2. '물'의 이미지

 물의 이미지는 동서고금의 많은 시인들에게서 흔히 발견되는 중요한 시적 매개물(媒介物)이다. 바다와 강, 비와 낙수(落水) 등으로 대표되는 물의 이미지를 구체적으로 작품을 통해서 예시하는 것은 그다지 어려운 일이 아니다. 그만큼 물은 많은 시인들이 즐겨 다루는 시적 대상이다. 그렇듯 물의 이미지는 바다와 산과 마찬가지로 시인에게 있어 영원한 향수의 모태가 된다. 특히 김동명 시에서 바다, 강, 냇물, 호수, 샘, 비, 조수 등의 매개물은 그의 시 의미 형성에 중요한 작용을 한다. 전원시인, 목가시인이란 평가를 받을 만큼 자연 친화적인 경향을 지닌 그에게 자연이란 삶의 이상향이며 궁극적인 귀의점이다. 이런 그에게 '물의 이미지'가 어떻게 효율적으로 그의 이상적 자연세계를 표출하고 있는가는 중요한 문제이다. 김동명의 시에서 물의 이미지는 첫 번째로 '힘의 집합'이라는 점이다. 물은 흐름을 가진 물질이다. 그러면서도 그것은 바다와 같이 거대한 세계를 이루고 있다. 그래서 그것은 모든 것을 무화(無化)시킬 수도 있지만 또한 동시에 모든 것을 통일시킬 수도 있다.[1]
 일찍이 물질적 상상력을 체계적으로 수립하였고, 그 중심적 이미지로서 물의 기능을 강조한 바 있는 위와 같은 바슐라르의 지적[2]은 김동명의 시에

---
1) 송재영, 「물의 상징체계」, 『김동명의 시세계와 삶』(한남대학교 출판부, 1994). 61쪽.
2) "물은 특히 힘의 집합이라는 명제를 나타냄에 있어 아주 적절한 요소가 된다. 물은

대한 설명에 적절하다. 그에게 있어 물은 '힘의 집합'으로 기능하고 있다. 가령 「海洋頌歌」에서 볼 수 있듯이 바다는 일체를 포용하는 절대적 존재이다. '네 가슴 속에는 푸른 하늘이 깔려 있고'에서 볼 수 있듯이 바다는 하늘조차 포용하는 거대한 존재이다. 이 시의 틀을 유지하고 있는 힘찬 남성적 이미지와 호방한 율조는 확실히 김동명 시의 한 특징을 이루고 있다. 두 번째 '물의 이미지'는 활짝 열려 있는 교감의 공간이다. 교감은 본질적으로 상호지향적이며, 따라서 반드시 일정한 대상을 요구한다. 즉 그것은 대상과의 은밀한 결합이며 그리움인 것이다. 김동명 시에서 쉽게 지적할 수 있는 그리움의 정조(情調), 즉 어떤 동경의 정서는 그러므로 단순한 사랑의 호소가 아니라 시적 대상과의 합일을 지향하는 처절한 열망이기도 하다. 그러한 정조는 사실대로 말하자면 지극히 강렬한 성격을 내포하고 있지만, 그러나 시인은 그것을 매우 절도 있게 제어함으로써 높은 서정성을 함축한 시적 긴장미를 표출하는 데 성공한다. 가곡으로 널리 알려져 있는 「내 마음」을 읽어보면 이런 면을 확연히 알 수 있다.

  내 마음은 湖水요.
  그대 저어 오오.
  나는 그대의 흰 그림자를 안고, 玉 같이
  그대 뱃전에 부서지리다.

  내 마음은 촛불이요.
  그대 저 門을 닫아 주오.
  나는 그대의 비단 옷자락에 떨며, 고요히
  최후의 한 방울도 남김없이 타오리다.

  내 마음은 나그네요.
  그대 피리를 불어 주오.

많은 물질을 통합시킨다." (G. Bachelard, L'eau et les rêveries, p.126, J. Corti. 위의 책, 61쪽에서 재인용)

나는 달 아래 귀를 기우리며, 호젓이
나의 밤을 세이오리다.

내 마음은 落葉이오.
잠깐 그대의 뜰에 머무르게 하오,
이제 바람이 일면 나는 또 나그네 같이, 외로히
그대를 떠나리다.

—「내 마음」 전문

    여기서 호수라는 공간을 이루는 본질은 물이다. 따라서 이 공간은 한정된 구조를 가지며, 거기에 물이라는 요소는 이 공간을 충만시키는 이미지로서의 기능을 발휘하기에 알맞은 것이다. 이미 앞서 인용한 바슐라르의 글대로 모든 것을 통합시키는 가장 강력한 힘의 요소로서의 물의 이미지는 이 작품 전체의 구조적 조화를 이룩하고 있다.
    시인은 자신 앞에 펼쳐져 있는 공간을 초월하여 대상과 합치하고자 한다. 이것이 이 작품의 주제이다. 만약 그 공간이 험난한 산야의 그것이라면 이 '합치'에는 상당한 어려움이 존재할 것이고, 아니 어쩌면 불가능할 지도 모른다. 그러나 이 공간은 지극히 고요한 호수이기 때문에 시인이 갈구하는 합치에는 아무런 어려움이 없다. 그리하여 이 작품은 ① 대상의 기다림 → ② 대상과의 합치 → ③ 황홀한 순간 → ④ 허무한 이별이라는 과정을 진술함으로써 많은 사람들의 보편적 경험의 한 단면을 표상하고 있다. 여기서 기다림의 대상이 ① 사랑하는 연인, ② 식민지 시대에서 갈망했던 조국해방, ③ 메시아적 존재 등으로 비약하는 것은 전혀 의미가 없다.[3] 요컨대 이 대상을 어떤 특정적 대상으로 규정하는 것은 이 작품의 미학적 가치를 파괴하는 결과에 불과할 것이다. 그것은 단지 시적 대상에 불과하다. 그렇기 때문에 그것은 독자에 따라서 무한한 변용적 의미를 갖는다. 세 번째 '물의 이미지'는 물의 유동적 형태 때문에 일찍부터 많은 시인들에게 시간의 이미지로 즐겨

---

3) 송재연, 위의 책. 64쪽.

대용되어 왔듯이 시간의 매체로 사용되고 있다. 특히 물의 이미지를 자주 다루어 온 그는 그것의 유동성을 묵과했을 리 없다. 그의 작품 가운데 특히 강을 주제로 한 것이 많이 있는 것은 바로 그와 같은 이유 때문이다. 그 중에서도 「江물은 흘러간다」, 「江가」같은 시가 이러한 면을 극명하게 보여 준다고 할 것이다.

    江물은 흘러간다.
    나는 휘파람을 불며 江가에 섰다.
    … …

    흰 구름이 羊 떼처럼 江물을 건너온다.
    江 언덕에 선 사나이는 벌써 내가 아니다.

    흰 구름이 羊 떼처럼 江물을 건너온다.
    江 언덕에 선 사나이는 또 하나의 내다.

    江물이 흘러간다.
    나는 휘파람을 불며 벌써 江가에 없다.
                     ― 「江물은 흘러간다」에서

이 작품에서 강물은 물론 시간의 매체로 상징화되어 있다. 그러나 시인은 '江물=시간'이란 상투적 등식과 진부한 비유를 답습하지 않기 위해 하나의 구체적인 시적 정경(情景)을 설정한다. 그것이 곧 강가이다. 그리고 시인은 바로 그 강가에서 시간성(時間性)의 인식에 도달하게 되는 것이다. 이러한 시적 인식을 보다 극적으로 표현하기 위해서 시인은 아주 구체적인 상황을 도입한다. 그것은 '구름이 羊 떼처럼 江물을 건너온다'는 외부적 사건의 진술을 의미한다. 시인은 흘러가는 구름이 강물에 비치는 것을 쳐다보며 문득 자아의 존재에 대하여 관심이 쏠린다. 이것을 보다 구체적으로 설명하자면 다음과 같다. 첫 연에 나타나 있는 단순히 휘파람을 부는 시인의 모습은 아직 자아에 눈뜨기 이전의 원초적 존재의 상태를 의미한다. 그런데 다음에 가서 '사나이는 벌써 내가 아니다'라는 진술을 통해 우리는 이미 자아의 존재가 변모된 것을 알 수 있다. 그런데 이 존재는 그 다음에 가서는 '사나이는 또 하나의 내'라는 진술을 통해 그것은 이미 완전히 독립된 별개의 자아임을 강조한다. 그런데 주목해야 할 것은 마지막 연에 이르러서는 이러한 굴절되고 변모되어 별개의 독립적 존재로 자리잡은 자아가 마침내는 '江가에 없다'라는 놀라운 진술이다.

간추려 적자면 강물은 흘러간다는 물의 유동적 이미지를 빌어 자아라는 존재의 덧없음을 간결하게 노래한 작품이다. 김동명에게 있어 물의 이미지가 공간적 세계와 결합될 때 그것은 결합과 합일, 즉 전체적 조화를 지향하고 있음을 우리는 이미 보아왔다. 그것은 분명히 평화와 정적의 세계인 것이다. 그렇다면 물의 이미지가 시간성의 상징으로 떠오를 때 그것은 어떤 의미를 갖는가? 그것은 허무이다. 여기서 우리는 김동명은 같은 물의 이미지를 다루고 있으면서도 호수를 다룰 때는 지극히 정적(靜的)인 평화를 연상하고 강물을 다룰 때는 아주 동적인, 때로는 역동적이라 할 만큼 삶의 재빠른 가변성을 연상하고 있는 것이다.

김동명에게 있어 물은 시간이며, 시간은 곧 유동적 존재로써 모든 것을, 물론 시인의 자아까지 변화시키는 이미지로써 기능을 수행한다. 그러나 물론 그에게 있어 그 이미지가 공간적, 시간적으로만 한정되어 있는 것은 아니다. 그는 한정된 세계 속에 자신을 유폐하지 않는다. 끊임없이 거기서 탈출하고자 시도한다. 그리고 사실 그 탈출은 훌륭히 성취되는 것이다.

3. '黃昏'의 이미지

보편적인 '황혼'의 이미지는 낭만적인 감상과 환상적인 동경의 세계가 중심을 이룬다. 또한 희망과 생동감을 주는 해가 점점 저물어 가는 하향성의 소멸의식에서 비극적인 상황을 불러 일으킨다. 김동명의 시에서는 이 양극적인 '황혼'의 이미지를 찾기 어렵지 않다. 이는 산다는 것이 얼마나 진지한 것인가를 일깨워 준다. 삶의 마감을 조망하는 이 비유적인 시적 인식이야말로 세상을 대면하여 살아가는 시인의 세계 내 존재를 아름답게 고양시킨다. 시는 그에게 그렇게 삶을 들어올리는 절대적 대상이다.

첫 번째 황혼을 부정적으로 보는 계열의 시들은 황혼의 이미지가 하향성의 소멸의식에서 감상적인 낭만에 기인한다. 확실히 황혼은 비가적(悲歌的) 요소이며 낭인(浪人)의 발길이 멈춘 곳에서 만나는 대안이며 하루의 단절이고 분리이며 추회(追悔)의 향수이기도 하다. 이러한 비극적 상황은 엘리옷의 사양의식(斜陽意識)이나 골드만의 비극적 세계관과도 일치하며, 또한 병든 낭만주의와도 일맥 상통한다. 이와 같은 김동명의 시에서 '황혼'에 대한 부정적 이미지는 인간에게 닥쳐오는 고독과 우울과 불안을 가중시키는 현실과 이상의 괴리, 물질의 팽배에서 오는 정신의 방황, 과학문명과 신앙의 갈등, 죽음 등에 기인한다. 이러한 부정적 삶의 방향을 1940~1950년대 실존주의에서 극복하려고 했지만, 이런 불안의식은 언제나 인간에게 그림자처럼 자리잡는다. 부조리문학이란 자기 스스로 정립해야 할 자유 의지의 발동으로, 자기 실존을 성취하기 위해서는 좌절·허무·불안 등을 도피할 것이 아니라 적극적인 행동으로써 극복해야 한다는 것이다.

① 날이 저물다.
　찬 바람이 일다.
　내 孤獨한 黃昏을 밟고,
　저 들 길을 걸어 가다.
　　　　　　　　　　　―「때는 지나가다」에서

② 저기 웬 사나이가
　아까시아 나무에 등을 기대고 서서 피리를 분다.
　　　…… 중 략 ……
　가늘게 뽑아 넘기는 그 소리의 그리운 듯 서러운 듯 또한 애절함이여,

여기는 내게도 千里 他鄕,
바닷물소리 黃昏을 맞어 그윽한 모래턱 위에,
내 홀로 섰을 때……
― 「피리소리」에서

③ 「늙음」이 돛을 달고 마조 온다.
나는 손길을 덥석 잡고 쓸쓸히 웃어 보인다.

이윽고 黃昏을 가루 질러 날아 오는 검은 새 한 마리,
나는 부산히 손수건을 흔들어 그리운 이들에게 訣別을 告한다.
― 「새벽」에서

④ 한 떨기 벚꽃인양 華麗하든 네 모습이
이제야 진흙 위에 떠러져 밟히는 身勢 되란 말이,
榮華는 한 때라, 벚꽃 질 제 따라 진들 어떠리만
땅에 떠러저도, 밟히어도 오히려 아끼는 이 없으니,
아아, 女人이여,
너는 드디어 자랑을 잃고 運命의 黃昏을 울고 섰구나.
― 「輓歌」에서

위 작품들은 내용상으로 볼 때, ①은 세월의 덧없음을 소재로 한 인생무상적인 표현이다. 지나간 젊음의 덧없음을 조락의 쓸쓸한 계절에 비유하고 있다. '길'은 인간이 살아가는 삶의 조정을 비유하거나 인생의 좌표·진리 등을 의미한다. 황혼 속에 들길을 가는 것은 노년에 접어드는 인생의 한 단면이다. ②는 고향을 떠난 사나이가 타향 객지에서 유랑하는 외로운 신세를 감상적인 독백으로 진술하고 있다. 떠도는 구름과 황혼녘의 피리소리에 외로운 방랑의 생활을 비유하여 보헤미안적인 삶의 모습을 나타내고 있다. ③은 다가오는 죽음을 황혼과 검은 새에 비유하여 인생무상을 노래하고 있다. '늙음이 돛을 달고 마조 온다. / 오늘이 등을 밀어 / 아득한 未來에 숨는다.' 등은 감각적인 표현으로 참신한 맛을 준다.

④는 벚꽃으로 상징되는 일본 제국주의가 몰락하는 과정을 여인으로 의인화시켜 나타내고 있다. 한 때의 부귀영화와 찬란한 권력이 이제는 진흙 위에 떨어져 밟히어도 누구 하나 아끼는 이 없는 신세로 전락하고 말았음을 슬퍼하고 있다. 즉 황혼을 부정적으로 바라보는 이 계열의 시들은 한결같이 시적 언어가 상투적인 진술과 감상적인 표현으로 되어 있다. 황혼의 감상적이면서도 쓸쓸한 이미지가 전체 분위기에 조화를 이룬다. 소멸되어 가는 해의 하향성에서 몰락의 원형성이 나타난다.

두 번째 '황혼'을 긍정적으로 보는 계열의 시들은 황혼이 머무는 곳의 생동감과 낭만적인 전원의 모습에 기인한 안식처, 희망, 동반자로서의 이미지에 초점을 맞춘다.4)

> 황혼,
> 여기엔 아름다운 노래의 黃金의 古城이 있고
> 거룩한 어머니의 永遠한 모습이 있고
> 님을 찾는 무리들의 아름다운 彷徨이 있고
> 맑은 情調가 있고, 恍惚한 陶醉가 있고, 끝없는 탄식이 있고,
> 또한 삶과 죽음의 有情한 訣別이 있나니
> 이 몸이 만일 죽는다면
> 원컨대 黃昏의 고요한 품 속에 안겨서
> 그리하여 내 最後의 숨 한 토막을
> 黃昏의 微風에 부치고 싶으다.
>
> ―「黃昏」 전문

산문에 가까운 한 문장으로 만일 자신이 죽는다면 황혼에 자신의 모든 것을 맡기고 싶다는 의지가 나타나 있은 이 시에서 시인의 자의식은 상상의 세계에서 죽음이라는 가정법을 통하여 황혼의 절대적 가치를 주장하고 있다. 그러기에 여기에서 황혼은 아름답고 신비적이며 거룩하며 황홀한 속성으로 무한한 영원성을 내포하고 있다. 시인이 살아가는 현실에서는 이러한 세계가

---

4) 신익호, 「황혼의 변증법적 의미」, 위의 책. 75~76쪽 참조.

펼쳐지지 못하고 있기에 자의식의 상태에서 상상의 유토피아를 설정하여 죽음이라는 가정을 통해 시인의 결의를 나타내고 있다. 그러한 마음의 상태는 서정적 감정을 고조시키기에 더욱 커다란 내면의 반응을 불러일으킨다.

    索莫한 내 뜰에
    오직 한 송이 붉은 薔薇꽃.

    겨울과 겨르려는
    불 붙은 情熱인 양……

    黃昏이
    스치고 간 뒤

    恍惚한 孤獨위에
    흰 눈이 나리다.

    蒼白한 情念을 애워
    밤이 스미다.

    이윽고 새 날이 오니,
    아아 燦爛한 銀빛 圓光!

    나는 이 아츰
    꽃의 거룩한 모습을 절한다.

                                 —「雪中花頌」전문

  위 시에서는 외로운 장미꽃에 황혼이 스치고 간 뒤 황홀한 고독이 밤을 통하여 희망찬 세계로 전이된다. 즉, 물질세계인 겨울과 암흑의 부정적인 현실이 빛과 충만한 자각으로 인해 희망을 주는 정신적 세계로 변화한다. 그리고 황혼이 머문 뒤 눈이라는 통과제의를 거쳐 밤의 휴식을 지나 빛의 생명력이 나타난다. 이 밤은 부정적 의미를 주는 암흑이 아니라 희망과 빛을 탄생시킬 수 있는 평화와 안식의 상태이다. 또한 황혼이 스친 뒤의 이 고독은 감상적인 상태가 아닌 황홀한 고독으로 화해 흰눈이 조화를 이뤄 순화작용을 하고 있는 것이다. 여기에는 황혼은 물질세계에서 정신세계로 전환시키는 분기점이 되고 또한 이 두 세계를 조화시키고 있다. 즉, 현실에 순응하면서 미래에 대한 희망과 가능성을 기대하고 있다.5)

아주 썩 아름답고 고요한 黃昏이로구료. 보아요. 저 꿈꾸는 숲 사이로 시냇물은 가만히 자장노래를 부르며 흐르지 않는가. 모든 것이 바꾸이고 갈리어도 오직 변할 줄 모르는 風景, 이제 곧 저기서 '인푸'라도 뛰어 나올 것만 같구려.
……중 략……
헌데 여보우, 나는 이 아름다운 黃昏 때문에. 더욱이 사랑과 離別이 그리워지는구려. 그러면 여봐요. 그대는 잠깐 내 귀에 소군거려주지 않으려오. 이렇게.
"나는 그대를 사랑하오. 그러나 이 黃昏보다 더 오래는 싫소"하고. 그리고는 잠깐 웃어 주어요. 그 다음에사 물론 나를 떠나줘야지오. 무슨 까닭이냐구요?
하하하. 그러면 그대는 黃昏과 함께 永遠히 내것이 된답니다 그려.
―「黃昏의 속사김」에서

위 시에서는 황혼이 머무는 곳에 오히려 생동감과 낭만적인 전원의 모습이 나타난다.

화자인 나는 가상적인 청자를 설정하여 사랑과 이별이라는 과정을 통해 황혼의 존재 상황을 제시하고 있다. 황혼의 에로틱한 낭만성은 사랑의 비극적인 이별을 가져오는 데 당연한 귀결인지도 모른다. 사랑보다 황혼의 존재 가치를 더 우위에 두는 화자는 그대와의 이별을 통하여 오히려 그대를 소유하게 된다는 역설적 표현을 하고 있다. 황혼이 있음으로 아름다운 사랑이 성

---

5) 신익호, 위의 책, 86쪽.

숙되고 서로 조화를 이루어 동반자가 되는 것이다. 황혼 속에서 자연의 어울려짐은 서로가 사랑으로 빠져 들어가는 황홀한 순간을 뜻한다. 사랑의 절대적 가치와 영원성을 소유하기 위해 이별이라는 역설적 상황을 설정하고 있다. 행복의 가치는 불행을 통하여 더욱더 고귀하듯이 사랑은 이별을 통하여 그 가치의 절대성을 얻는 것이다.

4. 맺음말

김동명은 우리 시사에서 뺄 수 없는 존재이다. 그럼에도 불구하고 그의 연구가 많지 않은 상황에서 그의 시세계를 넓게 보기 위하여 '물'의 이미지와 '황혼'의 이미지에 초점을 맞추어 살펴보았다. 앞에서 적었듯이 김동명 시에 있어 '물'은 가장 중요한 상상력의 원천이 되며, 이 상상력은 다양한 이미지의 전개로 나타난다. 물은 시적 자아와 세계가 소통할 수 있도록 도와주는 매개적 대상이다. 즉 그의 시에 있어 물의 이미지는 '힘의 집합'으로 '교감의 공간'으로, '시간의 매체'로 사용되었다.

'황혼'은 긍정적 혹은 부정적인 의미의 양면성을 내포하고 있다. 부정적인 의미로서의 황혼은 소멸의식에서 기인하는 비가적 요소이다. 희망과 생동감을 주는 해가 점점 저물어가는 하향성의 소멸의식에서 감상적인 낭만성과 환상적인 미지의 세계를 느끼게 된다. 그러므로 이 경향의 작품들은 인생의 덧없음을 슬퍼하거나 방랑하는 삶의 고독과 허무감 등을 감정의 절제없이 감상적으로 표출시키고 있다. 긍정적인 의미로서의 황혼은 평화로운 안식처로 희망과 동반자로서의 상징성을 나타낸다. 황혼이 자리잡은 뜰에서 삶의 고단함을 잊고 한가롭게 쉴 수 있는 안식처를 느끼며, 다가오는 황혼을 통해 이상향을 설정하여 언제나 자신의 삶과 분리될 수 없는 절대적인 존재로서의 동반자가 되는 것이다.

전원시에서 사회적 경향의 시까지 다양한 시세계를 구축한 김동명은 '물'과 '황혼'의 이미지를 전개할 때보다 아름답고 시적인 때는 없었다. 그리고 그 아름다운 시 속에서 그는 끊임없이 또 다른 세계를 동경해 왔다. 그런 이유로 김동명이 광복 이후 주어진 상황으로 인하여 그가 점점 사회현실에 민감해질수록 그의 시는 점점 서정성과 시적 긴장을 잃게 되며, 시인에서 정치평론가로 자연스럽게 변신한다. 그는 시대의 아픔을 저버리지 않고 꿋꿋이 견디며 미래의 희망과 꿈을 확신했던 시인이다.

파인 김동환론
— 현실과 이상의 부조화

최 예 열*

1. 논의를 시작하면서

　우리에게 「北靑물장사」와 「國境의 밤」, 그리고 가곡 「봄이 오면」으로 널리 알려진 김동환(金東煥)은 1901년 함경북도 경성군 오촌면 수송동 89번지에서 강릉 김씨 아버지 김석구와 어머니 마윤옥의 7남매(4남 3녀)중 3남으로 태어났다. 대체로 유복한 가정에서 태어났으나 점차로 가세가 기울어 생활의 어려움을 그는 심하게 겪기도 하였다. 김동환의 아버지 김석구는 일찍이 개화한 사람으로 과수원과 중학교를 경영하기도 하였는데, 한일합방 후 북간도, 러시아 등지에서 방랑생활을 하면서 가정을 돌보지 않았다. 전해오는 이야기로는 북간도에서 혁명운동을 하다가 러시아에 갔는데 1917년 러시아 혁명이 끝나자 끝내 돌아오지 못했다한다. 집안 사정이 이러다 보니 자녀들 뒷바라지 몫은 모두 어머니 마윤옥의 차지가 불가피하게 되었다. 그래서 김동환은 경성보통학교를 졸업한 후 곧바로 상급학교를 못 가고 경성군청에서 일을 보다가 뒤늦게 1916년 중동중학교에 입학하여 만두장사 등 고학으로 학업을 간신히 마치게 된다. 그후 그는 1921년 일본 동경에 있는 동양대학(東洋大學) 문화학과에 입학하여 어렵사리 공부를 마쳤다. 그가 일본유학을 가게

---
* 대전대학교 강사

된 것도 중동중학교 최규동 교장선생이 당시에 경북 지방에서 만석꾼 대지주였던 선친의 대를 이어 "자기가 하고 싶었던 일은 다해봤다"고 말하던 장안의 부호 장직상(張稷相: 장택상의 형)에게 권유하고 주선해준 덕택이었다.

김동환이 문단에 첫선을 보인 것은 1924년 5월 ≪金星≫지에 「적성(赤星)을 손까락질하며」가 양주동의 추천으로 발표되면서이다. 그러나 그는 이미 학창시절에 문학적 재능을 발휘하기도 하였는데, 그것은 1920년 중동중학교 재학시절 ≪學生界≫ 현상문예에 시 「이성규(異性叫)와 미(美)」라는 작품이다. 그후 그는 계속해서 왕성한 작품활동과 함께 『國境의 밤』(1925), 『昇天하는 靑春』(1925), 『詩歌集』(김동환, 이광수, 주요한 3인 공동시집: 1929), 『海棠花』(1942), 『돌아온 날개』(1962) 등의 시집을 남겼으며, 평론, 수필, 소설, 희곡, 번역 등1) 각 장르에 걸쳐 다양한 문학활동을 펼치기도 하였다. 이러한 활동 이외에도 그는 일본에서 귀국 후 경성일일신문 조선문단 기자를 시작으로 동아일보 기자, 시대일보 기자, 조선일보 기자를 거쳐 1929년 월간지 ≪三千里≫지를 간행하는 삼천리사장을 맡기도 하였다. 그는 또 1929년 제1회 조선문인좌담회에도 참석하여 당시의 조선문예운동의 당면문제를 논의하였으며, 3·1운동이후 최초로 결성된 단일민족전선인 신간회의 간부로도 활동하였다. 이렇게 왕성하게 활동했던 그가 1950년 6·25 전쟁이 발발된 지 얼마 지나지 않은 7월에 납북되었다.

김동환은 문단등단 후 1924년 아호 '파인'으로 시 「北靑 물장사」와 같은 해 아호를 '취공'으로 쓴 문학평론 「문학혁명의 기운」을 동아일보에 각각 발표하였다. 그 당시에 아호나 필명으로 인해 이런저런 이야기 거리가 가장 많이 된 사람으로는 김동환이라 해도 과언이 아닐 것이다. 김영식이 편저한 자료집에서 당시의 이러한 분위기를 새삼 느끼게 하고 있다. 일반적으로 김동환의 필명은 '파인'으로 널리 알려져 있는데 '취공'이라는 필명도 자주 사용되었다. 그 외에 강북인, 김파인, 창랑객, 초병정, 목병정, 석병정 등과 무엇

---

1) 김영식 편저, 『아버지, 巴人 金東煥 —그의 생애와 문학—』(국학자료원, 1994), 251쪽. 이 자료에 의하면 시가 426편, 수필 86편, 평론 56편, 희곡 7편, 소설 4편, 기행문 8편, 잡문 28편, 번역 3편 등 모두 650여 편에 이르고 있다.

을 뜻하는지도 모를 영문 이니셜 K.W.H도 사용하였다.

  그런 김동환의 아명은 삼룡이었는데 결혼 후 분가하면서 '동환'으로 개명하였다. 그리고 1939년 조선총독부의 부령 19호인 창씨개명제가 시행되었는데 경성에 사는 강릉 김씨 문중에서는 본관인 강릉의 '강'을 따서 '가다에(金江)'로 창씨개명을 하였는데, 김동환만 유독히 백두산의 백산을 따서 '시로야마(白山)'로 했다가 향리의 문중 어른들에게 꾸중을 듣기도 하였다. 그러나 그는 백산청수(일본이 아무리 압박하더라도 조선의 나무들은 죽지 않고 푸르청청 하다는 뜻)로 창씨개명하여 종로경찰서에 신고하였다.

  여러 가지 필명에 대한 나름대로의 사연은 있겠지만 뚜렷한 이유를 찾을 길 없다. 단지 '취공'과 '파인'에 대한 해명이 있는데 그중 취공(鷲公)을 보면 '그저 두 날개 훨훨 버리고 하늘 중천 저 구만리를 마음대로 날아다니는 수리개가 되고 싶다'라고 하는데 이는 시인의 내면적 자유정신과 낭만성을 나타낸 것이 아닌가 싶다.

  우리는 김동환 하면 『국경의 밤』을 가장 먼저 떠올리게 된다. 이는 근대문학사에서 보기 드물게 북방의 정서와 김억이 명명한 「長篇敍事詩」라는 서사시의 유장한 가락을 보여준 선구적 시인이기 때문인 것이다. 그에 대한 연구는 많은 평자들에 의해 비롯되어졌는데, 이념지향에 관한 연구2), 시인의 취향이나 기질의 특징3), 서사시에 대한 논의4), 민요시론5) 등이다. 이러한 다양한 논의들은 그 나름대로 김동환의 일면적 특성을 지적해주고 있으나 정한숙의 다음 지적은 주목할 필요가 있겠다.

    1920년대 한국시사는 그 시대의 일반적 경향을 중심으로 고찰할 수 없다. 오히려 주류에서 벗어나 있었던 시인들의 위치가 더욱 강조되어야 한

---

2) 김팔봉, 김우종, 조연현, 박영희, 박팔양, 백철, 임종국 등이 이에 속한다.
3) 주요한, 박계주, 한흑구 등이다.
4) 『국경의 밤』, 『승천하는 청춘』에 제한된 논의이기는 하지만 김우종, 오세영은 부정적 입장을 조남현, 김흥기, 염무웅, 김용직은 긍정적인 입장을 드러내고 있다.
5) 오세영, 장부일, 박경수 등에 의해 무산대중의 문학과 관련시켜 시조배격론과 일원화시키는데서 잘 나타난다고 보고 있다.

다. 이러한 시인들 속에는 홍사용과 이상화와 이장희를 들 수 있고, 그들이 마련한 공간과 자양 속에서 높은 단계로 시를 끌어올린 김소월과 김동환, 한용운을 들 수 있다.6)

이는 파인 김동환의 이해에 있어서 특정 문예사조나 경향, 유파에 고정시키지 않는 개방적인 시각이 중요한 것임을 제시하고 있다. 따라서 본고는 선행연구를 토대로 하여 역사주의적 비평을 원용하여 김동환의 시적 세계에 나타난 정신적 편린을 더듬어 보기로 한다. 이를 통하여 시인의 인생과 물질적 공간과 환경에 따른 작품 내적 특성과 시인이 시대적 갈등 속에서 겪었던 불협화음의 의미망을 재구성해 볼 수 있을 것이다.

2. 민족주의 의식의 고취

아하, 無事히 건넛슬가,
이한밤에 男便은
豆萬江을 탈업시 건넛슬가?

저리 國境江岸을 警備하는
外套 쓴 거문巡査가
왔다― 갔다―
오르명 내리명 奔走히 하는데
發覺도 안되고 無事히 건넛슬가?

소곰실이 密輸出馬車를 쯰워노코
밤새가며 속태이는 젊은 안낙네
물레젓는 손도 脈이 풀어져
파! 하고 붙는 漁油등잔만 바라본다,

---

6) 정한숙,『한국현대문학사』(고대출판부, 1982), 71쪽.

> 北國의 겨울밤은 차차 깁허가는대.
>
> ―「국경의 밤」제1부 1장

위의 작품은 김억이 서문에 '長篇敍事詩'라 명명하여 작품성격 규정에 있어서 서사시, 서술적 서정시 등의 장르 규정 자체에 이론의 여지가 많은 「국경의 밤」의 제1부 1장이다. 이 작품은 많은 논의점을 드러내고 있음에도 당대의 서정시 주류의 시단에 신선한 충격과 자극을 불러 일으킨 근대서사시라 평가받는 점은 의심의 여지가 없다.

「국경의 밤」의 전체 구성은 모두 3부 72장으로 이루어져 있다. 중심 배경은 두만강변이며, 중심인물은 순이와 남편 병남, 그리고 순이를 지난날에 사랑했던 한 청년을 포함하여 세 사람이다. 인용된 시에서 볼 수 있듯이 한 작품의 시작이 이처럼 강렬한 인상을 주는 경우는 흔치 않을 것이다. 첫 구절에서부터 이미 시인이 어떤 일정한 상황을 설정하고 있는지가 쉽게 드러난다. 즉, 독자는 두만강을 몰래 건너갔다가 되돌아오기로 되어있는 남편을 초조히 기다리는 아내가 배치되어 있는 광경을 보게된다. 다시 말해 남편을 기다리는 아내의 발화를 통해 이 상황을 알게되는데 이러한 상황은 3연에서 소설의 지문처럼 계속 이어지고 있다.

장차 사건이 벌어지게 될 배경과 주요인물을 소개하는 기법이 소설의 도입부를 연상시키고 있다. 이 때문에 그가 발표한 「전쟁과 연애」[7]라는 소설 속에 군데군데 민요형태의 시가 삽입되어 있어 '이 작품과 서사시의 연접가능성'을 지적[8]받기도 하였다. 시인은 서두에서와 같이 우리 민족의 현실을 '국경'(국가와 고향을 잃고 밖으로 내쫓기는 삶의 극한지대)의 '밤'(암울하기만 한 현실)으로 상징화하면서 당대의 민족현실을 암시적으로 드러내주고 있다.

> 順伊란 함경도의 邊境에 뿌리운 在家僧의 짜님.

---

7) 1928. 3. 10~11. 20까지 ≪조선일보≫에 연재된 소설이다.
8) 조남현, 「파인 김동환론」, 『국어국문학』 75집 (국어국문학회, 1977), 134쪽.

불상하게 피어난 運命의 꼿,
놀아도 집중과 시집가도 집중이라는 定則밧은 者!
그러나 누구나 이 중을 모른다, 집중이란 뜻을
그저 집중 집중하고 辱하는 말로 나무꾼들이 써왓다.
—「국경의 밤」 제2부 35장 끝연

쌋키는 王子, 王安의 사랑갓튼 사랑의 城을

두 少年이 싸앗건만,
헐기는 在家僧의 定則이 헐기 시작하엿다.
꼿에는 벌레가 들기쉽다고
아, 둘 사이에는 마즈막 날이 왔다,
벌서부터 와야할 마즈막 날이
傳統은…社會制度는
人間不平等의 한 짜님이라고,
在家僧의 子女는 在家僧의 집으로
그래서 갓혼 씨를 十代百代 千代를
順伊도 在家僧의 씨를 밧아 傳하는 機械로 가게 되엿다.

죽기를 한하는 順伊는
울고 쩨쓰다가 아버지 絞殺된다는 말에
헐 수 업시 그해 겨울에 洞里 尊位집에 시집갓섯다,
諺文아는 선비를 내여버리고……

여러 마을의 總角들은 너무 憤해서
「어디 봐라!」하고 춤을 배앗으며
물깃기 동무들은
「엇재 저럴까, 諺文아는 선비는 엇저고, 흐훙, 중은 역시 중이 조혼 게
지」하고 비웃었다.
—「국경의 밤」 제2부 47장

「국경의 밤」 2부에서는 위의 인용시에서 보듯 순이와 언문아는 선비와의 어린 시절에 사랑했던 순박하고 천진스러운 모습이 사회적 신분 차이로 좌절되는 과정이 묘사되어 있다. 재가승(在家僧)은 본래 육진벌에서 자연을 벗삼아 자유로이 유목생활을 하던 여진족의 후예다. 이들은 고려 윤관의 군사에 정복당하여 모두 머리 깎고 종살이 하다가 점차 한 국민으로 동화되어 간다. 재가승의 후손인 순이는 사랑했던 청년을 버리고 재가승의 집안으로 시집을 가게 된다. 인용시 47장에서 청년이 부정하는 '전통-사회제도'라는 것은 그들의 사랑을 가로막고 있는 정책과 사회적 편견 등이라 할 수 있다.

청년은 인습의 장벽에 대한 저항감을 노출하고 있으며, 재가승과 다름없는 처지에 놓인 민족현실과 조우하고 있다. 시인은 작품 곳곳에서 청년의 존재를 '언문아는 선비'로 묘사하고 있는데 이는 시인 자신의 모습이기도 하고, 당대 지식인의 표본일 수도 있고, 혹은 그가 비판하고자 하는 나약하고 현실도피적인 인물이기도 하다. '언문'이라는 말이 조선, 혹은 민족의 상징으로 쓰이고 있음을 드러낸 것이며, 이것은 시인의 민족의식을 완곡하게 표현하고 있다9)는 것이다.

거이 뭇칠 째 죽은 丙南이 글 배우던 書堂집 老訓長이,
「그래두 朝鮮땅에 뭇긴다!」하고 한숨을 휘-쉰다.
여러 사람은 쏘 孟子나 通鑑을 낡는가고 멍멍하였다.
青年은 골을 돌리며
「煙氣를 避하여 간다!」하였다.
　　　　　　　　　　　―「국경의 밤」 제3부 71장

3부(58장부터 시작)에서는 헤어졌던 남녀가 다시 8년만에 만나는 장면이 묘사되고 있다. 인용시에서 드러나듯 병남이 땅에 묻힐 때 서당집 노훈장이 "그래두 조선땅에 묻힌다!"하고 한숨 짓는 것은 식민지하의 비정한 현실과

---

9) 장부일, 「한국근대장시연구」, 서울대 박사학위논문, 1991, 48쪽.

마주서게 된 것임을 나타내고 있다. 이미 3부 67장에서부터 순이는 남편 병남의 죽음을 겪게 되는데 이를 통해 당대의 엄연하게 실재하는 현실 앞에서 삶의 의미를 재확인하고 있다. 그런 면에서 그의 죽음이 헛된 것이 아니라 기계적으로 식민지 현실에 적응하며 살아가는 민중들에게 민족의식을 일깨우고 고취[10]시키고 있다.

3. 부유하는 내면의식과 훼절의 길

김동환은 초기에는 굳은 심지로 민족의 현실을 우회적으로 혹은 상징어법으로 표현하기도 하였다. 그러나 30년대 들어서면서 서서히 파인도 당시의 상황을 이겨내지 못하고 현실에의 갈등을 엮은 내면적인 모습을 곳곳에서 드러내 보였다. 이 시기는 일제의 강압적인 식민지 정책도 거세어지고, 프로문학운동(KAPF)도 자체의 내분으로 쇠락[11]하였으며, 그로인해 문단의 공백은 시문학파를 중심으로 하는 순수시 운동이 자리를 메꾸기도 하였다. 당시 김동환은 《三千里》지의 편집겸 발행인으로서 운영난과 혹독한 검열난, 원고난을 겪기도 하였다. 이러한 시대적 상황 속에서 효과적으로 대처하기 위해 그는 초기의 격렬적인 정열과 사회적 현실적 관심을 뒤로하며 자신의 내부세계로 빠지면서 의식의 내적인 부유와 현실모순에 대응하지 않고 침잠하거나 나락해가는 시적 경험을 드러내주고 있다.

  수표교에 저녁놀이 잠길때
  어데서 왓는지 고요히 돌란간에 나타나
  물우에 제 그림자 흘니고 섯다간
  다시 사라져버리는 저女人네

---

10) 파인 김동환의 초창기 경향이 대부분이 민족주의적 경향을 드러내고 있는데『승천하는 청춘』(1925),『詩歌集』(김동환, 이광수, 주요한 3인공동시집: 1929)이 있는데 이에 대한 구체적인 작업은 다음 지면을 빌기로 한다.
11) 박명용,『한국프롤레타리아문학연구』(글벗사, 1992), 229쪽.

가신 男便 기둘님인가
죽은 아히 서려함인가
물우에 마른 오동입
하나 둘 썻다잠겻다 썻다 잠겻다—.

오늘밤은 비조차 내리는데
그이 쏘왓는가, 슬픔만흔 내맛누이가튼 그이가.
　　　　　　　　　　— 「黃昏의 水標橋」12) 전문

　수표교 난간에 기대어선 여인의 그림자는 황혼녘의 햇살을 받아 점차 가늘고 길게 뻗어나갈 것이다. 이러한 그림자의 형상에 그녀의 '그리움의 정'이 담겨져 있다. 2연의 '마른 오동입'은 '썻다 잠겻다 썻다 잠겻다'하면서 점차 개인의 내면 속으로 침잠해 들어가는 시간적 리듬이 늘어나고 있다. 그러다 3연에서 화자의 어조가 고조되면서 그녀의 모습은 '맛누이'의 환영(幻影)으로 대치된다. 그것은 시인의 '수표교'에 대한 각별한 정감이며, 그리하여 '여인의 향수'는 '맏누이의 슬픔'으로, 그것은 또한 시인 자신의 정한으로 전이되고 있다. 시인의 수표교에 대한 남다른 애정은 6·25납북 후 발행된 유고시집 『돌아온 날개』에서도 깃들어 있다.

　　水標橋 돌로 엮은 난간에 기대서니
　　물은 흘러 예대로 수동류(水東流)하건만
　　옅어 물살이 거품쳐 흐름이 없고

---

12) 이 시는 ≪삼천리≫(1931. 9)에 실린 것이다. 김동환은 계속해서 「水標橋畔吟」이라는 제하의 수필을 1932년에 4회, 1933년에 3회 2년여간에 걸쳐 발표하였다. 첫회분에서 ''삼천리」사에서 남으로 두어마장 가면 수표교가 나온다. 수표교는 나의 사랑하는 다리다. 500년 묵은 그 돌난간에 기대어 물소리 들으면서 北岳과 남산 사이에 바둑판 같이 벌려있는 만호장안을 바라보노라면, 어느 사이에 외롭고 화나던 모든 생각이 고요히 걷우어짐을 느낀다'라고 밝히고 있다. 김영식 편저, 같은 책, 204쪽 재인용.

흐리서 뜬달 얼굴 빛나지 못하다
깊고 살세던 옛강물 어디로가고
지금엔 여윈 개울물 혼자 남아 목매어 우는가.
　　　　　　　　　　—「수표교에 서서」 전문

　민족현실에 대한 개인적 번뇌가 깊어지면서 시인 자신은 자꾸만 실의에 빠져들고 있다. 그 동안 수 차례 걸쳐 나타났던 민족주의적 의식이 수포로 돌아가고 마는 훼절의 길을 걷게 된다. 임종국은 친일문학론을 논하는 자리에서 김동환에 대한 부분을 다음과 같이 서술하고 있다.

　　불행하게도 우리 백산청수(白山靑樹)는 송탄유(松炭油) 채집에 광분하던 일제의 등살에 견디다 못해 마침내 백산고사목(白山枯死木)이 되고 말았다. 그럼 일제는 언제부터 백산청수의 송탄유를 짜가기 시작했는가? 1939년을 전후로 하여 ≪삼천리≫지에 「총독회견기」,「시국특집」이 수록되기 시작할 무렵, 그리고 39년 10월 중순이후 조선문인협회에 관계하면서 혹은 간사로 혹은 강연회 연사로 참석하기 시작한 것이 아마도 청수가 고사목으로 변해 가던 시초가 아닐까 한다.13)

　그러나 김동환은 1949년 2월 반민족행위특별조사위원회14)에 자수하게 되는데, 당시 언론에서는 '그가 ≪삼천리≫지에 발표되었던 전쟁협력 논문을 쓴 것은 그 당시의 강압적인 주위 환경으로 보아 불가피한 일이었다고 솔직히 과거의 반민족전쟁협력 사실을 시인하였다'15)라고 보도하였다.
　이쯤에서 그의 훼절된 시 한편을 살펴보자.

---

13) 임종국, 『친일문학론』(평화출판사, 1966), 198쪽.
14) 반민족행위처벌법은 1948년 9월 22일 제정되었으며 친일파를 단죄하기 위한 제헌 기구이다.
15) 당시의 신문기사에 드러난 김동환의 친일죄명은 다음과 같다.
　　국민총동원의 시국강연이며 학병권유 징용・징병의 강제적 권유에 이신동체가 되어 맹활약하던 협의의 증인으로 문인보국회 간부였으며, 국민총진회의간부로 활동.(≪서울신문≫, 1949. 2. 12)

銃, 一億자루 나아간다
銃, 一億자루 나아간다
모진 包圍, 억센 壓迫 헤치고서
一億자루의 銃, 一億국민의 억개에 메여저 작고작고 나아간다.

지금은 南米의 고-히밧헤도
마닐라의 砂糖農園에도 火藥이요 피빗냄새뿐이나
强敵英米가 물너가는날 다시 새는 노래하고
색시는 뽕따고 아이는 소치리라

머지안는 平和의 그날 맛기爲하여
우리들은 어서 빵논아먹고 담배논아피며
한몸 한마음되여 저리 勝利의 旗빨 날리는
戰場으로 戰場으로 고함치며
내닷자꾸나.

日本이여 日本이여 나의 祖國 日本이여
어머니여 어머니여 亞細亞의 어머니 日本이여
주린아이 배곱하서, 버슨아이 추워서
젓달라고, 옷달라고 十億의 아이 우나이다, 우나이다.
　　　　　　—「銃, 一億 자루 나아간다」중 3·4연

연사는 大農이요
싸움은 大捷인데
이때에 부르시니
더욱 황송하옵네다.

자라긴 좁은 초가집 구들장위이나

> 인제, 표범같이 뛰어 뵙지요
> 배우긴 소학독본뿐이오나
> 인제, 山달같이 일편단심 걸어뵙지요
>   ― 「님의 부르심을 받들고서」 중 1연

이 시는 표면상으로 드러나고 있듯이 아세아 제국을 침략하고자 하는 일제의 제국주의적 야욕이 불러일으킨 대동아전쟁을 합리화시키고 있다. 그는 시뿐만 아니라 수필, 기행문, 담화 등을 통해 친일의 길로 적극 나아갔으며, '조선문인보국회', '황군위문작가단(皇軍慰問作家團)'을 비롯한 각종의 단체활동을 통해 이를 행동으로 나타냈다16)라는 것이다.

다음 글에서 김동환은 친일과 애국사이에서 심하게 갈등을 겪는 모습을 제시하고 있다.

> 여기에 역근 여러篇의 노래들, 비록 보잘것이 업스나 내게 있어서는 그래도 때에 따라 철에 쪼차 이는 그 傷心의 자최를 적어논 記錄들이다. 간혹 깁부고 용감스러운 노래가 끼이기도 하였스나 그는 오히려 외로운 심정을 가리우기 위해서 써 본 것들이 아닐는가, 마치 황혼 외로운 길 토바것는 나그내가 제몸을 싸고도는 寂寥와 두려움을 물리치고저 화창한 목청으로 浩浩蕩蕩하게 일부러 노래 멧구절 웨워 보드시.17)

이 글은 시집 『海棠花』의 맨 마지막에 「끗헤」라는 글에 나오는 내용이다. 시집의 구성형태상으로 볼 때 시인의 후기에 해당되는 것으로 볼 수 있다. '간혹 깁부고 용감스러운 노래'는 분명 그 자신이 마음 내키거나 즐거운 마음으로 쓴 것이 아님을 말하고 있다. 그것은 곧 가식이며 어쩔 수 없는 위장에 불과하였다는 것이다. 그의 이러한 경향의 시는 '외로운 심정을 가리우기 위해서 써 본 것들'이며 현실과는 거리 멀게 일부러 부른 노래인 것이다.

---

16) 임종국, 같은 책
17) 『韓國現代詩史資料集成』 13권(태학사, 1992), 448쪽.

파인이 이러한 훼절의 모습을 보여준 1930년대는 소위 일제가 무단정치에서 문화정치를 표방하면서 이민족의 동화정책을 추진하던 시기이다. 즉, 세계에 유례없는 강압적인 식민통치 상황이었다. 이러한 상황에서 그는 피할 수 없는 현실적 시대상황으로 수용하려는 행동[18]을 취하기 시작한다.

4. 개인적 정한과 새시대의 희망 추구

그가 어떤 연유와 경로로 납북을 당하였는지는 정확하게 알 길은 없다. 다만 단순히 '그랬을 것이다'나 '그럴 것이다'라는 추측성 경위는 분분하지만 그의 가족이나 주위의 지친한 이들도 그 속내를 모르기는 우리와 마찬가지일 뿐이다. 그런 그는 6·25사변이 발발한 후 얼마 안된 7월에 '잠깐 다녀오겠다'라는 말만 남긴 채 지금까지 되돌아오지 못하고 살아남은 가족들의 가슴속에 커다란 멍에로 남아 있다. 이념과 사상의 불일치로 고난의 역사적 상황을 지내온 그에게도 개인적인 아릿한 감정이 어찌 없었겠는가. 특히 가족 구성원에 대한 안타까움과 그리움이 다음 시에서 넘쳐나고 있음을 볼 수 있다.

---

18) 김동환의 친일행위에 대한 견해가 몇 가지로 나뉘어져 있는데 친일 시기문제에 대한 논의를 요약하면 다음과 같다.
  ① 임종국 : 1939년 전후하여 친일경향 드러내었으며, 1940년 매일신보 문화 특집에서 「戰勝과 文化의 隆盛」이라는 글에서 비롯되었다.(『친일문학론』, 평화출판사, 1966)
  ② 김윤태 : 개인활동보다 단체활동 통한 친일이 두드러졌다고 평가. 1938년 ≪삼천리≫지에 여류인사들의 시국논설 게재를 필두로 시작.(『친일파 99인』 3권, 반민족연구소편, 돌베개, 1993)
  ③ 오세영 : 1930~1945사이를 친일문학 시기로 규정.(『한국낭만주의시연구』, 일지사, 1980)
  ④ 김영식 : 오세영의 논거에 반론 제시하면서 일제말 친일언론강요시대인 1937~1945년 까지라 파악.(『아버지, 파인 김동환 - 그의 생애와 문학』, 국학자료원, 1994)

슬퍼도 웃고 성가서도 떠들고
좁든 구들이 장날같이 변하여
모디어 앉으면 늘 즐거웁든
우리 七男妹 다 어디가고 나만 예 남었노.

사방십리 다 조태도 내고장만 하오리
소문난 집집엔들 우리 구들 있사올가
앗가워라, 그리워라 그 조튼 시절 다 어디가고
千里客路에 나 혼자 예 기다려섰노.
ㅡ「우리 七男妹」에서

이 시는 『海棠花』시집 중에 포함되어 있다. 시인은 일제의 가혹한 터널을 헤쳐 나오면서 심신이 지쳐있는 상태에서 개인적 정한이 내면의식으로 추락해 가는 모습을 보여주고 있다. 아릿한 가족들의 환영(幻影)을 더듬어가면서 자신의 현재적 삶, 즉 '나만 예 남았노', '나 혼자 예 기다려섰노', '나 혼자 예 섰단 말인가'처럼 점층적인 의미를 더해가고 있다. 이와 비슷한 개인주의적 정한을 드러내는 시는 1925년 ≪조선문단≫에 「우리 四男妹」라는 제목으로 발표되기도 하였다. '우리는 사남매랍니다, 부모도 업는 / 달과 별빗밧게 동무라고 업는 외로운 사남매랍니다'라고 구슬프게 외치고 있는 이 시는 식민지 현실에서 한 가족이 어떻게 몰락해 가는가를 보여주고 있다. 그런 가운데 누이에 대한 생각에 이르면 최고조의 슬픔에 빠지고 있다.

海棠花 필철이면 가신 누나가
머리빗고 새옷입고 오실 것 가타서
문열어 신내노아 기다린담니다
다 못신고 가신갓신 신고 오시라고.

저녁이면 파도소리 나지면 갈메기
적적한 강변에 혼자 누은 누나는

꽃피고 새우는 이른봄 되면
친정에 한번씩은 오신담니다.

한구들에 자라든 우리 七男妹
오늘은 뿔뿔이 헤어젓으나
그래도 제사는 고장 못이저
누나만은 命日마다 오신담니다.

— 「누나 무덤」에서

  여기서 참고로 김동환의 가족사적 삶을 간략하게 짚어보자. 큰형 김동○은 아버지 따라 만주 등지를 다니다가 소식이 끊겼고, 둘째형 김동협은 간도에 살다가 만년에는 함북 어대진이라는 곳에서 살다가 1947년에 타계했다. 동생 김동악은 일제시 사상불온 즉, 후데이 센징(不逞鮮人)으로 낙인 찍혀 일경에 쫓겨다니다가 만주에서 행방불명되었다. 누이동생 김정자는 북간도에서 교원생활 하다가 1937년 어머니 마윤옥의 사망 때에 다녀간 후 소식이 두절되었다는 것이다. 인용시에서 볼 수 있듯 가족에 대한 애틋한 감정, 특히 누이에 대한 시적화자의 감정토로는 비감하기조차 한 것이다.
  김동환의 유고시집 『돌아온 날개』에 이르면 시인이 내면적으로 평온을 되찾는 시가 많이 나타나기 시작한다. 마치 깊은 산사에 있는 것처럼 조용한 시골에서 세상을 등지고 욕심부리지 않고 살아가는 시인의 내력이 작품세계의 주된 성격으로 드러나고 있다. 그것은 한 시대를 요동치며 지내온 시인 자신의 삶의 고백이자, 진정으로 추구하고 하는 삶의 가치발견을 형상화한 것이다.

술도 이슬도 아니면서 취하고 시원한
샘물이 먼 두메 산골에 솟아서 흘러

첫목음에 젊어지고 두목음에 죽음을 잊는다기
王은 王冠을, 부자는 보석꾸러미 내던지고

미친 듯이 취한 듯 달려오건만
샘터 파숫군은 문을 굳이 닫아 들이줄 있으랴
님이여 아시는가, 그 열쇠 맡은 이를
아무도 발 못들여 놓는 거룩한 샘터에
그대 오시길 기다려 긴긴 이 한날 기다리며 보내는 이름 있음을.
— 「님에게, 님을 위하여, 님 때문에」 중 4연

머리에 冠, 몸에 制服, 名譽, 財産, 다버리고
기쁨의 저 종소리 성안서 은은히 울려올 제
불현듯 장래에 달아올라 먼-城中 쳐다보다가
도루 고개 숙이고 산골길 내려 오너라
가난하고 功없는 이몸이 어찌 님의 곁 가오리
오늘부터 풀옷 걸치고 가시벌판 헤매다가
님타신 車輪소리 신작로를 지나올 제
먼 발치에 지켜서 합장하며 가만히 보내오리.
— 「님에게, 님을 위하여, 님 때문에」 중 11연

   위 인용시는 시집 『돌아온 날개』속에 전체 17연으로 구성되어 있다. 마치 종교적인 구도의 자세에 가까울 정도의 경건한 분위기를 자아내고 있다. '님'이라는 함축적인 이미지에다 신비스럽기까지 한 시적 배경은 이미 시인이 신(神)이나 자연(自然)의 순리에 몸을 맡기는 자연인으로 변모해가고 있음을 드러내주고 있다. 11연에서는 세상일의 순리를 깨우쳐 주듯 '가난하고 功없는 이 몸이 어찌 님의 곁'에 가겠느냐의 독백은 처연하기까지 한다. 이는 세간의 자신에 대한 비판과 저주를 자연을 매개로 풀어내는 시인의 고해성사이기도 한 것이다.
   또한 김동환은 해방 이후 사회의 혼란과 이념적 대립을 목격하면서 새시대의 새로운 희망을 노래하기도 하였다. 그것은 그에게 또 한번의 문학적 변화를 가져오게 하여 친일적 문학활동은 종식되고 진정한 민족적 자아로서의 회귀를 도모하고 있는 것이다. 시기적으로 그는 일제 말기의 친일활동과 관련하여 자수하여 재판에 회부되었고, 5년간의 공민권박탈이라는 사회적 제약을 감수하고 있었다. 다음 시에서 그의 문학적 자아회복 노력을 음미해보자

>   진흙속에 빼앗긴 두발 겨우 뽑고
>   오래 가뒀던 옛날개 와락 펴 멀리 쳐다보니
>   하늘도 새하늘에 연사마저 大豊일다.
>   六七月 담장의 月桂꽃이런 듯
>   줄기줄기 벋어 마디마디 피자꾸나
>   인제사, 좋은 밭에 뿌리운 씨앗같이
>   맑은 물에 피는 白蓮같이
>   높게 깨끗하게 잘 살려는 設計에
>   여러밤 여러낮을 잠못이뤄 하노라
>   —「돌아온 날개」 중 1연

이 시는 모두 18연으로 되어있다. 시인은 '진흙속에 빼앗긴 두발'을 뽑고 진정한 민족적 자아를 회복하여 '높게 깨끗하게 잘 살려는 設計'를 꿈꾸면서 '여러밤 여러낮'을 잠못이루면서 '정말 인제부터사'(2연), '夜深토록 등불'(13연)끄지 않으면서, '다른 旗꽂혀지지'(14연) 않기를 빌어보고 있다. 그러면서 그는 계속해서 '높으게 드세게 날개'(18연)를 쳐보자고 제의하고 있다. 이러한 그의 굳건한 민족적 자아는 자연스럽게 민족의 소생을 염원하고 있다.

>   너른 산천이라지만 金堤萬頃들 몇군데나 되던가
>   여윈땅, 사래 쩌른 논뚝에 앉아
>   멀리 생각을 遼東七百里 옛옥토에 보내노라
>   두더지 굴파듯 괭이 끝으로 땅몇쪼각 뚜져내어
>   게서 곡식 몇알 거둬 참새떼런 듯 배곯게 쪼아먹고 살던 이살림
>   새나라 백성들은 이래서는 안된다
>   어서 大地에 電氣-모터를 돌려라 大運河를 파라

우리는 蘇生하지 않으면 안된다
强大國家로, 自主民族으로
　　　　　　　　　　　　　―「蘇生의 노래」중 1연

어서 三千萬이 한손까락 움직이듯 민첩하게 움직여
建設로써 우리는 크게 蘇生하지 않으면 안된다
强大國家로, 自主民族으로
　　　　　　　　　　　　　―「蘇生의 노래」중 9연 뒷부분

　시적자아는 완전하게 민족적 자아로 치환되어 민족의 소생을 노래하고 있다. '자주민족'이 되기 위하여, '강대국가'를 건설하기 위하여 모든 국민들은 구태를 벗고 맡은 바의 일에 매진할 것을 부르짖고 있는 것이다.

5. 글을 마치면서

　모든 사람들이 지나온 과거에 대한 삶의 궤적을 볼 때 정도의 차이겠지만 여한과 아쉬움이 없을 수가 없다. 특히 그것은 시대적 역사적 상황이 불안과 혼돈 속에 빠져있을 때 더욱 그러할 것이다. 우리의 근·현대문학사에서 이러한 삶의 궤적에서 온전한 사람이 몇이나 되던가? 온전한 사람이 그렇게 흔치 않은 것도 인간이란 얼마나 주어진 상황 속에서 자유롭지 못한 것인가를 역설적으로 보여주고 있는 셈이다. 이광수·최남선·김동인·박영희·서정주 등등 그야말로 헤아릴 수 없을 정도의 많은 문학인들이 나름대로의 역사적으로나 현실적인 충돌을 겪지 않은 사람이 없다.
　여기서 다룬 시적 편린에서 드러나듯이 파인 김동환도 한 시대의 역사적 소용돌이 속에서 불행하게 살다간 안타까운 시인이 아닐 수 없다. 그런 면에서 볼 때 그의 문학적 성과, 즉 향토적인 정서를 바탕으로 한 민요시인이라는 평가나 신문학 최초의 서사시를 발표했다라는 평가는 일정 정도의 가치를 담보해야 할 것이다. 그리고 그가 식민지 상황을 극복하기 위한 민족의식의 고취나 다양한 장르의 실험을 통하여 이루어진 서정과 서사를 통합하는 장시(長詩)를 통한 민족의 현실을 그려낸 것들은 주목할 만한 일이 아닐 수 없다.

한 시대를 관류하면서 어쩔 수 없이 부딪치게 되는 것이 시대적 상황론과 개인적 현실문제이지만 우리는 이를 각각의 독립된 문제로 이해해야 할 필요가 있다. 그것은 어느 누구도 지나간 역사적 상황 앞에서 긍정적이든, 부정적이든 얼마간의 부채의식을 지니고 있는 것과도 마찬가지라는 이유에서도 더욱 그러하다. 그렇더라도 욕심부려 생각한다면 현실의 저항적인 인물이 되지 못하고 결국 현실 순응적인 경향을 드러낸 것과 그것이 문학적으로 그대로 수용된 것에 대한 안타까움은 참으로 크지 않을 수 없다. 그런 점에서 '인간은 무엇'이며 '문학은 무엇'인가의 실질적 자리 매김은 존재론적 문제의 차원을 훨씬 능가하는 것이다.

만해 한용운의 시세계
— 『님의 沈默』과 『十玄談註解』의 상관성

최 원 규*

1. 머리말

　1926년 만해가 발간한 시집 『님의 沈默』은 우리 시사의 자장을 크게 확대해 주었다는 중요한 의미를 띤다. 알려진 대로 만해는 당시 문인들의 창작의 무대랄 수 있는 문단 생활을 본격적으로 한 적이 없다. 이런 그가 시를 통해 심오한 철학과 서정의 미학을 오묘하게 결합하여낼 수 있었다는 것은 실로 천재적 기질의 발현이 아닐 수 없었다. 이 말을 바꾸면 만해는 문단의 저편에서 초연히 서 있을 수 있었기에 『님의 沈默』과 같은 명시집을 창출해 낼 수 있었다는 것이다.
　우리는 근대 시사에 있어서 작품의 창작보다는 오히려 새떼처럼 몰려다니며 문단 정치에 관심을 두었던 문인들을 적지 않게 기억한다. 당시의 일부 그러한 문인들을 염두에 두면 이 말의 설득력은 한층 높아질 것이다.
　만해는 문단보다 문학을 중시한 사람이다. 그의 문학은 역사적 현실을 중시하면서도 고도한 형이상학적 시학을 온전히 지켜내고 있다. 이런 점에서 그의 시는 단테가 말한 문학의 네 가지 패턴, 즉 자의적인 것, 우의적인 것, 도덕적인 것, 그리고 신비적인 것들 중에 마지막의 것에 가장 가깝다. 그런

---

* 충남대학교 명예교수

데 만해 시의 신비주의는 서로 어울리기 어려워 보이는 감각이라는 말의 수식을 받는다. 평범한 사고의 틀 속에서는 이해하기 힘든 이 당혹스런 수식-피수식의 관계는, 그러나 만해 시를 규정짓는 가장 중요한 특성을 의미한다.

이 글에서 집중적으로 다루고자 하는 '이별'과 '님'은 만해 시에 있어서 감각적 신비주의를 보여주는 가장 중요한 것들로 판단된다. 만해 시의 '이별'과 '님'은 때로 에로틱하고 관능적이기까지 한 시상을 이끌어 내지만, 그것은 표면적 모습에 불과하다. 그 이면의 자리행간(字裏行間)에는 우주의 섭리와 종교적 이상을 포괄하는 형이상학이 숨겨져 있다.

만해의 이같은 사상의 기저가 되고 있는 것은 불교적 사유와 연관된다고 할 수 있는데, 그 중에서도『十玄談註解』,『佛經大典』,『朝鮮佛敎維新論』등 그의 저서 및 주해서에 잘 드러난다. 특히『十玄談註解』는『님의 沈默』과 여러 가지 면에서 불가분의 관계에 놓인다.

1952년 5월에 만해는 오세암에서『十玄談註解』를 탈고하자 같은 해 8월에 백담사에서『님의 沈默』을 탈고했다.[1] 물론『님의 沈默』에 수록된 88편이 모두 5월에서 8월까지 3개월간에 된 것인지 아니면 이 이전에 써 두었던 것인지는 알 수 없으나, 이 석달 동안에 정리 완성한 것임은 틀림없는 일이다. 그렇게 하여 이듬해인 1926년 5월에『十玄談註解』를 法寶會에서 발행하고『님의 沈默』을 東書舘에서 발간했다.

2.『님의 沈默』과『十玄談註解』의 상관성

『十玄談註解』는 원래 당(唐)의 홍주(洪州) 봉루(鳳樓)와 동안원(同安院)에 있었던 상찰선사[2]가 저술한 禪論(禪話偈頌)이다. 조명기 박사는 이『十玄談註解』에 대하여 분량이 얼마 되지 않으나 그 뜻이 자못 유현(幽玄)하여 예로부터 마구 풀지 못하는 것으로 전해 왔으며, 이『十玄談』에 대하여 唐나라에서는

---

1) 최범술 편, 韓龍雲 연보에 의함.
2)『景德傳燈錄』권十七 32쪽 참조.

청량국사(淸凉國師)(증관 733~839)가 주석을 시도한 바 있고, 우리나라에서는 김시습(金時習)(梅月堂 1435~1493)이 成宗 6년(1475) 강원도(江原道) 양양(襄陽) 오세암(五歲庵)에 들어가 수도할 때 이 원문과 청량주(淸凉註)에 다시 주(註)를 보태어 십현담주해(十玄談註解)를 서술하였고, 김시습이 성종(成宗) 29년에 몰(沒)한 지 400년이 지난 1925년 여름 만해(萬海) 한용운(韓龍雲)이 오세암에 머물며 십현담(十玄談)에 새로운 주해를 시도하게 된 것이다3)라고 설명하고 있다. 사실 십현담주해(十玄談註解)에 내포된 의미는 매우 심오하고 유현(幽玄)하여 시적 상징의 세계와 상통함이 있는 듯하다. 또한 만해의『十玄談註解』서(序)에도 밝혀 있듯이 글이 비록 평이하나 뜻이 심오한 데가 있어 처음 배우는 이에게는 그 뜻을 알아보기 어렵게 되어 있고, 원주(原註)가 있으나 누가 붙였는지 알 수 가 없으며, 열경주(悅卿註)(金時習註)가 있었지만 그것이 원문을 해석하는 데는 충분하지만 뜻을 밝힘에서는 자기의 소견과 다른 바 있다고 하였다. 또한 매월당(梅月堂)에 대하여 논급하기를 '마침내 當勢에 屈하지 않고 스스로 天下萬歲에 몸을 결백케 하였으니 그 뜻은 그 정을 비분함에 있었다'라고 했는데, 사실 매월(梅月)도 『十玄談註解』을 오세암에서 주해(註解)했고, 만해도 또한 오세암에서 열경의 주해를 읽었다고 한 것을 보아도 여기서 만해 자신의 심경을 은연중에 나타낸 것으로 간주할 수 있다. 한편 그는 독립선언연설(獨立宣言演說)을 하고 투옥된 후 스스로 변호사, 사식, 보석을 거부하였으며 투옥중 일제가 독립운동을 회개하는 참회서를 써내면 사죄한다고 회유했으나 이것을 거부하고 삼년의 옥고를 치루었으니, 어찌 그 뜻이 괴로웠고 그 정은 비분함이 없지 않았겠는가. 불교의 일반적인 게송(偈頌)이 그러하듯이『十玄談註解』는 유현하고 심오함이 폭넓고, 표현에 있어서도 비유와 상징으로 시적 차원으로까지 이끌어가고 있음을 엿볼 수 있다.

우선 내용을 보면 <心印>, <祖意>, <塵異>, <演敎>, <達本>, <還源>, <廻機>, <一色> 章으로 되어 있다.

첫째 <心印>에서

---

3) 조명기,「萬海 韓龍雲의 著書와 思想」,『萬海全集, 3』(新丘文化社), 12~13쪽 참조.

그대에게 묻노라, 心印은 어떤 얼굴을 지었느냐
心印은 어느 사람이 감히 전수할 수 있겠느냐
억천만년의 장구한 세월이 지나도 한결같이 다른 빛이 없으니
心印이라고 부르는 것도 벌써 헛된 말이다.
모름지기 體는 스스로 허공과 같은 성질임을 지나
이글 이글 타는 큰 화로 속에 피어난 연꽃에 비유해 볼까
無心을 이르되 이것을 道라고 이르지 말라
無心도 오히려 한 겹의 관문이 막혀 있다.

여기에서 한용운은 비(批)와 주(註)를 붙여 해설했는데 그 참된 내용(內容把握)은 워낙 심오하여 주제를 알아내기가 어렵고 수사적인 면에서도 난해한 은유를 사용하고 있는 것이다. 그러면 여기서 만해의 비주(批註)에 의한 내용의 의미를 찾아보자.

첫째, 마음은 본래 형체가 없다. 그러므로 모양과 자취도 끊어진 것이다. 심인(心印) 자체가 본래 빈 것이기 때문에 이 빈 심인(心印) 안에 있는 삼십이상팔십종호(三十二相八十種好)도 다 공화(空華)에 속한다. '고운꽃 밝은 달과 같은 일체의 아름다운 것이 일찍이 다 가 버리고 없어져야만 미인의 얼굴이 그 목과 같이 아름다움을 온전히 나타낸다'[4]고 한 것은 우주현상의 채색(彩色)—광명(光明)과 암흑까지도 그 형태적인 것의 요소를 제거할 때 비로소 본래의 근원적인 것이 보이게 된다는 것을 비유하고 있는 것이다. 그렇기 때문에 心印은 전하지 않는 것으로 전해진다.[5] 특히 시간과 공간을 초월하여 만상이 없어질 것이니 '心印'은 무엇인가. 그것에 대하여 만해는 은유적인 표현으로 땅에 '가득한 갈꽃빛이요, 한 하늘에 가득찬 밝은 달빛이다'(滿地蘆花一天明月)[6]이라 하여 현상의 존재가 하늘과 땅에 위치한 것이 다를 뿐이요, 그 '빛'의 동일성을 의미하였다. 즉 세계 안에 출현하는 존재가 한꺼번에 나

---

4) 위의 책, 336쪽.
5) 위의 책, 337쪽.
6) 위의 책, 337쪽.

타날 수도 있고, 또 이것들 중에서 하나 하나의 융합을 이루어질지언정 대상은 언제나 '無'의 세계라는 것을 시사한 것이다. 그러니까 '갈꽃빛'과 '달빛'의 존재 이전에 하나의 원천적인 '心印'이 있을 뿐이라는 것이다. 이러한 '心印'은 어찌 모양이 있고 빛깔이 있을 수 있겠는가. 마침내 만해는 '離相而存, 超色而明, 拔乎性命, 會不生滅, 不與有爲之有形, 有壽爲伍, 虛空性故, 有若比者'7)라고까지 말한다. 즉 이것은 모양과 빛깔을 떠나서 존재하며 나고 죽는 것도 아니며 다만 허공과 같다는 것이다. 마침내 그것의 비유로써 '이글 이글 타는 불꽃 속의 연꽃'으로라는 표현이 도입된다. 이것은 표현상으로 볼 때 아이러니로서 '불꽃'이라는 개념이 가지고 있는 이미지와 '蓮꽃'이라는 이미지를 동질로 결합시킨 것은 형상성(形象性)의 동일화(同一化)요, 내면의식(內面意識)의 최대갈등(最大葛藤)을 전제한 것이다. 이것은 하나의 '無邪氣'라 말할 수 있고 현상 이전의 절대적 존재를 의미하는 것이기도 하다. '불꽃'과 '연꽃'의 충돌은 하나의 가혹한 이미지의 갈등을 수반하지만, 이러한 심적 긴장의 배후에는 창조적 상상력을 속박하고 있다. 또한 프라이(Northrop Frye)는 문학작품의 구조를 신화에서 찾고 있는데, 만해도 작품 내부에 잠재된 불교적 유형으로서 신화적 구조를 형성하고 있는 것이라 보아진다.8)

만해는 '마음을 두는 것'과 '마음을 없이 하려는 것' 둘 다 잊어버려야만 그 곳에서 절대경(絶對境)을 찾을 수 있다고 보면서 오히려 무심(無心)에 낙공(落空)하는 진리관(眞理觀)을 경계한다. 그는 마침내 '山에 내리는 비가 개지 아니하여도 봄일이 가까이 잇을 것은 自然의 법리이다'9)라고 하여 불가사의 (不可思議)한 실상(實相)의 묘체(妙體)를 일단 긍정하며 거기서 하나의 진리관에 의한 '묘유(妙有)'로 대승적(大乘的)인 바탕을 구축한 것이다.

만해의 시작(詩作) 활동이 ≪惟心≫ 창간호에 발표된 「心」에서 비롯되었다10)고 보더라도, 『님의 沈默』에 수록된 작품들보다는 문학적 가치가 희박하

---

7) 위의 책, 338쪽.
8) Northrop Frye, Anatomy of Criticism, p.134.
9) 위의 책, 339쪽.
10) 김학동, 『韓國近代詩人 硏究(Ⅰ)』(일조각, 1974), 52쪽.

고 주제의식만이 강하게 노출되어 있음이 사실이다. 다만 여기서 주목해야 될 것은 「心」이란 작품이 만해의 시정신의 지주가 되며, 『님의 沈默』에 일관된 그것과 동일하다는 것이며, 『十玄談』에서의 〈心印〉章의 주제와 같은 사상을 내포하고 있다는 사실이다. 즉 마음의 대상이 되는 모든 사물과 실상은 마음을 떠나서 존재할 수 없다는 것을 드러낸 작품이다. 이러한 「心」이란 작품에서 출발한 만해는 『十玄談註解』를 끝내고 같은 해 『님의 沈默』을 탈고했다. 그러면 십현담(十玄談)의 영향이 직접 간접으로 있었으리라는 것은 너무도 당연하다. 문학에 있어서 영향은 어떤 수동적인 변화에 의하여 일어나는 현상을 말한 것이다. 영향 구성의 기본적인 조건으로 변화의 연속(a succession of change)을 생각할 수 있으나 시간적 계속에 의하여 변화된다고 하는 것은 영향을 줄 수 있는 주체에 의하여 계시되고 전신(轉身)되며 귀의하는 것과 비슷한 일이 생겨난다는 설(說)을 믿는다면, 만해도 그가[11] 심취해 있었던 『十玄談』에 영향되었으리라는 것을 쉽게 발견할 수 있는 것이다. 따라서 그의 시적 발상 역시 그런 선적(禪的) 사상(思想)에서 찾아볼 수 있는 것은 물론이려니와 이런 점은 문체(文體)조차 동일한 사장(詞章)을 구사한 데서 더욱 분명히 드러난다.

영향이란 수동자(受動者)의 마음속에 심화 확대되어 하나의 새로운 상태를 창조하기에 이르지만 단시일내에 감명받은 인상이나 반영 외에도 여러 요인에서 받아들여지는 시간적 연속에 의해서 형성되는 것이다. 만해는 『十玄談』의 사상을 완전히 동화 흡수하면서 더러 눈에 뜨이는 차용(借用, borrowing)도 하고 있는 듯하다. 그러면서도 만해는 원숙한 동화력을 가지고 창조적 특성을 발휘한 것이다.

> 나는 당신의 눈섭이 검고 귀가 갸름한 것도 보았읍니다.
> 그러나 당신의 마음을 보지 못하였읍니다. 당신이 사과를 따서 나를 주려고 크고 붉은 사과를 따로 쌀 때에 당신의 마음이 그 사과 속으로 들어가는 것을 분명히 보았읍니다.

---

11) 矢野禾積, 「影響에 대한 諸問題」, 『比較文學比較文化』(홍문당, 1964), 19~22쪽 참조.

나는 당신의 둥근 배와 잔나비 같은 허리를 보았읍니다.
그러나 당신의 마음은 보지 못하였읍니다.
당신이 나의 사진과 어떤 여자의 사진을 같이 들고 볼 때에 당신의 마음
이 두 사진의 사이에서 초록빛이 되는 것을 분명히 보았읍니다.

나는 당신의 발톱이 희고 발꿈치가 둥근 것도 보았읍니다.
그러나 당신의 마음을 보지 못하였읍니다.
당신의 나의 사진과 어떤 여자의 사진을 같이 들고 볼 때에 당신의 마음
이 두 사진의 사이에서 초록빛이 되는 것을 분명히 보았읍니다.

나는 당신의 발톱이 희고 발꿈치가 둥근 것도 보았읍니다.
그러나 당신의 마음은 보지 못하였읍니다.
당신이 떠나시려고 나의 큰 보석 반지를 주머니에 넣으실 때에 당신의
마음이 보석 반지 너머로 얼굴을 가리고 숨는 것을 분명히 보았읍니다.
— 「당신의 마음」 전문

　위 시는 3연으로 구성되었고 한 연을 장식하는 반복시구(反復詩句)가 '당신의 마음을 보지 못하였읍니다'로 되었다. 이것은 바로 『十玄談』의 심인장(心印章)에서 만해(萬海)의 주(註)인 '心本無體 離相絶跡'에 근거를 두고 있으며 '본체와 가명이 시로 용납할 때, 心印의 뜻이 스스로 밝아짐'을 나타낸다. 다시 말하자면 '당신의 눈이 검고 갸름하다'고 보는 '心印'과 그러한 형상과 빛깔의 근원이 絶對境과의 용납에서 '사과 속으로 들어가는 마음'과 '초록빛이 되는 것'과 '보석 반지 너머로 얼굴을 가리고 가는' '心印'을 발견한 것이다. 그렇기 때문에 만해(萬海)의 선관(禪觀)은 묘유적(妙有的)인 것으로 해석할 수 있는 것이다.

　　　……전 략……
　자연은 어찌하여 그렇게 어여쁜 님을 인간으로 보냈는지 아무리 생각하여도 알 수가 없읍니다.
　알겠읍니다. 자연의 가운데에는 님이 짝이 될만한 무엇이 없는 까닭입니

다.
님의 입술같은 연꽃이 어디 있어요.
님의 살빛 같은 백옥(白玉)이 어디 있어요.
봄 호수에서 님의 눈결 같은 잔물결을 보았읍니다.
　……후 략……

— 「님의 얼굴」에서

「이 當體는 일체의 相貌를 떠나서 存在하며 일체의 色彩를 초월해서 밝으며, 生命에서 빼어나 일찍이 나고 죽은 것도 아니어서 세상의 모양이 있고 수명이 있는 것들과 더불어 짝하지 아니하는데 허공과 같은 성질이기 때문에 이와 같음이 있느니라」12)

위에 든 만해의 시 「님의 얼굴」과 『十玄談註解』를 견주어 볼 때, '님의 짝이 될만한 무엇이' 없다는 것과 '모양이 있고 수명이 있는 것들과 더불어 짝하지 아니하는' 것은 바로 '님의 짝'이 됨을 말한 것이다. 이 '님의 짝'에서 '님'은 진리(眞理) 내지 '身法'13)—빛깔도 없는 본체신(本體身—永遠한 佛의 본체(Substanz))으로 나타난다. 그렇기 때문에 우주에 존재하는 진여(眞如)와 실상(實相)은 허공과 같은 것이다.

'님의 입술같은 연꽃이 어디 있어요'에서 보여 주는 연꽃의 상징은 '봄호수에서 님의 눈결 같은 잔물결을 보았읍니다'라는 구절에 귀결된다. 여기서 '연꽃'은 일반적인 의미로서의 불교적 이미지를 한층 넘어서 '님'이 바로 불타가 될 수 있고, 그 불타는 우주 아무 곳에서나 존재한다는 불타의 존재를 의미하고 있는 것이다. 즉 진여(眞如) → '님'과 실상(實相) → '봄호수'를 그리고 있다고 보아야 한다. '연꽃'이 갖는 불교적 이미지는 매우 다양한 것으로

---

12) 한용운, 앞의 책, 338쪽.
13) 한종만 교수는 『朴漢永과 韓龍雲의 韓國佛敎近代化 思想』에서 「萬海는 그만큼 자신을 갖고 현상을 法身으로 觀했던 것이다. 그리고 그의 『님의 沈默』이라는 시집에 나타난 님의 양상에 대해서 여러 가지로 볼 수가 있는 바, 즉 『佛陀』, 『衆生』, 『祖國』, 『愛人』 등인 것인데 따라서 그 양상을 다각적으로 표현하고 있지만 萬海는 이 현실적인 모든 것을 바로 法身으로 보는 것이다」라고 설명하고 있다.

'영원(永遠)', '전회(轉廻)', '이승과 저승', '영겁회귀(永劫廻歸)'14) 등을 상징하기 때문에 '님의 입술 같은 연꽃'이라면 '불타의 말씀' 또는 '불타의 얼굴'로 표상되기도 한다.

또 만해는 일체중생(一切衆生)이 동심불심(同心佛心)인즉 누구든지 선적(禪的) 인물이 될 수는 있는 것이요, '무유정(有無情)'이 '유불성(有佛性)'인즉 영운(靈雲)이 도화(桃花)를 보고 '견성(見性)'한다는 것을 주장한다. 또한 『十玄談註解』 비주(批註)에서 '땅에 가득한 갈꽃빛이요 한 하늘에 가득찬 맑은 날빛이라'라고 하였는데, 역시 만해의 『님의 沈默』가운데

　　달빛을 갈꽃으로 알고 흰모래 위에서 갈매기를 이웃하여 잠자는 기러기를……
　　　　　　　　　　　　　　　　　　　　　　　― 「誹謗」에서

이상의 시구만 보아도 『十玄談註解』에서나 작품 「誹謗」에서 한결같이 '갈꽃빛'이나 '밝은 달빛'이 그대로 깨달은 자의 '法身'으로 처리된 것을 알 수 있다. 그리고 문체적 영향을 그대로 받은 것이라 보아진다.

둘째 <祖意>에서

　　　　祖師의 뜻은 空한 것 같되 이것이 空한 것이 아니니
　　　　신령스런 기틀이 어찌 有無의 空에 떨어지랴
　　　　三賢보살도 아직 이 旨趣를 밝히지 못했는데
　　　　十聖은…… 능히 이 宗旨를 통달하였다 할 수 있으리요
　　　　그물을 뚫고 나온 아름다운 물고기가 오히려 물에 걸렸고
　　　　머리를 돌린 石馬가 紗籠을 벗어나다
　　　　祖師는 서쪽에서 온 뜻을 은근히 說했으니
　　　　서쪽서 왔느냐 동쪽서 왔느냐 하고 묻지 말라

여기서 만해는 '조사(祖師)'란 중생의 뜻이라고 밝히고 '조의(祖意)'란 '조사

---

14) Cf., Phillip Wheel Wright, *Metaphor and reality*, p.123.

(祖師)'가 가지고 있는 뜻 속의 지취(旨趣)를 말하는 것이니, 빈 것(空) 같되 '묘(妙)'한 뜻이 있고 실은 또 빈 것이라고 말한다. 그래서 '무슨 공이 없다고 할 것이며 공이 또 있다고 할 것인가. 필경에는 어떠한가. 나룻배를 타고 강건너 가기를 닿나 수없는 사람들이 강과 언덕에 바람과 비에 아무 거리낌없이 縱橫으로 소요 자재하는도다'15)라고 말하는데, 이 말은 '공(空)'과 '유(有)'가 흔적이 없어져야 비로소 '조의(祖意)'가 드러난다는 말이다. 즉 '진공(眞空)'과 '묘유(妙有)'를 동일화 내지 일체화한 것이다.

『님의 沈默』가운데 「나룻배와 行人」에서 보면

나는 나룻배
당신은 행인

당신은 흙발로 나를 짓밟습니다
나는 당신을 안고 물을 건너갑니다
나는 당신을 안으면 깊으나 얕으나 급한 여울이나 건너갑니다.

만일 당신이 아니 오시면 나는 바람을 쐬고 눈비를 맞으며 밤에서 낮까지 당신을 기다리고 있읍니다.
당신은 물만 건너면 나를 돌아보지도 않고 가십니다 그려.
― 「나룻배와 行人」에서

여기서 당신은 '공(空)'과 동일한 개념을 가지고 있다. 왜냐하면 당신은 물만 건너면 나를 돌아보지 않고 가버리기 때문이다. 그러나 나룻배는 '유(有)'를 내포한다. 거기에는 눈비를 맞으며 낮과 밤까지 그대로 지키고 있기 때문이다. 그러니까 『十玄譚註解』에서 '진공(眞空)'과 '묘유(妙有)'를 일체화(一體化―나는 나룻배, 당신은 행인)하는 '일색(一色)'에서 만해의 궁극적인 시정신의 근거를 찾을 수 있다.

셋째, <玄機>에서 보면 '玄機'란 현현(玄玄)한 기틀을 말하는 것으로 '超平

---

15) 한용운, 앞의 책, 340쪽.

方圓'에서 '亦非長短'인 것이지만 그 활용에 있어서는 활용되지 아니한 곳이 없고 모든 법을 이루지 아니함이 없는 '態通自在'한 '妙用'을 말하는 것이다. 이 현기(玄機)를 체득(體得)해서 활용하라는 것이 만해의 선론(禪論)이다.16) 그 내용을 구명해 볼 때, '體本來無處所(玄機章)에서 〈體不在內 不在外 亦不在中 內外中間 歷歷現露 無處不在 所在無處〉'(〈玄機〉章 註에서)는 더욱 실감 있는 표현임을 알 수 있다. 즉 '묘체(妙體)'는 '어느 곳에나 없는 곳은 없되 거처하는 처소는 없다'는 것이다. 그것은 바로 만해의 작품 「어디라도」에서 명확하게 드러난다.

> 아침에 일어나서 세수하려고 대야에 물을 떠다 놓으면 당신은 대야안의 가는 물결이 되어서 나의 얼굴 그림자를 불쌍한 아이처럼 일러 줍니다.
> 근심을 잊을까 하고 꽃동산에 거닐 때에 당신은 꽃 사이를 스쳐오는 봄 바람이 되어서 시름없는 나의 마음에 꽃향기를 묻혀주고 갑니다.
> 당신을 기다리다 못하여 잠자리에 누웠더니 당신은 고요나 어둔빛이 되어서 나의 잔부끄럼을 살뜰이도 덮어 줍니다.
> ―「어디라도」에서

공간적으로 볼 때 〈당신〉은 도처에서 나타나지만 그렇다고 일정한 처소가 있는 것은 아니다. 가령 「反比例」 같은 데서도 그렇다.

> 당신의 노래를 부르지 아니하는 때에 당신의 노래가락은 역력히 들립니다 그려
> ―「反比例」에서

마찬가지로 침묵(沈默)에 대해서도 이 우주공간에는 그 소리가 있는 처소는 없다는 것이다. 그것은 빛깔도 형체도 없는 '본신체(本體身)' 즉 현실로 인간세계에 출현한 불타(佛陀) 이상으로 영원한 불(佛)의 '본체(本體)'를 이름함이

---

16) 韓鐘萬, 「朴漢永과 韓龍雲의 韓國佛敎 近代化 思想」, 『圓光大學論文集 第五集』, (裡里, 圓光大), 114쪽.

다.

넷째, <塵異>에서

> 탁한 것은 스스로 탁하고 맑은 것은 스스로 맑으는
> 菩提의 지혜심과 煩惱의 妄想心이 똑같이 空하고 平等하다.
> 누가 卞和의 구슬을 알아볼 사람이 없다고 말했나
> 나는 바닷 속의 如意珠는 이르는 곳마다 빛난다고 하였다.
> 萬法이 다 빠져 없어진 때에 온전한 자체의 모양이 나타나거늘

'羊車 鹿車 牛車 小乘' 등의 삼승(三乘)을 구별한 것은 억지로 이름을 붙인 것이다.

> 丈夫는 스스로 하늘을 찌를 뜻이 있으니
> 부처님의 행한 곳을 향해서 행하지 말아야 한다.

만해는 비주(批註)에서 진세(塵世)를 초월하되 중생을 버리지 않고, 세속에 파묻히되 거기에 혼염되지 않는 자세를 말하고 청탁(淸濁)을 아울러 승화시키며 '오(悟)'와 '미(迷)'를 하나로 보는 '일미(一味)'의 선론(禪論)을 해설하고 있다. 또한 이러한 성품은 원명(圓明)한 구슬을 때와 곳에 알맞게 잘 활용하여 일상생활에서 광채 찬란한 성주(性珠)가 되게 하자는 것이다.[17] 그것은 '一體化의 經驗'으로 드러난다. 가령

> 일경초가 丈六金身이 되고 장육금신이 一莖草가 됩니다.
> ―「樂園은 가시덤불에서」에서

> 당신의 얼굴이 달이기에 나의 얼굴도 달이 되었습니다.
> ―「님을 보며」에서

---

17) 한종만, 앞의 책, 114쪽.

님이여, 나의 마음을 가져가려거든 마음을 가진 나에게서 가져가셔요.
그리하여 나로 하여금 님에게서 하나가 되게 하셔요.
— 「하나 돼 주셔요」에서

이러한 시귀에서는 『十玄談註解』에서 만해가 보여 준 해설 — 하늘과 땅이 다 나와 일체(乾坤一我)가 되는 선도(禪道)를 암시한다.

다섯째, <演敎>에서 보면 만해는 비(批)하기를 '가르침을 편다는 것은 부처님께서 48년간 무수히 설법하신 것처럼 비유하건대 수없이 많은 누른 나뭇잎을 가지고 이것이 다 돈이라 하여 아이의 울음을 달래는 것과 같다'고 하였다. 또 주(註)에서 만해는 불(佛)과 중생이 일체이기 때문에 '교(敎)'와 중생도 일치하고 법(法)과 중생도 일치하기 때문에 설법교화(說法敎化)는 불(佛)과 중생이 동시적이라는 것이다. 또한 불법에서 도인(度人)하는 것은 의약으로 병을 치료하는 것과 같이 중생의 근기(根機)에 따라 '무유정법(無有定法)'으로 제도(濟度)하라는 것이라[18]한다.

그러나 병들고 죽기까지라도 당신때문이라면 나는 싫지 않아요. 나에게 生命을 주든지 죽음을 주든지 당신의 뜻대로만 하셔요.
나는 곧 당신이어요.
— 「당신이 아니더면」에서

위의 만해의 『十玄談註解』와 시 「당신이 아니더면」에 내재한 「불(佛)과 중생(衆生)」은 영향관계 내에서 이해될 수 있을 것이며, 「시와 중생」이 일체가 된다는 것은 이러한 영향으로 인한 오관(悟觀)이라 할 수 있을 것이다.

여섯째, <達本>에서

中路에서 空王 섬기기를 일삼지 말라
지팡이를 돌이켜 모름지기 본고향에 도달할 것이다.
天涯萬里에 구름 한 점 없는 雲次壇에 이르렀다 해도 그대는 거기에 머무

---
18) 한종만, 위의 책, 114쪽.

르지 말라
눈빛같이 皎皎한 雲山 깊은 곳에 이르면 나도 바쁘지 않다.
견디기란 슬프다. 가던 날에는 얼굴이 玉과 같더니
문득 돌아올 때에는 귀밑털이 서리와 같이 되었구나
손을 휘저으며 집에 이르러도 사람이 알지 못하니
다시 한 물건도 尊堂에 바칠 것이 없다.

여기서 '본성'에의 환향(還鄕)은 진세(塵世)를 초탈할 수 있을 때 바로 눈앞에 존재하는 달관적인 경지를 말하고 있는 것이다. 즉 본향이 바로 눈앞에 있다는 것은 '돈오문(頓悟門)'을 강조한 말이다. 만해는 이것을 주(註)에서 '헤칠만한 손이 없고 돌아갈 만한 집이 없으니 백골은 땅에 가득한데 풀은 푸릇푸릇하다'[19]라고 비유적인 말로 주해하고 있다. 이 <本鄕>장(章)이 직접 영향을 주고 있는 작품으로는 다음 것들을 들 수 있다.

내가 당신을 사랑하는 것은 까닭이 없는 것이 아닙니다.
다른 사람들은 나의 홍안만을 사랑하지마는 당신은 나의 백발도 사랑하는 까닭입니다.

내가 당신을 그리워하는 것은 까닭이 없는 것은 아닙니다.
다른 사람들은 나의 미소만을 사랑하지마는 당신은 나의 눈물도 사랑하는 까닭입니다.

내가 당신을 기다리는 것은 까닭이 없는 것은 아닙니다.
다른 사람들은 나의 건강만을 사랑하지마는 당신은 나의 죽음도 사랑하는 까닭입니다.
— 「사랑하는 까닭」에서

속된 정을 배제하면 그 곳에 진실된 본부(本部) — 당신이 나타나는 것이다. 여기서 '당신'은 '홍안만을 사랑하지' 않고 백발도 사랑하는 초월적[20] 감

---

19) 한용운, 앞의 책, 3545쪽.

정이 있기 때문에 당신을 사랑한다는 것이다. 또한 다른 사람은 '미소만을', '건강만을' 사랑하지만 당신은 '눈물'도 '죽음'도 사랑한다는 것은 일상적인 속사(俗事)를 초월하여 영원 — 본향(本鄕)에의 귀의를 말하고 그것으로 하여 관념적인 불타의 세계에로의 지향을 말하는 것이다.

일곱째 <破還鄕>을 보면

根本을 돌이키고 源流에 돌아 왔다는 일조차 이미 어긋났으니
본래부터 住居가 없었으니 집이라고 이름 붙일 수도 없다.
만년이난 되는 오솔길에 눈이 깊이 덮이었고
오솔길이 있는 그 일대의 봉우리와 멧부리에는 구름이 다시 가리었다.
손님과 주인이 俗穆節次를 찾는다는 것은 모두 망령된 것이다.
임금과 신하가 합한 곳에는 바른 가운데 邪가 있다.
還鄕 曲調를 어떻게 부를까
달 밝은 집 앞의 마른 나무에 꽃이 피었다.

여기서 불법(佛法)은 '안에 있는 것도 아니며, 밖에 있는 것도 아니며 중간에 있는 것도 아니므로 정한 장소가 있는 것도 아니다. 이미 정한 장소가 없는데 무엇을 일러 집이라 하리요, 처소도 없고 집도 없으니 곧 고향에 돌아왔다는 일조차 잘못된 것이다'[21]라고 했는데 이는 바로 '안자서 생사의 길을 끊어 버렸으니 오히려 이는 꿈속의 사람이다'[22]라는 뜻을 강조하는 것이다. 여기서 앉아서 생사의 길을 끊는다는 것은 바로 초월적 의지로서 속성, 즉 세속적인 것과의 이별을 말한다.

그래서 만해는 '이별은 美의 創造입니다'라고 하였으니, 이는 '꿈속의 사람으로' 나타나기도 하는 것이다.

여덟째, <轉位>에서는

---

20) 김장호, 「한용운론」, 『양주동박사 고회기념논문집』, 46쪽.
21) 김장호, 위의 책, 335쪽.
22) 한용운, 앞의 책, 33쪽.

저자 거리에서 서로 만나게 되니 정한 기약이 없다.
權道로 때묻은 옷을 걸어 놓고 이것을 부처라고 한다면
도리어 珍奇한 보배로 장식한 것은 다시 무엇이라고 할 것인가
木人이 밤중에 신을 신고 가는데
열반이란 城 속에서도 오히려 危險이 있는 것 같고
石女가 새벽녘에 모자를 쓰고 돌아오다.
萬古에 푸른 못과 공중의 달을
두세번 걸러 보아야 비로소 틀림없이 안다.

여기 <轉位>章 만해의 비주 가운데서 비유적인 표현 몇 개를 볼 수 있다.

「가도가도 흰물과 푸른 산이다」
「빛깔은 회어서 물같이 보이지마는 햇볕은 원래 물이 아니니 목마른 사슴이 어찌 마실 수 있으리오」
「연기는 푸른 버들잎 속에 잠기고 머리를 돌이키니 바람은 다시 높다」

이러한 비유와 상징적 표현은 원관념과 보조관념을 수반함으로써 이원성을 지니는데 '執着生死 已是凡夫 碍於涅槃 亦非聖人 莫道生死可怖涅槃愈危'라 하여 생사에 잡착함이 없으니 '천(天)'은 열반(涅槃)에 걸려 있으며, 또한 성인이 아닌 것이기 때문에 생사에 집착해 있는 것을 두려워하지 말 것이며 열반(涅槃)에 걸려져 있는 것이 더욱 더 위태롭다고 보는 것이다. 금 빛깔을 칠하고 미소짓고 있는 석가여래(釋迦如來)가 '불(佛)'이 아니듯 그것을 통하여 '불(佛)'을 구하러 들어도 헛수고가 된다. 말하자면 '명상(名相)'을 떠나지 않으면 '님'을 찾아도 이미 그것은 '님'이 아니다.[23] 명상을 떠나서 현상 세계의 상징을 통해 있는 그대로 보여지는 것 그 묘체(妙體), 그 법신(法身)을 발견코자 함이 만해의 기본사상이며 실천이라고 보아진다.

---

23) 김장호, 앞의 책, 44쪽.

님의 입술 같은 연꽃이 어디 있나요. 님의 살빛 같은 백옥(白玉) 어디 있어요.
봄 호수에서 님의 눈결 같은 잔물결을 보았읍니다. 아침 볕에서 님의 미소같은 방향(芳香)을 들었읍니까.
천국(天國)의 음악은 님의 노래의 반향(反響)입니다. 아름다운 별들은 님의 눈빛의 화현(化現)입니다.
아아 나는 님의 그림자여요.
님은 님의 그림자 밖에는 비길 만한 것이 없읍니다.
님의 얼굴을 어여쁘다고 하는 달은 적당한 말이 아닙니다.
— 「님의 얼굴」에서

여기서 님의 입술 같은 연꽃이나 님의 살빛 같은 백옥은 없고 다만 '님'은 자연 가운데 가장 아름다운 현종의 '本體'='妙體'라 볼 수 있는 것이다. 그리고 천국의 음악은 님의 노래의 반향이라고 한 것과 아름다운 별들을 님의 눈빛의 '화현(化現)'이라고 한 것은 모두 '각(覺)'의 경지에서 '공(空)'의 세계로 변화됨을 뜻한다. 自我=<나>가 존재한다고 하는 것은 '깨달음'에 의한 하나의 법신(法身)일 뿐이다. 깨달음은 바로 자아의 '본성(本性)'에서 견성(見性)하는 것이기 때문에 그것에는 그림자가 있기 마련인 것이다.

「님의 얼굴」이란 바로 '묘유(妙有)'를 가리킴이요, 깨달음이란 언어를 초월한[24]다는 견해는 바로 이 점에서 타당성을 갖는다.

아홉째, <廻機>에서

털을 덮어 쓰고 뿔을 인 것들이 시정에 들어오고
부처님 나실 때에 피는 우담발라 꽃이 불 속에서 피었다.
많은 번민과 오뇌의 바닷 속에서 이를 씻어주는 雨路가 되고
三毒 無明이 쌓이고 쌓인 산위에다가 이를 씻기 위한 구름과 우뢰를 지었다. 펄펄 끓는 가마솥의 물과 이글이글 타는 화로의 숯불 속으로 몸을 던져서 고통을 받게하는 그런 지옥도 불어서 없어지게 하고
劍樹의 지옥과 刀山의 지옥이라도 몸을 한번 소리쳐 칼날이 다 꺾이게 하

---

24) 宋稶, 『님의 沈默 全篇解說』, (서울, 科學社, 1974), 207쪽.

다
金鎖 玄關에 머물게 살지 아니하고 다른 길로 가면 또한 輪廻한다

만해는 여기서 '從異類中行 隨機接物 應用無方'이라 하여, 대기용(大機用)을 발(發)해서 중생 속에 뛰어들어 수기접물(隨機接物)해서 자유자재하게 중생을 제도(濟度)해야 된다는 것이다. 또한 '正位不離異路 涅槃直在輪廻 男兒到處 本地風光'이라 하여 정위(正位)에 오르면 다른 길로 떠나지 아니하고, 열반은 곧 윤회 속에 있는지라 남아의 이르는 곳이 본지풍광(本地風光)이라는 것이다. 이러한 만해의 '묘유(妙有)'의 진리관과 활로의 선풍(禪風)이 그의 시와 생애에서도 그대로 실천되었다.25) 그것은 그의 불(佛)에서의 법(法, Dharma)과 존재자(thing)로서의 직관(intuition)이기도 하다.

또한 만해는 '혼미한 자는 三毒과 無明에 막혀서 능히 오묘한 지혜를 개발하지 못하고 캄캄한 밤과 같은 긴 歲月에 삼고도에 빠져 돌아다니는데 큰 법의 구름과 우레로써 無明의 혼미한 산은 두드려 깨어 버렸으니 공됨이 크다'고 진술하고 있는데 여기서 우뢰 즉 비와 번개로써 '無明'을 깨어 버린다는 것은 깨달음의 기틀을 마련한다는 것이다.

비는 가장 큰 權威를 가지고 가장 좋은 機會를 줍니다.
비는 해를 가리고 하늘을 가리고 세상사람의 눈을 가립니다.
그러나 비는 번개와 무지개를 가리지 않습니다.

나는 번개가 되야 무지개를 타고 당신에게 가서 사랑의 팔에 감기고자 합니다.
비오는 날 가만히 가서 당신의 沈默을 가져온대도 당신의 主人은 알 수가 없습니다.

만일 당신이 비오는 날에 오신다면 나는 연잎으로 윗옷을 지어서 보내겠습니다.

---

25) 한종만, 앞의 책, 64쪽.

당신이 비오는 날에 연잎 옷을 입고 오시면 이 세상에는 알 사람이 없습니다.
당신이 비가 온대도 가만히 오셔서 나의 눈물을 가져 가신대도 永遠한 秘密이 될 것입니다.
비는 가장 큰 權威를 가지고 가장 좋은 機會를 줍니다.

― 「비」에서

비는 '각(覺)'의 기틀을 마련해 주며 또한 '무(無)'의 경지를 수반한다. 그리고 무심(無心)의 경지에서는 번개와 같고 무지개와 같은 마음의 기틀과 대용(大用)이 드러난다26)고 보는 송욱(宋稶)교수의 견해는 '번개가 되어 무지개를 타고, 당신에게 가서 사랑의 팔에 잠기고자 함'이 깨달음과 상통함을 뜻한다. 그러니까 '비'가 상징하는 세계는 깨닫게 하는 가장 좋은 기회를 의미하는 것이다. 이것은 바로 『十玄談註解』의 <廻機>章의 응용이요, 그 정신에 의거한 작품임이 명확하다.

열째 <一㒵>에서

마른나무 엉클어진 바위 앞에 다른 길이 많으니
行人이 이에 이르면 모두 어긋나 버린다.
白鷺가 눈 위에 서 있으나 같은 빛은 아니오
밝은 달과 갈대꽃도 서로 같지 않다.
거듭거듭 알았다고 할 때에는 안 것이라고 할 수 없고
玄玄하고 玄玄하고 玄玄하다고 하는 곳에 또한 꾸짖을 것이 있다.
은근히 玄玄한 가운데에 곡조를 부르니
空中에 있는 蟾光(月光)을 움켜 잡을 수 있겠는가.

만해는 '처음 배우는 사람은 마땅히 처음을 잘 조심해서 그 뒤를 뉘우침이 없게 함이 마땅할 것'이라고 하여 활풍(活風)으로 체(體)를 세워야 한다고 주장한다. 또한 그는 '玄玄한 곳에 이르지 못하여서는 바라보기를 하늘가에

---

26) 송욱, 앞의 책, 174쪽 참조.

있는 것처럼 하였더니 급기야 玄玄한 곳에 이르러 보니 묘한 경지도 아니다'
라고 하여 '현묘처(玄妙處)'는 바로 현실 속에서 찾아야 된다는 것을 설명하고
있다.

> 달은 밝고 당신이 하도 그리웠습니다.
> 자던 옷을 고쳐 입고 뜰에 나와 퍼지르고 앉아서 달을 한참 보았습니다.
> 달은 차차 당신의 얼굴이 되더니 넓은 이마 둥근 코 아름다운 수염이 역
> 역히 보입니다.
> 간 해에는 당신의 얼굴이 달로 보이더니 오늘 밤에는 달이 당신의 얼굴이
> 됩니다.
> 당신의 얼굴이 달이기에 나의 얼굴도 달이 되었습니다.
> 나의 얼굴은 그믐달이 된 줄을 당신이 아십니까.
> 아, 당신의 얼굴이 달이기에 나의 얼굴도 달이 되었습니다.
> ―「달을 보며」에서

여기서는 '달'과 '당신의 얼굴'이 '나의 얼굴'과 동일화된 경지로 드러나
있다. 즉 '현묘처'는 '만경(萬境)이 한결같으며 이것은 현실 가운데에서 찾아
야 된다는 것이다.
『十玄談註解』에 표현된 기본사상은 「달을 보며」에 그대로 투영된 것으로
모든 자연 현상 속에서 빛깔도 형상도 없는 '본신체(本體身)'(현실로 인간에
출현한 불타(佛陀) 이상으로 영원한 佛의 본체)를 발견하는 '묘유(妙有)'의 직
관적인 헤아림과 내통하고 있다. 동시에 만해는 현실에 존재하는 '개유불성
(皆有佛性)'의 견성적(見性的)인 관점에 바탕하여 중생을 제도(濟度)하는 길을 모
색하고자 '신풍(禪風)'을 주장했던 것이다.

> 부처님은 그 眞如가 一切衆生이 보편적으로 지닌 <본체(Substanz)>요 각
> 자가 제각기 한 <眞如>를 지니는 것은 아니라고 했고, 칸트는 사람이 다
> 한 진정한 자아를 가지고 있다 했다. 이것이 그 차이점이다. 그러므로 부처
> 님 말씀에 <한 중생이라도 成佛하지 않은 자가 있으면 나도 成佛하지 못
> 한다.> 하셨으니 모든 사람의 <본체>가 동일하다고 보기 때문이다. 이런

태도는 널리 구제하자는 정신이 있어서 좀 더 넓고 깊으며 더없이 밝다고 할 만하다.27)

여기서 밝히고 있듯이 만해는 불신(佛身)을 지향하고 있었으며, 그것을 모든 일절중생(一切衆生)이 보편적으로 지닌 것으로 보고 일절현상(一切現象) 속에서 찾았던 것이다. 그렇기 때문에 『님의 沈默』에 나오는 '님'에 대한 존재의 의미를 만해의 기본사상적인 입장에서 바라본다면 그것은 현실적으로 출현한 '불(佛)' 이상의 영원한 본체, 즉 상징적 존재임을 알 수 있다. 물론 시작(詩作)은 자체의 분석과 구조에 의해서 다양한 의미로 표현될 수 있지만 보다 근원적인 면에서 바라볼 때 『十玄談註解』에 깔린 '법신(法身)'으로서 현상, 그 자체를 '진공묘유(眞空妙有)'란 '본체(本體)'로 보아야 할 것이다. 즉 시대적 사회적 상황으로 보아서 '님'에 '조국'으로서의 실천적 의미를 부여하지만 사실은 그 조국은 우릴 한민족만의 '조국'이 아닌 그 이상의 차원을 지닌 하나의 초월적인 진리 자체를 수반하게 된다. 그렇기 때문에 그 '님'은 '물이 깊어도 한정이 있고 위가 높달 해도 헤아릴 수 있는데' 그보다 높고 깊은 무한과 영원의 '존재'를 구체화한다. 이것은 바로 『十玄談註解』의 기본적인 관점과 직결되는 요소라고 믿는다.

3. 맺음말

『님의 沈默』은 이별의 아픔과 재회에 대한 믿음을 진지한 어조로 노래하고 있다. 한 식민지인의 상실감이 '님'에 대한 간절함으로 표현되고 있는 이 시집에는 총 88편의 시가 수록되어 있다. 시집의 첫 작품 「님의 침묵」 첫 행부터 '님은 갔습니다'로 시작하여 맨 마지막 작품 「사랑은 끝판」의 끝행은 '네 네 가요 이제 곧 가요'로 마무리되고 있다. 한 시집이 이별로부터 시작하여 재회로 종결되고 있는 것이다. 이런 연유로 혹자는 『님의 沈默』을 연작시

---

27) 한용운, 앞의 책, 40쪽.

로 보기도 한다. 이별과 대상과의 재회는 그 이별의 원상 회복과 다르지 않다. 포기와 체념을 넘어서는 가열찬 재회는 그 이별의 원상 회복과 다르지 않다. 포기와 체념을 넘어서는 가열찬 재회에의 의지는 시 「님의 침묵」에서 '님은 갔지만 나는 님을 보내지 않았습니다'는 역설을 가능케 한다. 만해 시를 대할 때, 사람들은 님의 정체를 해명할 것인가 고민한다. 님의 상징성은 만해 시의 정수를 꿰뚫기 위해 접근해야 할 가장 중요한 문학적 요체이다. 그리하여 사람들은 그것을 여러 방면에서 다양하게 해석해 보았다. 만해는 시집의 서문격인 「군말」에서 '그리운 것은 다 님'이라고 했다. 그것은 식민지라는 궁핍한 시대 민족의 염원이 담긴 대상이나 내역으로 이해되었다. 만해의 시를 읽으며 우리는 그 '님'을 자신의 심정이나 처한 환경에 따라 읽을 수 있다. 그러한 님의 다의성이 이 시점이 지닌 위대한 문학성이다.

　만해는 『님의 沈默』이 이루어지던 해 『十玄談註解』를 마치는데, 이 책은 시집 『님의 沈默』의 세계를 풀이할 여러 정신적 면모를 간직하고 있다. 『十玄談註解』에 내포된 의미는 매우 심오하고 유현(幽玄)한데, 이는 시적 상징의 세계와 상통한다. 불교의 일반적인 게송이 그러하듯 이는 사상적 심오함과 표현의 유려함을 내보인다. 만해의 시는 이 책으로부터 사상적 가치는 무엇인가에 대하여 다시 생각해 본다. 이별의 슬픔을 사랑의 노래로 승화시키고 있는 그의 시 세계를 우리의 삶과 견주어 진정 되새겨보는 것이다. 이러한 시 감상은 그의 시세계가 지닌 창조적 원리에 본질적으로 다가서는 길이다. 우리는 과거 그의 시에 대한 해석이 식민지 상황이나 종교적 세계에 갇혀 있었음을 안다. 이제 그의 시는 우리의 개인적 의식과 상상력의 가능성 위에 열려있다.

서정시와 혁명시
— 임화의 해방 후 혁명시를 중심으로

임 헌 영*

1. 생애

1947년 11월, 별들이 차갑게 빛나는 쌀쌀한 밤에 서른 아홉 살로 당대 혁명문학의 기수였던 임화는 한 청년 안내자를 따라 38선을 넘어가고 있었다. "도대체 나는 어떻게 되는 걸까?"란 운명에의 불안감과 혁명에의 기대감이 교차되는 가운데서 그는 홀연히 비장한 시적 이상을 잠시 품어 보았다.

> 임화는 지금 이곳을 자유스런 입장에서 걸어보고 싶었다. 대낮이라면, 이 주변의 경치가 얼마나 아름다울까? 그는 전원을 좋아했다. 가난한 농가가 여기저기 점점이 흩어져있는 풍경을 인간적인 시로 노래하고 싶다. 그야말로 학대받으며 살아온 민족의 시를 황혼의 빛깔 속에서 노래하고 싶은 것이다.
> 혁명이라든가, 저항이라든가 하는 문구를 일체 쓰지 않고 마음 속에서 우러나오는 시를 쓰고 싶다……[1]

이 문제의 오류 투성이 소설은 임화 연구에 반드시 읽어야 할 작품이면서

---
* 중앙대학교 겸임교수
1) 마츠모토 세이초, 김병걸 옮김, 『북의 시인』(미래사, 1987), 262쪽.

도 현혹되어서는 안 되는 야누스적 측면을 간직하고 있다. 38선을 넘어갈 때 시인의 심경을 이 소설이 얼마나 진솔하게 포착했는지는 알 수 없지만, 적어도 이 장면은 설득력을 지닐 수 있을 것 같다. 남한에서의 좌절 당한 혁명의 꿈을 안고 피신 겸 혁명의 지속과 재충전을 위하여 식구들조차 버려 둔 채 넘어선 38선은 그에게 파란만장했던 인생의 역정을 되돌아 보게 했을 터이다.

1908년 10월 13일 서울 낙산 아래 소시민 집안에서 태어난 임인식(林仁植, 본명)은 어머니의 죽음과 아버지의 파산(1925년 경, 17세 무렵. 자신의 기록으로는 열아홉 살 때라고도 한다)까지는 그런대로 보통 아이들처럼 큰 어려움 없이 자라났다. 자신의 말대로 '행복된 소년' 시절이었던 이 무렵의 임인식은 열 세 살 때(1921) 보성고등보통학교에 들어갔는데, 이강국·이상·이헌구·유진산 등과는 동기였고, 김기림·김환태·조중곤 등은 1년 후배였다. 작문 이외에는 별로 학업에 열성을 보이지 않았던 그는 멋부리기와 말썽꾸러기로 알려졌고, 숙명여고 학생들에게는 연애박사란 평을 들을 정도였다.

보성고보를 중퇴(퇴학 대상이기도 했다)한 그는 가출하여 소년기에 감염되기 십상인 낭만주의적 문학에 심취하여 한껏 유랑아적 기질을 발휘한 성싶다. 이 무렵에 그는 청로(靑爐)·성아(星兒)·임화(林華)·쌍수대인(雙樹臺人) 등 다채로운 아호로 다분히 실험주의, 전위주의적인 글들을 무절제하게 발표하곤 했는데, 흔히들 이 초기를 임화의 다다이즘 시기로 부르기도 한다.

임인식이 임화란 필명으로 등장한 때는 1927년(19세)으로 서서히 아나키즘과 사회주의적 성향의 혁명의식에 눈을 떠가던 무렵이었다. 임화는 이 시기에 시인 이상화와 특히 작가 윤기정을 만난 게 생애의 한 전환기를 만든 것 같다. 보성고보 동기생 조중곤을 통해 알게 된 윤기정은 이미 사회운동과 카프에 깊숙히 관여했던 터라 임화에게 큰 영향을 주었을 것으로 추정된다.

1928년 박영희 집에 기숙하면서 윤기정과 함께 카프 관련 일을 도왔던 임화는 「유랑」, 「혼가」 등 카프계 영화의 주연배우로 나설 만큼 영화와 연극 등에도 열정을 보였다. 카프 초기에 임화는 박영희·김팔봉의 내용과 형식

논쟁에서는 박영희의 이데올로기(내용)론을 편들 정도로 강경론자로 부상하여 혁명문학 예술론자로 완전한 탈바꿈을 하게된다. 이미 단편서사시「우리 오빠와 화로」,「네거리의 순이」등 카프시문학의 정상급 작품으로 확고한 문단적 지위를 차지한 임화는 박영희에게 여비를 뜯어내어 일본 유학을 떠났다(1929).

카프 진영 안에서 이미 구세대에 속하는 박영희와는 달리 갓 부상한 동경파는 혁명이론의 전위대를 형성하고 있었는데, 임화는 동경에서 이북만(李北滿) 집에 거거하며 무산자사(無産者社)에 입사, 활동했다. 그는 카프의 볼셰비키화에 앞장 서서 자신의 은인이자 선배격인 박영희를 무자비하게 비판하면서 카프의 방향전환을 실현했다. 이 냉혹한 투쟁기에 그는 이북만의 누이동생 이귀례(李貴禮, 당시 18세)와 결혼, 귀국(1931)하여 집에다 카프 잡지 ≪집단≫ 간판을 부칠 정도로 실질적인 혁명문학의 주도역을 맡았다가 3개월간 투옥 당하기도 했다. 이듬해 카프 서기장이 된 그는 점점 강화되는 탄압 속에서도 김남천의 작품「물」을 혁명의식이 빈약하다는 비판을 가하여 논쟁을 야기하는 등 볼셰비키적 문학론을 고수했다.

그러나 사실주의 논쟁에서는 비켜선 채 낭만정신을 주장했는가 하면, 제2차 카프사건(1934)에서 폐결핵으로 풀려난 그는 더욱 애매하게 추상적인 비평활동과 예술지상주의적 경향을 보였는가 하면 문단 교우에서도 혼란상을 드러내곤 했다. 특히 김기진, 김남천과 함께 1935년 5월 경기도 경찰부에 카프 해산계를 제출하여 조직의 종말을 고하게 만든 사건은 두고두고 그의 생애의 흠집으로 거론된다.

더구나 이 해 8월, 결핵 요양차 내려갔던 마산에서 이현욱(李現郁, 여류작가로 필명은 지하련 池河蓮)과 결혼한 사실까지 겹쳐 이 시기의 임화를 곤경으로 몰아 넣는다. 중일전쟁(1937) 이후 임화는 출판사 학예사(學藝社)를 차려(1938) 생계를 잇는 한편 첫 시집이자 근대 한국 시문학사의 걸작인『현해탄』(1938)을 냈다.『개설 조선 신문학사』를 비롯한 격조 높은 평론으로 해외문학과 순수문학을 비판하면서 정통 마르크스주의 혁명문학관을 견지하며 근대 혁명문학의 일인자격명성을 지탱하던 그는 근대문학 최대의 평론집『문학의 논리』(1940)를 출간하는 등 탄압 속에서도 문학관의 명맥을 지탱하던 그는 이내 적잖은 친일행각을 노정시켜 그 평가에 혼선을 빚었다.

광복 직후 가장 발빠른 문학단체(조선문화건설 중앙협의회)를 만들어 그 의장직을 맡으므로써 혁명문학을 주도한 임화는 1946년 조선문학가동맹을 결성하여 민족문학론을 주장하며 남로당계 노선을 주도하며 제2시집『찬가』를 낸 뒤 1947년 11월 월북하여 해주 제1인쇄소에 근무하며 여전히 남한의 혁명문학 지령자로서의 역할에 충실했다. 1950년 6·25를 맞아 서울을 거쳐 낙동강 전선까지 종군했던 임화는 이 시기의 체험을『너 어느 곳에 있느냐』(1951)란 서정성과 투쟁성을 조화시킨 수준 높은 시집으로 엮어냈다.

임화에게 '조선민주주의 인민공화국 최고재판소 군사재판부'가 사형을 언도한 것은 1953년 8월 6일. 이후 그의 문학은 남북한에서 다 금지된 영역이었다. 그러나 진정한 민족통일문학은 임화의 객관적인 평가에서 비롯된다고 하겠다.

2. 해방 직후의 운동시

친일의 얼룩이 채 지워지지 않은 상태에서 임화가 8월 17일 원남동 어느 정육점 이층에서 김남천·이원조·이태준과 만난 것이 해방 직후 문학단체의 첫 출발이 된다. 이내 종로 한청빌딩에 나붙게 된 조선문학건설본부 – 조선문학가동맹은 그 임원진이 어떻게 바뀌었던 임화의 정치적 의도에 따라 운용되었음을 부인할 수 없다. 사실 8·15 뒤 임화는 엄청난 행사 때문에 그 명성과는 달리 창작활동은 많은 편이 아니다. 더구나 비평분야에서는 그 격심한 순수·참여 논쟁에 끼어들 여유조차 없었던 듯하다.

임화에게 1945년 8·15부터 1947년 11월 삼팔선을 넘어서기까지 2년여 시간은 그의 일생에서 가장 열렬한 정치 투쟁기였을 것이다. 이 시기에 그는 남로당계 정치노선에 따라 일체의 문학활동을 그 실현 수단으로 일치화 시켰음을 부인할 수 없다. 여기서는 임화가 쓴 혁명의 시 중 노래로 불렸던 작품을 간략히 소개하기로 한다.

8·15 직후 임화는 각종 조직활동에 관여하면서 여러 편의 노래를 위한 시(가사)를 지었는데, 그 중 가장 쉽게 찾을 수 있는 널리 알려진 첫 작품은 「해방 조선의 노래」일 것이다. 잡지 ≪문화전선≫ 1945년 창간호(11.15)에 게재된 것으로 알려진 이 노래는 이듬해 1월 경 작곡가 안기영이 곡을 부쳐 널리 애창되어 당시의 『임시 중등 음악교본』에도 실렸던 노래였다. 가사 전문은 아래와 같다.

1. 전사들아 일어나거라 / 영웅들아 일어나거라 / 압박의 사슬은 끊어지고 / 자유와 희망의 새날이 왔다 / 일어나거라 전사들아 / (후렴) 아아 해방조선은 인민의 나라.
2. 서백리아 바람 찬 벌판 / 현해탄의 거친 파도여/ 한 많이 쓰러진 수 없는 생명 / 깃발은 벌거니 피에 젖었다 / 잊지 말어라 혁명 동지를 / (후렴).
3. 등불도 없이 걸어오든 / 눈물도 없이 울어오든 / 어둔 밤 우리의 머리 우 높이 / 호올로 빛나는 그대들 이름 / 높이 들어라 전사의 깃발 / (후렴).
4. 전사들아 눈을 감아라 / 영웅들아 눈을 감아라 / 몽매에 못 잊든 그대의 나라 / 자유와 해방의 새날은 왔다 / 높이 들어라 자유의 깃발 / (후렴).

이 시는 노래로 불려지면서 「해방 전사의 노래」란 제목이 붙게 되었다(일본에서나온 『재일 조선인 운동자료집』 제1권 山根俊郞의 「가마귀여 시체 보고 울지 말아라」(長征社, 1990)에 의하면 이 시는 「해방전사의 노래」로 소개되어있다. 이 책에는 임화의 시가 ≪무궁화≫ 1945년 12월 창간호에 게재되었다는 1947년도판 『예술연감』을 인용했으나 잘못된 듯하다. 왜 '조선'이 '전사'로 바뀌었는지에 대해서는 언급이 없다. 추측컨대 해방 직후에는 임화가 해방의 감격을 노래했으나 노래로 불려지면서 이 단어를 '전사'로 바꿨을 가능성이 있다.

두 번째로 등장하는 임화의 작사는 너무나 유명한 「민전 행진곡」이다. 당시 조선 공산당은 민족분단과 백색 테러 및 미국에 의한 직·간접적인 각종 탄압에 대항키 위하여 통일전선을 형성하지 않을 수 없는 처지였다. 그래서 '조공'은 인민당과 합심하여 한민당·국민당 등 우익 정당 내부의 진보파를 설득, 여기에다 대중·문화예술 단체와 상해 임시정부 측의 진보파를 포함한 범민족 통일전선을 결성하여 이를 '민주주의민족전선'이라고 이름했다. 8·15 이후 최대 조직이었던 이 약칭 '민전'은 1946년 2월 15일~16일 이틀간 종로 YMCA회관에서 창립총회를 개최되었다. 김오성, 이태준, 임화, 김기림, 김태준, 박치우, 김상훈 등 학계 인사들도 대거 중앙집행위원으로 선출된 이 '민전' 창립에 즈음하여 임화가 그냥 있었을 리가 없었을 것이다. 그는 김광균, 오장환, 김기림과 공동으로 「민전 행진곡」을 작사했으며, 바로 이건우에 의하여 작곡, 널리 불려졌는데, 그 가사는 아래와 같다.

 1. 일제의 남은 뿌리 소탕의 싸움이다 / 나가자 민주주의 민족의 전선으로 / (후렴) 인민이 가는 곳 인민이 가는 곳마다 / 민전은 함께 진군한다 / 민전은 인민을 지키고 있다.
 2. 봉건의 남은 자취 쓰러 없애 버리자 / 우리의 민주주의 민족의 전선으로 / (후렴).
 3. 남녀와 노소 없다 모두 다 달려와서 / 전열에 지체 말자 민족의 전선으로 / (후렴).
 4. 애국의 가면을 쓴 파쇼를 부시자 / 우리의 민주주의 민족의 전선으로 / (후렴).

다른 가사에 비해서 문학성이 떨어지는 것은 공동창작의 장점을 살리지 못한 채 시간에 쫓겨 창작한 탓인 듯하다. 문학성보다는 구호와 운동성에 치중한 흔적도 역력하다.

임화의 가사로 전해 오는 그 다음 노래는 「민청가」와 「민애청가」이다. 이 두 노래는 당시 청년단체의 굴곡을 반영하고 있다. 조선공산당은 1945년 11월부터 청년단체 결성을 위한 준비작업을 진행하여 그 해 12월 11일~13일(3일간) '전국 청년단체 총동맹' 결성대회를 개최했다. 이 때 단체의 약칭은 '청총(靑總)'이었고, 창립대회에서 불렀던 노래는 작사자 미상의 「청총 동맹가」였다고 전한다.

8·15 이후 각종 단체들이 다 그랬듯이 '청총'도 우여 곡절을 거쳐 1946년 4월 25일 '조선민주청년동맹'으로 탈바꿈하게 되며, 이때 임화는 「민청가」를 작사했다. 그 뒤 '민청'은 미 군정 당국에 의하여 강제 해산(1947. 6. 5)되어 그 대체 단체로 만든 것이 '조선민주 애국청년동맹'(약칭 '민애청'. 1947년 6월 5일 결성)으로, 역시 임화가 「민애청가」를 지었다.

1. 정의와 자유에 타는 불길 / 우리의 가슴 속 빛나도다 / 인민의 자유는 영원한 별 / 우리의 가슴 속 빛나도다 / (후렴) 우리들은 젊은 친위대 / 인민 조선의 젊은 친위대.
2. 전제의 세상은 물러가고 / 인민의 시대는 동터 왔도다 / 미래는 우리들 청년의 것 / 모두다 나가자 민주 청년 / (후렴).
3. 모두 다 가난한 우리 조국 / 모두 다 불행한 우리 동포/ 조국은 부른다 민주 청년 /인민은 부른다 민주 청년 / (후렴).
— 「민청가」

1. 피끓는 우리의 젊은 청춘을 / 조국은 부른다 두 손을 들어 / 지키어 나가자 조국의 자유 / 한 목숨 바치자 끝 날 때까지.
2. 인민의 나라를 세워 달라고 / 부탁고 죽어간 동무의 유언 / 0히어 나가자 민주 청년들 / 우리의 가슴 속 불길이 탄다.
3. 어느곳 별 아래 묻힐지라도 / 마음에 맹세한 조국의 자유 / 죽어도 썩지 않고 빛나리로다 / 영원히 영원히 빛나리로다.
— 「민애청가」, 원문 『노력 인민』 (1947. 7. 5)

「민애청가」는 김순남이 곡을 부쳤다.

8·15 이후 남한의 미군정 통치 3년의 역사는 크게 보면 여운형, 박헌영 주도의 좌익 노선과 이승만의 우익 노선, 그리고 김구 등의 중도노선으로 대

별할 수 있는데, 임화는 말할 필요도 없이 좌익 노선에 충실했다. 이 좌익 노선은 다시 나눠 보면 여운형 등의 인민당 계열과 박헌영의 조선 공산당, 그리고 북한의 김일성 노선으로 나뉘어진다. 임화는 여기서 이론과 조직에서 박헌영 계의 조선공산당을 이탈하지 않았던 것으로 알려져 있다.

박헌영의 조선 공산당은 1945년 9월 11일 당 재건과 동시에 공식 출범한 뒤 남한은 물론이고 북조선 분국(1945. 10. 13)까지 설치했으나, 1946년 8월 28일-30일에 북조선 공산당과 신민당이 합당하여 '북조선 노동당'을 결성함으로써 박헌영의 '조공'도 온갖 우여곡절을 거쳐 같은 해 11월 23일~24일 '남조선 노동당'으로 재결집하게 되었다.

이후 박헌영 노선은 세칭 '남로계'로 불려 김일성 주도의 '북로계'와 구분되었고, 임화는 바로 남로계로 분류된 혁명문학인의 지도급 인사로 분류되었다. 임화와는 달리 리기영, 한설야 등 '프로예맹'파는 임화보다 먼저 월북하여 북로계의 정책에 동조했던 터라 임화가 월북했을 때는 이미 그의 운명이 '남로계'일 수밖에 없는 처지였다.

어쨌건 임화는 1947년 11월 20일 월북하기 직전까지 조공 - 남로계의 정치 노선에 따라 모든 투쟁에 관여하며, 각종 혁명가사를 지었는데, 그 중 가장 유명한 것은 아마 「인민 항쟁가」일 것이다.

1. 원수와 더불어 싸워서 / 죽은 무리의 죽음을 슬퍼 말아라 / 깃발을 덮어다오 붉은 깃발을 / 그 밑에서 전사를 맹세한 깃발을.
2. 더운 피 울리며 말하던 동무 / 쟁쟁히 가슴 울려온다 / 동무야 잘 가거라 원한의 길을 / 복수의 끓는 피 용솟음 친다.
3. 백색 테러에 쓰러진 동무 / 원수를 찾아서 떨리는 총칼 / 조국의 자유를 팔려는 원수 / 무찔러 나가자 인민 유격대.

김순남이 곡을 부친 이 노래는 당시 남북한을 가릴 것 없이 인기 절정이어서 1948년 월북한 김순남이 모스크바 유학까지 가게된 배경이 될 정도였다고 알려져 있다. 뿐만 아니라 북한에서는 제1절의 '붉은 깃발' 대신 '공화국 깃발'로 고쳐 불렀다고 전한다.

앞서의 가사들과는 달리 임화의 시가 왜 갑자기 이렇게 강렬한 피의 냄새를 담게 되었을까. 그 역사적인 배경에는 1946년 10월 대구 인민항쟁이 반영되어 있다는 설이 유력하다. 1947년도 판 『예술 연감』의 「음악계 결산」(필자 박영근)은 "또한 남조선 일대에 획기적인 인민항쟁이 전개되자 「인민항쟁가」의 우렁찬 소리는 방방곡곡에 인민과 더불어 전파되어 소련 국가로 오인 받고 있던 「적기가」에 대신하여 진정한 민주혁명의 투쟁사에 빛날 기록적인 자최를 남겨 놓았다"고 이 노래를 평가하고 있다.

임화는 월북하기 직전 역시 명 컴비였던 김순남이 작곡한 노래의 가사 「추도가」를 남겼다. 1947년경에 불려졌다는 이 노래는 이미 투지보다는 비극적 결말이 예시되는 내용을 담고 있다.

1. 검은 무덤이 바람에 시치고 / 찌드른 묘목은 달 아래 떨어도 / 그대는 지상의 별.
2. 피묻은 가난과 왜적의 칼날에 / 한 번도 굴함이 없이 / 굳세게 싸우든 혁명의 투사여.
   ―「추도가」

이 노래를 마지막으로 임화는 월북했는데, 북한에서도 그는 남한을 향하여 여전히 혁명가를 불렀는데, 그게 「남조선 형제를 잊지 말아라」이다. 김순남이 월북 직전에 곡을 부쳤다는 임화의 이 가사는 그가 북한에서 남녘을 향해 부른 첫 노래이기도 하다.

1. 짐승들 요란히 우는 깊은 밤 / 남조선 높은 산 봉우리 마다 / 기한(飢寒)에 떨면서 용감히 싸우는 / (후렴) 남조선 형제를 잊지 말아라.
2. 눈보라 날리는 어둔 골짝 / 야수들 보다도 잔인한 원수 / 총칼과 더불어 용감히 싸우는 / (후렴).
   ―「남조선 형제를 잊지 말아라」[2]

---

2) 이상 내용 및 가사는 山根俊郎의 위의 저서를 참고, 인용했음.

임화는 해방 직후 이런 혁명가 작사로서만이 아니라 가장 첨예한 투쟁의 시로 판금 제1호 시집을 낸 것으로도 유명하다.

3. 첫 판매금지 시집 『讚歌』

질풍노도의 시대에도 시는 존재하는가. 자료에 의하면 미군정기 3년 동안 발간된 시집은 90여종. 이 중 문학사적으로 검증 받을 만한 가치가 있는 것은 불과 50여종이나 될까. 식민 통치로부터의 해방이라는 구호와는 달리 미군정은 일제하의 각종 규제 못지 않게 꽤나 까탈스러운 출판검열 조항들을 설정했다. 1946년 5월 4일 공포된 법령 제72호는 출판물 검열의 기준이기도 했는데, 그 제1조는 "군정 위반에 대한 범죄는 1945년 9월 7일부 태평양 미국군총사령부 포고 제2호 또는 현금까지 공포된 법령 외 좌와 여히 규정함"이란 서두 아래에다 82개 항목의 범법사항을 예시하고 있다. "전염 화류병을 가진 부녀가 주둔군인에 대한 성관계의 유혹"같은 항목에 이르면 화류병이 없는 부녀자는 아무래도 좋다는 해석부터, 대체 그 시절에 적극적인 성적 유혹으로 윤리의식을 혼란시킨 장본인이 어느 쪽이었을까란 어리석은 의문도 생긴다.

이렇듯 까다로운 군정의 검열에서도 합법적으로 출판되었던 시집이 정부 수립 이후 납월북 문인이란 이유로 금지조처가 내려진 게 30여종에 이른다. 덧붙이자면 미군정 아래서 시집이 판매금지 당한 것은 임화의 『찬가』가 그 제1호이자 마지막이었다.

문학평론가이자 시인, 연극·영화인에다 운동가요 혁명가에다 조직가면서 경영인이기도 했던 임화는 8·15 직후 가장 강력한 문학단체를 결성하는데 성공한 뒤 정치적으로는 위에서 본 것처럼 분명히 북로당이 아닌 남로당 노선을 지지했다. 유진오가 '인민의 계관시인'이었다면 임화는 '정당의 계관시인'역을 충실히 이행하면서 유수한 운동권 노래를 작사했을 뿐만 아니라 시를 구호화 시키는데 진력했다.

 시집 『찬가』는 1947년 2월 10일 백양사에서 초판 발간되어 관례대로 공보부에 납본했었는데 그로부터 거의 두 달이 지난 3월 말 경 말썽이 나기 시작했다. 이유는 이 시집 51쪽에 실린 「깃발을 내리자」란 시의 불온성때문이었다.

 "노름꾼과 강도를 / 잡던 손이 / 위대한 혁명가의 / 소매를 쥐려는 / 욕된 하늘에 / 무슨 깃발이 / 날리고 있느냐 // 동포여! / 일제히 / 깃발을 내리자"고 화두를 잡은 임화는 이 시에서 "가난한 동포의 / 주머니를 노리는 / 외국 상관(商館)"과, "살인의 자유와 / 약탈의 신성이 / 주야로 방송되는"것이 당대적 현실이라며 후렴으로 "동포여 / 일제히 / 깃발을 내리자"고 세 번이나 반복한다.

 이 문제의 시가 처음 발표된 것은 《현대일보》 1946년 5월 20일자 제2쪽이었다. 임화를 연구한 기존 논문이나 자료들은 이 시가 마치 19일에 발표된 것처럼 쓰고 있는데, 그것은 발표 당시 '1946. 5. 19'라는 시 제작 날짜를 명기한데서 연유한 착각인 듯싶다. 그러니까 임화는 이 시를 쓰기가 바쁘게 얼른 당대의 대표적인 이론가의 한 사람이자 문학평론가였던 박치우(朴致祐)가 발행인이고 작가 이태준이 주간으로 있던 《현대일보》(7월 1일자로 주필 겸 편집국장에 평론가 이원조, 정리위원에 평론가 김병규로 바뀜)로 갖다 주었고, 《현대일보》측은 기사문보다 한 급수 더 큰 활자로 보기 좋게 제2면 가운데다 상자로 게재했다.

 이 작품은 시집 《찬가》에 실린 것을 그대로 인용, 연구하고 있는데, 원문과는 미묘한 차이가 있다. 원문에는 제목 「旗ㅅ발을 내리자!」에서 보듯이 느낌표가 붙어 있고, "가난한 동포의 / 주머니를 노리는 / 외국 商館의 / 늙은 종(奴隷)들이"로 되어 있으나 시집에서는 괄호 안의 '奴隷'가 빠져있다. 원문은 아래와 같다.

  旗ㅅ발을 내리자!
  노름군과 강도를 / 잡든 손이 / 위대한 혁명가의 / 소매를 쥐려는 / 욕된 하날에 / 무슨 旗ㅅ발이 날리고 잇느냐 // 동포여! / 일제히 旗ㅅ발을 내리자 // 곤한 동포의 / 주머니를 노리는 / 외국 商館의 / 늙은 종(奴隷)들이 / 廣木과 통조림의 / 밀매를 의논하는 / 廢 王宮의 / 商標를 위하여 / 우리의 머리 우에 / 國旗를 날릴 / 필요가 없다 / 동포여 / 일제히 旗ㅅ발을 내리자 // 살인의 자유와 약탈의 신성이 / 주야로 방송되는 / 남부 조선 / 더러운 하날에 / 무슨 旗ㅅ발이 날리고 잇느냐 // 동포여 / 일제히 旗ㅅ발을 내리자.

이 시집에는 제1부에 8·15 이후의 작품 15편, 제2부에는 첫 시집 『현해탄』(1938) 이후 일제하에 쓴 7편이 실려 있다. 5월 24일 수도관구 경찰청 사찰과가 이 시집을 출판한 백양당 사장을 호출하여 문제의 시 삭제를 지시하자 이에 항의하는 성명서가 잇따랐다. "공보부에 납본된 출판물이라 할지라도 그것이 군정 반대나 불온한 선동이나 풍기를 교란하는 내용일 때에는 경찰은 적발하여 검찰청으로 고발할 수 있는 것이다"는 것이 기자단을 향한 장택상 경찰청장의 해명이었다.

7월 18일 시인과 발행인은 경찰청으로부터 검찰로 불구속 송치되었는데, 8월 10일 문제의 시만 삭제하고 출판해도 좋다는 결정이 내려지는 것으로 시집 『찬가』 필화사건은 형식적으로 끝나버렸다. 초판부터 실려있었던 이 문제작은 그 뒤 판금 조처에 별 관계없이 문학사에 전해 오고있다는 사실로 미뤄 볼 때 문학작품에 대한 검열과 판금이란 전혀 실효성이 없음을 입증해 줄 뿐이다.

4. 맺음말

임화는 이론가에다 연극·영화 배우요, 시인에다 탁월한 조직가요 운동가에다 혁명가였다. 근대 문학사 이래 임화를 능가할 만한 문학적 재능의 총화를 보여준 예는 아직은 없다고 하겠다. 이런 임화가 일생을 심한 굴곡 속에서 보낸 사실은 곧 우리 문학사의 비극적 예시의 상징에 다름 아니다.

이론가로서의 임화는 이식(移植)문학론과, 볼셰비키화론, 낭만성, 사실주의, 민족문학론 등등 문학사의 구비마다 끼어 들었다. 이에 비하여 운동가로서의 임화는 카프 2세대의 견인차 역할을 했으면서도 1세대의 선배들과 이념적, 인간적 측면에서 조화와 통일을 이룩하지 못했었다는 비판을 면할 수 없다. 그 결과 스스로 자신의 조직을 해산시켜 버렸다는 점 때문에 두고두고 역사의 피고석을 떠날 수 없을 것이다. 친일 행위와 8·15직후의 발빠른 조직활동 재개는 그의 순발력을 과시해 주었지만 카프 1세대격인 리기영 등 프로예맹과의 갈등을 조장시켜 월북 이후 스스로의 비극을 자초한 격이 되었다. 한 마디로 임화의 혁명문학운동은 당대적인 인기와는 달리 좌절 당한 것으로밖에 평가할 수 없을 것 같다. 그러나 임화의 시는 그의 다른 어떤 분야에서의 활약보다 단연 빛날 것이다. 그는 1920년대의 거친 카프시를 세련된 순수시의 경지로 승화시킨 견인 역할을 했으며, 김팔봉에 의하여 '단편 서사시'로 이름 부치게 만든 일련의 작품을 통하여 혁명시가 구호만이 아닌 서정시로도 가능하다는 것을 실증해 주었다. 여기에 그치지 않고 그는 세 시집과 다른 여러 작품을 통하여 혁명시에 못지 않는 순수 서정시를 남김으로써 이후 김수영이나 신동엽도 이르지 못한 한국 근현대 시문학사의 한 거봉을 이룩했다.

　이 글에서는 주로 8·15 직후부터 월북에 이르는 기간 중 그가 남긴 혁명가사와 첨예한 필화 사건만을 다뤘지만 이런 작품에서도 그의 재능은 십분 발휘되어 대중성을 확보했음을 부인할 수 없다. 카프-민중시의 계보에서 임화의 시는 여전히 최고봉을 차지하고 있으며, 이런 관점에서 볼 때 임화는 숙청 당한 어제의 시인으로 묻어둘 것이 아니라 통일 시대에 재평가해야 할 미래의 시인이 되어야 할 것이다.

김영랑론
— 저항의식과 민족적 정서를 중심으로

허 형 만*

　김영랑의 작품활동 시기는 12년에 걸쳐 이루어졌다. 1930년 3월 ≪詩文學≫ 창간호로부터 서울 수복 시기인 1950년 9월 29일 사망하기까지 세 차례의 공백기 9년[1]을 제외한 12년 동안 詩 86편을 비롯 23편의 산문을 발표했다.

　따라서 영랑의 작품활동은 1930년 3월부터 1935년 11월『永郞詩集』이 발간되기까지와 1938년 9월부터 1940년 8월까지, 그리고 해방 후 1946년 12월부터 1950년 6월까지 세 차례에 걸쳐 중점적으로 이루어진다.[2]

　영랑의 이러한 세차례의 작품활동 시기 중 특히 민족적 정한(情恨)과 저항의식이 가장 두드러지게 드러나는 시기가 바로 1938년부터 1950년에 해당된다.

　영랑의 이 시기를 후기시로 본 이성교(李姓敎)는 영랑의 비중으로 전기에

---

* 목포대학교 교수
1) 永郞은 1932~1933, 1936~1937, 1941~1945년 등 9년에 걸쳐 작품을 발표한 흔적이 없다.
2) 永郞의 작품 활동 시기에 대한 기존 연구자의 구분은 다음과 같다.
　　1) 2기 : 李姓敎, 김학동, 김준오, 최동고, 최명길.
　　2) 3기 : 朴斗鎭, 김명인, 양왕용, 서범석, 홍인표, 김선웅, 김종, 이상구.
　　3) 4기 : 정숙희(작품활동 이전 시대인 성장기를 제외한 실제 작품활동 시기만으로 따진다면 정숙희 역시 3기에 해당함)

비하여 시의 노쇠 현상기라고 판단했다. 그러나 좀 각도를 달리해 영랑의 사상의 발전 단계로 볼 때는 당연한 결과로서 영랑이 당초부터 키워오던 사상과 시를 어느 정도 합일한 시대라고 볼 수 있다. 영랑의 이런 사상은 드디어 민족주의로 나타나 영랑으로 하여금 시보다는 행동으로 더 크게 움직여졌기 때문에 이 후기시에 와서는 과거 영랑이 다스려간 내면의 성숙보다 더 관념적인 데로 떨어져 나갔으며, 이렇게 된 데에 대한 이유로 이성교는 다음과 같이 두 가지를 들었다.

> 그것은 첫째로 當時 永郞이 處하고 있었던 狀況으로 봐 어쩔 수 없는 것이었다. 모든 詩의 素材가 枯渴되어 있었을 뿐 아니라, 그것은 다시 새로운 角度에서 찾아 나설 氣力이 없었기 때문이었다. 즉 쌓이고 쌓인 疲勞 때문에 더 이상 나아가지 못하고 제자리걸음을 하고 있었다.
> 둘째 갑자기 몰아닥친 또 다른 세계를 오랫동안 醇化시키지 못하고 눈앞에 나타난 모습을 그대로, 直感的으로 表現해 갔기 때문이다. 즉 새로운 美의 탐구나 새로운 表現力을 喪失했던 것이었다.3)

영랑의 시를 그 주제로 보아 세 가지 부류로 대별하고 후기시에 대해 언급한 박두진의 견해는 좀더 세심한 면을 띤다. 즉, 영랑의 초기시를 개성적 서정의 세계로, 그리고 후기시에 대해서는 다음과 같이 규정한 것이다.

> 개성적 세계에서 갈라져 나가 발전한 서정의 恨이, 민족적 恨의 悲憤으로 極致化한「杜鵑」을 頂点으로 한 일련의 민족적 情恨의 시로서, 1930년대 後半에서 40년대로 넘어 오는 저 日帝 虐政의 발악적 暴擧와 相承的으로 彈力을 지니게 된 것이 그 둘째 부류이다.
> 여기서 다시 昻進하면, 日帝 말기의 삼엄한 毒氣에 맞서는 민족적 反抗意識의 詩「毒을 차고」로 나타낸다. 그 셋째 부류가 개인적 悲哀나 민족적 恨까지를 승화시킨, 인생적인 達觀의 境地, 「북」을 중심으로 한 人生詩가 된다.

---

3) 이성교, 『現代詩의 摸素』(맥밀란, 1982), 280쪽.

이렇게 超越的인 경지에 도달하기까지에는 인생 그 자체를 응시하여 죽음의 本性을 더듬고 그것을 超克하는 한 방도로서, 죽음 그 자체를 忘却하려는 데 이르는 죽음과의 대결의 시「忘却」이 있다.
永郎이 그의 개인적인 심정과 민족적 悲哀와 恨, 그리고 抵抗과 죽음의 凝視들을 넘어서서 비로소 進取的이고 밝고 광대한 세계로 눈을 돌린 것은 8·15 民族解放 이후의 作에서 볼 수 있다.
순수를 지향하며 다져진 시적 生理의 體質의 당연한 귀결인 동시에, 그만큼 永郎의 詩精神의 根底에는 민족정신의 본질, 永郎의 정신이 뿌리한 민족적 傳統이나 血緣의 필연성은 인식하게 한다.4)

따라서 朴斗鎭은 영랑의 후기시의 대표적 흐름을 「두견」→「毒을 차고」→「북」→「바다로 가자」의 순(順)으로 정리함으로써 영랑을 한용운(韓龍雲), 이상화(李相和), 홍사용(洪思容), 변영로(卞榮魯), 김소월(金素月), 이육사(李陸史)와 함께 민족시·민족시인의 반열에 올려놓았다.

이명재(李明宰) 역시 식민지시대문학의 주체적 특성을 고찰한 자리에서 '金永郎의 詩作品들에서 보듯 작품의 겉으로 보기에는 시종 순응적이고 패배의 한숨인 듯 느껴지는 그것도 그 심층의 구조나 흐름은 선입감 없이 대하고 보면 어디에 그런 목숨과 바꿀 만큼 뜨거운 항일의 의지가 숨어있는가 싶게 느껴지는 경우도 마찬가지이다'5)라고 민족시인으로서의 가치를 논한 바 있다.

① 검은벽에 기대선채로
　　해가 수무번 박귀었는듸
　　내 麒麟은 영영 울지를못한다

　　그가슴을 퉁 흔들고간 老人의손
　　지금 어느 끝없는 饗宴에 높이앉었으려니

---

4) 박두진, 『韓國現代詩論』(일조각, 1970), 95~96쪽.
5) 이명재, 『植民地時代의 韓國文學』(중앙대출판부, 1991), 92쪽.

땅우의 외론 기린이야 하마 이저졌을나

박갈은 거친들 이리떼만 몰려다니고
사람인양 꾸민 잣나비떼들 쏘다다니여
내 기린은 맘둘곳 몸둘곳 없어지다

문 아조 굳이닫고 벽게기대선채
해가 또한번 박귀거늘
이밤도 내 기린은 맘놓고 울들 못한다
    ―「거문고」

② 내 가슴에 毒을 찬지 오래로다
  아직 아무도 害한 일 없는 새로 뽑은 毒
  벗은 그 무서운 毒 그만 흩어버리라 한다
  나는 그 毒이 벗도 선뜻 害할지 모른다 위협하고,

  毒 안 차고 살어도 머지않어 너 나 마주 가버리면
  履億千萬 世代가 그 뒤로 잠잣고 흘러가고
  나중에 땅덩이 모지라져 모래알이 될것임을
  [虛無한듸!] 毒은 차서 무엇 하느냐고?

  아! 내 세상에 태어났음을 원망않고 보낸
  어느 하루가 있었던가, [虛無한듸!], 허나
  앞뒤로 덤비는 이리 승냥이 바야흐로 내 마음을 노리매
  내 산체 심증의 밥이되어 찢기우고 할퀴우라 네 맡긴 신세임을

  나는 毒을 품고 선선히 가리라,
  마금날 내 깨끗한 마음 건지기 위하야.
    ―「毒을 차고」

①은 1939년 ≪朝光≫ 1월호에 「가야금」과 함께 발표된 작품이고 ②는 同年 11월 ≪文章≫ 誌에 발표된 작품이다.

이 두 편의 시에서 우리가 주목해야 할 것은 ①에서 '이리떼'와 '잣나비떼' ②에서 '이리' '승냥이'의 등장이다. 바로 이러한 동물의 알레고리는 급박하고 숨막히는 당시의 시대상을 체감케 한다. 실제로 이 시가 씌여진 해인 1939년은 친일 문학단체인 '조선문예협회'가 결성(10월 29일)되었고, 일본에 의해 국민 징용령이 공포(7월 8일)됨과 동시 매월 1일을 흥아봉공일(興亞奉公日)(愛國日)로 제정(8월 11일)하였으며, 마침내 조선인의 씨명(氏名)에 관한 건(창씨개명)이 공포(11월 10일)된 바 있다.

그러나 이것은 이미 안창호 등 동우회 회원 150여명이 치안유지법 위반 혐의로 투옥된 수양동우회(修養同友會) 사건(흥사단 사건)과 일황(日皇)의 사진을 각급 학교에 배부 경배(敬拜)케 한 1937년과 총독부가 각도(各道)에 일어강습소 1천여개소를 설치, 전국민에게 일어를 강습토록 지시함과 동시에 사상운동 전과자를 집단적으로 감시하기 위한 목적으로 '조선 사상보국 연맹'이 조직된 1938년의 국내 상황의 한 흐름에 불과했다.6)

따라서 '이리떼(이리)', '잣나비떼', '승냥이'는 곧 일제 치하에서 득실거리는 일본 관헌들이거나 일제에 빌붙어 동족을 괴롭히는 친일파임을 파악할 수 있다.

①의 시에서 핵심어는 물론 기린(麒麟)이다. 기린은 또한 시제인 '거문고'의 비유이며 나아가 '거문고'는 동시에 시인 자신이거나 우리 민족 전체를 상징하고 있다. 즉 '麒麟=거문고=詩人自身·民族全體'라는 등식이 성립되는 것이다.

이러한 기린(麒麟)은 무려 20년이란 세월이 흘렀음에도 본시에 울음을 울지 못하고 '검은벽에 기대선채로'이다. 따라서 '검은벽'은 기린이 마음대로 실컷 울 수 있는 본연의 자유로움을 막는 시대적 상황이다. 그 '검은벽'을 사이에 두고 바깥은 거친 들판으로서 '이리떼만 몰려 다니고' '잣나비떼들 쏘

---

6) 최민지·김민주 공저, 『日帝下 民族言論史論』(일월서각, 1978), 685~689쪽. 참조

다니'는 그야말로 조선 민족에게는 정신적 육체적 황야인 셈이다.

> 문 아조 굳이닫고 벽에기대선채
> 해가 또한번 박귀거늘
> 이밤도 내 기린은 맘놓고 울들 못한다.
>
> ―「거문고」에서

4연은 영랑의 기막힌 내적 통곡이다. 식민지 치하라는 그 '벽'에 기댄 기린은 또 한 해가 바뀌건만(영랑이 이 시를 쓰기는 1938년 12월이며 이듬해 1월호 ≪朝光≫에 발표된 것이다.) '이 밤도', '맘놓고 울'수 없는 상황을 더욱 가슴 아파하며 전율하는 것이다. 우리는 이 시에서 한 시인으로서의 영랑의 처절한 시대 고발과 저항의식을 볼 수 있다. 따라서 '문 아조 굳이닫고'를 '自閉的 상황'[7]으로 보기보다는 그것은 오히려 시인의 투철한 시대인식 속에서 얻어지는 자기성찰이며 나아가 더욱더 강인한 저항정신의 한 과정에 자리하는 것으로 보아야 한다. 그 증거를 10개월 후에 발표된 ②의 시에서 확인할 수 있다.

②의 시「毒을 차고」는 영랑의 저항의식의 가장 대표적인 예이다. 식민지 치하에서 지식인이자 시인으로서의 영랑의 현실 감각은 결코 비굴한 순응자의 태도는 아니었다. 왜냐하면 오랫동안 가슴에 독을 차고 살아왔기 때문이다. 그 독은 '새로 뽑은 毒'으로써 늘 싱싱한 독이자 약효가 강한 독이다. 다만 그 독으로 '아직 아무도 害한 일'이 없다. 그러나 만약 그 독으로 일본 제국주의 뿐 아니라 가장 가까이 있는 '벗'도 선뜻 해(害)할지 모르는 독이다.

식민지 치하에서 한사코 독을 품지 않고 순응하며, 아니 오히려 친일하며 살면 더 편히 살고 호의호식할 수 있음을 모르는 영랑이 아니다. 한사코 '毒 안 차고 살아도' 결국 죽고나면 아무 소용없는 허무뿐인데 '毒은 차서 무엇 하느냐고?' 주변에서는 말린다. 물론 영랑의 신변을 염려해서 그러리라는 것

---

[7] 김 종,「永郞詩의 抵抗文學的 位相」,『국어국문학』제6집(조선대학교 문리대 국문과, 1984), 35쪽.

쯤 영랑 또한 모르는 바 아니다. 그러나 영랑의 시대인식과 저항의식은 독을 차고 사는 일이, 그리고 언젠가는 그 독을 삼킬 일이 아직은 비록 허무하다 하더라도 하나의 숙명인 셈이다.

> 나는 毒을 품고 선선히 라리라,
> 마금날 내 깨끗한 마음 건지기 위하여
> ―「毒을 차고」 중 4연

이 마지막 구절에서 영랑의 번득이는 지조를 본다. 영랑의 비장한 수수의 지의 지사정신을 본다. 따라서 박두진과 이성교, 이명재의 다음과 같은 평가는 타당하다.

> 죽음이 아니면 屈辱이 있을 따름이던 倭政 말기의 極限상황을 사는 뼈 있는 知性人의 서릿발같은 지조가 칼날의 閃光으로 威儀를 떨치고 있다.
> <앞뒤로 덤비는 이리 승냥이 바야흐로 내 마음을 노리매>가 그 시대를 고발한 정확한 證言인 동시에, 그러한 막바지에 처해서 毒을 차고, 죽음을 택한 오롯한 마음으로 선선히 가는 永郞 자신의 높고 凜烈한 뜻을 알 수 있다.8)

> 이 詩는 倭政暗黑期에 끝까지 자기의 志操를 지켜 가겠다는 意志를 노래한 詩다. 누구나 멀지 않아 다 한 줌 흙으로 가버릴 목숨인데 굳이 <독은 차서 무엇하겠느냐?>고 여러 차례 誘惑의 觸鬚가 뻗쳤지만 永郞은 한편 人生의 虛無를 느꼈으면서도 一切 거기에 動搖됨이 없이 차라리 이리, 승냥이의 밥이 될지언정 끝까지 毒을 차고 선선히 걸어가겠다고 했다.9)

> 金永郞 역시 素月과 같은 民族詩人으로서 전통적인 기다림의 정서를 시로 잘 승화했을뿐더러 적이 저항적인 요소를 지닌 詩美學을 이루었다고 생각된다. 永郞의 적품에 깔려 있는 고운 가락이나 바탕이 질기고 애달픔은

---
8) 박두진, 앞의 책, 99쪽.
9) 이성교, 앞의 책, 282쪽.

「毒을 차고」라는 詩 밖에도 그의 여러 저항적인 배일의 행적을 감안할 때 결코 소극적인 시만이 아닌 매서운 정신적 質量도 지니고 있음을 알 수 있다.10)

결국 영랑의 저항의식은 이 시에서처럼 투철한 시대인식 속에 자기 성찰을 이루어 다음의 시에서처럼 죽음도 불사하는 서릿발같은 지조로 연결되고 있는 바, 이것은 한 순간적인 감정이 결코 아니었다.

   그때 열두담장 못 넘어뛰고 만
   그 선비는 차라리 목마른채 賜藥을 받었니라고
                    ―「한길에 누어」중 6연

이 시는 1940년 5월 《朝光》 제6권 5호에 발표된 작품이다. 아직까지 영랑의 시집 어느 곳에도 실려 있지 않는 필자의 발굴 작품이다. 이 시는「毒을 차고」를 발표한 지 6개월 후에 쓰여졌다. 우리가 이 시를 중요시해야 하는 이유를「毒을 차고」에서 보여준 서릿발같은 지조로 품은 '毒'을 마침내 사약(賜藥)으로까지 가열시키고 있는 저항정신에 있다. 이러한 정신은 또 다시 바로 두달 후에 발표된「春香」으로 이어진다.

   Ⅰ
   큰칼 쓰고 옥에 든 春香이는
   제마음이 그리도 독했든가 놀래었다
   성문이 부서지고 이 악물고
   사또를 노려보는 교만한 눈
   그는 옛날 成學士 朴彭年이
   불지짐에도 泰然하였음을 알었었니라
   오! 一片丹心

---

10) 이명재, 앞의 책, 93쪽.

III
사랑이 무엇이기
情節이 무엇이기
그때문에 꽃의春香 그만 獄死하단말가
지네 구렁이 같은 卞學徒의
흉칙한 얼굴에 까물어처도
어린가슴 달큼히 지켜주는 도련님생각
오! 一片丹心

IV
상하고 멍든자리 마듸마듸 문지르며
눈물은 타고남은 간을 젖어 내렸다
버들닢이 창살에 선뜻 스치는 날도
도련님 말방울 소리는 아니들렸다
三更을 세오다가 그는 고만 斷腸하다
두견이 울어 두견이 울어 南原고을도 깨어지고
오! 一片丹心

V
깊은 겨울밤 비싸바람은 우루루루
피칠해논 獄窓살을 드리 치는대
獄죽엄한 寃鬼들이 구석구석에 휙휙 울어
淸節春香도 魂을 잃고 몸을 버려 버렸다
밤 새도록 까무러치고
해 도들녁 깨어나다
오! 一片丹心

VII
모진 春香이 그밤새벽에 또 까무라처서는
영 다시 깨어나진 못했었다 두견은 우렀건만
도련님 다시뵈어 恨을 풀었으나 살아날 가망은 아조 끈끼고
왼몸 푸른 脈도 획 풀려 버렸을법

出道 끝에 御史는 春香의몸을 거두며 울다
[내 卞苛보다 殘忍無智하여 春香을 죽였구나]
오! 一片丹心

— 「春香」

이 시는 언뜻 보아서 저항성과 무관한 듯 보기 쉽다. 단지 춘향의 절개를 찬양한 것으로만 오해할 수 있기 때문이다. 그러나 이 시에서 우리가 느끼는 것은 앞의 「毒을 차고」에서 한 걸음 더 나아간 처절한 독기(毒氣)의 절규이다. 그것은 1연과 2연에서 벌써 '독한 마음'을 직접적으로 드러내 보임으로써 심정적 자아를 표출시켰을 뿐만 아니라 계속해서 獄死(3연) → 斷腸(4연) → 寃鬼(5연) → 恨(7연)으로 이어지는 시어들로 그 독기를 더욱 확장시키고 있다.

물론 이 시에서의 춘향은 영랑 자신으로서의 자기동일성이다. 춘향이가 도련님을 위해 정절을 지켜나가는 고난의 역사와 영랑 자신이 민족을 위해 자신을 지켜나가는 쓰라린 현실이 동일시되어 드러나 있다. 전자와 후자를 동시에 충족시켜주는 대표적인 시구가 곧 '오! 일편단심'이다.

영랑의 민족적 일편단심은 비단 춘향의 일편단심에만 국한된 비유가 아니다. 여기에는 '成學士'와 '朴彭年', 그리고 '論介'와 같은 지조있는 인물들과 동질적인 의미의 일편단심이다. 그러기에 이성교는 지조면으로 볼 때 영랑이야말로 진정한 민족시인[11]이라고 극찬한 것이다.

그러나 김준오는 앞의 이성교와는 다른 견해를 보여준다. 즉, 영랑의 자기애적 상상력이 시 「春香」에서처럼 소극적이고 비관적인 운명의식과 결합됨으로써 결국 영랑의 시는 자아갈등이나 활기찬 자아탐구를 보여 주지 못하는 커다란 한계성[12]을 띠고 있다고 단정지은 것이다. 우리가 김준오의 영랑시에 대한 한계성을 한사코 부인하지 않으면서도 한편 「春香」에서의 '성문이 부서저도 이 악물고 / 사또를 노려보는 교만한 눈'이 곧 식민지 치하에서 갖는 영랑의 저항의식의 예리한 칼날이라고 보는 것은 그의 삶과 시 어느 쪽

---

11) 이성교, 앞의 책, 283쪽.
12) 김준오, 「김영랑과 순수 유미의 자아」, 『韓國現代詩史硏究』(일지사, 1983), 261쪽.

도 친일훼절의 흔적13)이 없음에서이다.

그토록 처절한 시기에 자의든 타의든 식민지 시대라는 굴레 속에서 친일 훼절하지 않은 문인은 극히 드물다. 사회주의 문학자도, 민족주의 문학자도, 그리고 사회주의 문학에서 출발하여 민족주의 문학으로 전향했던 자도 마침내 친일하지 않은 사람은 얼마되지 않는다.

이 얼마되지 않은 지조의 시인 속에 영랑은 엄존한다. 李鍾國의 다음 글은 좋은 예이다.

> 끝까지 지조를 지키며 단 한편의 친일문장도 남기지 않은 영광된 작가들도 적지 않았다. 福岡 감옥에서 옥사한 시인 尹東柱, 廢墟파에서 卞榮魯·吳相淳·黃錫禹, 朝鮮語學會에 관계하면서 시와 수필을 쓴 李秉崎·李熙昇, 젊은 층으로 趙芝勳·朴木月·朴斗鎭 등을 靑鹿派 시인과 朴南秀·李漢稷 등 文章 출신, 제일 먼저 붓을 꺾었다는 洪露雀과 金永郞·李陸史·韓黑鷗 이들은 친일문장을 필자는 현재 조사한 범위내에서 단 한편도 발견하지 못했다.14)

결국 영랑의 시는 그 내용들이 비록 정면적인 자유항쟁을 드러내거나 한사코 시대적 역사의식이 시의 표면상에 거칠게 돋보이지 않는, 그래서 고전적 알레고리성을 띤 소재이지만 앞의 작품들에서처럼 끈질긴 민족 의식과 저항정신이 내재된 것임을 간과해서는 안되리라 본다.

뿐만 아니라 영랑의 초기시들도 전부가 오로지 순수 서정만을 노래한 것은 아니다. 영랑의 초기시가 '내마음'을 하소연하고 슬픔과 눈물과 비애 그리고 밤의 이미지들도 가득차 있는 연유가 식민치하에서의 지조있는 시인의 아픔 속에서 서정화 되어 있었기 때문으로 보아야 한다. 다시 말해서 자신의 본심 그 심연 깊은 곳에는 조국 상실에 대한 처연한 민족의식이 면면히 흐르고 있음도 재고해야 할 필요가 있는 것이다. 왜냐하면 시적 기능은 요소들

---

13) 이명재, 앞의 책, 168쪽에 자세히 설명되어 있다.
14) 박종국, 『親日文學論』(평화출판사, 1966), 467쪽.

에 그것들의 고유한 성격에 따라 가치를 부여하기 때문이다. 즉 시적 기능은 '同族의 말에 보다 순수한 어떤 의미'만을 부여하는 것이 아니고, 얼마간의 의미를 '생산해' 낸다15)는 점에서이다.

---

15) 다니엘 들라스 외, 유제식 외 옮김,『언어학과 시학』(인동출판사, 1985), 141쪽.

박용철 시론 연구

손 광 은*

1. 서론

1) 문제제기

　박용철 시론에 대한 논의는 30년대 현대 한국 시론의 이해와 외국 시론의 한국적 수용이라는 영향관계 속에서 고찰되어야 할 시론사적 연구 의의를 갖는다. 특히 A. E. 하우스만 시론의 영향 관계를 검토하여 박용철 시론의 시적 변용의 바탕을 규명코자 한다.
　그 동안 선행 연구자들의 연구는 창작시에 대한 고찰에 집중되어 왔다. 30년대 순수시 운동의 기폭제가 되었던 ≪시문학≫, ≪문예월간≫, ≪문학≫ 등의 간행을 주제했고 월평, 촌평, 서평 등 평론을 주로 썼던 박용철에 있어서 시의 안목이 무엇보다도 중요했음을 감안한다면 그의 시론에 대한 논리가 밑받침되어 전개되지 않고서는 연구 논의가 이루어질 수 없다고 본다. 더욱이 그의 기념비적 시론「시적 변용에 대하여」와 A. E. 하우스만 시론의 수용양상의 비교 검토가 이루어질 때 그의 창작시론 확립과 전개를 논의하는 데 있어 큰 성과를 거둘 수 있을 것이다.

---

* 전남대학교 교수

이를 토대로 한국시의 질적 발전에 어떻게 기여했으며 한국 서정시의 본질적 시론의 기틀이 마련된 배경을 살필 수 있을 것이다.

2) 연구사 약술

한국 30년대 순수시론의 전개에 있어 중요한 계기를 마련한 것이 박용철 시론이다. 때문에 박용철 시론의 연구는 A. E. 하우스만 시론에서 어떻게 수용, 질적인 변용을 거쳐서 시적 변용의 논리를 갖게 되었는지를 예시, 예증의 실증을 통해 비교 문학적으로 진행되었다. 아울러 1930년대는 한국시사에서 본격적으로 현대시의 본질에 도달된 시와 시론이 이루어졌다는 점에서 논의가 있어 왔다.[1]

박용철이 A. E. 하우스만의 시론 「시의 명칭과 성질」(The Name and The Nature of poetry)를 번역하여 ≪문학≫지 제 2권(1934. 4) 권두 논문으로 발표한 것은 순수시론의 전개에 중요한 계기를 마련했다고 평가할 수 있다. A. E. 하우스만 시론의 번역을 통해 박용철이 창작시론을 발표하는 계기를 마련함으로써 '시문학파'의 이론을 실질적으로 주도하게 되었다.[2]

또 A. E. 하우스만의 시론이 박용철에게 미친 영향은 여러 측면에서 고찰될 수 있겠지만 우선 지금까지의 선행연구가들의 시각을 살펴보면 다음과 같다.

시문학파로서의 박용철연구[3], 비평가로서의 박용철에 대한 연구[4], 시인으로서의 박용철 연구[5], 번역가로서의 박용철 연구와 박용철의 번역시와 창작

---

1) 서정주, 「조선의 현대시―그 회고와 전망」, ≪문예≫ 2권 2호, (1949. 1), 147쪽.
  조지훈, 「한국문학의 전개」, 『한국문화사 서설』(탐구당, 1964), 200쪽.
2) 한계전, 『한국 현대시론 연구』(일지사, 1983), 7쪽.
3) 김용직, 「시문학파연구」, 『한국 현대시 연구』(일지사, 1974) 7쪽.
4) 한계전, 앞의 책.
5) 김용성, 『한국현대문학사탐방』(국민서관, 1973).
  김학동, 「용아 박용철론」, 『한국현대시인연구』(민음사, 1977).
  정태용, 『한국현대시인연구·기타』(어문각, 1977).

시의 영향관계를 비교문학적에서 고찰⁶⁾한 연구가 있고, 박용철에 대한 종합적 연구⁷⁾가 있었다.

본고에서는 박용철의 초기 시론을 먼저 알아보고, 하우스만의 시론을 번역한 이후 더욱 발전적으로 전개된 박용철의「을해시단총평」(1935),「기교주의설의 허망」(1936),「시적 변용에 대하여」(1937) 등 1930년대 순수시론을 대표하는 평문들을 통하여 그 구체적인 수용양상을 살펴보고자 한다.

3) 연구 대상 및 방법

박용철이 A. E. 하우스만의 시론인「시의 명칭과 성질」(The Name and Nature of poetry)⁸⁾을 번역, 발표 하기 전, 초기 시론에 해당하는「詩文學 창간에 대하야」(1931)와「辛未詩壇의 회고와 비판」(1931)을 검토하며, 하우스만 시론 번역 후의 시론인「乙亥詩壇 總評」,「技巧主義設의 虛忘」,「詩的 變容에 대하여」등을 비교함으로써 박용철 시론의 흐름과 수용 양상을 밝히고자 한다.

2. 본론

1) 박용철의 초기 시론

(1)「시문학의 창간에 대하야」

박용철의 초기 시론 1)「시문학 창간에 대하야」와 2)「辛未詩壇의 회고와 비판」에서 펼쳐진 그의 시론의 주안점은 다음과 같다.

---

6) 김학동,『한국 근대시의 비교문학적 연구』(일조각, 1981).
   김효중,『박용철의 하이네시 번역과 수용에 관한 연구』(정음사, 1987).
7) 김윤식,「용아 박용철 연구」, 학술원 논문집, 사회과학 9집, 1970.
8) A. E. 하우스만, "The Name and The Nature of poetry, The macmillan Company", 1933.
   박용철 역,「시의 명칭과 성질」,≪문학≫ 제2호, 1934. 4.

詩라는 것은 詩人으로 말미암아 創造된 한낱 存在이다. 彫刻과 繪畵가 한 개의 存在인 것과 꼭같이 詩나 音樂도 한낱 存在이다.
우리가 거기에서 받은 印象은 或은 悲哀, 歡喜, 憂愁, 혹은 平穩, 明淨, 或은 激烈, 崇嚴 等 진실로 抽象의 形容詞로는 다 形容할 수 없는 그 自體數대로의 無限일 것이다. 그러나 그것이 어떠한 方向이든 詩란 한낱 高處이다. 물은 높은 데서 낮은 데로 흘러나려온다. 詩의 心境은 우리 日常生活의 水平情緖보다 더 高高하거나 더 優雅하거나 더 섬세하거나 더 壯大하거나 더 激越하거나 어떠튼 '더'를 要求한다. 거기서 우리에게까지 '무엇'이 흘러 '나려와'야만 한다.9)

이상의 박용철의 시문학 창간에 즈음해서 펼친 시적 견해는 시를, 모든 예술 장르가 한 개의 존재인 것과 같이 한낱 한 개의 존재라는 것을 강조하고 있다. 언어를 표상성으로 한 예술, 즉, 조각·회화·음악과 같이 시를 하나의 독립된 객관적 존재로 보는 이른바 순수 시적 관점에 가치를 두고 있다는 것을 알 수 있다.
한계전 교수의 다음 탁견에서 박용철 초기 시론의 바탕을 확인케 된다.

시를 객관적 존재로 본다는 것은 일차적으로 시에서의 어떠한 이데올로기적 요소도 불순한 것으로 간주 배격되어야 하며 아울러 詩의 예술성을 추구하는 입장이다.10)

때문에 1930년대 초기 시론에서 박용철의 시론은 중요한 의미를 지니고 있다. 20년대 후반 프로레타리아 시론이 지녔던 민족적 색채를 띠면서도 이념적 내용 문학의 시대를 시의 본질적인 탐구 시대로 촉발시킨 순수시 운동의 측면에서 볼 때 편 내용주의에 대한 안티테제로 대두되었음을 알 수 있다. 또한 그 어느 때보다 수준 높은 언어에 대한 자각의 논리는 우리 현대시사에서 순수시론으로 이론적인 무장을 하게 된 계기를 마련했다고 볼 수 있

---

9) 박용철, 「시문학 창간에 대하야」, 『박용철전집』 제1권(시문학사, 1940), 142~143쪽.
10) 한계전, 앞의 책.

다. 즉, 시를 언어를 표상성으로 한 예술로서 추구하게 된 계기가 된 것이다. 아울러 시를 하나의 '존재'의 시론으로 보는 논리 또한 새로운 수용의 충격이 아닐 수 없다.

이는 다음 예시된 아치볼드 맥리이쉬(Archibald Macleish)의 「시법」 존재의 시론에서, 즉 '시는 의미하지 않고 존재하는 것이다(A poem should not mean But be)'에서 영향을 받았다는 것도 알 수 있다.

    둥근 과실처럼
    시는 촉감으로 알아차리는 무언의 것이어야 한다.
    엄지 손가락에 닿는 낡고 큰 상패처럼
    말이 없어야 한다
    이끼 낀 창 받침대의 소매자락에
    닳은 돌처럼 침묵해야 한다
    새의 비상처럼
    시는 말이 없어야 한다
    달이 떠오르는 때처럼
    시는 움직이지 않아야 한다
    …… 중 략 ……
    시는 의미하지 않고
    존재하는 것이다.[11]

박용철의 존재의 시론에는 아치볼드 맥리이쉬의 「詩法」에서처럼 정적인 사물뿐 아니라 동적인 운동도 존재물로 파악하는 해외시론의 영향이 나타나 있다. 이른바 당대의, 30년대의 비평예술에서 김문집과 더불어 김환태의 언어미학에 대한 관심은 박용철, 김영랑, 정지용 등의 순수문학에 대한 이념의 형상화로써 문학적 논리의 기반을 담당했을 것은 자명한 사실일 것이다.

한 마디로 당대의 비평관은 예술을 천재와 개성을 통해야만 생명력을 발휘할 수 있는 것으로 간주하였고, 이데올로기 퇴조와 함께 범문단적 관심이

---

[11] 위의 책, 137쪽 재인용.

순수문학에 모아진 것과 때를 같이 해서 박용철은 일찍이 예술작품을 대할 때 인상주의 비평의 양식을 빌려 '주관적 인상을 있는 그대로 제시해야'함을 자각하고 있었다. 사물을 존재하는 그대로 보고, 존재하는 그대로 자각하고 느끼는 논리의 원천은 시인을 천재로 보는 데 그치지 않고, 시인에게 특별한 능력을 부여한다는 면에서 즉, 창작과정의 본질을 밝히려 한다는 면에서 낭만주의 시론의 일반적 특색과 그 맥이 닿아있는 것이다.

실제로 그의 시론은 시인의 언어에 대한 감각적 추구라든지 개성을 중시하는 데서 시작된다고 할 수 있다. 시의 예술적 영역을 강조한 언어에 대한 태도는 시인의 본질적인 존재를 설명한 것이다.

(2) 「辛未 詩壇의 회고와 비판」

> 시인은 天成(性)이요 배화(배워서)되는 것이 아니라 하며 시란 감정의 자연스런 발로며 분방한 模溢이라 전통의 멍에가 한 번 강해지면 그 생기를 잃고 손에 붙들어보면 시의 용조는 이미 숨끈치는 것이라고 이러한 말을 합니다. …… 중략 ……
> 나는 슬프다
> 내 가슴은 찢어진다
> 또는 새론 빛은 퍼진다
> 내 마음은 기쁨에 뛰다
> 내 앞에는 새로운 희망의 바다가 열린다
> 그들은 이렇게 꾸밈없이 감정을 발로시킵니다. 시의 주제되는 감정은 우리 일상의 감정보다 그 수면이 훨씬 높아야 됩니다. 물론 높은 데서 낮은 데로 흘러듭니다. 그래야 우리가 그 시를 읽을 때에 거기서 우리에게 흘러나려오는 무엇이 올 것이 아닙니까
> 더 고귀한 감정 더 섬세한 감각이 남에게 없는 「더」를 마음 속에 가져야 비로소 시인의 줄에 서 볼 것입니다.[12]

---

12) 박용철, 「신미시단회의 회고와 비평」, 『박용철전집 제2권(평론집)』(시문학사, 1940), 76쪽.

위의 인용문은 박용철의 「신미 시단 회고와 비평」의 일부이다. 「시문학 창간에 대하야」에서 밝힌 '시는 물을 흘러보내는 高處일 뿐, 그 무엇이 흘러 내려와야 한다'는 논리와 일맥상통하고 있다. 시인은 천성이요 배워서 되는 것이 아니라는 천래지언(天來之言)으로 보는 장자(莊子)의 불가학득(不可學得)인 이기위주(以氣爲主)의 설도, 이인로(李仁老)의 『破閑集』에 나오는 개문장득여천성(蓋文章得於天性)이나, 최자(崔子)의 『補閑集』의 시문이기위주(詩文以氣爲主) 기발어성(氣發於性) 의빙여기(意憑於氣) 언출어정(言出於情) 정즉어야(情卽於也)와 같이 우리 고전 시론도 답습한 흔적이 곳곳에 드러나 있다.

천래적인 영감이나 시인의 자연 꾸밈없는 말을 통해 일상적 감정의 수면이 훨씬 높은 데서 낮은 데로 흘러든다는 시론은 그가 시어의 구성 원리를 암시하고 있음을 보여준다. 또한 이는 소박한 정서를 표출하는 일종의 후기 낭만주의 시론과 유사한 성격을 지니고 있다고도 할 수 있다.

이렇게 박용철 초기 시론은 동양고전 시론의 흔적과 예술파 시론 이념을 표면적으로 드러나게 내세우지는 않았지만 유기체적 시론의 조짐을 보이고 있다는 것을 쉽게 알 수 있다.

2) 박용철의 후기 시론 - 하우스만 시론의 수용양상

(1) 『乙亥詩壇總評』과 「技巧主義說의 虛妄」

박용철의 후기시론(後期詩論)인 「乙亥詩壇總評」(동아일보, 1935.12)은 하우스만의 「詩의 명칭과 성질」을 번역한 다음, 발표한 평문이다. ① 새로우려하는 노력, ② 변설 이상의 詩, ③ 태어나는 영혼, ④ 「기상도」와 「詩苑」 5號, ⑤ 활약한 詩人들로 나누어 평한 이 글을 통해 김기림과 임화를 비평하고 「詩苑」을 옹호하고 있다.

> 최근 김기림씨는 衒奇的인 문학현상으로 나타난 풍조의 선구자 실천자로서 모든 낡은 것과 訣別하자 日新又日新. 이 얼마나 가혹 준엄한 요구냐(略)

김기림씨가 諸詩論에서 生理에서 出發한 詩를 공격하고 지성의 고안을 말할 때 이 위험은 내장돼 있었다.

이상의 비평은 지성, 기교 대 '생리'라는 대립 개념을 토대로 이루진 것이다. 박용철의 '생리'는 초기 시론에서부터 유지되어 하우스만 시론 수용으로 더욱 강화된 중심 시론이었다. 즉 지성이나 시적 기교보다는 생리적 필연이 시의 본질이라는 그 견해는 실제 「기상도」에 대한 평가에도 그대로 드러나고 있다.

이 시의 인상은 한 개의 모티브에 완전히 통일된 악곡이라기보다 필름의 다수한 단편을 몬타쥬한 것 같은 것이다. 절실히 느끼는 것은 조선말의 완전종지형은 가벼 리고 걷어잡는 맛이 없어서 둥근 맛을 내기가 어려운 것이다. …… 중략 ……
시의 각 부분은 제대로 뿔뿔히 달아나버리고 동실하게 받혀들리지가 않는다.

박용철은 '生理的 필연성'의 측면에서 김기림의 시론과 시가 지닌 지성과 기술적 측면을 비판하고 있다. 이것은 하우스만이 17C 영국 형이상학파시를 위트와 지성과 기교를 중심으로 비판했는데, 시의 본질이 아닌 은유와 직유로 독자의 마음을 빼앗은 것을 비판한 점, 비유보다 운율을 중시한 시를 옹호한 점, 생리적 순수서정시 옹호란 점 등에서 박용철과 공통점을 지닌다.

임화의 논문 「담천하의 시단 일년」, ≪新東亞≫(송년호)에서 임화가 시문학파의 특징을 '부자유한 객관적 분위기에 의한 진보적 시가의 쇠퇴와 이에 반비례하여, 그것을 기화로 신흥하고 있는 기교파의 등장'이라고 비판한 것은 세밀한 토의 대상이 되기에는 너무 수많은 사실 인식의 착오와 논리의 혼란이 내재되어 있다고 할 수 있다.

시적 기법을 이해함에 있어서는 시를 약간의 설명적 변설로 보는 데 지나지 않는다고 비판하고 있다. 이는 임화 시론이 내용 위주의 시관이라는 점을 비판한 것이다. 박용철은 동시에 임화가 주창한 계급 문학이란 시가 아니라 변설일 뿐이며, 시는 특이한 체험이 절정에 달한 순간 최고의 기능을 발휘한 길이라야 한다는 것임을 역설하고 있다. 언어를 표상성으로 한 예술인 이상 변설임을 부정치 않으면서도, 그 언어의 응축을 통해 시적 구성과 질서 가운데 승화되어야 한다고 주장하고 있다.

체험이 변용되는 과정에 언어 최고의 기능 유기체 시론인 시의 생성과정이 유기적 생명의 원리, 유기적 결합의 구조는 생리적 필연성에 근거하고 있다. 이는 하우스만과 박용철이 시의 유기적 구조를 생리적 필연성으로 본 관점이다.

박용철은 「기교주의 허망」에서 김기림의 시론을 평하면서 김기림의 기교주의가 시를 경박한 수단 혹은 실험 도구로 전락시키고 있음을 비판하고 있다. 즉 박용철은 프로레타리아 문학론과 모더니즘 시론을 거부하고 예술파 순수시론를 옹호한 역할을 한 것이다. 박용철에 있어서 반이성 반기교적 성격을 갖는 순수시의 방향성은 창작 방법으로 변용시론을 주창케 되었다는 점에서 의의가 크다.

박용철의 「乙亥詩壇總評」과 「技巧主義說의 虛妄」의 후기시론은 하우스만의 시론을 통해 볼 때 "의미란 것은 그 운문 자체에 비교할 때에는 하잘 것 없는 어리석은 낙망시키는 물건"이라는 표현과 맞닿아 있다.

박용철의 「乙亥詩壇總評」은 임화의 「담천하의 시단 일년」에 대한 반박형식의 산문이며, 그 내용은 김기림, 임화에 대한 비판과 정지용과 「시원」에 대한 옹호의 견해이다. 임화의 시론이 내용 우위주의 시관이라면 박용철은 이를 비판하면서 변설(辨說) 이상의 시론을 주장하고 있다.

① 현실적 삶과 시대, 역사 상황과 결별될 수 없는 정신을 가장 솔직담백하게 대변하는 것이 시 본질이라고 보는 임화 시론에 대해서 ② 박용철은 그러한 현실, 시대, 역사 상황 속에서 시의 본질은 현실을 대변하는 데 있는 것이 아니라 시대정신을 영혼의 가장 깊은 곳으로 끌어와 체험을 해야 하며, 그 체험한 것을 시적으로 변용시킬 수 있어야 한다고 비판한 글이다.

두 시론가의 논의에서 박용철은 임화를 변설주의자로 규정지었는데 이후, '辨說의 시론과 辨說 以上'의 시론의 논쟁은 다시 박용철이 임화로부터 비판을 당하는 계기가 된다.

> 아름다운 변설, 적절한 변설은 누가 사랑치 않으랴, 그것은 우리 인생의 기쁨이라는 소위 辨說詩에 대한 氏의 돌연한 수긍은 곧 생활의, 현실의, 문제의 변설이 아니라 감정의 변설을 의미하는 것이다.[13]

박용철은 변설의 시론을 부정하지는 않고 있다. 시가 언어를 매체로 해서 이루어지는 언어 예술인 이상 변설이 부정될 수 없다는 것은 너무도 당연하다. 그러나 이러한 변설이 아름다운 변설, 적절한 변설이 되기 위해서는 시적 구성에 의해서 결정되고 응축되어야 하며 또는 승화된 존재가 되어야 한다는 것이 박용철의 기본 입장이다.

이것은 박용철의 시론이 하우스만이 말하는 언어와 의미의 관계와 긴밀히 결합하고 있는 부분이다. 이에 비해 임화의 논리는 박용철의 시론을 두고 감정의 변설이라고 비판하면서 변설의 시론의 방향은 생활의 현실의 문제의 변설로 나아가야 한다고 주장한다. 여기서 우리는 임화의 내용 우위 시론이 얼마나 도식적인 생활론으로 치우쳐 있는가를 확인하게 된다.

이상을 통해 박용철의 시론이 하우스만 시론과 관련된 부분을 논술했다. 그러나 그것은 주로 창작과정에 대한 시론이었고 박용철은 이러한 하우스만의 창작과정 시론을 수용하고 있다.

박용철이 임화와의 논쟁을 거치면서, 또한 박용철이 김기림을 비판하는 데 있어서도 역시 하우스만의 시론을 수용하고 있다. 박용철이 번역 소개한 하우스만의 시론에서 시에 있어서의 '기교'라는 동일한 현상을 놓고서 한 쪽은 부정적 시각을 취하였고, 다른 한 쪽은 긍정적 입장을 취하고 있다. 이는 순수시론과 뉴크리티시즘의 차이라고도 할 수 있다.

---

13) 임화, 「技巧派와 조선문단」, 『문학의 논리』(학예사, 1940), 659~660쪽.

(2) 「시적 變容에 대하여」

　핏 속에서 자라난 파란 꽃, 붉은 꽃, 흰 꽃, 혹시는 험하게 생긴 毒茸. 이 것들은 저희가 자라난 흙과 하늘과 기후를 이야기하려 하지 않는다. 어디 그럴 필요가 있으랴. 그러나 이 貞淑한 따님들을 그저 벙어리로 알아서는 안 된다. 사랑에 취해 홀려 듣는 사람의 귀에 저희는 저의 온갖 비밀을 쏟 우기도 한다. 저의는 다만 지껄이지 않고 까불대지 않을 뿐 피보다 더욱 붉 게 눈보다 더욱 희게 피어나는 한 송이 꽃.

　Ⓐ 우리의 모든 體驗은 피 가운데로 溶解된다. 피 가운데로, 피 가운데 로. 한낱 감 각과 한 가지 구경과, 구름같이 퍼올랐던 생각과 한 筋肉의 움 직임과 읽는 詩 한 줄, 지나간 激情이 모두 피 가운데 알아보기 어려운 溶 解된 기록을 남긴다. 지극히 예민한 感性이 있다면, 옛날의 傳說같이 우리 의 脈을 짚어봄으로 우리의 呼吸을 들을 뿐으로(실상 끊임없이 속살거리는 이 죠콘다—) 얼마나 길고 가는 이야기를 끌어낼 수 있을 것이랴.

　흙 속에서 어찌 풀이 나고 꽃이 자라며 버섯이 생기고? 무슨 솜씨가 피 속에서 詩를, 詩의 꽃으로 피어나게 하느냐? Ⓑ 變種을 만들어내는 園藝家. 하느님의 다음가는 創造者. 그는 실로 교묘하게 配合하느니라, 그러나 몇 곱절이나 더 참을성 있게 기다리는 것이랴!

　巧妙한 配合. 考案. 技術. 그러나 그 위에 다시 Ⓒ 참을 성 있게 기다려 야 되는 變種 發生의 챤스. …… 중략 ……

　위의 예문에서 체험은 피 속에서 자라난 한 송이 꽃에 비유된다. 시라는 꽃은 체험이 용해된 피 속에서 태어난다는 것이다. 시의 창조과정에 대한 깊 은 논리란 점에서 한국현대시론사에서 기념비적 가치가 있다. 시론이란 시에 대한 개인의 관점이나 유파의 관점이라 할 수 있지만, 박용철 시론은 모든 시창작의 원론적 시론이라 할 수 있는 것이다.
　당대 해외시론이 한국시사의 전환에 있어 중요한 도화선이 되었음은 주지의 사실이다. 아울러 A. E. 하우스만 시론 수용의 영향관계 속에서 박용철 시론과의 일정한 유사성과 연계성을 검토할 필요가 있다. 이 부분에 있어 특히 한계전14) 교수는 박용철의 시론을 A. E. 하우스만 시론의 수용양상을 통해 검토하여 박용철 시론에 끼친 영향을 세 가지 방향으로 요약했는데, 그 연구가 학계에서 탁견으로 공인받고 있다.

20연대 시론이 소월의 「시혼」을 빼면 서구 시론의 소개 및 시의 일반론적 수준에 머물렀다고 볼 때 박용철의 「시적 변용에 대해서」는 한국현대시론에서는 한 단계 수준을 높인 창작과정의 첫 시론임에 틀림없다.

이 시론의 특색은 시와 체험의 문제이다. 시에 있어서 체험은 시와 시인(작가)의 관계이며 시가 체험 내용의 표현이라는 것은 서정시가 시인의 내적 체험을 표현하는 그릇으로써 보편성을 가지고 있기 때문이다.

시창작에 관한 원론적인 탐구인 박용철의 시론은 체험의 의미, 시의 기술, 영감의 개념, 시인의 의미 다양한 차원에서 시작의 기다림, 시인의 미적 체험과 시의 상관성 등이 주를 이룬다. 이상의 점선 Ⓐ Ⓑ Ⓒ가 하우스만 시론의 흔적을 강하게 엿볼 수 있는 대목들이다.

「詩作의 技術」 그것은 내가 오늘의 주제로 처음 생각해보았던 것이다. 거기 伏在해가지고 있는 一聯의 事實은 그것을 實地로 行使하고 있는 사람도 大部分 그것을 모르고 있고, 그들이 成功할 때에 그 成功은 本能的 分別과 聽覺의 自然的優秀에 依據하는 것이다. 모든 시작의 條件이되여가지고있는 自然法則과 좋은 詩作이 줄수 있는 快感의 秘密한 源泉을 包括하고있는 이潛在的基礎는 批評家에게 많이 探索되지 아니했다.

「詩의 名稱과 性質」에서 시의 명칭은 문학이라고 부를 수 있는 운문에 한정되는 것, 즉 形의 優美와 흔히 거기 따르는 간결에 있다고 할 수 있다. 하지만 영국에서는 '위트'라는 특수하고 상이한 이미지(물상)의 결합 혹은 외양으로 상이한 사물 가운데서 은밀한 유사의 발견이라고 정의한 것 뿐이다.

---

14) 한계전, 앞의 책, 135~153쪽.

위의 글은 '시작의 기술'에 대한 주제를 강조하고 있으며 모든 시창작 과정의 방법론이 비평가에게 탐색되지 않았음을 지적하고, 모든 시작의 잠재적 기초가 되는 자연법칙과 쾌감의 비밀한 원천을 포괄하고 있음을 역설하고 있듯, 박용철은 시작의 기술을 가운데로 용해된 체험의 형상화가 시라고 정의한다. 시에 대한 정의는『말테의 수기』에서 릴케도 경험임을 강조한 바 있는데, 시인은 변종을 만들어내는 원예가, 하느님 다음 가는 창조자로서 오래 기다려야 변종 발생의 찬스가 있다고 시론을 펼친 것은 하우스만 시론의 영향뿐 아니라 릴케, 매슈 아놀드, 딜타이, 워즈워드 등도 함께 읽었을 가능성이 있음을 시사해 주는 대목이다.

  文學에 뜻 두는 사람에게, "너는 먼저 쓴다는 것이 네 心靈의 가장 깊은 곳에 뿌리를 박고 있는 일인가를 살펴보라. 그리고 밤과 밤의 가장 고요한 시간에 네 스스로 물어보라. — 그 글을 쓰지 않으면 너는 죽을 수 밖에 없는가, 쓰지 않고는 못 배길, 죽어도 못 배길 그런 內心의 要求가 있다면 그 때 너는 네 生涯를 이 必然性에 依해서 建設하라"고. 이런 무시무시한 勸告를 한 獨逸의 詩人 라이너·마리아·릴케는『부리케의 手記』에서 다음과 같이 말했다.
  사람은 全生涯를 두고 될 수 있으면 긴 生涯를 두고 참을성 있게 기다리며 意味와 甘味를 모으지 아니하면 아니 된다. 그러면 아마 最後에 겨우 열 줄의 좋은 詩를 쓸 수 있게 될 것이다. 詩는 普通 생각하는 것 같이 단순히 愛情이 아닌 것이다. 詩는 體驗인 것이다. 한가지 詩를 쓰는 데도 사람은 여러 都市와 사람들과 물건들을 봐야 하고, 짐승들과 새의 날아감과 아침을 향해 피어날 때의 작은 꽃의 몸가짐을 알아야 한다. 모르는 地方의 길, 뜻하지 않았던 만남, 오래 전부터 생각던 이별, 이러한 것들과 지금도 분명하지 않은 어린 시절로 마음 가운데서 돌아갈 수가 있어야 한다.

  체험은 강렬한 느낌을 요구한다. 그것은 단순한 수동성의 세계가 아니라 반드시 내용을 능동적으로 변형시키지 않으면 안된다. 체험은 한마디로 지성, 의지, 정서를 하나로 융합하는 정신 주로 총체적 정신, 이는 생을 포함한다.[15]

덧붙여 다음의 번역문을 살펴보는 것은 위에서 언급한 영향관계를 더욱 확연히 해 줄 수 있으리라 생각된다.

 詩에 對한 내 意見은 어쩔 수 없이 두가지 方面으로 내가 接觸하게 된 環境에 물들었을 것이다. 나는 조금 前에 詩라는 것은 대단 廣汎하고 不便利하게 包括的인 言辭라고 말하였다. 나의 두 卷의 冊(다행히 큰것은 아니지마는)을 包含하도록 包括的이다. 나는 그것들이 어떻게 해서 생긴 것을 안다. 그렇다고 詩가 모두 그와 마찬가지 方式으로 생겨졌다고 敢히 생각할 權利도 없지마는, 어떠한 詩는 매우 훌륭한 詩까지도 그와 같은 方式으로 생겨졌다고 맡을 만한 理由가 있다. 가령 「워-즈워-드」도 말하기를 詩는 强한 感情의 自發的流溢이라고 했고, 「버-ㄴ즈」도 이런 告白을 남겼다 - 『나는 一生 두번이나 세번 衝動이 아니라 目的을 가지고 詩作을 했다. 그러나 나는 도모지 성공하지 못했다』 한 말로 하면

 내 생각에는 詩의 産出이란 第一段階에 있어서 能動的이라는 것보다 오히려 受動的 非志願的 過程인가 한다. 만일 내가 詩를 定義하지 않고 그것이 屬한 事物의 種別만을 말하고 말 수 있다면, 나는 이것을 分泌物이라 하고 싶다. 樅나무의 樹脂같이 自然스런 分泌物이던지 貝母 속에 眞珠같이 病의 分泌物이던지간에 내 自身의 경우로 말하면 이 後者인 줄로 생각한다. - 貝母같이 賢命하게 그 物質을 處理했다고 할 수는 없으나, 나는 내가 조금 健康에서 벗어난 때 以外에는 별로 詩를 쓴 일이 없다. 作詩의 過程, 그것은 愉快한 것이지마는 一般으로 不安하고 疲勞的인 것이다. ……점심때 한 파인트의 麥酒를 마시고 - 麥酒는 腦의 鎭靜劑라. 나의 午後의 時間은 나의一生 가장 非知性的의 것이 된다. - 나는 二三時間의 散步를 나가는 것이다. 特別히 무엇을 생각하는 것도 아니고, 그저 周圍의 것을 둘러보고 季節의 經科를 따르면서, 내가 걸어갈 때에, 내 마음 속으로 갑작한 說明할 수 없는 감동을 가지고 어느 때에는 詩의 一二行이 어느 때에는 한꺼번에 一節이 흘러들어 온다. - 그것이 그 시의 一部를 形成해야 할 運命에 있는 詩全篇의 희미한 想을 (앞서 있든 것이 아니라) 同伴해 가지고, 그런 다음에

---

15) R. M. 릴케, 강두식역, 『말테의 수기』(삼중당, 1975), 21쪽.

한 時間 가량의 沈靜이 있고, 그 다음에 그 새암은 다시 솟아오른다. 나는 솟아오른다고 한다. 이렇게 腦에 와서 提供되는 示唆의 源泉은 내가 認識할 수 있는 限에서는 深淵 卽(내가 이미 말한 바와 같이) 胸窩이다. 집에 도라오면 나는 그것을 적어 놓는다. — 다음날 靈感이 다시 찾아오기를 바라고 빈틈을 남겨놓고, 어떠한 때는 내가 受容的인 또 期待的인 心境을 가지고 걸어다니느라면 바라든대로 되기도 한다. 그러나 어떠한 때에는 나는 그 詩를 붙들어서 智力으로 완성시켜야 한다. 그것은 試鍊과 失望을 包含한 焦慮와 苦惱의 일이요, 어떠한 때는 失敗로 끝을 맺는다.16)

이상의 하우스만의 시론의 번역은 창작과정의 시론으로 쓰여진 것이 아니다. 하지만 위의 대목은 박용철의 「시적 변용에 대해서」와 그 유사성이 잘 나타나 있는 부분이다. 즉 시를 창조하는 과정에서 어쩔 수 없이 겪어야 하는 기다림의 고통을 통해 나무의 송진 같은 자연스런 분비물이거나, 조개 속의 진주와 같은 병적 분비물로서 시가 나온다는 것이다.

시가 창작된 곳은 '위의 명치'이며 시를 '분비물'로 간주하고 있다. '위의 명치'는 시인이 시를 쓸 때 '소름이 끼쳐서 면도기가 나가지 않고', '척추를 타고 내려가는 전율도 느끼며', '목이 갑갑해지며 눈에 눈물이 솟아오르고', '창과 같이 뚫고 가는' 이 모든 감각이 모여서 자리잡고 있는 장소인 것이다.17)

하우스만 시론에서 복통(명치) — 용아가 번역한 하우스만의 a pity of stomach와 Stomach-ache는 복통 명치로 번역 — 으로부터 시가 탄생한다는 것은 박용철의 시작의 고통과 수난의 길에 접맥된다. 그러나 하우스만의 시창작이 아무리 능동적이 아닌 수동적 과정을 거쳐 이루어진다 하더라도 그것은 워즈워드의 유명한 명구 '시는 강한 감정의 자발적 流溢'이라는 낭만주의 시론과는 본질적으로 차원을 달리한다.

한편, '詩는 理性的인 것보다는 肉體的이다'는 하우스만의 진술에서 보이

---

16) A. E. 하우스만, 「시의 명칭과 성질」, 『박용철 전집 제1권』(시문학사, 1940), 53쪽.
17) 위의 글, 71쪽.

듯 하우스만의 시론은 반이성주의(反理性主義) 및 반기교주의(反技巧主義)의 입장을 견지하며18) 하우스만 시론에서 영혼이 강조된 것은 '위의 명치'가 인간의 가장 깊은 곳에 위치하며 바로 그것은 영혼을 지칭하기 때문이다.

이상의 하우스만의 창작 과정의 시론은 박용철에게 어느 것 하나 빠뜨리지 않고 그대로 수용되어 있다. 「詩的 變容에 대해서」에서 시작의 고통을 '무한한 고난과 수간의 길', '비상한 고심과 노력의 길'로 보고 있으며, 시가 시인의 깊은 영혼 속에서 우러나온다는 것 등이 그 대표적인 수용양상의 실례라고 할 수 있다.

박용철의 이러한 시론적 발상은 그의 초기 시론에서부터 배태되어 있었다. 그 다음 하우스만의 「시의 명칭과 성질」에서 유발되어 「乙亥詩壇總評」에서 시론의 골격을 갖추었고 마침내 「시적변용에 대해서」에 이르러 창작과정의 시론을 완성케 되었던 것이다.

박용철의 시론이 1920년대의 감상적, 기교주의적 태도를 부정(탈피)하고, '덩어리'를 인식하게 되는 것은 시 「떠나는 배」를 쓰면서였다고 판단된다. 영랑에게 보낸 용아의 편지에는 「떠나가는 배」에 대한 평을 구하면서 '그 前에는 (시뿐만 아니라 아무 글이나) 짓는 技巧만 있으면 거저 지을 셈 잡었단 말이야. 그것을 이재아서야 속에 덩어리가 있어야 나오는 것을 깨달았으니 내감양에 큰 발견이나 한듯 可笑롭다19)'고 쓰여져 있다. 이것은 박용철의 후기 시론인 셈이다.

'속덩어리가 있어야 한다'는 것은 영혼을 강조함이다. 이 '덩어리'의 개념은 「乙亥詩壇總評」에서는 '영혼'으로 「시적 변용에 대해서」의 시론에 와서는 심령의 가장 깊은 곳의 '피'로 나타나 있다. 이는 내포적 언어의 기능상, 하우스만의 '명치', '목메임', '영혼'과 그 의미가 닿아 있다는 것을 알 수 있다.

시작의 진통이 어떻게 시작품이 될 수 있는가는 하우스만과 박용철이 다 함께 시적 변용의 강조를 통해 보여주고 있다. 인간의 깊은 욕망에 대한 상

---

18) 같은 글.
19) 박용철, 『박용철 전집 제1권』(1930. 9. 5), 326쪽.

상적 보상은 사물 전체에 대한 욕망으로 변용된다는 하우스만의 시론은 '소나무에서 나오는 樹脂나 조개 속에서 생겨난 진주와 같은 分泌物'로 비유, 자연스러운 송진보다 병든 조개 속의 진주야말로 시적 변용으로서 가치있는 것이라고 역설하고 있다. 이와 맥을 같이 하여 박용철은 '물과 쌀과 누룩을 비껴 넣어서 세 가지 다 원형을 잃은 다음에야 술이 생긴다[20]'라고 말하고 있는데 이 둘을 비교해 보면 양자의 직접적인 영향관계는 다름 아닌 전신자와 수신자의 관계인 것이다.

즉 박용철의 시론은, 하우스만의 영향을 받은 「시적 변용에 대해서」가 창작 과정의 시론임을 확인시킨다.

다음의 논의는 '의미의 문제'에 대한 시론으로서 박용철에게는 임화와 김기림과의 논쟁의 논리적 근거가 된다.

> 詩는 말해진 內容이 아니요, 그것을 말하는 방식이다. 그러면 그것은 (내용 그 자체 - 인용자) 분리해서 따로 연구할 수 있는 것이냐? 言語와 그 知的 內容 즉 의미와의 結聯은 상상할 수 있는 가장 긴밀한 결합이다. 混成되지 않은 純然한 詩, 의미에서 독립된 詩, 그런 것이 어디 있겠는냐? 詩가 의미를 가지고 있을 때에도 - 언제나 그러한 것이지만 - 그것을 따로 끌어내는 것은 재미스럽지 않다……意味는 지성에 속하는 것이나 시는 그렇지 않다. 만일 그렇다 하면 18세기는 더 좋은 시를 썼을 수 있을 것이다.[21]

위의 내용은 하우스만 시론 중 핵심적인 논의에 해당되는 대목이다. 시는 말해진 내용(의미)이 아니라 말하는, 다시 말해 발화의 방법이라는 것이다. 관계 의미와 언어 관계를 부연하면 시에 있어서 형식은 내용과 분리될 수 없는 것이며, 발화의 다른 요소들보다도 결코 우월하지 않다는 견해이다. 왜냐하면 시는 어디까지나 논리적 구조가 아닌 발화의 극적 구조를 지니고 있기 때문임을 강조하고 있다.

---

20) ──, 「시적 변용에 대하여」, 앞의 책, 9쪽.
21) A. E. 하우스만, 앞의 책, 60쪽.

한계전 교수의 종합적인 견해처럼 하우스만이 박용철 시론에 끼친 영향은 다음과 같이 요약될 수 있을 것이다. 첫째, 하우스만의 창작과정에 관한 시론을 통해 박용철의 기념비적 시론인 「시적 변용에 대해서」가 이루어졌다. 둘째, 하우스만의 '패러프레이즈 이단론(異端論)'이 박용철의 「辨說以上」의 시론으로 수용되었고, 이것은 임화와의 논쟁을 불러일으킨 촉매 구실을 하였다. 끝으로 박용철이 수용하고 있는 또 하나의 하우스만 시론은 하우스만이 17세기 형이상학파 시에 대해 가했던 비판의 논리에 의거했는데, 박용철은 '패러프레이즈 이단론'으로 무장해서 임화 비판으로 나아갔듯이, 하우스만의 형이상학파 시에 대한 비판의 논리를 가지고 김기림을 공격하였던 것이다.

이상과 같이 박용철은 순수(문학) 시론을 중심에 두고, 목적의 배제, 언어의 표상성을 통해 지적인 요소를 배제하고 자연발생적이며, 투명한 서정성을 구현하려 했다. 특히 언어의 선택에 대한 관심은 시적 어휘들이나 모티브의 중요성을 강조하게 되고 나아가 변용의 시학으로 펼치는 계기가 되었다. 목적의식을 표출하는 데 그쳤던 20년대 시론에 대해 새로운 시론 - 순수시론을 확립하게 된 것이다.

그는 구체적으로 체험(곧 덩어리)을 정서화하고 있다.

> 再現實과 情緖를 푹 삭후라는 것도 알아드럿네. 나는이즘 와서야 그것들을 차츰 깨달아 가네. 좀 늦지만 어쩔 수 없지. 느끼는 것이 없지. 느끼는 것이 없이 생각해 이해할랴니까 그전에는 시를(뿐만 아니라 아무 글이나) 짓는 技巧(골씨)만 있으면 거 지을 셈 잡았단 말이야. 그것을 이새 와서야 속에 덩어리가 있어야 나오는 것을 깨달았으니 내 깜냥에 큰 發見이나 한 듯 可笑!22)

영랑에게 보낸 편지에서 박용철의 주장은 기교보다 덩어리가 있어야 좋은 시를 쓸 수 있다고 한 이 '덩어리'는 시의 내용이 되는 인생의 모든 체험을 지칭한다. 정서를 푹 삭후어야 한다고 되어있는데, 푹 삭후어야 할 것은 바

---

22) 박용철, 「영랑에게 보낸 편지」, 『박용철 전집 제2권』(1929. 9. 15), 326쪽.

로 정서의 덩어리라고 생각한다. 또한 푹 삭후어야 한다는 것은 순화시켜야 한다는 것인데 즉, 정서를 순화시키는 것이 좋은 시를 쓰는 조건이 될 것이다.

시의 내용으로서 정서의 순화는 체험의 깊이를 통해서 이루어질 것이며, 내면의 상징화 과정과도 이와 밀접히 관계가 된다 하겠다. 대상을 체험 속에 용해시킴으로써 우리는 순화된 정서를 얻는다. 결국 이것은 소박한 낭만주의의 정서로 이해된다. 시를 체험과 관련시킴으로써 20년대의 낭만적 태도, 신경향파의 주제 중심시를 극복했기 때문이다.

그의 시론은 시는 체험의 세계요, 이 체험은 오랜 시일을 보내면서 추억과 망각과 교체를 통해 마침내 자신의 피로 용해된다. 이렇게 용해될 때까지 시인은 기다려야 하며 그때 우연히 시의 첫 줄이 태어난다. 시에 대한 이런 정의는 창작과정 시론인 것이다.

박용철은 시인을 한 그루의 나무에 비유한다. 청명한 하늘과 적당한 온도 아래서 자라는 그 나무는 강렬한 생명에의 의지를 소유하며, 그 기후를 생활한다. 이런 관점에서 시인은 시를 쓰는 이상으로 그 환경을 생활하는 존재가 된다. 그의 시론을 유기체 시론이라고 할 수 있는 것은 영감을 새로 표현하는 과정, 즉 시를 하나의 식물에 비유한 유기체의 성정을 통해 표현하고 있기 때문이다. 유기체와 같이 말을 재료 삼아 꽃이나 나무로 변용하는 것으로서의 시의 창작 과정은 식물의 생물 유기체에 비유할 수 있으며 이는 낭만주의 시론의 입장을 취하고 있는 것이다.

시는 인간체험의 해석이고, 정신활동일 뿐 아니라 사물을 존재하는 그대로 보고 그것이 존재하는 그대로 자각하고 느끼는 물리적인 체험과 언어적인 문맥의 체험을 포괄한다고 보는 것은 낭만주의 시론의 입장에서 볼 때 당연스런 견해이다. 시는 인위적으로 만들어지는 것이 아니라 자연스러운 상태에서 흘러나오는 것이기 때문이다. 그러므로 방법이나 기교는 따로 존재할 필요가 없기 때문에, 체험의 실체는 박용철의 창작과정 시론에 귀결된다.

김기림은 기교주의를 미학 전의 문제라고 제기하며 시적 기교를 우위에

둔 현상을 신경부 말초 부분에 적재해 두고 시의 제작만을 사유한다는 입장이다. 이에 대해 박용철은 의도적인 시 제작은 기술사의 마술과 다를 바 없다고 지적하며, 천재의 영감에 비길 바 못 된다고 비판한다. 그런 면에서 볼 때 박용철 시론은 방법상의 문제가 아니라 생리적인 문제라는 점에서 김기림과 구별되는 입장을 취하고 있다.

3. 맺음말

박용철의 초기 시론은 한국적인 영원과 신비예찬 시를 지향한 소박한 낭만주의적 정서를 지향했으며 포우의 예술을 위한 예술 및 순수시의 기본적인 시론에서 불완전하게나마 영향을 받았다는 점을 들 수 있다. 포우의 시의 가치는 교훈성에 있지 않고, 시는 자체가 시일 뿐이며, 진정한 시의 목표는 아름다움에 대한 갈망이라는 '시작 원리'가 영향을 주었으리라는 점이다. 즉 초기 시론에서 강조하고 있는 것은 시를 조각, 회화, 음악 등과 같이 일종의 객관적 존재로 보는 이른 바 순수시적 관점이다. 시를 객관적 존재로 본다는 것은 일차적으로 시에서의 어떠한 이데올로기적 요소도 불순한 것으로 간주하며 심미적 예술성을 추구하는 것을 의미하는 것이다.

박용철의 후기 시론은 하우스만의 「시의 명칭과 성질」을 번역한 후, 발전적으로 「올해시단총평」, 「기교주의설의 허망」, 「시적 변용에 대하여」 등 활발한 시론을 펼치며 창작과정에 대한 이론적인 기반을 마련하였다. 이는 자신의 초기 순수시론에 논리적 전개 방법을 확고히 한 것이며, 시를 존재로 생각하는 심미적 예술성을 찾아내려는 소박한 낭만주의적 시관 속에서 시창작과정 시론을 전개하는 과정에서 이론적 무장을 하우스만 시론을 통해 이룩했다고 볼 수 있다.

초기 시론이 정서 위주의 존재로서의 시 감상자의 입장에서 쓰여진 것이라면 후기 시론은 창작자의 입장에서 쓰여진 것이다. 하우스만의 시론이 정교한 감수성에 기반을 둔 것이라 했을 때 바로 박용철의 순수시론과 접맥된다.

　후기 시론에서 하우스만의 시론을 수용하면서 변설 이상의 시와 반기교주의 관점에서 순수시론 옹호뿐 아니라 시창작 과정의 체험과 변용시론을 생리적 필연성과 접맥시키고 있다. 이는 시적 본질에 천착한 하우스만의 논리를 박용철이 전폭적으로 수용하고 있기 때문이라고 할 수 있다.

정지용론
— 문학적 생애와 그 비극성

양 왕 용*

1. 머리말

그동안 정지용(鄭芝溶)이라고 하여 이름의 가운데 글자를 감춘 채 소개되던 정지용의 문학세계가 88년 정식으로 해금되면서, 이름이 공개되고 새 시대의 도래에 발맞추어 전집과 선집이 다시 발간되어 문공부에 의하여 정식으로 납본증을 받게 되면서 신문과 잡지, 심지어는 방송에까지 정지용의 문학세계 혹은 그의 가족들과의 인터뷰 기사들이 소개되었다. 뿐만 아니라 각종 문학지에 많은 작가, 작품론이 발표되었다. 그러나, 정지용에 대하여 기억하고 있는 사람들은 60대에 가까운 사람들 가운데 젊은 시절 문학이나 시에 대한 열정이 많았던 사람을 제외하고는 거의 없다는 것은 그 동안의 세월이 그렇게 만들었다고 밖에 볼 수 없다.

필자의 정지용에 대한 관심은 이러한 최근의 현상에 따른 것은 결코 아니다. 고교시절 국어시간에 이름을 밝히지 않은 채 「鄕愁」를 소개받은 이래로 대학시절 대구의 헌책방 골목에서 발견한 『鄭芝溶詩集』을 위시한 그의 작품집과 산문집은 나에게 일찍부터 지용 시에 관심을 쏟게 만들었다. 그 결과 1972년에 이미 한 편의 논문을 발표하였고, 1988년 2월에는 『정지용 시 연

---
* 부산대학교 교수

구』라는 논문으로 박사학위를 받게 되었다. 뿐만 아니라, 1988년 5월에는 동 논문에다 여러 자료를 첨가하여 단행본 『정지용 시 연구』(서울, 삼지원)를 엮었다.

이 곳에서는 그의 문학적 생애와 그 비극성 특히 자진 월북이라고 오해받게 된 경위에 대하여 살펴보기로 한다.

2. 문학적 생애

1) 작품활동의 시작 시기

정지용은 1902년 음력 5월 15일 충북 옥천읍에서 좀 떨어진 구읍의 청석교(靑石橋)바로 옆 촌가에서 한약상을 경영하던 영일 정씨 태국(泰國)을 아버지로 하동 정씨 미하(美河)를 어머니로 하여 태어났다.1) 따라서 그는 송강(松江)정철(鄭澈)의 후예이기도 하다. 그의 아버지는 한때 천주교 신자이기도 했으며,2) 그의 친모 사이에는 외아들이었으나, 둘째 부인 문화 유씨 사이에 남매를 얻었으며 남동생은 일찍 죽고 지용이 무척 아낀 여동생, 계용(桂溶)은 83년까지 논산에 생존해 있다가 작고했다. 그는 그 당시 풍습에 따라 조혼하였다. 열두 살 때(1913)동갑의 부인 송재숙(宋在淑)과 영동군 심천면 초강리 처가에서 결혼하였다. 이 부인 사이에 3남 1녀가 태어났으며, 그 가운데 차남과 3남은 6·25사변 중에 행방불명되고 현재 장남 구관(求寬)(1928. 2. 1.)과 장녀 구원(求薗)(1934. 11. 17.)만 생존해 있다. 1914년 3월 25일 옥천 공립 보통학교 4년제를 4회로 졸업하였으며, 1918년 4월 2일 사립 휘문고등보통학교에 입학하는데, 1914년부터 1917년까지의 행적은 한문을 자수(自修)했다고 하나 확실하지가 않다.

---

1) 지용의 출생연도는 1902년, 1903년, 1904년의 여러 說이 있으나 최근 김학동교수가 가족들에게 확인한 바에 의하면 1902년이 옳다고 함.
2) 鴻農映二, 「鄭芝容의 生涯와 文學」, 《現代文學》, 1882, 7, 384쪽. 지금의 지용 후손들은 4대째 카톨릭 신자인 셈이다.

1922년 3월에 휘문고보 4년제를 졸업하나, 학제개편으로 지용은 1년 동안 머물면서 문우회 활동을 하며 ≪徽文≫창간호를 부장이 되어 기획·편집한다. 그의 발표작 말미에 기록된 창작 일시에 따르면, 1927년 ≪朝鮮之光≫ 7월호에 발표된 「風浪夢」은 1922년 3월 「麻布 下流 玄石里」에서 창작되었다고 한다. 그렇기 때문에 창작연대별로 배열시킨다면 「風浪夢」을 처녀작이라고 할 수 있다. 그러나 지용의 작품 가운데 창작연대와 장소가 기록된 것이 32편이고, 나머지 87편은 발표 당시 기록하지 않고 있으며, 6편은 발표지가 확인되지 않고 있다. 뿐만 아니라, 창작연대에 따른 순서는 창작심리 중심의 연구에는 필요하겠지만, 작품 중심의 연구는 어디까지나 발표 순서대로 살피는 것이 옳을 것이다. 다만 그의 문학적 생애의 시작이 바로 휘문고보 시절이라는 사실을 부인할 수 없을 것 같다. 특히 다음과 같은 회고기는 이러한 사실을 입증한다.

> 『搖籃』은 내 나이 十六·九 歲 때-그 때 나는 法專 在學中이었다-文藝에 뜻을 둔 七·八人의 同志들로 더부러 만들어 내인 謄寫版 文藝雜誌이니 이 『搖籃』이란 이름은 記憶이 確實치는 아니하나, 그 때 同人의 한 사람인 鄭芝溶氏 發案으로 命名이었든 듯하다. ……中略…… 이 八人의 同人은 그 때 모두 中等 또는 專門學校의 學生이엇으니, 鄭芝溶, 朴濟, 金承泳 三氏가 徽文高普에, 金瑢埈氏가 中央高普에, 金京泰氏가 一高에, 李世基氏와 筆者가 法專에 在學中이었다. 鄭芝溶 兄의 詩-일부 인용된 것 생략(인용자) -「鄕愁」라 題한 作을 비롯해서 얼마전에 出版된 『鄭芝溶 詩集』中에도 「鴨川」, 「카페 푸란스」, 「슬픈 印象畵」, 「슬픈 汽車」, 「風浪夢」 등은 全部 『搖籃』에 登載하였던 作品이오. 더욱 그 詩集 第三篇의 童詩 또는 民謠風의 詩作은 半數 以上이 그 當時의 作이니3)

그런데 앞의 인용된 회고기는 시기상으로 모순이 있는 것같이 생각될 수도 있다. 왜냐하면, 앞에 열거한 작품 가운데 「鴨川」, 「카페·푸란스」, 「슬픈 印象畵」, 「슬픈 汽車」는 지용의 일본유학체험 내지 경도체험이 작품의 배경

---

3) 박팔양, 「搖籃時代의 追憶」, ≪中央≫, 1936. 7, 43~44쪽.

이 된 것이기 때문에 휘문고보 시절의 작품이라고는 보기가 힘들기 때문이다. 따라서, 이 작품들이 《搖籃》지에 발표되었다고 하면 지용이 동지사대학(同志社大學)에 재학중일 때에도 동지는 발간되었다고 볼 수 있다. 이러한 점은 회고기의 후반부에서 다음과 같이 밝혀지고 있다.

　　그러나 各其 東西로 헤어진 後에도 우리들은 雜誌를 내어 버리지는 아니하였다. 꼼꼼하게 謄寫에 부칠 時間과 氣分의 餘裕들이 없게 된지라 原稿를 써가지고는 그대로 冊을 매여 그야말로 原稿回覽을 하였다. 京城에서 京都로, 京都에서 東京으로 우리들의 原稿뭉텅이는 쉬일 새 없이 돌아다녔다.4)

이상과 같은 등사판 동인지 혹은 원고의 회람지는 현재 한 권도 전해지지 않고 있기 때문에 문헌적으로 확인할 길은 없으나, 이 회고기로 보아 지용의 문학적 생애는 휘문고보 시절부터 시작되었다고 볼 수 있다. 그러나, 본격적인 작품활동은 동지사대학 재학 시절에 시작되었으며 그의 작품이 공식적인 잡지에 활자화된 것도 경도유학생 잡지인 《學潮》 창간호(1926. 6)가 처음이다. 그는 1929년 영문과를 졸업할 때까지 동지사대학의 교지 《同志社文學》에 일어로 된 시를 발표하고, 북원백추(北原白秋)의 시지 《近代風景》에 역시 일어로 작품이 소개되기도 하면서 국내의 잡지 《新民》, 《文藝時代》, 《朝鮮之光》 등에 작품을 발표하기 시작한다.5)

1) 해방이전의 작품활동

1929년 대학을 졸업하고 귀국한 뒤 그는 학비를 제공하여 준 모교 휘문고보 영어교사로 부임하게 된다. 이곳에서 그는 해방이 되어 이화여전 교수로 옮겨갈 때까지 주로 하급 학년의 영어만 가르치고 열심히 시작활동을 하였

---

4) 위의 책, 46쪽.
5) 김윤식, 『韓國近代文學思想史』(한길사, 1984), 47쪽에 의하면 정지용은 1923년 5월 3일 동지사대학 예과에 입학했고, 대학부 영문과를 마친 것은 1924년 6월 30일이다.

던 것이다.

　1930년에는 ≪詩文學≫지 동인으로 참가하게 된다. 그러나, 창간호(1930. 3)의 발표작 4편 가운데는 한 편의 신작도 없다. 그것들은 모두 1926~7년 사이에 이미 다른 문예지에 발표된 작품이었다. 2호(1930. 5)에는 신작 4편과 재발표작 2편을 발표하고 있으나, 본격적인 작품은 오히려 2편의 재발표작이다. 반면에 ≪朝鮮之光≫에는 그의 대표작인 「琉璃窓」(1939. 1)을 발표하고 있다. 뿐만 아니라, ≪新生≫, ≪東方評論≫ 등에 작품을 발표하는데 지금까지의 경향과는 달리 사물시가 많아지고 있다.

　「琉璃窓」, 「촉불과 손」, 「蘭草」, 「달」, 「조약돌」 등의 제목을 열거하여 보아도 그러한 현상은 짐작할 수 있다. 1933년 6월 그가 편집에 간여하는 ≪카톨릭靑年≫지가 창간된 이후에는 발표면이 ≪카톨릭 靑年≫에 한정된다. 이 때부터는 사물시적인 측면보다는 신앙을 관념으로 한 관념시 그것도 자신의 신앙을 진술하는 형태의 시가 많아지고, 간혹 여행체험이 바탕이 된 시가 보이고 있다. 이렇게 해서 「鄭芝溶의 新作詩集」(≪文章≫, 3월 1호, 1941. 1)에서 발표된 10편을 제외하고는 한곳에도 발표하지 않는다. 이 시기에는 시작보다 여행체험이 바탕이 된 산문의 발표가 빈번하여지면서 사대적으로 시의 발표가 줄어들고 있다. 이러한 산문지향성은 시집 『白鹿潭』에도 Ⅴ부에 8편의 산문을 수록하고 있을 정도이다. 뿐만 아니라, 시도 산문시가 10편이나 된다. 이러한 현상은 다음에 상론해 볼 필요가 있을 것이다. 그리고, 시의 대부분이 여행체험 그것도 장수산, 금강산, 한라산 등의 등산체험을 내용으로 하고 있는 점도 두드러진 특색이다. 이 때의 여행체험은 조선일보의 요청과 그 자신의 취미에서 생긴 것으로 시 뿐만 아니라, 산문 특히 기행문으로 많이 발표되었다. 이러한 경향은 제2시집 『白鹿潭』(1941. 90)에 집대성된다.

　이 시기에 정지용은 명실상부하게 한국시단의 대표적 시인이 된다. 1939년 2월에 창간되어 1941년 4월 폐간될 때까지 ≪文章≫지의 추천제도에 시 부분의 단 한사람뿐인 추천위원으로서, 1945년 해방이후의 시단을 주도하는 조지훈, 박두진, 박목월, 박남수 등의 시인을 추천하여 시단에 데뷔시키고 동지에「詩의 擁護」(1939. 5),「詩와 發表」(1939. 10),「詩와 威儀」(1939. 11),「詩의 言語」(1939. 12) 등의 시론을 발표한다. 시집『白鹿潭』을 발간한 이후부터 해방 전까지의 발표작품은 日本의 전시체제 탓으로 한글로 된 발간물이 줄어 든 사정도 있겠지만 2편뿐이다. 그 가운데 하나는 전시체제에 협력한 흔적이 있는 「異土」(≪국민문학≫, 1942. 9)이고 나머지 하나는 「窓」(≪춘추≫12호, 1943. 1)이다.

3) 해방직후의 활동과 납북 경위

1945년 8월 15일 해방이 되자 해방의 감격을 노래한 행사시(ocassional poems)[6]인「그대들 돌아오시니」(『解放紀念詩集』, 1945. 12. 12)와「愛國의 노래」(≪대조≫, 12호, 1946. 1)를 발표한다. 이것은 어디까지나 행사시이지 본격적인 작품이 아니기 때문에 크게 주목할 필요는 없다. 오히려 이러한 행사시보다는 그 다음에 발표한 시를 주목할 필요가 있다고 생각된다. 정지용은 행사시 2편을 발표하고 난 뒤 1947년부터 1949년까지 3년 동안 작품을 전혀 발표하지 않고 있다가 1959년부터 작품을 발표하기 시작했던 것이다.「曲馬團」(≪文藝≫, 1959. 2)이라는 자유시와 6·25가 발발하던 달인 50년 6월호 ≪文藝≫지에 극단적인 정형시「四·四調 五首」를 발표하는 것이 바로 그것이다. 말하자면, 해방직후의 격동기의 와중에서 대학교수로 혹은 언론인으로 격무에 시달리다가 조용히 물러난 후 시작을 다시 시작한 셈이다. 따라서 이 작품을 주목할 필요가 있다. 그러나 해방 이후의 신작의 발표는 결코 활발한 편이라고는 볼 수는 없다.

정지용은 이 시기에 신작의 발표보다는 지금까지 발간한 시집의 재발간 작업과 산문집 발간에 힘을 쏟았던 것이다.『鄭芝溶詩集』의 재판은 1946년 5월 건설출판사에서 나왔고,『白鹿潭』은 재판(백양당 동명출판사, 1946. 10)과 3판(동명출판사, 1950.3)까지 나왔다. 뿐만 아니라,『芝溶詩選』(을유문화사, 1946. 6)이 박두진의 편집으로 발간되었는데, 여기에 수록된 25편의 시는 이

---

[6] M.H.Abrams, 최상규 역,『문학용어사전』(대방출판사, 1985), 194쪽

미 해방전에 나온 두 시집에서 가려 뽑은 것들이었다. 산문집은 『芝溶文學讀本』(박문출판사, 1948. 2)과 『散文』(동지사, 1949. 3)두 권으로 묶여지기도 했다. 또 한 호로 종간되기는 했지만 ≪文章≫(1948. 10)을 속간하기도 하였다. 그의 신변도 해방과 더불어 많은 변화가 왔다. 16년 동안 재직하던 휘문고보를 사임하고 이화여자전문학교로 옮겨(1945. 10)문과과장으로 한국어와 영시, 나전어를 담당하였다. 1946년 8월 동교가 대학으로 개칭되면서 대학교수가 되어 48년 2월 사임할 때까지 봉직하였으며, 서울대·문리대 강사로 출강하여 시론 시간에『詩經』을 강의하기도 하였다. 한편 창간된 ≪京鄕新聞≫(46. 10)에 주간으로 취임하여 47년 8월까지 재임하였으며, 48년 2월 이대를 사임하고는 녹번리(현재의 서울시 은평구 녹번동) 초당에서 서예를 즐기면서 소일하다가 1950년 6월 25일 당시 납북되었던 것이다. 이상과 같은 사실들로 보아 비록 작품활동은 부진하였으나 해방 이후의 시단에 차지하고 있는 정지용의 위치는 결코 과소평가 될 수 없다.7)

1945년부터 1950년까지의 이데올로기의 와중에서 지용은 순수시를 갈망하는 시인 지망생이나 독자들에게 선풍적인 인기를 얻었다고 볼 수 있다. 그러나 이러한 와중에서 얻은 몇 가지 오해로 1950년 6·25 때에 납북된 사실이 자진 월북으로 오해되어 오늘날까지 한국 현대문학사 내지 시문학사의 미아로 취급되었던 것이다. 이러한 오해의 소지를 파악하여 보기로 한다.

우선, 1946년 2월 좌익계 문인들에 의하여 지용의 본의와는 다르게 '문학가동맹'의 아동문학 분과위원장으로 추대되었으나, 그 단체가 주최하는 대회에 나가지도 않았으며 협력한 흔적이 보이지 않고 있다. 이러한 저간의 사정을 정확하게 파악하지 못한 사람들이 이 당시의 기록만 가지고 그 자신을 좌익으로 간주하게 되었다. 그리고 해방 이후 좌익 계통의 문인에 '휘문'의 선후배도 많았고, 좌익계통의 비평가에 의하여 지용의 작품이 칭송되기도 한 사실들도 있었다.

---

7) 1950. 5월 ≪文藝≫지 「文學放談會」에서 참석자들과 더불어 나눈 좌담(112~120쪽)에서 그 점이 확실히 나타나고 있다.

다음으로는 지성인은 야당적 기질이 있을 수밖에 없다는 상식적 생각과 ≪京鄕新聞≫ 주간으로서의 비판적 글들이 그를 그렇게 만들었다고 볼 수 있다. 이러한 사실보다 더욱 직접적인 것은 거제도 포로수용소에 갇혀 있다가 이북으로 다시 넘어갔다는 미확인된 추측에 의하여 그 자신의 자발적 선택에 의한 이북행이 확인된 것으로 오인되었다. 그리고 좌익에서 전향한 보도연맹문화실장으로 있었으나, 활동한 흔적은 거의 없었다고 한다.

지용의 납북경위는 여러 가지 사실들을 참작하여 살펴보면 다음과 같이 설명될 수 있다.

1948년 2월 이화여대를 사임하고 녹번리 초당에서 서예를 하면서 소일하다가 6·25 사변을 만났다. 불행하게도 그는 피난하지 못하고 있다가 1950년 7월경 녹번리 초당을 찾아온 좌익계 제자들에 의하여 연행되어 납북되었다. 그는 서울의 정치보위부에 구금되어 서대문 형무소에 정인택, 김기림, 박영희 등과 같이 수용되었다. 그러다가 평양감옥으로 이감되었다. 이 사실은 납북되었다가 탈출한 계광순의 회고에 의하여 확실하게 밝혀져 있다. 그 당시 이광수, 계광순 등 33인이 수감되었다가 평양감옥이 유엔군의 폭격에 의하여 폭격된 후 정지용은 행방불명된 것이다. 이 당시에 폭사한 것이 아닌가 추측하는 견해도 있으나, 정확하게 표현한다면 행방불명된 것이다. 그리고 이 이후에 북한에 협력한 흔적은 전혀 없다고 한다.

따라서 정지용은 분명히 납북된 것이라고 보아도 틀린 주장은 아니다.

3. 맺음말

지금까지 1926년부터 1950년까지의 정지용의 문학적 생애를 살펴보았다. 해방이전에 활동한 시인 가운데 비교적 오랜 기간인 25년 동안의 창작기간은 이미 앞에서 부분적으로 강조되었지만, 지용의 작품활동의 여건 변화와 작품 경향 변모에 따라 다음과 같이 몇 시기로 나누어 도표화할 수 있다. 도표화하는 것으로 결론을 대신하기로 한다.

	기간(년)	작품활동의 여건과 그 변화	주요발표지면	작품 경향의 특질	작품편수
①	1926~1928	·일본경도유학시절 ·방학중 본국 문단과 접촉	≪學潮≫, ≪新民≫, ≪朝鮮之光≫	·유년기 체험 동시의 정형성 ·일본체험의 자유시지향성	44
②	1930~1935	·≪詩文學≫동인활동과 ≪카톨릭 靑年≫ 편집관여 ·『鄭芝溶詩集』발간	≪詩文學≫, ≪新生≫, ≪東方評論≫, ≪카톨릭 靑年≫	·사물시와 신앙시의 자유시 지향성	44
③	1936~1943	·≪文章≫지 추천위원 시절 ·『白鹿潭』발간	≪朝光≫, ≪文章≫, ≪朝鮮日報≫	·등산체험의 자유시와 산문시의 공존	30
④	1945~1950	·해방직후의 격동기 ·이대교수 및 ≪京鄕新聞≫주간 ·시집재판 및 산문집 발간	≪文藝≫	·행사시 및 자유시와 극단적 정형시의 공존	

　각 시기별 작품의 의미구조와 중층적 특질에 대해서는, 서론에서 밝힌 필자의 저서를 참조하면 자세하고 심도있게 살펴볼 수 있을 것이다.

　해방직후의 유일한 본격적인 자유시 「曲馬團」(≪文藝≫, 1950년 2월호)을 통하여 자신의 생애를 되돌아보고 있으나, 그의 납북으로 인하여 그의 시작활동은 중지되고 만다. 특히 1988년까지 그는 6·25사변으로 인하여 희생된 순수시인임에도 불구하고 민족분단이라는 이데올로기의 멍에 때문에 근 40년만에 문학사에 복권된 것 자체가 엄청난 비극이다. 앞으로 더욱 심도 있는 연구에 의하여 정지용의 문학사적 위치가 분명하고 뜻있게 설정되어야 할 것이다.

신석정 시에 나타난 거리(distance)
― 첫 시집 『촛불』을 대상으로

김 영 옥*

1.

신석정은 1907년 7월에 전북 부안군에서 태어났다. 원래 그의 이름은 錫正인데 필명으로는 夕汀이라는 이름을 사용하였다. 전북 부안에서 태어나 짧은 시간을 제외하곤 고향을 떠난 일이 없었던 시인으로서는 어쩌면 석정(夕汀)이란 필명은 자연스러운 것 같다.

신석정이 처음 작품을 발표하게 된 지면은 ≪조선일보≫이다. 「기우는 해」(조선일보, 1924. 4. 19)라는 작품으로 투고하여 발표된 바 있지만 석정이 본격적으로 작품을 쓰기 시작한 것은 1930년도부터이다. 이 시기는 석정이 서울 살림을 하던 시기로, 석정은 중앙불교전문강원에서 공부하기 위한 상경을 한 바 있다.

석정의 시집으로는 우선 『촛불』(1939년, 36편)을 시작으로 『슬픈목가』(1947년, 33편) 『빙하』(1956년, 68편) 『산의 서곡』(1967년, 60편) 『대바람 소리』(1970년 23편) 등 다섯 권이 있다. 이들 시집을 구분하는 방식은 연구자들마다 차이가 있지만 대체적으로 3기[1]로 나누고 있다. 이 구분은 시기를 고려한 것이

---
* 대전대학교 강사
[1] 이기반, 「신석정의 『대바람소리』-자연에 유유자적하는 인생관」, 한국현대시 대표작품연구, 1998.

라기보다는 시인의 시적 배경에 의한 것이다. 즉 석정은 시집별로 그의 정신사적 궤적을 보여주고 있는데, 초기에는 자연에 대한 애착 혹은 귀의로, 중기에는 현실적인 의식으로, 후기는 보다 강렬한 현실참여의식으로 시적 지향이 나타나고 있다.

석정을 흔히 전원시인, 목가시인 혹은 명상시인이라고까지 칭하고 있는데 이러한 호칭은 그의 시집에 담겨있는 작품에 대한 평가와 관련이 있다. 그의 시들은 대부분 자연에 대한 애착, 갈구와 자연물에 대한 구체적인 언급 등으로 이루어져 있는 데 이는 당대의 상황과도 무관하지는 않다. 다시 말하면 암울한 시대에 '말하는 자'로서 부여받은 소명을 어떤 식으로든지 표출해야만 하는 슬픈 운명을 가진 시인으로서는 답답한 현실의 고통이나 슬픔을 토로할 여건의 충족이 되어 있지 않았으므로 에둘러 말하는 방식을 취할 수밖에 없었을 것으로 보인다. 그 에둘러 말하는 방식은 시어로 드러나기도 하고 시를 표출하는 방식으로 드러나기도 하고 그밖의 여러 가지 시적 장치를 통하여 드러나게 된다. 시적 형상화에 기여하는 시적 장치중에 필자가 주목하는 부분은 거리(distance)이다.

2.

시에 있어서의 거리(距離)란 여러 가지 다른 용어로도 사용되고 있는데 다름 아닌 시적구조에 관련된 거리이다. 블로흐가 '심리적 거리[2]'라 호칭한 바 있는 이 거리(距離)라는 용어는 그 정의의 다양함으로 인해 여러 연구자들에

석정의 시를 시대적으로 구분하면 3기(三期)로 나눌 수 있을 것이다. 첫시집 『촛불』과 제2시집 『슬픈 牧歌』를 초기로, 조국 광복 이후 6·25를 거쳐 1956년까지의 작품인 제3시집 『氷河』를 중기로, 제4시집 『산의 序曲』과 제5시집 『대바람 소리』시절과 1974년 7월 6일 작고시(작고詩)까지를 후기로 구분해 놓고 그의 시정신을 분석함이 마땅할 것이다.

2) Edward Bullough, 「The Psychical Distance as a Factor in Art and Aesthetic Principle」 (British Journal of Psychical), 1912.5

의해 다른 용어로 불리기도3) 하였다. 본고에서는 거리라는 용어를 그대로 사용하되 그 거리는 작품내·외적으로 표출되는 거리를 말한다. 시 표현상의 거리의 생성은 다양한 관점에서 살펴볼 수 있는데 첫째로 표현론적 관점에서 시적 화자와 대상과의 거리의 생성이 있고, 둘째로 객관적 관점에서 본, 텍스트상에 구현된 거리의 정도와 지표가 있으며 셋째 수용론적인 입장에서 독자가 참여하는 폭으로 거리의 존재와 양상이 있다.4)

본고는 그 중 텍스트상에 구현된 거리만을 대상으로 하고 있으며 특히 석정의 제1시집 『촛불』에 한정한다.

한 편의 시가 쓰여지는데는 전적으로 실제 시인의 시적 영감과 기술에 달려 있다고 해도 과언이 아니다. 시인의 영감이 적절한 시적 장치와 어우러져 한 편의 훌륭한 작품을 생산해 내는 것이다. 그러므로 한 시인의 작품이라고 할지라도 그 구조에 있어서는 열이면 열 모두 동일한 구조를 가지지는 않을 것이다. 따라서 의도적이든 아니든 시인이 쓴 작품을 자세히 들여다보면 작품마다 독특한 구조를 보이고 있는 것 또한 사실이다. 이 구조를 분석해 내는 작업은 풍부한 시읽기를 가능하게 해줄 뿐만 아니라 바른 독서를 할 수 있는 기회를 제공해준다. 예술적 형상화를 위해 만들어지는 장치 중의 하나인 시적화자 혹은 청자의 존재 유무로 시적 구조를 분석해 보자.

3.

시가 언술행위를 기반으로 하여 이루어진 장르라 할 때 말하는 사람과 듣는 사람이 상정될 수 있음은 주지의 사실이다. 언술행위의 본질은 상호간의 커뮤니케이션이라면 다음의 네가지 기본 구조5)로 크게 도식화된다.

---

3) 김현자,『한국 시의 감각과 미적 거리』(문학과 지성사, 1997)
   김용희,『현대시의 어법과 이미지연구』(학문사, 1996) 등에서는 '미적 거리'란 용어로
   김준오,『시론』(이우출판사, 1988)에서는 '거리'라는 용어로 사용되었다.
4) 김은정,「한국현대시의 거리연구」, 충남대학교 석사학위논문, 1993.
5) 김은정, 위의 논문.

1) 표면상의 화자

　표면상의 화자라 하면 화자는 텍스트 표면에 드러나고 청자는 텍스트 이면에 숨어 있는 경우이다. 이 경우에는 화자가 누구인지 알 수 있어 그의 정서를 읽는데 다소 유용할 수 있다. 그러나 청자는 구체적으로 누구인지 어떤 태도로 화자를 대하는지 알 수 없다. 신석정의 시에는 '나'라는 시어가 구체적으로 등장하곤 하는데 이렇게 '나'라는 화자가 등장하지만 청자는 구체적으로 등장하지 않는 경우가 여기에 해당된다. 가령

　　　　새새끼 포르르 포르르 날아가바리듯
　　　　오늘밤 하늘에는 별도 숨었네

　　　　풀려서 틈가는 요지음 땅에는
　　　　오늘밤 비도 슬며 들겠다.

　　　　어두운 하늘을 제쳐보고싶듯
　　　　나는 오늘밤 먼 세계가 그리워……

　　　　비나리는 촐촐한 이 밤에는
　　　　밀감껍질이라도 지근거리고 싶고나!

　　　　나는 이런밤에 새끼꿩소리가 그립고
　　　　힌물새 떠 다니는 먼 호수를 꿈꾸고 싶다
　　　　　　　　　　　　　　　―「촐촐한 밤」 전문

　이 시에서는 비나리는 촐촐한 이밤에는 밀감 껍질이라도 지근거리고 싶다는 화자의 영탄적 어조가 드러나 있다. 새끼꿩소리가 그립고 힌물새 떠다니는 먼 호수를 꿈꾸고 싶다고 숨어있는 청자에게 간절히 말하는데 표면에 등장하는 화자인 '나'는 고요한 목소리로 그러나 다소 영탄적인 어조로 말하게

된다. 이를 읽는 독자는 마음을 표현하고 있는 화자에게 쉽게 감동하며 고개를 끄덕이게 된다. 이러한 장치를 사용하게 되면 우선 주관적 감정의 전달이 비교적 쉽다. 또한 화자가 자신의 마음을 쉽게 드러내어 주므로 독자는 화자의 마음을 쉽게 인식하게 되어 한 발짝 더 다가갈 수 있는 감정을 갖게 된다. 같은 형태의 구조를 취한 시로「푸른 하늘 바라보는 행복이 있다」가 있다.

>   따뜻한 해별 물우에 미끄러지고
>   힌물새 동당 동당 물에 뜨덧 놀고싶은 날이네
>
>   언덕에는 누런 잔디 헤치는 바람이 있고
>   힌염소 그림자 물속에 어지러워
>
>   묵은 밭에 가마귀 그 소리 한가하고
>   오늘도 춤이 자졌다……하늘에 해오리……
>
>   이렇게 나른한 봄날 언덕에 누워
>   나는 푸른 하늘 바라보는 행복이 있다
>   —「푸른 하늘 바라보는 행복이 있다」전문

'나'라는 표면상의 화자가 등장하여 푸른 하늘을 바라보는 행복에 관하여 조근조근 얘기들려주고 있는 이 시 역시 쉽게 독자와의 거리를 무화시킨다. 독자는 자신의 이야기를 하고 있는 화자에게 친밀감을 느끼면서 화자의 언어에 귀기울이게 되는 것이다. 이런 방식의 시쓰기를 취하고 있는 작품으로「書架」,「돌」,「銀杏나무 선 庭園圖」가 있다.

2) 이면상의 화자

이 유형의 형태는 현상적 화자인 일인칭도, 현상적 화자인 이인칭도 작품에 나타나 있지 않다. 화자도 청자도 표면상에 나타나 있지 않고 다만 보여

주거나 보고해주고 있는 태도를 취한다. 이런 형식의 특성은 표면상의 화자를 취한 것보다는 어느 정도의 거리를 취할 수 있다. 표면상의 화자가 대상과의 거리가 아주 작은 데 비해 이 유형은 일정한 거리를 두고 묘사할 수 있어서 화자와 대상과의 거리가 일정할 수 있다. 석정의 작품 중에서 이러한 유형을 취하는 시는 다음 시이다.

① 하늘이 저렇게 옥같이 푸른 날엔
　멀리 흰 비둘기 그림지 찾고싶다

　느린 구름 무엇을 노려보듯 가지않고
　먼 강물은 소리없이 혼자 가네

　뽑아올린 듯 밋밋한 산봉오리 곡선이 또렸하고
　명랑한 날이라 낮달이 더욱 히고나

　석양에 빛나는 가마귀 날개같이 검은 바위에
　이런날엔 먼강을 바라보고 앉은대로 화석이 되고 싶어
　　　　　　　　　　　　　　　　―「화석이 되고 싶어」전문

② 하―얀 감꽃 꿰미꿰미 꿰미든 것은
　오월이란 시절이 남기고 간 빛나는 이야기어니

　불 밀 듯 다가오는 따뜻한 이 가을에
　붉은 감빛 유달이 짙어만 지네

　오늘은 저 감을 또옥똑 따며 푸른 하늘 밑에서 살고 싶어
　감은 푸른 하늘 밑에서 사는 붉은 열매이어니
　　　　　　　　　　　　　　　　―「감(柑)」전문

①의 경우 화자와 청자가 전면에 등장하지는 않는다. 그냥 말하고 있을 뿐이다. 작가는 이면상의 화자로 하여금 이면상의 청자에게 '화석이 되고 싶다

는 심정'을 말하고 있을 따름이다. ②의 경우 역시 감을 소재로 하여 감이 푸른 하늘 밑에서 사는 붉은 열매라고 말하면서 가을의 정취를 묘사하고 있다. 이 두 시는 화자나 청자가 전면에 등장하지는 않고 있지만 우리는 그가 누구인지 짐작해 낼 수는 있다. '나'라는 화자가 시 속에 드러나 있지 않았다고 할 지라도 시적 화자가 어떤 목소리를 내는 지 찾아볼 수 있는 것이다. 하늘이 좋은 날, 흰 비둘기로 상징되는 어떤 유토피아를 염원하는 사람이라는 것과 또 오월이란 시절을 그리워 하는, 그러나 그 빛나는 이야기를 드러내 놓고 언급할 수 없는 상태에 놓여져 있는 사람이라는 것을 짐작해 낼 수 있는 것이다.

3) 표면상의 화자와 청자

이 구조는 화자와 청자가 모두 작품 표면에 등장하는 경우이다. 이 경우 독자는 화자의 존재를 인식할 수 있을 뿐 아니라 이야기를 듣고 있는 구체적인 청자의 존재도 느낄 수 있다. 마치 독자가 화자와 청자의 이야기를 엿듣고 있는 것 같은 구조를 취하고 있다. 석정의 제1시집에서 보여주는 대부분의 시들이 이러한 형태를 취하고 있고 이 들의 대부분이 시적 형상화에도 성공한 것으로 보인다. 석정이 염원하던 세상을 보여주는 방식으로 이 구조가 적합성을 보인 것이다.

석정의 제1시집에 등장하는 이러한 구조의 작품은 화자는 아들, 남편 임 등으로 드러나고, 청자는 '어머니'가 빈도 수로 보면 가장 많으며 그 다음으로 '딸', '임' 그리고 '너'도 보인다. 가장 가까운 주변의 인물들에게 말하는 방식을 통해 진정으로 염원하던 세계를 보여주는 방식의 시쓰기, 이는 독자에게 따뜻한 정감을 불러일으킴과 동시에 절실함을 안겨 준다고 볼 수 있다.

① 가을 날 노랗게 물 드린 은행 잎이
　바람에 흔들려 휘날리듯이
　그렇게 가오리다
　임께서 부르시면……

호수에 안개 끼어 자욱한 밤에
말없이 재 넘는 초승달처럼
그렇게 가오리다
임께서 부르시면
                    ―「임께서 부르시면」중 1, 2연

② 어머니
산새는 저 숲에서 살지요?
해 저문 하늘에 날아가는 새는
저 숲을 어떻게 찾어 간답니까?
구름도 고요한 하늘의
푸른 길을 밟고 헤매이는데……

어머니 夕陽에 내 홀로 창가에서
모래성 쌓고 놀을 때
은행나무 밑에서 어머니가 나를 부르듯이
안개 끼어 자욱한 강건너 숲에서는
스며드는 달빛에 빈 보금자리가
늦게 오는 산새를 기다릴까요?
            ―「그 꿈을 깨우면 어떻게 할까요?」중 1, 2연

③ 너는 노―란 은행 잎을 무척 사랑하드구나!
나와 함께 고요한 저 숲길을 거닐어 볼거나
해 묵은 느티나무 넌즈시 처진 가지에는
포곤한 해볕을 지근거리는 산새의 조름이깊고
금잔디 빛나는 양지쪽에 아이들
오브륵이 앉어서 도란도란하는 것 한가로워 뵈입니다.

너는 빛나는 갈대꽃을 유달리 좋와하드구나!
나와 함께 바람잔 저 江邊으로 나어가볼거나?
바람은 또 산기슭을 살그머니 돌아와서
하늘에 휘날리는 은행 잎과 어우러지더니

지내는 길이라 물결과 수작하는 사이로 빠르게
숲에 조으는 산새의 그 꿈을 엿보려 갑니다
　　　　　―「너는 비둘기를 부러워 하드구나」 중 2, 3연

④ 내가 만일 산새가 되어 보금자리에 잠이 든다면
　어머니는 별이 되어 달도없는 고요한 밤에 그 푸른 눈동자로 나의 꿈 을 엿보시겠읍니까?
　　　　　―「나의 꿈을 엿보시겠읍니까」 중 마지막연

　①의 시에서는 시적 화자는 임을 사랑하는 누구이다. 임께서 부르시면 언제든지 달려간다고 말함으로써 임에 대한 나의 능동적 태도가 잘 드러나 있다. 임에게 말하는 방식으로 진행된 이 시는 임에 대한 화자의 열망이 잘 나타나 있고 그래서 독자는 내가 누구라고 굳이 밝히지 않아도 임에 대한 사랑을 가진 누구라는 것을 인식할 수 있다. 독자는 그 둘의 이야기를 들어봄으로써 그 사랑을 확인하게 되는 것이다. 또한 이 시는 '임에게'라고 발화의 대상을 정해 놓고는 있지만 읽기 여하에 따라서는 자신에 대한 다짐으로도 읽힌다. 그 임은 눈 앞에 현존하는 임이 아닌 미래의 임이 될 수도 있고 현재의 임이지만 멀리 떨어져 있는 임일 수도 있다. 멀리 있는 임에게 비록 소리내어 말하지는 않는다 하여도 자신에게 임이 부르시기만 하면 득달같이 달려갈 것이라고 다짐하고 있는 것도 같다. 애매성이 시의 한 국면이라는 점을 인정한다면 풍부한 시읽기가 가능해지는 대목이다. 이런 형태의 이중 화자의 등장은 석정의 시 곳곳에 등장한다.
　①의 시에 비해 ②의 시는 화자의 의지가 분명하다. 어머니에게 내가 발화하는 형태로 주어진 ②의 시는 늦게 오는 산새를 빈보금자리가 기다릴까는 의심하는 시적화자의 마음을 어머니가 받아 들어주는 구조를 보인다. 여기서 늦게 오는 산새를 상징으로 읽는다면 그 의미는 매우 의미심장하다. 현실의 고통이 삶의 무게를 짓이길 때 그 것을 받아 주는 사람이 어머니말고 또 있던가
　③의 시에서는 '너'와 '나'라는 화자가 구체적으로 지칭되어 등장한다. 너

에게 나의 의견을 말하는 형식으로 진행된 앞의 2행이 바로 그 부분이다. 그런데 그 다음 부분은 누구에게 직접적으로 발화한다기보다는 '바람'이 주체가 되어 풍경을 묘사하고 있다. 2)의 형태를 취하고 있는 것이다. 이렇듯 이중의 화자가 등장하여 작품의 분위기를 색다르게 표현해내고 있다. 이에 독자는 보다 적극적으로 시읽기에 동참하여야 되며 그것이 선행되었을 때는 시적 감동에 이를 수 있다.

④의 시는 다시 어머니이다. 어머니를 통해 표출하는 나의 감정은 어린아이의 그것과 다를 바 없다.

⑤ 봄이여! 당신은 젖먹이의 볼처럼 부드럽고 명랑한 綠色寢臺를 나에게 주고
장엄하게도 平和한 밤을 나에게 提供하듯이
내 생활의 일과중에서 가장큰 "잠"이 꿈도 없이 평온하게 들기전에
나의 "잠"이 깨워질 때까지
당신은 나의 寢臺를 지킬수가 있읍니까?
언제까지나……
봄이여…
— 「봄이여 당신은 나의 침대를 지킬수가 있습니까」 중 4연

⑥ <病狀夜吟>
—편지를 대신하여 草涯에게
병상에 지친 몸으로 잠도 아니 오는밤 창밖에 밤비 소리 조용히 깊어 간다
비라도 흠조로니 맞어 보고 싶어서 난초를 안해 시켜 문밖에 내놓았소
— 「병상야음」 중 1연

⑦ 一林아
촛불을 꺼라
소박한 정원에 강물처럼 흐르는 푸른 달빛을 어서 우리 침실로 맞어 와야지……

유리창 하나도 없는 단조한 나의 방……
　　침실아…
　　그러나 푸른 달빛이 豊饒히 흘러오면
　　너는 갑자기 바다가 될수도 있겠지……
　　　　　　　　　　　—「푸른 침실」중 1, 2연

⑤, ⑥의 시에서는 '봄'과 '초애'라는 구체적인 지칭이 등장한다. 봄에게 혹은 초애에게 해 주는 대화 또는 편지의 형태로 시의 구조화되어 있는 것이다. 주지하다시피 독자는 이러한 구조를 대할 때 그들은 무슨 이야기를 나눌까에 관심을 기울이게 되어 독자의 관심을 환기시킬 수 있는 이점을 가진다.

그런데 ⑦에서는 '일림'이라는 딸의 이름이 등장한다. 딸에게 말하는 것으로 보이는 이 발화의 주체는 당연히 아버지인 시적 화자이다. 그러나 2연에 와서는 청자가 바뀐다. 일림에서 침실로 바뀌게 된다. 여기서 독자는 어리둥절해진다. 이 독자의 '어리둥절'은 청자의 이원화에게 나온다. 청자의 이원화는 독자에게 긴장감을 불러일으키게 된다.

4) 이면상의 화자와 표면상의 청자

이 유형은 화자는 드러나 있지 않고 표면상의 청자에게 말을 건네는 형식으로 되어 있다. 석정의 제1 시집에서는 이러한 유형은 나타나지 않는다. 이러한 형태의 구조는 청자지향의 시들에서 찾아볼 수 있다. 청자지향의 시에서는 요청이나 명령적 구조를 많이 보인다. 이 구조의 시에서는 대부분 독자가 청자의 위치까지 다가와서 시읽기를 진행하여야 한다. 이러한 유형의 시들은 그래서 강한 어조를 띠고 있는 것이 대부분이다. 다시 말하면 독자는 화자의 발화내용을 주의 깊게 듣고 있어야 하는 태도를 보여야 한다.

그런데 한 가지 주목할 것은 이러한 구조가 석정의 제1시집에서는 보이지 않는다는 것이다. 이는 석정이 추구하는 세계가 노장사상에 근거한 자연예찬이든지 혹은 시대를 배경으로 한 상징이든지 이들 세계가 보여 주여야 하는 자연스러움을 제대로 표현해내기 위한 의식적 노력이 아닌가 한다. 다시 말해 자연에 대한 갈망이나 애착일 경우에, 독자에게 '이렇게 이렇게 자연을 바라보아라'하고 권고한다면 독자는 그 시에 쉬이 공감하지 못할 것이다. 왜냐하면 자연은 상대적인 공간이고 주관적인 공간일 수 있기 때문이다. 마찬가지로 시대를 배경으로 읽히는 시일 경우에도 그러하다. 어려운 시대에 소리 높여 '나는 이렇게 새로운 희망을 기다리고 있다'고 외치는 경우 읽는 독자는 일제의 강한 압제에 숨죽이는데 또 하나의 강한 어조가 있다면 그것조차 숨죽일 수밖에 없지 않을까. 1930년의 여타의 선동적인 시들이 독자들의 관심에서 멀어져 제 기능을 다하지 못했던 경우를 상기해보면 이해될 것이다.

김기림론

김 시 태*

1.

　김기림에 대해서는 지금까지 많은 글이 쓰여졌고, 그 때마다 상반된 반응을 일으켜 온 것이 사실이다. 즉, 어떤 이들은 그의 선구적인 공적을 높이 평가하는가 하면, 또 어떤 이들은 외국시의 아류로 보고 그의 독창성에 대해 의문을 제기하기도 했다. 그러나 이곳에서는 이 시인에 대한 최종적인 평가를 보류하고, 그가 몸담고 있었던 당대(1930년대) 사회와 문단의 분위기로 비추어 보아 모더니스트 시인으로서의 그의 새로움이 어디에 있었는지 살펴보기로 한다. 비교문학적 측면에서 볼 때, 그의 시와 시론이 외국 이론이나 창작 방법을 어느 만큼 토착화할 수 있었는지는 의문이지만, 그것은 어떤 형태로든 우리 시의 현대화과정에 있어 획기적인 변화의 계기를 마련한 것이 분명하기 때문이다.

　그가 가장 많은 영향을 받은 것으로 지적되어 온 외국 시인의 한 사람으로 T. S. 엘리엇을 들 수 있겠는데, 엘리엇의 견해를 빌면 창작과 비평은 밀접한 관련을 맺고 있을 뿐 아니라, 이 두 개의 정신적 활동은 감수성의 두 방향과 같은 것이어서 상호보완적 기능을 갖고 있다고 한다. 만일 그렇다면

---

* 한양대학교 교수

시인은 좋은 작품을 쓰기 위해 뛰어난 비평 능력을 구비할 수 있어야 하겠는데, 김기림의 경우는 어떠한가. 그는 기회 있을 때마다 이 점을 늘 강조했고, 또 스스로 실천하고자 했다. 초기 시론을 보면 그러한 노력의 자취가 역력히 엿보인다. 아마도 이것이 20년대 낭만파 시인들과는 엄격히 구분되는 그의 차이점으로 지적되어야 할 것이다. 우리는 여기서 김기림 또는 모더니스트 일파에 의해 구축된 주지시의 한 특성을 살필 수 있을 듯하다. 참고 삼아, 김기림이 비교적 초기에 쓴 것으로 「시의 방법」 중 1절을 보기로 한다.

> 시인은 시를 제작하는 것을 의식하지 않으면 안 된다. 시인은 한 개의 목적=가치의 창조를 향하여 활동하는 것이다. 그래서 의식적으로 의도된 가치가 시로서 나타나야 할 것이다. 이것은 소박한 표현주의적 방법에 대립하는 전연 별개의 시작상의 방법이다. 사람들은 흔히 그것을 주지적 태도라고 불러 왔다.[1]

이것은 창작에 있어서 의식적 지성의 작용을 강조한 대목인데, 우리는 여기서 김기림과 정지용의 접합점을 발견하게 된다. 김기림이 20년대 낭만파 시인들을 맹렬히 비판하는 한편, 정지용을 "현대의 호흡과 맥박을 불어넣은 최초의 시인"이라고 높이 찬양한 것은 결코 우연한 일이 아니었던 것 같다. 그는 정지용의 시에서 비로소 모더니즘 시의 한 모서리를 찾을 수 있었기 때문이다. 그러나, 이 두 시인은 부분적으로 일치하면서도 전체적으로 보면 상당히 많은 차이점을 드러내고 있다. 그 차이점은 낭만주의 시와 모더니즘 시 만큼이나 큰 것이어서, 두 시인을 영원히 분리시키고 있다. 어쩌면 그 차이점을 드러냄으로써 김기림의 문학적 방향과 그 특성을 더욱 명백하게 파악할 수 있으리라 생각된다. 정지용은 주지하는 바와 같이 이미지스트 시인이다. 그러나 김기림은 마치 엘리엇이 이미지스트 시인들에게서 시를 쓰는 방법과 기교를 배웠음에도 불구하고, 그들의 소극적 문학관을 극복하고 형이상 시의 이념을 추구한 바와 같이, 그 또한 이미지즘의 극복에서 자신의 새

---

[1] 김기림, 「시의 방법」, ≪조선일보≫, 1932, 『시론』, 107쪽 재인용.

로운 출발점을 발견한 시인이기 때문이다. 이 점에 대해서는 그의 순수시 비판을 보면 곧 알 수 있다. 그는 시의 3요소를 음(音)과 형상(形象)과 의미(意味)로 분류한 다음, 그중 한 요소만을 "고립적으로 강조하는"것은 오류라 보고 있다.

> 시는 본질적으로 音의 순수 예술인 음악도 아니며, 形의 순수 예술인 조형 미술이나 회화도 아니며, 그리고 의미의 완전하고 단순한 형태인 수학일 수도 없다. 音, 혹은 의미나 形을 고립적으로 강조하는 많은 시인, 혹은 그 유형은 시의 본질에 대하여 無知인 까닭이다. 그들은 폼과 이데아의 유기적 필연적 관계를 몰각한 것이다.2)

그리고, 그는 이러한 순수시의 경향이 프로시에 대한 반발에서 발생한 것으로서, 자칫하면 '형식 옹호'의3) 기교주의로 전락할 위험성이 있다고 경고하고 있다. 여기서 구체적으로 그 누구라고 지적한 바는 없지만, 정지용의 이미지즘 시도 같은 비판의 대상 속에 포함시킬 수 있다. 그렇다면 시문학파가 결성된 그 다음 해인 1931년의 이 지적은 김기림이 처음부터 정지용과는 다른 차원의 시인이었으며, 그가 뒤늦게나마 정지용류의 순수시운동에 대해 반기를 든 것은 불가피한 일이었음을 말해 준다.

시를 "유기적 화합 상태"4)로 규정하고, 그 구성 요소를 모두 끌어들여야 한다고 본 것은 그의 탁견이 아닐 수 없다. 그의 전체시 사상은 이 때부터 싹튼 것이라 하겠는데, 뒤늦게나마 기교주의 논쟁과 때를 같이하여 전체시의 개념을 명백히 드러내고자 한 것은, 그가 남긴 중요한 업적의 하나로 인정되어야 할 것이다. 여기서 말하는 전체시는 I. A. 리처즈의 포괄시(the poetry of inclusion)의 이론에 직접 연결되는 것인데, 만일 그가 서구 모더니즘 시론을 좀더 철저히 이해하고, 그것을 우리 시의 문화적 체질에 알맞게 굴절・변용

---

2) 김기림, 「시의 기술・인식・현실 등 제문제」, ≪조선일보≫, 1931. 2. 12.
3) 김기림, 「새 인간성과 비평 정신」, ≪조선일보≫, 1935, 『시론』, 123~124쪽 재인용.
4) 김기림, 「시의 기술・인식・현실 등 제문제」, ≪조선일보≫, 1931. 2. 12.

시킬 수 있었다면, 이 땅의 현대시운동은 더욱 바람직한 방향으로 나아갈 수 있었을 것이다. 여기에 김기림, 또는 그 시대의 일반적 한계가 놓여 있는 것은 아닐까. 이에 대해서는 뒤에 가서 다시 언급하게 될 것이므로 중복을 피하기로 한다.

2.

김기림은 시인 겸 비평가로서 활약했는데, 김기림과 같이 비평 의식이 강한 시인의 경우에는 그의 시론을 작품 해석에 필요한 한 개의 열쇠로 삼을 수 있으리라 보고, 그 일단을 살펴보았다. 이 글에서는 장편 「기상도」를 중심으로 그의 시와 시론을 비교해 보려 한다. 그리고, 그의 새로움이 무엇이며, 그것이 우리 문학사상 어떤 의의를 지니게 되는지 살피고자 한다.

김기림은 T. S. 엘리엇 이후의 영·미 시인들에게 많은 빚을 지고 있었다. 특히, 엘리엇에게 진 빚은 엄청난 것이어서 「기상도」를 읽고 있으면 엘리엇의 어떤 부분들을 그대로 연상하게 될 정도다. 그 한 예를 예시하면,

    헝크러진 거리를 이 구석 저 구석
    혀바닥으로 뒤지며 단이는 밤바람.5)

김기림은 이 두 행에서 '밤바람'의 이미지를 객관적 상관물로 사용하고 있는데, 이것은 엘리어트의 장시 "J. A. 프루프록의 연가"에 나오는 '노란 안개'나 '노란 연기'를 패러디한 것 같은 인상을 준다. 참고 삼아, 엘리엇의 그 구절을 인용해 보이면 다음과 같다.

    유리창에 등을 비벼대는 노란 안개,
    유리창에 주둥이를 비비는 노란 연기,

---

5) 김기림, 『기상도』(창문사, 1937), 19쪽.

>   저녁의 구석구석까지 혀로 핥고서
>   수채에 고인 웅덩이 위에서 머뭇거리다가,
>   굴뚝에서 떨어지는 그을음을 등에 받으면,
>   테라스 곁을 살짝 빠져 껑충 한번 뛰고선,
>   아늑한 시월달 밤인 줄 알았든지,
>   집 둘레를 한바퀴 빙 돌고는 잠이 들어버렸다.6)

그리고, 이 구절을 기억하는 독자라면 여기 사용된 동물의 이미저리들이 「기상도」의 다음 구절에 사용된 것과 유사하다는 점을 알아차리게 될 것이다.

>   지치인 바람은 지금
>   漂白된 風景 속을
>   썩은 歎息처럼
>   埠頭를 넘어서
>   찢어진 바다의 치마자락을 걷우면서
>   化石된 벼래의 뺨을 어르만지며
>   주린 강아지처럼 비틀거리며 지나간다.7)

엘리엇의 시에서는 '노란 안개'와 '노란 연기'가 '고양이'의 이미저리와 결합하고 있는 대신, 김기림의 「기상도」에서는 '바람'이 '강아지'의 이미저리로 환치되고 있을 뿐이다.

그러나, 내가 이곳에서 지적하고자 하는 바는 이런 단편적이고도 피상적인 영향의 자취가 아니다. 그보다도 더 근본적인 문제로서 김기림이 엘리엇에게서 무엇을 배웠는가 하는 점이 고려되어야 할 것이다.

김기림이 엘리엇에게서 배운 기교 가운데서 가장 기본이 되는 것은 시의 형상을 감각적으로 표현하는 수법이다. 엘리엇의 말을 빌면, 보들레르의 특

---

6) 이창배 역, 「엘리옷 선집」(을유문화사, 1960), 110쪽.
7) 「기상도」, 앞의 책, 15쪽.

징은 "어떤 이미지를 있는 그대로 제시하는 동시에 그로써 사실 그 이상의 것을 표현케 하여 그 이미지를 최고도로 강렬하게 제고시킨 데 있다"[8]고 한다. 김기림이 이러한 엘리엇의 견해를 어느 만큼 깊이 이해할 수 있었는지는 모르지만, 그와 같은 표현 수법을 의도적으로 시도하고 있었던 것만은 분명하다. 특히, 「기상도」에는 이같은 의도가 현저하게 엿보이는데, 위에 든 '바람'의 이미지는 현대인의 고달픈 삶을 예각적으로 형상화한 예가 될 것이다.

여기서 또 한가지 고려할 것은 잡다한 이미지를 결합시키는 수법이다. 김기림은 서로 아무런 관계가 없는 것 같은 이미지와 이미지를 결합시켜서 새로운 표현 효과를 자아내고 있는데, 이것 또한 엘리엇이 상징파 시인들에게서 영향받아 곧잘 사용했던 표현 수법의 하나이다. 이를테면 "J.A 프루프록의 연가"에 나오는 주인공은 생활에 지쳐 환멸을 느낀 고독한 인간이다. 작자는 우리가 이 주인공을 통해 발견하게 되는 바와 같은 황폐한 현대인의 정신적 상황을 묘사하기 위해 해질녘의 뒷골목에 보이는 지저분한 광경과 싸구려 여인숙·카페의 창·여자의 눈·언어 등 잡다한 이미지를 사용하고 있다. 김기림의 경우에도 이와 유사한 양상을 보게 된다.

    넥타이를 한 흰 食人種은
    니그로의 料理가 七面鳥보다도 좋답니다.
    살갗을 희게 하는 검은 고기의 偉力.
    醫師 콜베르씨의 處方입니다.
    헬메트를 쓴 避暑客들은
    亂雜한 戰爭競技에 熱中했습니다.
    슬픈 獨唱家인 審判의 號角소리.
    너무 興奮하였으므로
    內服만 입은 파씨스트.
    그러나 伊太利에서는
    泄瀉劑는 일체 禁物이랍니다.[9]

---

8) T. S. Eliot, *Selected Prose*(Penguin Books, 1953), p.180.
9) 「기상도」, 앞의 책, 3쪽.

'넥타이를 한 흰 食人種'과 '헬메트를 쓴 避暑客들', '內服만 입은 파씨스트' 등 별로 관계가 없는 이미지가 계속 배열되고 있는데, 이 사이에는 아무런 논리적 관련성도 주어져 있지 않다. 다만, 그 이미지가 환기하는 정서에 의해 연결되고 있다고 할까.

「기상도」는 당시의 시단에 부여된 하나의 경이(驚異)였다고 할 수 있다. 30년대 전반기 시단의 주류를 이룬 시문학파 시인들로서 정지용이나 김영랑의 시와 비교해 보면 그 새로움이 명백히 드러난다. 우리가 지금 그들을 순수의 카테고리 속에 한데 묶어 이해하고 있는 바와 같이, 아름다운 이미지나 리듬의 구사에만 전념했던 것과는 달리, 김기림은 미추(美醜)의 구별 없이 잡다한 생활의 이미지를 모두 포용하여 비개인적(非個人的) 정서(情緖)를 드라마틱하게 표현하고자 했기 때문이다. 김기림과 함께 모더니즘 문학론의 수용에 앞장섰던 최재서가 열띤 목소리로 「기상도」의 가치를 높이 평가한 것10)은 충분히 이해가 가는 일이기도 하다.

김기림은 이렇듯 시적 형상의 감각적 표현에 주력하는 한편, 사상을 감각적으로 표현하는 방법을 사용하기도 했다. 이것 또한 엘리엇이 강조했던 시적 표현의 한 방법인데, 김기림이 「기상도」에서 즐겨 사용했던 것이기도 하다. 시에서는 사상 그 자체의 진위보다도 사상을 감각적 등가물로 변형시켜 표현하는 것이 중요하다는 엘리엇의 현대적인 시인식이 우리 나라에서도 비로소 그 빛을 발하게 된 첫 케이스가 될 것이다. 이 수법은 원래 엘리엇이 형이상 시인들에게서 배운 것이라고 하는데, 그가 주장하는 바에 따르면, J. 던에게 있어서 사상은 경험이며, 감수성에 변화를 부여했다고 한다.11) "사상을 직접적·감각적으로 표현하는 힘, 다시 말하면 사상을 감정적으로 개조하는 일"12)이 김기림이 의욕했던 것처럼 그렇게 용이한 것이었는지 의문이지만, 어떻든 우리 시단에서는 그와 함께 처음으로 시도됐고, 또 지금은 모든

---

10) 최재서, 「현대시의 생리와 성격」, 《조선일보》, 1936. 8. 21~27.
11) T. S. Elot, *Selected Prose*, p.110.
12) 위의 책, 109쪽.

시인의 의식 속에 일반화되기에 이르렀다고 한다면, 이러한 시적 인식의 방법을 도입한 것은 일단 김기림의 선구적 공적으로 인정되어야 할 것이다.

「기상도」에 사용된 기습(surprise)의 수법도 여기서 함께 고려되어야 할 것이다. 엘리엇은 '骸骨에 감긴 金髮의 팔지'라는 J. 던의 구절을 인용하고, '金髮'과 '骸骨'의 연상(聯想)을 간절히 대조시킴으로써 강력한 효과를 거두고 있다[13]고 말한 바 있는데, 「기상도」에는 그러한 시적 효과를 거두기 위해 기습의 수법을 사용한 부분들이 현저하게 눈에 띈다. 문명과 야만의 두 관념을 대비시켜 흑백 인종의 분규를 풍자한 것으로서 '넥타이를 한 흰 식인종'이라는 구절을 들 수 있겠는데, 이 대목은 위에 인용한 엘리엇의 예와 좋은 대칭을 이루고 있는 듯하다. 이러한 기습의 수법은 어사(語辭)와 어사(語辭) 사이에서뿐만 아니라 행과 행, 연과 연 사이에서도 일어난다. 다음의 1절에서는 '大中華民國의 繁榮'과 그 '분열'이 대비를 이루고 있고, '거룩한 테-불'과 '늙은 王國의 運命', '빨간 술'과 '점잔은 입술들'이 대비되어 동양 문화의 붕괴상을 암시하는 데 이바지하고 있다.

  大中華民國의 繁榮을 위하야―
  슾으게 떨리는 유리컵의 쇳소리.
  거룩한 테-불 보자기 우에
  펴놓는 歡談의 물구비 속에서
  늙은 王國의 運命은 흔들리운다.
  솔로몬의 使者처럼
  빨간 술을 빠는 자못 점잔은 입술들
  색깜안 옷깃에서
  쌩그시 웃는 흰 薔薇
  大中華民國의 分裂을 위하야[14]

이 작품은 7부로 구성되고 있는데, 태풍이 엄습하기 이전과 이후, 그리고

---

13) 위의 책, 106쪽.
14) 「기상도」, 앞의 책, 91쪽.

태풍이 통과한 다음의 세 단계로 나눌 수 있다.15) 태풍이 엄습하기 이전의 상황을 묘사한 것으로 「세계의 아침」을 보면, '비눌 / 돛인 / 海峽은 / 배암의 잔등 / 처럼 살아났고 / 아롱진 아라비아의 衣裳을 두른 젊은 산맥들'16)에서 처럼 밝고 경쾌한 리듬과 아름다운 이미지가 배합되고 있다. 그런데, 태풍이 엄습한 이후의 부분에서는 다르다. 어둡고 침침한 이미지가 무잡하게 얽히고 있는데, 이것은 자연과 문명의 붕괴에 의해 설 자리를 잃은 인간들이 방황하는 모습을 드러내기 위한 조치일 것이다. 다음, 이 부분을 태풍이 통과한 후의 상황과 대비시켜 보면 그 차이점은 더욱 명백하게 나타난다. 이해를 돕기 위해 각각 그 1절을 인용해서 보기로 한다.

산뼐이 소름친다.
바다가 몸부림 친다.
휘청거리는 삘딩의 긴 허리.
비틀거리는 電柱의 미끈한 다리.
旅客機는 颱風의 깃을 피하야
成層圈으로 소스라처 올라갓다.
痙攣하는 亞細亞의 머리 우에 흐터지는 電波의 噴水. 噴水.
故國으로 몰려가는 忠實한 에텔의 아들들.17)

허나
이윽고
颱風이 짓밟고 간 깨여진 메트로폴리스에
어린 太陽이 병아리처럼
홰를 치며 일어날게다.
하로밤 그 꿈을 건너다니는
수없는 놀램과 소름을 떨어버리고
이슬에 젖은 날개를 한울로 펼게다.

---

15) 문덕수, 『韓國 모더니즘詩硏究』(시문학사, 1981), 185쪽.
16) 「기상도」, 앞의 책, 1쪽.
17) 「기상도」, 앞의 책, 10쪽.

> 탄탄한 大路가 希望처럼
> 저 머언 지평선에 뻗히면
> 우리도 四輪馬車에 來日을 실고
> 유랑한 말발굽 소리를 울리면서
> 처음 맞는 새길을 떠나갈게다.
> 밤인 까닭에 더욱 마음 달리는
> 저 머언 太陽의 故鄕.18)

　전자는 「자최」의 인용이고, 후자는 「바퀴의 노래」의 인용이다. 「자최」이하의 3부에서는 혼란의 세계를 제시하고 있는 데 반해, 「쇠바퀴의 노래」에서는 혼란을 극복하고 질서의 세계로 나아가려는 작자의 바램이 환상적으로 제시되고 있다. 후자의 경우 '-ㄹ게다'라는 미래 시제가 반복적으로 사용되고 있음에 유의할 필요가 있다. 자연계의 현상을 관찰해 보면 태풍이 지나간 뒤에 밝은 태양이 떠오르고 모든 것이 새 질서를 회복하듯, 인간의 삶도 결국 혼란의 세계를 거쳐 질서의 세계에 도달하게 되므로 희망을 잃어서는 안된다는 작자 자신의 소박한 인생관을 작품 속에 반영한 것으로 보인다. 그런데, 이 작품에서는 이렇듯 상반된 두 세계가 아무런 연결사도 없이 동일평면 위에 몽타주되고 있는 것으로 보아, 구성 자체가 대조 또는 기습의 수법을 취하고 있다고 하겠다.

　김기림은 이 작품을 구성하는 데에 여러 가지 잡다한 경험을 결합시키고 있는데, 인유(引喩)의 경우에도 같은 말을 할 수가 있다. 그는 자신이 몸소 겪은 다양한 생활의 경험뿐만 아니라, 독서에서 얻은 경험을 끌어들여 그것들을 여러 가지 형태로 조직하고 있다. 이를테면 공자와 그리스도 등 동서양의 성현과 문인·학자·사상가·고전 작품, 그리고 현대 사회에 명멸하는 가지가지의 사건과 정황에 이르기까지 방대한 분량의 인용예를 보이고 있는데, 우리가 이 작품에서 주목할 점은 그것들이 원래의 의미나 분위기를 독자의 마음 속에 불러 일으키면서, 그 구성에 의해 별다른 정서를 환기시키는 2중

---
18) 「기상도」, 위의 책, 24~25쪽.

의 기능을 발휘하고 있다는 점이다. 그러므로, 그것은 고전시의 경우와 달리 새로운 의미를 띠고 나타난다.

> 圖書館에서는
> 사람들은 격구로서는 소크라테스를 拍手합니다.
> 生徒들은 헤-겔의 서투른 算術에 아주 歎服합니다.
> 어저께의 同志를 江邊으로 보내기 위하야
> 자못 變化自在한 刑法上의 條件이 調査됩니다.
> 敎授는 紙錢 우에 印刷된 博士論文을 朗讀합니다.19)

황폐한 세계에서도 사람들은 여전히 소크라테스를 찾고, 헤겔을 찾고 있다. 그러나, 그들은 모두 '격구로서는 것'과 '서투른 算術'에 지나지 않는다. 과거의 고전적 가치 기준이 이미 시효를 상실하고 무의미한 것이 되었음을 암시하고 있다. 다시 말하자면, 타락한 시대의 상황이라는 새로운 문맥 속에 도입되어 고전적 양식들이 변질되고 있다고 할까. 이 작품 속에 인용된 고전 작품의 문구들도 이 작품 자체의 새로운 문맥 속에 도입되어 원전의 내용이나 분위기와는 전혀 다른 것으로 전환되고 있다.

> 바시의 어구에서 그는 문득
> 바위에 걸터앉어 머리 수그린
> 헐벗고 늙은 한 沙工와 마주첫다.
> 흥 '옛날에 옛날에 破船한 沙工'인가봐.
> 結婚式 손님이 없어서 저런게지.
> "오 파우스트"
> "어디를 덤비고 가나"
> "응 北으로"
> "또 성이 낫나?"
> "난 잠잫고 잇을 수가 없어. 자넨 또 무엇 땜에 예까지 왔나?"

---

19) 「기상도」, 위의 책, 11~12쪽.

"괴테를 찾어단이네?"
"괴테는 자네를 내버리지 않었나?"
"하지만 그는 내게 생각하라고만 가르켜 주었지
행동할 줄은 가르켜주지 않엇다네.
나는 지금 그게 가지고 싶으네."
흠, 막난이 파우스트.
흠, 막난이 파우스트.[20]

위의 전반 5행은 S. T. 콜리쥐의 장시「노수부의 노래」와 관련되어 있고, 후반 12행은 괴테의 희곡「파우스트」와 관련되어 있다. 이 작품의 구성에 따르면 태풍은 바시 해협에 다달아 두 작품의 주인공을 만나는데, 이 두 작품의 인물들은 원전과는 전혀 다른 상황에 놓여 있다. 이를테면 '사공'의 경우, 그는 낭만적이고도 신비스런 체험담을 간직하고 있지만, 그것을 들어줄 대상(결혼식 손님)이 없기 때문에, '바위에 걸터앉아 머리 수그린' 채 쓸쓸한 시간을 보내고 있을 뿐이다. 아마도 이 쓸쓸함은 현대 사회의 정신적 공허에 값하는 것이리라. 태풍의 이미지가 암시하는 바와 같이 정치적 사회적 격동기이며, 과거의 모든 질서나 고전적 가치 체계가 송두리채 무너져 버린 이 시대에 있어서는, 콜리쥐가 한 늙은 사공에게서 발견했던 바와 같은 낭만적인 꿈과 환상은 의미를 지닐 수 없기 때문이다.

「파우스트」의 경우도 마찬가지다. '생각하라고만 가르쳐 주었지 행동할 줄은 가르쳐 주지 않았다'는 파우스트의 답변에서 읽을 수 있는 바와 같이, 우리 시대의 관점에서 보면 이 인물은 이미 시효를 상실한지 오래기 때문이다. 김기림이 고전 작품의 어떤 부분을 새삼스럽게 끌어들여, 그것을 전혀 다른 문맥 속에 재구성하고 있는 이유를 우리는 이 자리에서 어렵지 않게 파악할 수 있다. 이러한 인유(引喩), 또는 대조(對照), 또는 기습(奇襲)의 수법 속에 포함시킬 수 있겠는데, 과거의 아름다운 세계나 인간상을 통해 현재의 추악한 실상을 더욱 절실하게 제시하려는 의도에서인 듯하다.

---

20)「기상도」, 위의 책, 6쪽.

지금까지 우리는 「기상도」에 나타난 몇 가지 표현 수법을 통해 김기림 시의 이모저모를 살펴보았는데, 그것은 이 땅의 현대시 운동에 있어 어떤 의미를 지니게 되었는가. 끝으로 이 문제를 검토하지 않을 수 없다. 다음 세대를 위한 한낱 밑거름에 지나지 않는 것이든, 그 자체가 문학적 정당성을 확보하고 있는 것이든 간에, 위와 같은 물음은 30년대 시의 탐구에 중요한 단서를 제공하게 될 것으로 보아지기 때문이다.

3.

김기림은 한국 시사에 새로운 요소를 부여한 것이 사실이다. 20년대 낭만파 시인들은 물론이고, 그와 동시기에 활동한 다른 많은 모더니스트 시인들과 비교해 보면, 그의 새로움은 더욱 분명하게 드러난다. 그의 이러한 새로움은 장시 「기상도」 속에 다양한 모습으로 제시되어 있거니와, 그것이 비록 기법상의 문제에 국한된 것이라 하더라도, 그의 시를 당시 시단에서는 하나의 새로운 준범으로 선택하게 하는데 부족함이 없었다. 일부 비평가들에 의해 부정적인 비판이 가해진 바 없는 것은 아니나, 당시의 모든 비판은 부분적이고도 피상적인 것이었으며, 그의 시가 지니는 새로운 요소를 근본적으로 파헤쳐, 그것이 무의미한 것임을 입증해 보여줄 수 있을 만큼 이론적인 밑받침이 갖춰진 것은 아니었다. 이를테면 임화가 "지성의 비행동성"[21]을 들어 시대의 상황을 그 내부에서 들여다보지 못하고 외면적으로 가장할 뿐이라고 매도한 바 있으나, 이러한 임화의 견해는 모더니즘 문학론을 이해하고 그 위에서 출발한 것이었다고는 보기 어렵다. 모더니즘 문학론을 전혀 이해하지 못했다는 점에서는 박용철의 경우에도 동일한 지적이 가능하나, 임화보다는 한층 더 시의 본질론에 접근된 감을 준다.[22]

김기림의 이해자로서 그 가치를 누구보다 깊이 인식하고 긍정적 평가를

---

21) 임화, 『문학의 논리』(학예사, 1940), 636쪽.
22) 박용철, 『박용철전집』(동광당서점, 1939), 95쪽.

내린 최초의 비평가는 최재서다. 그는 「현대시의 생리와 성격」이라는 글에서 「기상도」의 주제와 구성을 분석적 방법으로 비교적 섬세하게 조명하고 그 새로운 국면을 제시하는 데 이바지했는데, 이것은 김기림의 개인적 업적뿐만 아니라, 우리 문단에도 모더니즘 문학 운동이 비로소 실효를 거두게 되었음을 인식시킨 귀중한 문헌으로 평가된다. 그는 이 글에서 김기림이 서구 모더니즘 시론을 바탕으로 하여 '현대시'에 값하는 우수한 작품을 내놓았다고 말하면서, 「기상도」에 사용된 몇 가지 독특한 기법을 해설하는 데 열의를 보이고 있다. 아울러서, 이러한 기법이 현대인의 정신적 상황과 어떤 관련을 맺는가를 언급함으로써 우리 시대의 문학적 특질을 구명하고자 했다. 그러나, 그가 「기상도」에서 발견한 것은 그가 이미 독서 체험을 통해 관념적으로 파악하고 있었던 것으로서, 우리들과는 문화 전통과 체질을 달리하는 서구의 문학 논리 그것이었다. 언젠가 필자는 김기림을 논하는 자리에서 이들 30년대 모더니스트 시인들이 서구적 지성의 한계에 부딪쳤음을 지적한 바 있는데, 그들이 말하는 그 소위 '지성'의 내용 항목을 고려해 본다면, 김기림 또는 최재서로 대표되는 30년대 모더니즘 문학운동의 역사적 의의를 어디에 두어야 할 것인지 당혹감을 느끼게 된다. 김기림의 선구적 공적과 그 한계점을 여기서 함께 물을 수 있을 것 같다.

　우리는 「기상도」를 중심으로 김기림의 시에 나타난 새로운 요소를 살펴본 바 있는데, 그것은 어떤 의미를 지니게 되는가. 이 점을 논의하기 위해 시인 겸 비평가로서의 그의 일면을 다시 한 번 재검토할 필요가 있다. 그는 "무의식적으로 소박하게 시를 씀으로써 만족해 하던 지금까지의 자연발생적 시대"를 거부하고 "시작 자체의 의의를 발견하려고 하는 모색의 정신"을 강조하는 한편, "藝術上의 苦悶"[23]을 자각해야 한다고 말한 바 있다. 그렇다면, 「기상도」에 사용된 일련의 새로운 기법은 제작 의식을 강조했던 이 시인의 기본 태도를 시작상에서 실제로 구현시킨 것이라고 할 수 있다. 그러나, 그가 이러한 기법을 어느 만큼 효과적으로 사용하고 자신의 시에 보탬이 되게 하였는가 하는 점에서는 의문을 남기고 있다. 그 한 예로 그가 즐겨 사용한

---

23) 김기림, 「新春의 朝鮮詩壇」, 《조선일보》, 1935. 1. 3.

인유(引喩)의 예를 보기로 하자. "바시의 어구에서 그는 문득 / 바위에 걸터앉어 머리 수그린 / 헐벗고 늙은 한 사공과 마주쳤다. / 흥 옛날에 옛날에 破船한 沙工인가봐 / 結婚式 손님이 없어서 저런 게지"의 1절은 앞에서도 지적한 바와 같이, 콜리쥐의 「老水夫의 노래」를 전용(轉用)한 부분인데, 엘리엇의 인유와는 본질적으로 다르다. 「荒蕪地」의 노트가 가리키는 바와 같이, 엘리엇은 무수한 고전 작품을 인용함으로써 과거와 현재의 교호 작용을 암시하고, 그러한 표현을 통해 역사적 의식을 강조하는 데 역점을 두고 있지만, 김기림의 「기상도」에는 그러한 인식이 박약한 것 같다. 만일 이 구절이 엘리엇이 말하는 바 역사적 의식으로서, "과거가 과거로서 존재할 뿐 아니라 과거가 현존하는 것을 의식하게 하고, 또 자신의 세대를 마음 속에 간직함과 함께, 호머 이래의 유럽 문화 전체 및 자국의 문학 전체가 동시적으로 존재하고 동시적 질서를 구성하고 있다고 느끼는"[24] 그러한 의식을 지니고 있다면, 그것은 '태풍'이 암시하는 바 정치적·사회적 격변 속에 난파당한 현대인의 정신적 붕괴상을 제시함과 동시에, 그러나 그러한 절망의 상태가 전통에 의해 부흥된다는 시인의 신념을 구현하는 이중의 효과를 거둘 수 있었을 것이다. 그런데, 이 작품에서는 위의 인유가 역사적 의식의 산물인 시인의 비전과 연결되지 못하고, 한낱 장식적 이미지 구현에 그치고 있다. 무수한 과거가 시인의 정신 속에 축적되어 동시적 질서를 구축해야 한다고 본 엘리엇의 전통관하고는 근본적인 상거를 보인다.

 김기림이 제기한 전체시의 이념도 위와 같은 관점에서 볼 때 비판의 여지를 남기고 있다. 그는 엘리엇을 말하고 리처즈를 들먹거리기도 했지만, 그들의 이론을 어느 만큼 깊이 이해하고 있었는지 의문이 간다. 엘리엇의 말을 빌면, 사상과 감정을 결합시켜 감수성의 분열을 막아야 한다는 것인데, 김기림의 경우에는 그러한 낭만주의 비판이 지극히 도식적 반응을 보이고 있을 뿐 아니라, 감정의 배제가 곧 사상을 추구하는 것처럼 착각했던 듯싶다. 다음의 1절을 보기로 하자.

---

24) T. S. Eliot, *Selected Prose*, pp.22~23.

그 肥滿하고 魯鈍한 午後의 禮儀 대신에 놀라운 午前의 生理에 대하여 驚歎한 일은 없느냐? 그 건강한 아침의 體格을 부러워해 본 일은 없느냐?
　　까닭 모르는 우름소리, 過去에서 구원할 수 없는 愛着과 停頓, 그것들 음침한 밤의 迷惑과 眩暉에 너는 아직도 疲勞하지 않었느냐?25)

　　그러면 너는 나와 함께 魚族과 같이 新鮮하고 旗빨과 같이 活潑하고 표범과 같이 大膽하고 바다와 같이 明朗하고 仙人掌과 같이 健康한 太陽의 風俗을 배호자.26)

　여기서 말하는 '오전의 생리'란 다름 아니고 "魚族과 같이 신선하고 旗빨과 같이 활발하고 표범과 같이 대담하고 바다와 같이 명랑하고 선인장과 같이 건강한 태양의 풍속"을 가리킨다. 이렇듯 '명랑하고 건강한' 시의 속성은 T. E. 흄이 고전시의 이상으로 제시한 "메마르고 단단함(the dry-hardness)"27)에서 암시 받은 것인 듯하다. 이 부분은 감정 위주의 낭만시를 지양하고 지적 작용을 강조한 것으로 이해할 수도 있겠으나, 김기림의 경우, 감수성의 회복이라는 현대시의 기본 방향과는 달리 감정 배제의 일면성을 노증시키고 있다. 다시 말하면, "오후의 예의 대신에 오전의 생리"를 선택한 김기림은 '오후', 곧 혼란의 극복보다는 배제 또는 기피의 길을 걷고 있는데, 이것은 리처즈의 용어를 빌면 '排除詩(the poetry of inclusion)'의 단순성에 떨어졌다고 하겠다. 「기상도」에서도 이러한 단순성이 현저하게 눈에 띤다. "바다는 다만 / 어둠에 반란하는 / 영원한 불평가다. / 바다는 자꾸만 흰 이빨로 밤을 깨문다"28)고 노래했을 때, '바다'는 '어둠'을 몰아내는 자로 설정되고 있으나, '어둠', 곧 혼란을 거부하는 자와 극복하는 자는 엄격히 구분되어야 할 것이다. 이 대목은 「황무지」의 끝 부분에 있는 다음의 시행을 연상하면서 쓴 것 같은데, 양자를 대비시켜 보면 그 차이점이 더욱 분명하게 나타난다.

---

25) 김기림, 『태양의 풍속』(학예사, 1939), 4쪽.
26) 김기림, 위의 책, 서문.
27) T. E. Hulme, *Speculations*(London, 1960), p.126.
28) 「기상도」, 위의 책, 23쪽.

> 나는 강가에 앉아,
> 낚시질한다. 뒤엔 메마른 벌판.
> 최소한 내 땅이나마 정돈할까?29)

　엘리엇이 노래한 것은 단순한 절망의 상태가 아니고 전통에 의한 부흥이다. 그러므로, 이 시인은 자기의 사상을 뒷받침하기 위해 여러 가지 기술적 장치를 사용하고 있다. 위에 인용한 3행에 이어 수많은 고전 작품의 인유가 도입되고 있는데, 이것은 전통 의식에 의해 현재의 황폐상이 구원될 수 있음을 암시한 것으로 해석된다. 우리는 이 부분을 읽으면서 비평가 엘리엇과 시인 엘리엇이 완전히 일치한다는 사실을 발견하게 된다. 그런데, 김기림의 경우는 어떠한가. 그는 엘리엇의 문학 사상이나 리처즈의 그것을 철저히 이해하지 못한 것 같다. 만일 그들의 문학 사상을 어느 정도 깊이 있게 이해할 수 있었다면 피상적인 모방에 그치지 않고, 굴절·변용시켜 자기 동일성을 회복할 수 있었을 텐데, 그렇게 하지 못했다. 1930년대 한국 시단에서는 가장 우수한 모더니스트 시인으로 인정받았고, 또 자신도 그렇게 자부했던 그가 결국 외국시에 나타난 새로운 기법들을 끌어들여 '새 시대의 감수성이 이런 것이어야 한다'는 구호 제창에만 그쳤을 뿐 기법과 사상을 결합시키지 못한 이유가 여기에 있다.

　이상에서 지적한 바와 같이 김기림은 모더니즘운동의 기수로서, 우리 시의 역사적 문맥 속에 변화의 계기를 마련하려는 뚜렷한 노력을 보였음에도 불구하고, 그 실천 과정에 있어 많은 시행 착오를 범했으며, 그가 그토록 강조한 서구적 지성의 의의마저 곡해시키는 결과를 가져왔다. 문학이 단순한 지식상(知識商)이 아니며 삶의 비전을 탐구하는 곳임을 우리는 이 자리에서 확인하게 된다. 이러한 오류는 서구 문학의 교양을 관념적인 독서의 차원에서 쌓으려고 했던 과거 모든 시인들에게 함께 던져져야 할 것이다.

---

29) T. S 엘리엇, 이창배 역, 앞의 책, 126쪽.

김광균론
— 「雪夜」에 나타난 공간기호를 중심으로

김 태 진*

1.

소쉬르(F. de. Saussure)는 자신의 저서인 『일반 언어학 강의』(1915)에서 "언어는 관념을 표출하는 기호의 체계인데, 이러한 기호의 생(生)을 연구하는 과학이 기호학"이라고 하여 언어학과 기호학의 상호연관성을 설파한 바 있다. 또 그는 언어의 사회적 기능을 강조하면서, 언어는 기호의 체계이며 언어기호는 기표(記標 : 시니피앙)와 기의(記意 : 시니피에)의 두 측면을 가지는데 이들은 불가분의 관계에 있다고 하여, 기호의 이분법을 주장하기도 하였다. 아울러 같은 책에서 소쉬르는 "기호는 그 질서 속에서의 적극적 실재체"라고 하여 그 기호의 변별적 특질은 차이성을 만들어내는 그 자체의 구조 속에 있음을 암시한 바도 있다.

우리가 눈여겨 볼 것은 마지막 주장이다. 그것은 기호의 의미의 현현이 어떤 구조 속에 내재해 있다는 의미이기 때문이다. 즉 기호 혹은 기호의 실재는 지시대상에 있는 것이 아니라 언어들의 구조 속에 내재해 있다는 것이다. 그러므로 이 관점이 문학작품에 적용될 경우, 문학작품의 기호연구는 언어의 의미를 만들어 내는 작품 내의 음소의 변별적 특질에서 행해져야 할 것이다.

---

* 한양여자대학 강사

또 로트만에 의하면 "예술작품은 무한적 세계의 유한적 모델을 만들어 내고 있다. 그러기에 그 텍스트의 공간의 구조는 우주공간의 구조모델이 되고 텍스트내의 통사론은 공간적 모델형성의 언어가 된다[1])"고 하여 예술작품의 2차 모델형성체계는 그 작품 내에 나타나는 공간을 통해 나타나며 공간적 관계의 언어는 실제로 의미표현의 주요한 수단이 됨을 보여주고 있다. 즉 자연언어의 기호처럼 작품 내에 설정되는 공간을 하나의 기호표현으로 보는 것이다.

그리고 바르트는 『기호학의 요소』(1976)에서 문학의 기호로서의 공간은 "대칭과 대립, 즉 통합축과 계열축을 지니고 있다"고 말함으로써 공간기호체계를 언어의 변별적 자질과 같은 이항대립성으로 체계화 시켜 그 의미를 추출해내고 있는 것이다. 그러므로 수직 / 수평을 기축으로 한 상 / 하, 중심 / 주변, 안 / 바깥, 전 / 후, 좌 / 우 등의 2항대립을 형성하는 문학적 공간은 그 차이를 통해 하나의 기호현상으로 포착할 수 있다.

이같은 견해들을 종합해 본다면, 시에 있어서 기호란 의미의 내재체이며, 이 의미를 드러내기 위한 한 방법으로는 공간기호를 중심으로 천착해보는 시도가 가능하다는 것이다. 그러므로 이 글에서는 김광균의 시 「雪夜」를 대상으로 삼아서 그 공간기호적 의미와 그에 관련된 종합적 연구를 해 보고자 한다.

2.

어느 먼 – 곳의 그리운 소식이기에
이 한밤 소리없이 흩날리느뇨

처마끝에 호롱불 여위어가며

[1) 김태옥, 「현대시의 언어 기호학적 고찰」, 《어학연구》 16권 1호(서강대 출판부, 1982)

서글픈 옛 자췬 양 흰눈이 나려

하이얀 입김 절로 가슴이 메여
마음 허공에 등불을 키고
내 홀로 밤깊어 뜰에 나리면
먼 - 곳에 女人의 옷 벗는 소리

희미한 눈발
이는 어느 잃어진 追憶의 조각이기에
싸늘한 追悔 이리 가쁘게 설레이느뇨

한줄기 빛도 향기도 없이
호올로 찬란한 衣裳을 하고
흰눈은 나려 나려서 쌓여
내 슬픔 그 우에 고이 서리다

─「雪夜」전문

　이 시는 1, 2, 3, 4, 5연의 진행에 따라 점차로 화자의 시선이 수직적 하강을 하는 상, 중, 하의 체계로 나타난다. 즉, 1연의 눈이 흩날리는 공중과 2연의 화자의 머리 위로서의 처마 끝은 그 공간상 상에 해당하고 3, 4연의 화자 내부의 감정으로의 시선투영은 그 공간상 중에 해당하며 5연의 지표에 쌓여진 눈에 화자의 시선이 가 있음은 그 공간상 하에 해당한다.
　또 방안의 화자를 중심으로 할 때에, 그 수평적 공간이 드러나는데 그것은 벽을 그 경계선으로 하여 1, 2연은 밖의 풍경을 묘사하고 있고 3연의 1, 2행은 방안의 자신의 감정을, 그리고 3연의 3, 4행부터 4, 5연까지는 뜰의 눈을 묘사하고 있는 것이다. 이로 보아 그 수평적 공간은 외(外) / 내(內) / 외(外)의 구조로 나타나고 있다.
　이같은 수평, 수직의 「雪夜」공간은 눈이 내리는 풍경을 허공에서부터 지상에 이르기까지 유심히 살펴 그것에 화자의 감정을 투영시킨 작자의 작시법적 비밀인 것이다. 즉, 위로부터 내려오는 눈에 그리움과 서글픔을 투영한 후 작자내면의 소리로(3연 4행) 그것을 해독한다. 그 후에 작자감정 외부인 밖의 풍경으로 시선을 돌려 쌓여지고 있는 눈에 자신의 슬픔을 투사하고 있는 것이다.

  이상의 사실을 종합해 보면 기호표현(시니피앙)과 기호내용(시니피에)의 관계처럼 「雪夜」의 "공간구조"와 "시의 의미"는 서로 등가관계에 있다고 할 수 있는데, 이것을 설명해보면, 위에서 아래로 옮겨지는 수직적 하강은 기호표현이 되고 눈의 수직적 하강의 속성과 작자의 하강적 이미지로서의 "슬픔", 그리고 밤의 하강적 이미지는 기호내용이 된다. 또 밖에서 안, 다시 안에서 밖으로 옮겨지는 수평적 확산은 기호표현이 되고 아울러 먼 곳의 그리움과 과거의 서글픔에서 가까운 곳(뜰)의 현재적 슬픔으로 옮겨지는 작자의 심리적 방황은 기호내용이 되는 셈이다. 따라서 이렇게 본다면, 「雪夜」는 언어로서의 의미구축보다는 공간적인 체계에 의해 그 의미를 구축하고 있다는 것이 더 옳을 듯하다.

  한편, 시적 공간의 대립은 각 연을 의미론적 층위에서 볼 때 더욱 뚜렷해진다. 즉, 1연의 물질적인 눈(雪)과 정신적인 이미지로서의 "그리운 소식", 그리고 그 매개항으로서의 작자(화자)가 어우러져 흰눈을 묘사하고 있는데, 이것은 작자를 매개로 한 물질과 정신의 대립으로 볼 수 있다. 이렇게 볼 때에 각 연은 작자를 매개로 하여 눈과 서글픈 옛자최(2연), 눈과 옷벗는 소리(3연), 눈과 추억(4연), 눈과 슬픔(5연)의 대립적 구조로 이루어져 있다고 볼 수 있다.

        1연 : '눈'<──작자──> 그리운 소식
        2연 : '눈'<──작자──> 서글픈 옛자최
        3연 : '눈'<──작자──> 옷벗는 소리
        4연 : '눈'<──작자──> 추억
        5연 : '눈'<──작자──> 슬픔

또 시적 시간의 공간이 밤이기는 하지만 그 배경상의 특이성에 의해서 그 대립적 구조를 추출해 낼 수 있는데, 그것은 1연의 소리 없는 밤(1연 2행)과 3연의 소리 있는 밤(3연 4행)이 대립되고 또 2연의 빛이 있는 밤(2연 1행)과 5연의 빛이 없는 밤(5연 1행)이 대립되는 것이다. 한편 4연은 1행의 "희미한 눈발"에서 느끼는 것처럼 빛도 소리도 있는 듯, 없는 듯한 상태의 묘사이므로 그 대립체계에서 제외가 가능하다.

따라서 「雪夜」의 형태적 구분은 1, 3연의 대립과 2, 5연의 대립으로 구조화 시킬 수 있다.

또 소재인 '눈'에다 '그립다'(1연 1행), '서글프다'(2연 2행), '추억과 추회'(4연의 2행, 3행) 등의 과거적인 감정을 투영하고서 다시 태도를 바꾸어 현재적 슬픔을 투영(3연 1행, 5연 4행)한 것은

```
         ┌─ 1연 : 소리가 없는 밤
      대 │
      립 ├─ 2연 : 빛이 있는 밤
   대    │
   립    ├─ 3연 : 소리가 있는 밤
         │
         └─ 5연 : 빛이 없는 밤
```

독자에게 균형 및 시간인식에 대한 어색함을 제공하고 있다. 즉, 동일한 소재인 '눈'에다 과거와 현재의 감정을 투영한다는 1:2의 비율상의 어색함 (이러한 어색함은 균형적 상태를 유지하려는 인간의 노력에 그 근거를 두고 있음)과 소재에 대한 감정투영이 시제의 보편적인 인식순서인 과거→현재→미래를 따르고는 있으나 '미래'가 없다는 어색함이 있는 것이다. 그런데 이러한 어색함은 구조주의자들의 "낯설게 하기"의 기법과 같은 효과를 거두고 있는 것으로 보여진다.

또 이 시를 음소적인 측면에서 살펴보면 부드러운 소리(ㅇ, ㄴ, ㅁ, ㄹ)와 날카로운 소리(ㅅ, ㅋ, ㅌ, ㅊ, ㅍ)및 된소리(ㅃ, ㅆ)의 공존을 각연의 각행에서 발견할 수 있는데, 그것을 살펴보면, 1연 1행의 ㅇ, ㄴ, ㅁ과 ㅅ, 1연 2행의 ㅇ, ㄴ, ㅁ, ㄹ과 ㅅ, ㅌ, 2연 1행의 ㅇ, ㅁ, ㄹ과 ㅊ, ㅌ과 2연 2행의 ㄴ, ㄹ,

ㅇ과 ㅅ, ㅍ과 3연 1행의 ㅇ, ㄴ, ㅁ, ㄹ과 ㅅ과 3연 2행의 ㅁ, ㅇ, ㄹ과 ㅋ, 3연 3행의 ㄴ, ㄹ, ㅁ, ㅇ과 ㅍ, 3연 4행의 ㄴ, ㅇ, ㄹ과 ㅅ, 4연 1행의 ㅁ, ㄴ, ㄹ과 ㅃ, 4연 2행의 ㅇ, ㄴ, ㄹ과 ㅊ, 4연 3행의 ㄴ, ㄹ, ㅇ과 ㅆ, ㅊ, 5연 1행의 ㄴ, ㄹ, ㅇ과 ㅊ, ㅅ, 5연 2행의 ㄴ, ㄹ, ㅇ과 ㅊ, ㅅ, 5연 3행의 ㄴ, ㄹ, ㅇ과 ㅅ, ㅆ, 5연 4행의 ㄴ, ㄹ, ㅇ, ㅁ과 ㅅ, ㅍ의 음소적 배열로 나타난다.

그러나 이러한 음소들의 구성은 부드러운 소리(ㅇ, ㄴ, ㅁ, ㄹ)가 그 빈도수로 보아 압도적으로 나타나는 바, 「雪夜」의 부드러운 어감을 느끼게 한다.

이러한 효과는 각행의 종지어의 음소 구성을 보더라도 그 짐작이 가능한데, 즉 각행의 종지어가 대부분 ㄴ, ㄹ, ㅁ, ㅇ의 부드러운 소리의 음소로 이루어져 있어(3연의 2행과 5연의 2, 4행 제외) 시적 어조를 매끄럽게 한다.

또 이 시를 어휘적 측면에서 '눈(雪)'이라는 시어에 그 초점을 맞추어 본다면, 1, 3연과 2, 4, 5연의 대립을 볼 수 있다. 즉, 1연에서 시어 '눈'의 나타나지 않음과 2연의 나타남, 또 3연의 나타나지 않음과 4, 5연의 나타남은 그 어휘적 사용의 특이성인데, 이는 4연의 보였다·안보였다 하는 '희미한 눈발'의 현상과도 일치하는 시적 구조가 된다.

그리고 청각으로 들을 수 있는 '소리'(1연 1행)와 '소식'(3연 4행)은 그 거리개념상 '먼곳'에 있고 시각으로 볼 수 있는 '눈'은 가까운 곳(뜰)에 있다. 이렇게 본다면 거리개념을 염두에 두고서 청각과 시각의 대립으로 이 시는 파악이 되어진다.

또 어두운 밤(黑色)을 배경으로 내리는 흰눈(白色)을 노래했다는 점으로 보아 그 흑과 백의 시각적인 색채적 대립도 있다고 할 수 있다. 이들 색채대립의 중화자(中和者)로서 '호롱불'이 있기는 하지만 그것은 여위어 가는 만큼 중화자로서 가능성은 희박해진다. 따라서 이 시에서 색채대립의 효과도 지적할 수가 있는 것이다.

또 「雪夜」의 율격구조를 살펴보면 다음과 같다.

  어느 먼-곳의 / 그리운 / 소식이기에 (5.3.5)
  이 한밤 / 소리없이 / 흩날리느뇨 (3.4.5)

처마 끝에 / 호롱불 / 여위어가며 (4.3.5)
서글픈 / 옛자최 양 / 흰눈이 나려 (3.4.5)

하이얀 / 입김 절로 / 가슴이 메여 (3.4.5)
마음 / 허공에 / 등불을 키고 (2.3.5)
내홀로 / 밤깊어 / 뜰에 나리면 (3.3.5)
먼-곳에 / 女人의 / 옷 벗는 소리(4.3.5)

희미한 눈발 (5)
이는 / 어느 잃어진 / 追憶의 / 조각이기에 (2.5.3.5)
싸늘한 / 追懷 / 이리 가쁘게 / 설레이느뇨 (3.2.5.5)

한줄기 / 빛도 / 향기도 없이 (3.2.5)
호올로 / 찬란한 / 衣裳을 하고 (3.3.5)
흰눈은 / 나려 / 나려서 쌓여 (3.2.5)
내 슬픔 / 그 우에 / 고이 서리다 (3.3.5)

이 시를 살펴보면 다음과 같은 결론이 도출된다
첫째, 한 행의 구성이 대체적으로 3음보로 되어 있다.
둘째, 대체적으로 3 / ? / 5가 공통적 운율형태로 나타나고 그 중간 음보의 음절 수에 따라 운율의 형태가 변형되는 것이다. 이는 아마도 민요조인 7.5조의 변형형태로 그 기본격은 3 / 4 / 5가 될 것이라고 추측을 해본다.
셋째, 각행의 마지막 음보가 5음절로 이루어지고 있음을 볼 수 있다.
넷째, 전체 15행 중 9개행의 첫 음보가 3음절로 이루어진 것도 그 특징이다.
이러한 율격구조 이외에 나타나는 문법적 관계를 살펴보면 다음과 같다.
첫째, 관형사 + 명사의 어절형태가 자주 나온다.

(1연의 "먼-곳, 그리운 소식, 한밤")
(2연의 "서글픈 옛 자최, 흰눈")

(3연의 "하이얀 입김, 먼-곳")
(4연의 "희미한 눈발, 싸늘한 追懷")
(5연의 "찬란한 衣裳, 흰눈")

둘째, 알타이 언어계통의 어순(語順)은 S+O+V 형태로 주어가 문두(文頭)에 나오는 것이 상례인데, 이 시에서는 문장의 주어가 나타나지 않거나(1연의 경우), 문장 중에 나타난다.(2연 2행 마지막 음보의 '흰눈', 3연 3행 첫 음보의 '내', 4연 2행 첫음보의 '이는', 5연 3행 첫 음보의 '흰눈')

셋째, 각연에 나타난 각행의 글자(형태소)수를 살펴보면 1연이 14, 12, 2연이 12, 12, 3연이 12, 10, 11, 12, 4연이 5, 15, 15, 5연이 10, 11, 11, 11 로 나타나 11-12字의 빈도수가 높은 것을 알 수 있다. 이는 7.5조의 글자수(형태소)인 12자와 유사성 있는 수치(數値)로 이 시의 운율이 7.5조의 변이형태임을 나타내는 증거가 되기도 한다.

넷째, 부사격 조사인 '-에'가 5회 쓰여 다른 조사들에 비해 많은 사용 빈도수를 보여준다.(1연 1행의 '소식이기에', 2연 1행의 '처마끝에', 3연 1행의 '허공에', 3연 3행의 '뜰에', 4연 2행의 '조각이기에')

다섯째, 각연, 혹은 각행의 종결어들은 대개 유성자음(有聲子音)(ㄴ, ㄹ, ㅁ, ㅇ)과 결합한 이중모음(ㅛ, ㅕ)으로 이루어져 있다. (1연의 '-뇨', 2연 1행의 '-며', 2연 2행의 '-려', 3연 1행의 '-여', 3연 3행의 '-면', 4연의 '-뇨', 5연 3행의 '-여')

여섯째, 작품에 쓰여진 여러 품사들을 분석해 보면, 다른 품사에 비해, '명사'가 많이 쓰여졌음을 알 수가 있다.

이상 살펴본 것을 종합해보면, 작품 「雪夜」의 시적 공간구성은 화자를 중심으로 볼 때에, 어두운 밤을 배경으로 하여 허공에서 지표로 내리는(垂直的 下降構造) 희고 희미한 눈발(語彙的 側面)을 통하여 작자의 현재적 방황과 슬픔(水平的 構造)을 부드럽고 잔잔한 목소리로써(音素的 側面) 독자에게 효과적(對立, 낯설게 하기)으로 그 의미를 전달하고 있는 것이다.

「雪夜」의 작품구조를 도표로 나타내면 다음과 같다.

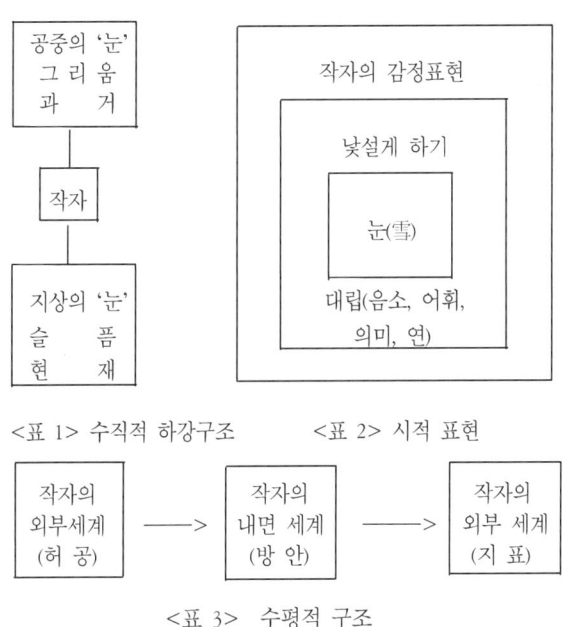

3.

　지금까지 이 글은 김광균의 「雪夜」를 대상으로 하여 그 공간기호적 의미를 추적해 보았다. 이 작품에서는 그 수평적 구조와 수직적 하강구조가 발견된다. 그리고 그 수평구조는 외 / 내 / 외의 형태를 드러내고 있으며, 수직적 구조는 상 / 중 / 하의 형태를 드러내고 있다. 이와 같은 공간적 구조는 작품의 음소적, 어휘적 특성들과 더불어 보다 다양한 의미를 드러내게 된다.

　따라서 이 작품은 그 공간기호적 현상으로 시적 의미를 충분히 전달하고 있다고 볼 수 있다. 다만, 이러한 공간기호론적인 해석의 문제점은 독자들에게 얼마만한 호응을 얻을 수 있느냐 하는 것이다. 앞으로 이러한 연구에 대한 천착을 필자 스스로가 다짐하는 바이며, 또 많은 연구와 관심들을 기대해 보면서 이 글을 마치기로 한다.

이상의 문학과 메카니즘

박 진 환*

1. 머리말

　이상문학에 대한 평가나 조명은 여러 경로로 이루어져 왔다. 그만큼 다양한 방법론이 동원되었고, 그 결과 이상의 문학에 대한 평가역이나 평가치도 무척 다양할 수밖에 없었던 게 사실이다.
　다양한 평가역이나 평가치 속엔 이상 문학에 대한 문학적 가치나 향기로서의 문학성에 초점을 맞추기보다는 이상문학이 드러내고 있는, 문학적 보편성에서 일탈한 특이성 내지는 기괴성을 중심으로 설정된 것들이 더 많다. 그것은 이상 문학이 문학을 위한, 문학으로서 드러내고 싶은 순수성보다는 문학으로써 무엇인가를 성취하고자 한 목적성이 선행했음을 의미한다고 할 수 있다.
　그렇다고 이상문학을 비순수의 공리주의적 문학으로 규정할 수는 없다. 그것은 이상의 문학의 목적성이 시대적, 사회적 투쟁을 위한 그런 이념을 선행시키기보다는 스스로의 카타르시스를 위한, 메카니즘으로서의 순수성을 본질로 하고 있기 때문이다.
　이상문학과 메카니즘을 관련시키는 것은 이상의 문학이 정신분석적 조명

---
* 한서대학교 교수

을 요구하고 있기 때문이다. 달리 말하면 이상의 문학은 스스로의 정신외상(精神外傷)[1]을 문학으로 대리 배설함으로써 치유하려는 메카니즘으로 보아줄 수 있기 때문이다.

대리 배설로서의 문학은 달리 말해 정신외상을 문학적 수단에 의해 치유하고자 했다는 뜻으로서 이상의 경우 그의 문학은 곧 스스로의 콤플렉스를 치유하기 위한 수단에서 선택됐다는 뜻과 맞물린다. 이상시에 있어서의 건축용어, 의학용어, 수식(數式)과 도식(圖式), 외국어, 한자희어 그리고 평상적인 문장법으로부터 유리된 특이한 문장표현은 그 파괴성에 대한 근간이 된다고 전제하면서 이는 남보다 특이한 표현으로 인기를 끌어보자는 비속한 동기에서가 아니면 무엇이든 분쇄하고 이에 저항하고 싶은 강한 정신작용[2]으로 보고 있는 것도 같은 맥락에서 내려진 진단이다. 이 진단에서 무엇이든 분쇄하고 저항하고 싶은 강한 정신작용은 곧 이상(李箱)이 자신의 문학에 대리 배설해버린 정신적 욕구로서 일종의 문학적 동인(動因)에 해당될 수 있다.

지금까지의 문학에 대한 조명방식은 대부분 문학 자체, 곧 문학에 표출된 결과를 중시하는 편향성을 극복하지 못했던 게 사실이다. 그러나 그러한 작품으로 쓰어질 수밖에 없었던 결과 아닌 동기쪽의 해명은 필요하다고 본다. 정신분석학적 문학조명은 바로 결과론을 원인론으로 대체시켜 원인과 결과를 통시적으로 충족시켜 준다는 점에서 중시될 수 있게 된다.

본 고도 이런 전제에서 이상의 문학이 왜 그렇게 쓰어질 수밖에 없었던가를 이상문학과 메카니즘을 중심으로 조명해보고자 한다.

2. 이상의 정신외상(精神外傷)과 그 양태

이상의 문학을 메카니즘과 연계시키는 것은 그의 문학이 문학으로서 해소

---

1) 精神外傷 ; 프로이트에 의해 명명된 심리학적 용어로서 유년기에 체험한 비극적 사건에 의해 형성된 정신적 상처로서 불안, 갈등, 초조, 공포 등의 컴플렉스
2) 金宇鐘, 「李箱論」, 《현대문학》, 3권 5호, 229쪽.

하고 치유하고자 한 그 무엇이 선행했다는 뜻이 된다. 여기에서 해소 내지 치유하고자 했던 것으로 그의 정신외상을 제시해 볼 수 있다.

정신외상은 달리 유년기의 충격으로도 명명된다. 곧 유년기에 체험한, 평생을 치유할 수 없는 콤플렉스로서 일종의 억압된 사고 욕구가 서로 착종되어 얽혀있는 정신현상을 말한다. 그렇다면 이상의 경우 그의 유년기에 어떤 경험들이 콤플렉스로 착종되었던가를 밝혀볼 필요가 있다.

정신분석학적 방법론이 작가의 전기적 고찰을 중시하는 이유도 바로 이러한 유년기나 성장과정을 중시하기 때문인데 이상의 유년기의 충격을 살펴보기 위해서는 부득이 그의 전기적 고찰에 의탁할 수밖에 없게 된다.

이상의 본명은 김해경(金海卿)으로 1910년 음력 8월 20일 서울 통의동 그의 할아버지 댁에서 아버지 김연창과 어머니 박세창 사이에서 장남으로 태어난 것으로 되어 있다. 그가 2세 때 아버지가 인쇄소 식자공으로 취직됨으로써 큰 집에서 분가하게 되었는데 큰집에 아들이 없었으므로 큰아버지 김연필의 양자로 들어 앉게 된다.

이 사건은 그저 평범한, 우리 주변에 흔히 있고, 또 있을 수 있는 사건에 불과했지만 이상의 경우 매우 충격적 사건으로서 이 사건을 계기로 유년기의 충격을 체험함으로써 정신외상을 입게 된다.

그 하나는 분리 불안이다. 부모가 분가함으로써 이상은 큰집에 양자로 남게 되는데 정작 이상의 경우는 생이별을 경험했던 것이 된다. 문제는 생이별만이 아니라 이별에서 체험한 부모가 방기해버린 두려움으로서의 분리불안이다. 바로 이때 체험한 불안과 불안이 수반하는 공포가 이상의 정신에 착종된 콤플렉스의 하나였던 셈이다.

분리불안의 공포는 공포와 함께 부모로부터 버림받았다는 원망과 함께 부모가 자신을 버렸다는데 대해 원한을 갖게 하는 동인이 되고, 이 동인은 상대적으로 언젠가 앙갚음하겠다는 복수심으로 자리하게 된다.

둘째의 경우가 동일성(同一性)의 혼돈[3]이다. 분가를 해버린 생부모와, 양자

---

3) 同一性의 혼돈 : 개인의 현실과 특성을 제것으로 재현하는 무의식적 심적메카니즘으

로 입적함으로써 새로 생긴 양부모, 거기에다 가문의 혈통을 이어갈 손자에게 각별한 관심과 애정을 쏟는 할아버지가 뒤범벅이 되어 정작 닮고자 한 대상을 혼돈해 버리게 된 동일성의 혼돈을 체험하게 되는데 이것이 이상이 체험한 유년기의 충격인 두 번째의 정신외상의 요인이다.

셋째로는 여성공포증과 패배의식이다. 큰아버지 김연필에게는 전처의 출가로 새로이 맞이한 후처가 있었고, 후처가 데리고 들어온 문향(文卿)이란 계집아이가 하나 딸려 있었다. 이상과는 같은 나이 또래로서 이복 남매가 된 셈이다.

2세짜리 이상은 생부모의 분가로 보호망을 상실해 버린 채 큰집 양부모와 할아버지의 양육하에 놓이게 된다. 가문을 이어갈 손자에 대한 각별한 애정을 베푼 할아버지와 아들이 없어 양자를 들인 큰아버지의 배려 등은 큰엄마와 이복의 문경의 처지에서는 몹시 눈에 벗어났을 것이란 점을 추정하기란 어렵지 않다. 그 때문에 할아버지와 큰아버지의 애정에 비례해 큰엄마의 질시가 작용했으리란 점도 같은 맥락에 놓이게 된다.

눈을 피해 가해오는 큰엄마의 질시와 미움, 상대적으로 감싸고 도는 문경과의 대결에서의 패배를 되풀이 체험할 수밖에 없게 된다. 여기에서 여성은 무섭고 두려운 대상이 된다. 생엄마는 나를 버리고 가버린 비정한 여인이고, 큰엄마는 때리고 미워하고, 문경으로부터는 번번이 패배를 당함으로써 여성에의 두려움은 여성공포증의 콤플렉스로 착종되게 된다.

문제는 이런 콤플렉스가 형식상 여성에게 굴복하는 형식을 취하면서도 의식의 저변에는 언젠가 앙갚음하리라는 복수심을 동시에 기르고 있다는 점이다. 프로이트는 이를 정신역동(情神逆動)⁴⁾으로 지적한 바 있다.

인간은 어떤 위협에 직면하게 되면 이를 다른 대상에게 떠넘겨 면책되고자 하는 메커니즘을 동원하는데 이를 투사(投射)라 한다. 그런가 하면 이를 억눌러 잠재움으로써 위협을 피하려고 하는데 억압이 그것이다. 이와는 달리

로서 재현하고자 한 대상이 복수일 때 일으키는 닮고자 한 대상에의 정신적 혼돈.
4) 精神逆動: 靜(static)에 반대되는 정신현상으로 정신전반에 걸친 동적 현상, 즉 정신의 전이나 이행에 따르는 投射, 抑壓, 反動, 退行, 固着 따위 등을 수반하는 정신현상.

사실을 왜곡 날조, 위장, 은폐함으로써 위협에 대처하고자 하는데 반동형성(反動形成)이 그것이다. 그뿐만이 아니라 위협으로부터 도피함으로써 면하고자 하며 퇴행과 위협을 더 이상 확대되지 못하도록 고착시킴으로써 대처하고자 한 여러 메카니즘을 동원하는데 그것이 바로 정신역동이다.

끝으로 하나 더 추가한다면 유년기의 충격과는 경우가 다르지만 그의 지병인 폐결핵을 들 수 있다. 그가 박사학위를 하기 위해 신체검사를 했을 때 밝혀진 병명은 폐결핵 3기였다. 1930년대의 폐결핵은 지금의 암과 같이 사형선고나 마찬가지였다.

이상은 이 폐결핵과 죽음을 동일시하면서 죽음에 대한 공포나 불안, 초조, 억압 등의 정신외상에서 벗어나기 위해 여러 메카니즘을 동원하고 있는데 그것이 그의 문학에 나타나는 자살유희로서의 메카니즘이다.

이상과 같은 정신외상을 치유하기 위해 이상은 여러 메카니즘을 동원, 자신의 문학으로 대리 배설함으로써 구원의 통로를 모색하고 있는데 작품을 제시했을 때 이 점 극명해질 것으로 본다.

3. 이상문학에 나타나는 메카니즘

이상문학에 나타난 메카니즘의 양태는 다양하다. 그러나 그 대표적인 것은 상(常)·음송증(音誦症)을 통한 카타르시스, 여성에 대한 모독, 자살유희 등 세가지로 제시할 수 있다. 이를 양태별로 작품을 제시 구체화했을 때 이상문학과 메카니즘의 상관성은 그 본태를 극명히 드러낼 것으로 본다.

1) 상(常)·음송증(音誦症)과 카타르시스

상동증(常同症)[5]과 음송증(音誦症)[6]은 다같이 정신분석학의 용어다. 일종의

---

[5] 常同症: 별 뜻이 없는 말을 계속 되풀이 함으로써 심적 불안을 고조시키면서 동시에 반복성에 의해 불안, 초조, 긴장 따위를 이완시키는 심적 메카니즘의 하나.

같은 말을 되풀이함으로써 어떤 반복성에 의해 심적 불안이나, 긴장, 초조, 갈등 따위를 해소하기 위해 동원한 심적 메카니즘의 일종이다.

문제는 상동증이나 음송증이 정신적 갈등이나 불안 따위의 정신외상을 치유하기 위해 동원된 메카니즘이란 데 있지 않고, 메카니즘을 동원할 수밖에 없는 갈등이나 불안의 요인에 있다. 곧 갈등과 불안이 노출된 결과보다, 그 원인 해명이 선행되어야 한다는 뜻이다.

이상의 경우 정신적 갈등과 갈등을 해소하지 못함으로써 긴장, 불안, 초조 따위의 콤플렉스를 지닐 수밖에 없었던 것은 동일성(同一性)의 혼돈에서 연유된다. 앞서 전기적 측면에서도 지적했듯이 이상문학은 아버지의 취직으로 큰집으로부터 분가하게 됐고 그 때문에 심한 동일성의 혼돈을 체험한다.

아버지와 큰아버지와 할아버지를 두고 그 어느 쪽의 대상으로도 동일성을 획득하지 못하는 동일성의 혼돈이 그것이다. 동일성을 혼돈하게 되면 이것으로도, 저것으로도 결정을 내리지 못하는 양가치(兩價値)[7]현상을 수반하게 된다. 이 경우 심하면 같은 값어치를 두고도 이것으로도, 저것으로도 결정을 내리지 못하는 심한 콤플렉스를 노출하게 된다. 그의 시 「烏瞰圖」 1호는 그 좋은 본보기가 된다.

    13인의아해가도로를질주하오.
    (길은막다른골목이적당하오.)

    제1의아해가무섭다고그리오.
    제2의아해도무섭다고그리오.
    제3의아해도무섭다고그리오.
    제4의아해도무섭다고그리오.
    제5의아해도무섭다고그리오.

---

6) 音誦症: 常同症의 보다 심화 현상.
7) 兩價値 : 同一性의 혼돈이 노출하는 정신현상의 하나로서 두 값어치를 두고, 혹은 한 값어치를 두고도 이것으로도 저것으로도 결정을 내리지 못하는 정신현상.

제6의아해도무섭다고그리오.
제7의아해도무섭다고그리오.
제8의아해도무섭다고그리오.
제9의아해도무섭다고그리오.
제10의아해도무섭다고그리오.
제11의아해도무섭다고그리오.
제12의아해도무섭다고그리오.
제13의아해는무서운아해와무서워하는아해와그렇게뿐이모였소.
(다른사정은없는것이차라리나았소.)

그중에1인의아해가무서운아해라도좋소
그중에2인의아해가무서운아해라도좋소
그중에2인의아해가무서워하는아해라도좋소
그중에1인의아해가무서워하는아해라도좋소

(길은뚫린골목이라도적당하오.)
13인의아해가도로를질주하지아니하여도좋소.

　예시가 보여주듯이 1연의 13인의 아해와 질주, 질주와 막힌 골목, 이에 대응되는 뚫린 골목과 질주하지 아니해도 되는 양가치나, 무섭다고 그러는 아해와 무서운 아해, 그런가 하면 무서워 하는 아해가 3중으로 노출하는 상반된 값어치 등은 예외없이 양가치 현상으로서 이는 그 동인이 동일성의 혼돈에서 연유한다.
　이상의 경우 할아버지와 큰아버지와 아버지를 혼돈했던 동일성의 혼돈이라는 유년기의 충격인 정신외상을 노출한 것이란 뜻이다. 이런 양가치 현상은 그 어느것으로도 결정을 내리지 못함으로써 긴장, 불안, 초조를 수반하는데 이러한 정신현상을 지적, 불안의 가장 보편적이며 근원적 요소[8]로 풀이하기도 한다.

문제는 이러한 풀이가 아니라 이 간장과 불안과 초조를 해소함으로써 정신적 평정을 유지하고자 하고, 그러기 위해 갖가지 수단을 동원하는데 이 때 폭력적 수단, 물리적 수단, 그리고 문화적 수단에 의탁되기 마련이다. 이상의 경우는 문화적 수단인 시에 의탁함으로써 정신외상을 극복하고자 했던 것으로 보아줄 수 있는데 예시가 보여준 상동증과 음송증은 바로 그 증거가 된다.

앞서 지적했듯이 상동증은 같은 말을 되풀이 하는 현상이고, 음송증은 한 발 더 나아가 별뜻이 없는 말을 반복하는 정신현상이다. 예시 「烏瞰圖」에서 시행 '아해가 무섭다고 그리오'를 무려 13번이나 반복하는 것은 기실 수사법의 반복법이 아니라 되풀이 함으로써 긴장, 초조, 불안을 이완시키거나 해소하고자 한 常·音誦症의 노출, 곧 디펜스메카니즘의 동원이었다고 할 수 있다. 그것은 음악이 소리의 고저, 장단을 되풀이 반복함으로써 정신적 평정을 체험하게 한다든지, 평정 뒤에 최면의 효과로까지 작용하는 것을 누구나 체험하고 있기 때문이다.

그 뿐만이 아니라 정신적 불안이나 긴장을 해소하기 위해 '하나님 아버지'를 되풀이한다거나 '나무관세음 보살'을 되풀이 함으로써 정신적 긴장과 불안 따위를 해소해 내는 종교적 수단의 반복성도 체험하고 있기 때문이다. 이 점에서 예시 「오감도」가 보여준 상동증이나 음송증적 요소는 바로 디펜스메카니즘을 동원했다는 증거가 되어주게 된다. 시 「오감도」3호는 이를 뒷받침하는데 기여할 것으로 본다.

어떻든 이상은 「오감도」시편을 통해 상동증과 음송증을 동원, 긴장과 초조와 불안을 해소함으로써 문화적 수단에 의한 카타르시스를 감행한 셈인데 이는 곧 그가 심적 메카니즘을 동원한 결정적 단서를 제공해 준 것이 된다. 이상의 문학을 동일성의 혼돈과 혼돈에 따른 양가치 노출, 양가치 해소를 위한 디펜스메카니즘으로서 상동증, 음송증을 동원[9]했다는 지적은 설득력을 갖는다.

---

8) 김종은, 「李箱의 精神世界」, 『李箱詩全集』(갑인출판사, 1978), 315쪽.
9) 김종은, 앞의 글 참조.

2) 여성 모독과 복수

상동증과 음송증이 동일성 혼돈에 따른 정신외상을 치유하기 위한 디펜스 메카니즘의 동원을 보여준 것이었다면, 여성에 대한 모독과 복수는 여성공포증이라는 정신 외상을 치유하기 위해 동원한 수단이었다고 할 수 있다.

여성 모독을 통한 복수는 그 수단이 성적 모독으로 대표되고 있다. 성적 모독을 통한 여성에의 복수는 치명적이라는 계산을 넣은 것으로 풀이해 볼 수 있다. 여성모독은, 수식, 도식까지 동원되고 있는데 작품을 제시해 보자.

> 그 33번지라는 것이 구조가 흡사 유곽이라는 느낌이 없지 않다. 한 번지에 18가구가 쭉 어깨를 맞대고 늘어서서 창호가 똑같고 아궁이 모양이 똑같다
> ―「날개」에서

> 종이로만든배암이종이로만든배암이라고하면▽는배암이다
> ―「▽의 유희」중 첫연

> 전후좌우를제하는유일의흔적에있어서
> 익은불절목불대관
> 반왜소형의신의안전에아전낙심한고사를유함.
>
> * 시 오감도 제5호 그림참조
>
> 장부라는것은침수된축사와구별될수있을는가.
> ― 시「오감도」제5호

예시한 것들은 수식과 도식 중에서 선택한 것들의 일부다. 앞의 「날개」에서의 수치 3은 아라비아 숫자 중 가장 볼륨을 강조하는 효과가 있는 3을 겹침으로써 성희의 체위를 암시하고 18은 된발음으로 씹할이란 욕이 된다. 그

런가 하면 창호는 뚫린다는 점에서 여성상징을, 아궁이는 뚫려 있는 상징성으로 여성을 상징하는 다같이 성희(性戲)의 산물들이다.

시 「▽의 유희」도 예외는 아니다. 수식을 도식으로 대체하고 있는데 역세모는 침투성의 것으로서 뱀으로 상징되는 남성상징물과 등가물이 된다. 그리고 시 「오감도」 제5호는 여성성기의 도식으로서 그 위에 역세모인 ▽를 얹어 놓으면 그대로 인터코스의 형상이 된다.

일종의 성의 유희라 할 수 있는 이러한 수식과 도식은 매우 암시성이 강한 상징적 성희를 드러내고 있는데 이런 암시역에서 벌이던 성희가 이번에는 일대 모독을 감행으로써 복수로 극대화하는 양태를 드러낸다. 소설 「봉별기」가 그것이다.

> 우라는 불란서 유학생인 유아랑을 나는 금홍이에게 권하였다. 금홍이는 내말대로 우씨와 더불어 독탕에 들어갔다. 이 독탕이라는 것은 좀 음란한 선비였다. 나는 이 음란한 선비 문간에 나란히 벗어 놓은 우씨와 금홍이 신발을 보고 언짢아 하지 않았다.
>
> — 「봉별기」에서

프랑스 유학생인 우라는 친구를 아내에게 소개시켜 아내로 하여금 독탕에 함께 가게 하는, 그리하여 목욕탕에서 벌어지고 있을 광경을 상상하면서 언짢아 하지 않는 것은 철저한 아내에 대한 모독이고, 동시에 여성에 대한 모독이다. 일종의 소설의 복수라고 할 수 있다.

시의 복수란 말이 있다. 일찍이 단테가 쓴 『神曲』을 두고 하는 말이다. 단테는 옛 가문에서 태어났으나 비참한 생활을 했으며, 탁월한 지배자가 되기를 바랬으나 식객으로 유랑해야 했다. 교회의 도덕적 개혁을 바랬으나, 보니파키우스의 희생양이 되었으며, 고향 피렌체는 그의 귀향을 거부했다. 이러한 모든 굴욕과 비참을 보상하기 위해 시로써 보복[10] 한 것이 『신곡』이었다는 해석이다.

---

10) 문덕수 편저, 『世界文藝大辭典』(성문각, 1975), 1212쪽.

이상의 경우도 여성으로부터 받았던 멸시와 버림과 공포를 보상받기 위해 짐짓 아내인 금홍이를 모독함으로써 모든 여성을 모독, 복수하고자 했던 것으로 시의 복수나 소설의 복수가 같은 매력의 것으로 보아줄 수 있다는 뜻이다. 이러한 모독은 성에 대한 모독으로 더 구체화한다.

> 나는 이불을 홱 젓혀버리고 일어나서 장지를 열고 아내방으로 비칠비칠 걸어 갔던 것이다. 내게는 거의 의식이라는 것이 없었다. 나는 아내 이불 위에 엎어지면서 바지 포켓에서 그 돈 5원을 꺼내 아내 손에 쥐어준 것을 간신히 기억할 뿐이다.
> 이튿날 잠이 깨었을 때 나는 아내방, 이불 속에 있었다. 이것이 이 33번지에서 살기 시작한 이래 내가 아내방에서 잔 맨 처음이었다.
> ―「날개」에서

소설 「날개」의 일부가 보여줄, 아내의 합방마저도 돈을 개입시켜 성사시킨 이러한 성의 모독은 매춘과 같은 등가성의 것이다. 아내와의 매춘, 이것은 그야말로 반도덕적이라거나, 기행이라거나, 사디스트가 아닌, 철저히 계산된 아내를 통한 모든 여성에 대한 모독으로서 이상이 감행한 여성에 대한 복수였던 셈이다. 곧 이러한 복수를 감행함으로써 정신외상으로 육화되어 있는 여성공포증을 카타르시스, 치유하고자 한 디펜스메카니즘의 동원이었음을 알게 해 준다는 뜻이다.

3) 폐결핵과 자살유희

이상문학에 있어서의 자살유희는 외견상 유희성을 드러내고 있으나 기실 처절한 삶에의 도전이라는 반동형성(反動形成)[11]으로서의 방어기전이 배경으

---

11) 反動形成: 정신분석학의 용어로서 개인이 갖는 일정한 욕구나 태도가 그대로 행동화 될 때 사회적, 도덕적 또는 자기 유지상 장애가 되는 경우, 본래의 요구를 억제하여 그 요구와 정반대되는 태도를 취하여 행동하는 일로서 왜곡, 날조, 위장, 은폐 따위의 심적 메카니즘.

로 작용하고 있다. 반동형성은 사실을 왜곡, 날조, 위장, 은폐하는 수단으로서 사실과 반대되는 태도를 취함으로써 자구 수단이 되게 하는 일종의 디펜스 메카니즘의 일종이다. 이 점에서 보면 이상의 자살 유희는 그와는 반대로 삶에 대한 강렬한 욕구표출이 된다.

자살유희도 성유희처럼 간접적인 수식을 통해 폭력적 수단으로 점증적 직접화하고 있음을 보여 주는 데 수식유희부터 제시해 본다.

   1+3
   3+1
   3+1   1+3
   1+3   3+1
   1+3   1+3
   3+1   3+1
   3+1
   1+3

시「선에 관한 각서·2」의 일부가 보여 주듯이 1+3=4가 되어 4와 음역이 같은 사(死)를 연상시킨다. 중국식으로 사(四)는 행운 및 고수(高數)로 통하지만 한국식으로는 사(死)로 통하는 흉수로 인식되고 있다. 이 흉수를 삶의 불길한 예감으로 풀이하고 있는 것이 그의 시에서의 수식(數式)이다. 선에 관한 각서·6」에서 4를 4++b 등의 여러 양태로 제시하고 있는 것도 같은 맥락의 것이다. 그런가 하면 시간은 4시로 설정하기도 하고 13시로 12시의 통념에서 일탈시킴으로써 죽음을 암시하기도 하는데 이러한 유희는 기실 자살놀이라기보다 어떻게 하면 살 수 있을까를 반동형성으로 보여준 것이라고 할 수 있다.

이러한 수식 유희는 보다 직접화 내지 폭력화로 노골화하여 노출증으로 드러나기도 하는데 이는 보다 더 강렬한 삶에 대한 반동형성으로 풀이될 수 있다. 그것은 폭력적 자살유회 뒤에는 강렬한 삶에 대한 본능적 욕망을 은폐하고 있기 때문이다. 먼저 폭력적 자살 유회부터 제시해보자.

　　　죽고싶은마음에칼을찾는다
　　　　　　　　　　　　　　　　　　　―「침몰」에서

　　　헤저에갈아앉은한개의달처럼소도가그구간속에서멸형하여버리더라
　　　　　　　　　　　　　　　　　　　―「정식·1」에서

　　　미래의 끝남은 면도칼을 쥔채 잘려 떨어진 나의 팔에 있다
　　　　　　　　　　　　　　　　　　　―「작품 제3번」에서

　예시가 보여주듯 수식(數式)놀음에서 칼, 소도, 면도칼 등이 동원되면서 동시에 '죽고 싶은 마음', '멸형', '잘려 떨어진 나의 팔' 등이 암시하듯 상처, 절단, 죽음과 같은 살해의 이미지로 구체화 내지는 폭력화한다. 이는 자살의 단순유회가 구체적 도구를 동원한 수단화로 노출되고 있음을 의미하고 있는데 이러한 노출 현상을 자아노출(自我露出)현상으로 풀이한다. 일종의 정신적 방호수단으로 어쩔 수 없는 폭력화된 정신의 황폐성을 말한다. 이러한 노출증의 적극화로 칼 대신 사살 무기도 노골화한다.

　　　나는내소화기관에묵직한총신을느끼고내다물은입에서매끈매끈한총구를느낀다.
　　　　　　　　　　　　　　　　　　　―「오감도·제9호」에서

　　　내왼편가슴심장의위치를방탄금속으로엄폐하고나는거울속의내왼편가슴을겨누어권총을발사하였다.
　　　　　　　　　　　　　　　　　　　―「오감도·제15호」에서

　　　개는구식스러운권총을입에물고있다
　　　　　　　　　　　　　　　　　　　―「황」에서

예시들이 보여주고 있는 총신, 총탄, 총구, 권총 등은 죽음의 폭력적인 수단으로 동원되는 것들이다. 이러한 자살의 직접적, 노출성들은 달리 자살징후군을 드러낸 것으로서 죽음과 직결되는 것들이다.

그러나 이와는 반대로 그 이면에는 자살이 직접화하면 할수록, 폭력화하면 할수록, 노출하면 할수록, 이와는 반대로 더 강렬한 삶에의 지향과 죽음을 은폐하고자 하는 디펜스 메카니즘인 반동형성(反動形成)이 작용하고 있다는 사실이다. 소설 「날개」의 끝부분은 이를 잘 말해 주고 있다고 할 수 있다.

> 날개야 돋아라.
> 날자, 날자, 한번만 더 날자꾸나.
> 한번만 더 날아 보잤구나.
>
> ― 「날개」에서

한번만 더 날아보자고 절규하는 삶의 애착과 지향은 진실이다. 자살유희는 이 진실을 말하기 위한 반동형성(反動形成)이었다는 뜻이 된다. 곧 이 살고 싶다는 진실을 왜곡, 날조, 위장, 은폐했다는 뜻이다. 이점에서 이상의 문학은 예외 없이 디펜스 메카니즘으로 규정될 수밖에 없게 된다.

4. 맺음말

이상으로서 이상문학과 메카니즘의 상관성을 중심으로 이상문학의 이모저모를 조명해 본 셈이다.

그 결과 첫째 이상문학은 문학으로 실현하고자 한 동인(動因)이 정신외상으로 주어졌고 이 것이 문학의 모티프로 작용, 원인론으로 제시될 수 있었다.

둘째로는 정신외상의 양태가 동일성(同一性)혼돈과 분리불안 및 여성공포증 그리고 자살유희 감행이라는 콤플렉스로 드러났고, 셋째 이를 치유 내지

보상함으로써 콤플렉스를 해소하기 위해 동원한 것이 그의 문학에 있어서의 메카니즘이었다는 사실도 드러났다.

그리고 메카니즘의 양태는 동일성의 혼돈과 혼돈이 수반하는 양가성의 긴장, 불안, 초조 따위를 해소하기 위해 상·음송증을, 분리불안이나 여성 공포증을 치유하기 위해 여성 모독이라는 매카니즘을 통해 카타르시스를, 그리고 폐결핵으로 인한 죽음을 앞에 하고 강렬한 삶에의 지향을 반동형성(反動形成)을 빌어 메카니즘화 했다는 사실을 알게 됐다.

이 점을 중심으로 집약하면 이상의 문학은 정신외상이라는 정신적 상처를 발상으로 하여 이를 치유하고자 한 디펜스 메카니즘으로 구체화 내지 장식했다는 점을 결론으로 제시할 수 있을 것으로 본다.

청마 유치환론
— 시인의 소명과 침묵의 시

김 태 웅*

1. 머리말

청마 유치환(1903~1967)은 시인으로서 대가(大家)라는 평가를 받아왔다. 그는 10여 편의 시집과 많은 산문집을 상재했고 그와 그의 작품에 대한 실체를 밝히려는 글도 근 100여 편에 이르고 있다. 근년에는 그의 미발표 작품과 산문을 엮은 책(박철석 편, 『새 발굴 청마 유치환의 시와 산문』, 열음사, 1997)도 나왔다.

지금까지의 청마론은 박철희가 「유치환 시작품의 정체」(『홍익어문』7집 1988)에서 지적했듯이 청마시에 대한 해석은 긍정론과 부정론이 교차하고 있으며, 대부분 그가 벌인 지도적인 문단활동과 그가 표명한 시작태도나 인생관에 맞춰 해석을 해 오고 있다. 그런 점에서 청마시에 대한 대부분의 논의는 청마에 대한 고정된 선입관에 의해 획일화되어 온 것이라는 오탁번의 지적은 음미할 만하다. 특히 청마의 문학에 대한 사변적인 언술이 큰 비중을 차지하고 있고, 선행연구자들의 평가를 그대로 따르거나 그의 대표작 두세 편을 다루는 경우가 많았다.

청마에 대한 본격적인 논의는 문덕수의 「청마 유치환론」(《현대문학》,

---

* 한양여자대학 강사

1957. 11~1958. 5)이 그 출발선상에 놓인다. 이 글은 청마의 생애와 문학을 역사적 맥락 속에 정착시켜 살펴야 하며 그렇게 할 때 청마의 진면목이 더욱 부각된다는 점을 강조하고 있다. 특히 청마의 시는 정직하고 지사적인 자기 생애의 기록이라 전제하고 그의 시와 생애를 일본군국주의 치하에서의 만주탈출 이전과 이후, 광복 후 한국전쟁 이전과 그 후의 네 시기로 나누어 청마 시의 본질을 밝히고 있다. 이 후 근 100여 편에 이르는 청마에 대한 글이 쓰여졌다. 이 중 시인의 인간성과 작품간의 상관성을 살핀 김종길의 두 편의 글 「청마 유치환론」(《창작과 비평》, 1974, 여름)과 「청마 유치환론」(『시에 대하여』, 민음사, 1986), 청마시의 자학 콤플렉스와 이로 인한 과장적 수사학을 노출하게된 정신적 근거를 주목하여 애련과 의지의 모순성을 지적한 김윤식의 「허무의지와 수사학」(『한국근대작가론』, 일지사, 1974), 청마에 대한 선입견이나 고정관념을 극복하고 청마시의 본체를 밝힌 오탁번의 「청마 유치환론」(『어문논집』, 1980 4), 청마시에서 드러난다고 하는 생존욕구, 자유의지 선택의 규범의 존재, 청마의 강인한 실체를 밝힌 정효구의 「이념과 실존의 거리」(《한국문학》, 1985. 7), 청마시를 생의 근원적 모순과 부조리를 극복함으로써 보다 이상적인 인간상에 도달하려는 치열한 정신적 암투과정으로 파악한 김재홍의 「청마 유치환」(『한국현대시인연구』, 일지사, 1986) 등이 주목을 받고 있다.

이 외에도 「깃발」, 「바위」, 「바다 가운데」 등 세 편을 현상학적 관점에서 살핀 최동호의 「청마시의 깃발이 향하는 곳」(《현대시》2, 1986. 2,)과 청마의 상상적 세계로 요약한 시로 「깃발」을 주목하고 이를 분석한 김현의 「기빨의 시학」(『한국현대시문학사대계』15, 지식산업사, 1987) 그리고 청마시를 기호학적으로 분석한 이어령의 「문학공간의 기호론적 연구 - 청마시를 모형으로 한 이론과 분석」(단국대학원 박사논문, 1986) 등 십여 편의 학위논문이 있다. 특히 청마의 미발표 시와 산문을 묶은 박철석의 『새 발굴 청마 유치환의 시와 산문』(열음사, 1997)은 기왕의 출간된 시집과 함께 청마시의 실체를 밝히는데 많은 도움이 될 것이다.

그러나 청마에 대한 글을 읽다보면, '대가'의 위용을 뛰어넘는 글은 그리 많지 않고 대부분의 글이 그의 인간성과 사변적인 글에 이끌려 갔다는 의구심을 지울 수 없다. 특히 그의 초기시집 『靑馬詩鈔』(1939)와 『生命의 書』(1947)에 대한 실체를 밝히려는 글일수록 몇 가지 의구심을 갖게 한다. 이 의구심을 더하게 되는 것은 『生命의 書』 서문과 한국전쟁 이후에 쓴 그의 사변적인 글을 읽을 때 오는 괴리감 때문이다. 이 괴리에는 오는 의구심은 초기시에 드러난 침묵이 그가 말한 시인의 소명(선비정신)과는 너무 멀리 떨어져 있다는 점이다. 이에 대해 몇몇 학자들은 이를 내면의 준열한 선비정신을 표출시킨 것으로 대가에 맞게 긍정적으로 해석하여 미화하기도 하고, 몇몇 학자들은 '모순', '콤플렉스', '집단심리' 등의 용어를 빌어 대가이면서 대가답지 않음을 완만하게 부정적으로 해석하기도 했다.

이 글에서 몇 편의 시로 청마의 정신을 밝혀낸다는 것은 어려운 일이다. 그러나 그의 몇 편의 시와 사변적인 언술로 그의 정신을 유출하는 방법이 허용된다면, 더 나아가 그의 시가 그의 정신의 기록임이 전제된다면 위에서 지적한 괴리감을 밝히는데 도움이 될 것이다.

2. 시인의 소명과 침묵의 시

주지하다시피 시인은 자신이 살아온 삶과 자신과 동시대를 살아가는 민족의 삶을 노래한다. 그 노래는 동시대를 살아가는 민족의 삶과 일치해야 한다. 따라서 시인은 작품에 내재되어 있는 세계와의 대결을 통해 얻은 비전을 민족에게 제공하는 예언자이다. 예언자로서의 시인의 삶은 그가 속한 민족의 삶과 그 궤를 같이 해야 하며, 시인의 삶 또한 자신의 민족의 삶 자체일 때 비로소 시인은 자신의 소명을 다했다고 볼 수 있다. 시는 인간을 무엇보다도 소중히 다루어야 하다는 청마의 반시론주의 시론들은 시의 교화적, 비판적, 예언적 기능을 강조한다는 점에서 위와 그 맥을 같이 한다고 할 수 있다. 이러한 청마의 시론의 대표적인 것이 제2의 시집인 『生命의 書』(1947)의 서문이다.

또한 염의도 없는 糞尿를 하듯 어찌 詩人이 詩를 일부러 낳으려고 애를
써야 하겠습니까. 참아서 능히 견딜 만하거든 아예 붓대를 들지 아니하는
것이 시인으로서의 불행을 하나라도 덜게 되는 것이 아니겠습니까.
 나는 시인이 아닙니다. 만약 나를 詩人으로 친다하면 그것은 分類學者들
의 독단과 취미에 맡길 수밖에 없는 것이요, 어찌 사슴이 草食動物이 되려
고 애써 풀잎을 씹고 있겠습니까. 이슬에 젖은 초록의 아침 속에서 애티디
애틴 태양과 더불어 처음으로 조상 사슴이 생겼을 적에 진실로 우연히 그
렇잖으면 정말 마지못할 사정으로 풀잎을 먹은 것이 그만 그러한 슬픈 습
성을 입지 아니하지 못하게 된 소이가 아니겠습니까. 이렇게 詩는 항상 不
可避한 존재의 숙명에 있는 것으로 생각합니다.

―『生命의 書』의 서문에서

 청마는 '시인이 시를 일부러 낳으려고 애를 써야 하겠습니까.'라고 시인의
작위적 시작태도를 비판하면서 시인은 현실에서 오는 온갖 고통을 '참아서
능히 견딜 만하면 아예 붓대를 들지 아니하는 것'이라고 시인이 시인으로서
의 소명을 다하는 것이 얼마나 혹독한지를 말한다. 그러면서 청마는 '사슴=
풀잎'의 관계와 '시인=시'의 관계의 비유를 통해 자신이 여타의 시인과는 격
이 다른 순연한 천성의 시인임을 강조하고 있다. 그러나 청마의 초기 시에서
그의 시론에 부합되는 시들을 찾아보기 어렵다.

 너는 본래 기는 즘생
 무엇이 싫어서
 땅과 낮을 피하야
 음습한 폐가의 지붕 밑에 숨어
 파리한 환상과 怪夢에
 몸을 야위고
 날개를 길러
 저 달빛 푸른 밤 몰래 나와서
 호올로 서러운 춤을 추려느뇨

―「박쥐」 전문

위의 「박쥐」는 청마의 첫시집인 『靑馬詩鈔』 첫머리에 실은 작품이다. 이 시에서의 화자는 '박쥐'의 생리와 자신을 동일시하고 있다. 현실과 단절된 '음습한 폐가의 지붕 밑에 숨어', '파리한 환상과 괴몽'에 '몸을 야위고', '날개를 길러' 아무도 모르게 '호올로 서러운 춤'을 추기 바라는 '박쥐'의 삶은 곧 화자의 운명이다. 현실과 단절된 채 날짐승으로 살아가야만 하는 길짐승인 '박쥐'의 이중성은 화자의 비극성이며 시인 자신의 현실인 것이다. 이렇듯 '박쥐'의 의연하지 못한 행동은 지사적인 의강한 행위를 바라는 청마에게는 비애일 수밖에 없다. 따라서 현실에 뛰어들어 자신의 이상을 표출시킬 수 없었던 화자는 스스로를 현실과 유리시킨 채 비애를 안고 호올로 있을 뿐이다. 이러한 어조는 다음의 같은 시들에서도 나타난다.

      내 오늘 병든 즘생처럼
      치운 십이월의 벌판으로 호올로 나온 뜻은
      스스로 悲怒하여 갈 곳 없고
      나의 심사를 뉘게도 말하지 않으려 함이로다
                            —「가마귀의 노래」에서

      나는 젖는 대로 비에 젖는
      어느 한 마리 외로운 갈매기로다

      원하여 이른 바 없고
      회환은 오직 병 같어
                              —「어느 갈매기」에서

「가마귀의 노래」에서 '치운 십이월의 벌판'은 현실과 유리된 곳이다. 이러한 곳에 홀로 나온 것은 현실에서 얻어진 비애와 분노를 현실에서 말할 수 없으며 그 냉혹한 현실에서는 자기의 분노를 들어 줄만한 이도 없기 때문이다. 화자는 암울한 현실에 대응하지 못한 채 「박쥐」에서처럼 숨어 지내면서 암울한 현실에서 자신이 하고 싶은 것을 아무 것도 못하는 심사를 곱씹고 있다. 따라서 보는 이는 듣는 이도 없는 곳에서 화자는 현실에서 얻은 것은 비노(悲怒)일 수밖에 없고, 이조차 말하지 못한 화자는 그것을 가슴에 담은 채 침묵하면서 홀로 있을 뿐이다. 즉, 홀로 있는 화자는 암울한 현실에서 오는 울분을 끝내는 해소하지 못하고 비애만을 자기 자신의 내부에 차곡차곡 쌓아 놓고 있는 것이다. 「어느 갈매기」도 「가마귀의 노래」와 어의가 크게 다르지 않다. '젖는 대로 비에 젖는'은 현실과 유리된 특수한 상황이다. 현실보다 더 침잠된 세계에 있는 화자는 현실에서 원한 것을 이룬 바가 없어 이로 인한 회한은 병같이 안으로 안으로만 갈마들어 가고, 현실과 동떨어진 비오는 곳에 서 침묵한 채 홀로 있게 된다. 이로 인해 화자가 원하는 것이 무엇인지 막연해진다는 것이고, 화자가 얻는 회한도 아는 이가 없게 된다. 화자는 더욱 외로움에 젖게 되고 이 고독감은 비애로 나타난다. 이에 대해 청마 시가 현실에 대한 울분을 그 세계에서 말하지 않고 그 보다 더 냉혹한 곳으로 가져간 것을 역설이라고 말하는 학자들도 더러 있다. 그러나 청마의 생애와 그의 사변적인 글에 나타난 문학관의 관점에서 그의 시를 본다면 문학관과의 상당한 괴리감을 발견할 수 있을 것이다.

      이것은 소리 없는 아우성
      저 푸른 海原을 向하여 흔드는
      永遠한 노스탈자의 손수건
      純情은 물결같이 바람에 나부끼고
      오로지 맑고 곧은 理念의 標ㅅ대 끝에
      哀愁는 白鷺처럼 날개를 펴다.
      아아 누구런가.
      이렇게 슬프고도 애달픈 마음을
      맨 처음 공중에 달 줄 안 그는

                           —「旗ㅅ발」 전문

「박쥐」에서와는 달리 「깃발」에서는 현실을 마련해 놓고 있지만 침묵하고 있다는 점에서는 유사하다. '이념의 標ㅅ대'는 자신의 이념을 말할 수 있는 현실을 표상한다. 「깃발」에는 화자가 현실에서 자신의 이념을 현현시킬 수 있는 장이 마련되어 있다. 그러나 화자는 '맑고 곧은 이념'을 말할 수 있는 장이 있는데도 불구하고 자신의 목소리로 자신의 이념을 말하지 못한다. 따라서 화자의 '소리 없는 아우성'을 들어줄 수 있는 대상도 없어지고 만다. 이어 '소리 없는 아우성'도 침묵의 목소리로, 애수로 화하고 만다. 청마는 붓을 던지고라도 질곡의 현실에 항거하고 싶은 마음(문학관)은 있으나, 그도 끝내 행동으로 시로 항거하지 못하고 침묵으로 일관하고 만다. 이것은 청마의 이중성이 가져 온 비극이며 청마와 시대를 같이한 당대 지식인들의 비애이기도 하다.

3. 두 개의 현실과 침묵의 연속성

청마의 초기시를 보면 결의에 찬 시어들을 접하게 된다. 특히 제2시집인 『생명의 서』에 실려 있는 작품을 읽다보면 죽음에 대한 웅변과 결의에 찬 준열한 목소리를 도처에서 볼 수 있다. 그래서 독자들은 그의 거대한 분위기(대륙적인 또는 남성적인)에 휩싸여 그의 치열한 투쟁정신을 엿볼 수 있게 된다. 거기에 더하여 그의 산문이나 시집의 서문을 접하다 보면 청마에 선비정신을 찬양하게 된다. 이러한 청마의 문학관을 「문학과 인간」(≪현대문학≫, 1962, 12월호)에서 볼 수 있다.

> 내가 진정으로 시인이 못 되고, 따라서 나의 쓴 시들이 인간과 인생을 보다 소중히 다루었으므로 시가 못 되더라도 내게는 하나 애석하거나 분스러울 리가 없다. 오직 진실로 내가 분히 여길 일은 만에 하나라도 시 쓰는 내 인생을 연명하기에 비굴하게도 권력 앞에 아유구용하거나 시를 지키기 위해 인간을 버리는 길을 취하는 경우에 한할 것이며, 나아가서 나도 예컨대 무도하게 인간을 짓밟힐 때 그 짓밟히는 자가 이민족이요, 짓밟는 자가 설령 내 조국이라 할지라도 인간을 옹호하기에 동댕이친 펜

대신 총을 들고 제 조국에까지 감연히 항거하고 일어나는 용기와 지성을
가진 위인이기를 바라고 싶을 뿐이다. 왜냐하면 인간이 없는 곳에 그 무
엇도 있을 수 없고, 인간이 버림받는 곳에 시고 예술이고 아예 있을 리
없기 때문이다. ……중 략……

위의 글에서 청마는 문학과 인간 중 인간의 중요성을 강조한다. 그에게 중
요한 것은 현실이며 현실에서의 인권유린을 묵과할 수 없다는 준열한 결의
이다. 그가 현실을 중시한다는 점에서 그 무엇보다 인간을 중시한다는 점에
서 그는 영락없는 지고지순한 선비의 모습을 하고 있다. 이렇듯 그는 인간을
옹호하기 위해서 '동댕이친 펜 대신 총을 들고 제 조국에까지 감연히 항거하
고 일어나는 용기와 지성을 가진 위인'인 지사이기를 바란다. 우리는 여기에
서 또 한번 청마의 강렬한 의지에 찬사와 찬양을 덧붙인다. 청마의 외침은
지사의 목소리로 환원되고, 독자들은 이 선비의 환치된 목소리를 가지고 그
의 시를 보게 된다. 그런데 환치된 목소리를 버리고 그의 시를 찬찬히 들여
다보면 행동하지 못한 당대의 지식으로서의 비애를 엿볼 수 있다.

  嗚咽인 양 悔恨이여 넋을 쪼아 시험하라
  내 여기에 소리 없이 죽기로
  나의 인생은 다시도 기억ㅎ지 않으리니
              ― 「절명지」에서

위에서 보는 바와 같이 시적 화자는 현실의 질곡에 항거할 수도 순응할
수도 없는 현실과 격리된 '절명지'에 가 있다. 화자가 절명지로 간 것은 질식
할 것 같은 현실에서 자신의 의지대로 행하지 못해 얻은 '嗚咽' 같은 내면적
'悔恨'을 현실에서 해결할 수 없기 때문이다. 현실에서는 자신의 회한을 알
아주는 이도 없고 화자가 자신의 회한을 말해줄 수 있는 사람도 없게 된다.
이에 화자는 자신의 회한에 대해 침묵할 수밖에 없으며 이로 인해 그 회한
이 무엇인지 아는 이도 없게 된다. 여기서 화자는 현실과의 단절을 꾀하기

위해 현실과 격리된 또 다른 세계인 절명지로 간다. 그런데 화자가 머무는 절명지는 '죽음'의 장소로 현실과 같은 공간이 된다. 절명지 또한 자신의 회한을 말할 수도 없고, 그 회한을 알아주는 이도 없는 현실과 같은 장소이기 때문이다. 따라서 현실에서 오는 회한을 없애는 길은 자신의 넋을 쪼이는 것 뿐이다. 이렇게 볼 때 화자는 자신이 죽음의 장소를 택하여 질곡의 현실을 떠나 현실과 같은 장소로 자살여행을 하는 여행객이 되며 죽음의 장소에서도 화자는 여전히 침묵으로 일관할 뿐이다. 결국 화자는 절명지에서도 현실에서와 마찬가지로 죽을 수 없다. 왜냐하면 화자에게의 '죽음'은 현실에 대한 회한이 가져 온 '죽고 싶다는' 바람에 불과하기 때문이다.

> 나의 지식이 독한 회의를 구하지 못하고
> 내 또한 삶의 애정을 다 짐지지 못하여
> 병든 나무처럼 생명이 부대낄 때
> 저 머나먼 아라비아의 사막으로 나는 가자
>
> 거기는 한 번 뜬 白日이 불사신과같이 작렬하고
> 一切가 모래 속에 사멸한 영겁에 虛寂에
> 오직 아라의 신만이
> 밤마다 고민하고 방황하는 열사의 끝
>
> 그 열렬한 고독 가운데
> 옷자락을 나부끼고 호올로 서면
> 운명처럼 반드시 <나>와 對面하게 될지니
> 하여 <나>란 나의 생명이란
> 그 원시의 본연한 자태를 배우지 못하거든
> 차라리 나는 어느 사구에 회환 없는 백골에 쪼이리라.
> ―「생명의 서」 전문

「생명의 서」의 화자도 「절명지」와 마찬가지로 현실에서 오는 회의와 애정을 다 감당할 수 없으므로 현실을 떠나 비정의 세계인 아라비아 사막으로 간다. 화자는 홀로 서서 신(神)만이 고민하고 방황하는 그 곳에서 '원시의 본연의 자세를 다시 배우지 못하'면, 어느 사구에 백골을 쪼겠다는 절박한 상황을 설정하고 있다. 현실에서 오는 회의와 애증을 화자가 현실에서 극복하지 못했으므로 또 다른 현실 세계인 아라비아 사막으로 간다. 그 곳에는 신만이 존재할 뿐이며 자신의 회의와 애정의 갈등을 들어 줄만한 이도 없다. 그런데 그는 질곡의 현실에서 망각한 '본연의 자세' 즉, 현실과 자아의 갈등에서 오는 회의와 애정의 짐을 해결할 수 있는 자세를 배우지 못하면, 차라리 그 곳에서 '죽음'을 맞이하겠다는 것이다. 달리 보면 현실에서 얻은 회의와 애증을 짐지지 못하는 현실의 자아와 본연의 자아와의 분열과 갈등으로 볼 수도 있다. 그러나 본연의 자아도 현실의 자아가 가져온 회의와 애증의 짐을 현실에서는 덜어내지 못하고 끝내는 현실을 떠나 또 다른 현실세계인 '아라비아 사막'으로 간다는데 있다. 현실과 등을 진 본연의 자아가 그가 추구하는 것을 얻지 못할 때 '죽겠다는' 것은 또 한번 세상과의 단절을 의미한다. 즉 화자는 두 개의 현실과 단절을 꾀하고 있다고 볼 수 있다.

　위의 두 편의 시에서 보는 바와 같이, 현실에서 오는 갈등을 해결하지 못할 때 화자는 '죽음'이라는 비장한 각오를 가지고 현실을 떠나 또 다른 현실로 간다. 그곳에서도 자신의 갈등을 해소할 수 없거나, 해소할 수 있는 자세를 배우지 못할 때는 죽겠다는 결연한 의지를 나타내고 있다. 그러나 이러한 두 개의 현실은 청마의 시정신에 비추어 본다면 용납될 수 없는 상황이다. 청마는「문학과 인간」에서 '인간이 없는 곳에 그 무엇도 있을 수 없고, 인간이 버림받는 곳에 시고 예술이고 아예 있을 리 없기 때문이다.'라고 말한 바 있다. 그는 이 세상의 존재 중 인간의 존재에 제1의 가치를 부여하고 있다. 인간이 존재하는 현실에서 발생된 문제는 발생된 그곳에서 해결해야만 그것에 진정한 의미가 부여될 수 있다. 그런데「생명의 서」와「절명지」에서는 현실이 가져온 문제를 그것이 발생한 곳이 아닌 인간이 존재하지 않는 곳, 즉 아무도 모르는 '절명지'나 신만이 존재하는 '아라비아 사막'에서 해결하려고 한다. 이렇게 볼 때 청마시에 나타난 현실과의 단절은 일회성으로 그치는 것이 아니라 지속적으로 계속될 가능성을 배제할 수 없을 듯하다. 이러한 단절의 지속성은 청마에게 또 다른 세계인 만주로 탈출을 근거를 제공하고 있고, 청마의 만주에서의 방황도 이런 측면에서 설명되어질 수 있을 것이다.

4. 영겁의 침묵과 비정의 미학

유교 문화에서의 '죽음'은 기독교 혹은 불교 문화에서와는 달리 세상과의 영속성이 없고 현실과의 단절을 의미한다. 따라서 대상을 잃어버렸을 때 오는 상실감은 그만큼 비장한 것이다. 이런 상실감은 좌절과 체념 그리고 죽음 등으로 표출되고 이것이 한으로 연결되어지는 것이 한국시의 특징이라 할 수 있다. 한국에서 1930년대는 일본 군국주의자들의 등장으로 인해 어떤 희망도 가질 수 없었던 시기였다. 이 시기에 우리 민족은 코뚜레를 잡힌 소처럼 그들의 이끄는대로 끌려 다녀야만 했다. 따라서 이 시기를 청마의 문학(시) 정신에 비추어 본다면, 당대의 문인들은 문학을 버리고서라도 분연히 일어서 일제에 항거해야만 했다. 그러나 민족의 미래에 대해 한 치 앞도 조망할 수 없도록 가로막았던 일제의 질식할 것 같은 탄압에 맞서 싸운 지식인은 그리 많지 않았다. 청마도 당대의 지식인과 마찬가지로 현실에서 자신의 목소리로 항거하지 못하고 만다. 결국 질식할 것 같은 현실에 저항하지 못했던 청마는 현실(세상)과의 단절을 통해 영원한 침묵만을 노래하게 된다.

> 내가 죽으면 한 개 바위가 되리라.
> 아예 愛隣에 물들지 않고
> 喜怒에 움직이지 않고
> 비와 바람에 깎이는 대로
> 億年 非情의 緘默에
> 안으로 안으로만 채찍질하여
> 드디어 생명도 망각하고
> 흐르는 구름

머언 遠雷
꿈 꾸어도 노래하지 않고
두 쪽으로 깨뜨려져도
소리하지 않는 바위가 되리라.

— 「바위」 전문

 이 작품은 청마의 작품 중 가장 뛰어난 작품으로 꼽힌다. 그것은 이 작품이 비장미를 획득하고 있기 때문이다.
 '바위'는 현실에 존재하는 비정의 사물이고, 영원의 산물이다. 여기에 청마가 그의 문학관과 일치하는 어느 정도의 도덕적 근거를 마련해 놓고 있음을 발견할 수 있다. 「바위」화자는 죽더라도 현실을 떠나지 않은 채 항상 회의와 방황 그리고 애린이 물들지 않는 비정의 대치물인 '바위'로 남아 있는 것이다. 따라서 「바위」는 온갖 감정의 소용돌이 휩싸이지 않고 내밀하게 극복하려는 극기의 자세를 표상하는 시로, 현실에서 오는 모든 번민과 방황에 휘말리지 않고 침묵하는 자세로 이를 극복한 시로 해석하기도 한다.
 인간에게 오욕칠정이 없는 세계는 존재하지 않는다. 즉 인간은 세파에 시달리지 않고 살아갈 수 없다. 현실에서 희구하는 것을 못 얻을 때, 인간은 번민하고 방황하며 그리고 체념하거나 저항한다. 혹은 모든 것을 포기하고 처음부터 다시 시작한다. 「바위」에서의 시적 화자도 오욕칠정을 희구하는 인간에 불과하다. 그러나 화자는 온갖 세파에도 불구하고 현실에서 영겁의 침묵을 유지하는 '바위'가 된다. 청마의 문학관에 비추어 본다면 온갖 세파에 침묵한다는 것은 어불성설이다. 붓을 놓더라도 세파와 맞서 저항하고 투쟁해야 한다. 중언(重言)이지만 청마는 「문학과 인간」에서, '나도 예컨대 무도하게 인간을 짓밟힐 때 그 짓밟히는 자가 이민족이요, 짓밟는 자가 설령 내 조국이라 할지라도 인간을 옹호하기에 동댕이친 펜 대신 총을 들고 제 조국에까지 감연히 항거하고 일어나는 용기와 지성을 가진 위인이기를 바란다'고 말하고 있다. 그러나 청마가 암울한 일제치하에서 행동으로 항거한 흔적은 발견되지 않고 있으며, 펜으로도 저항하지 못하고 끝내는 암울한 현실 앞에서 신음하는 조국의 산하를 앞에 두고 침묵만으로 일관한다. 여기서 청마의 이중성을 엿볼 수 있게 된다. 즉, 청마의 정신대로라면 투쟁을 해야 함에도 불구하고 그의 시에는 항거해야 할 자리에 내면적인 영겁의 침묵을 놓고 있는 것이다. 이렇게 볼 때 일제제국주의 하에서 쓰여진 청마의 시와 그의 행위는 그가 광복 이후 발표한 문학론과는 많은 괴리감이 있음을 발견하게 된다.

5. 맺음말

우리 시사에서 시인의 행위와 생각과 그것을 표상한 작품이 일치하는 것을 발견할 수 있는 것은 극히 이례적인 일이다. 시인의 삶이 한 치 앞을 조망할 수 없는 암울한 시대를 영위했을 때는 더욱 그렇다. 청마는 그의 단편적인 문학론을 통해 시인과 시가 취하고 가야할 바를 논파하였다. 그러나 청마의 초기시는 그가 말한 시인의 소명과 시와는 거리가 먼 듯하다. 왜냐하면 그의 초기시는 현실의 세파에 항거하기보다는 현실과 격리된 또다른 현실에서 '침묵'으로 일관하기 때문이다.

따라서 이 글에서는 청마가 1964년에 발표한 시작노트 「나의 詩에 대하여」(≪세대≫, 1964)로 결론을 대신하고자 한다.

왜냐하면 문학이란 어디까지나 높은 양식과 심오한 관조에서 재래되어야 함에도 불구하고, 내게 있어서는 언제나 생명의 목마른 절규같은 데서 자연발생한 심히 조잡한 문학 이전의 어떤 소재같은 것에 불과하기 때문이다.

노천명의 시세계

손 점 현*

1. 머리말

　시인 노천명은 한국 현대문학사상 주요한 자리를 차지하고 있는 1930년대 여성 시단의 대표적 인물이다. 1920년대의 김명순, 나혜석, 김일엽 등에 의해 자리를 잡아가기 시작하던 한국 여류 시단은 1930년대에 이르러 꽃을 피우기 시작했다고 말할 수 있다. 이때 노천명은 모윤숙, 장정심, 조애영, 김오남 등의 여류시인들과 함께 여성 특유의 감각과 섬세한 표현으로 한국 현대시의 폭과 깊이를 더해주었다. 보통 이때 노천명에 이르러서야 여성 문단이 보다 전문적이고 본격적으로 활동했다고 말할 수 있을 것이다.
　노천명에 대한 기존의 연구들의 경향을 살펴보면 그의 전기적 사실이나 생애, 시대적 상황과 결부시켜 그의 기질적 특성을 고려한 작품분석을 시도한다던가 그의 시정신을 고찰하면서 그의 지적 특성을 이끌어내는 연구들, 시어, 수사 및 문체론적인 면에서의 고찰들, 다른 여류 시인들과의 비교를 통한 노천명의 시세계 구명 등이 주류를 이룬다. 이러한 연구들을 선행하면서 그에 대한 긍정적 견해와 부정적 견해가 있는데 《삼천리》지에 발표되었던 시 「들국화를 물으며」에 대하여 박귀송[1]은 노천명의 작품에 대하여 최

---

* 충남대학교 박사과정

초로 평을 한다. 박귀송은 노천명의 시작 태도를 당대의 여성 시인이었던 모윤숙, 김오남, 장정심 등과 다르게 보면서 특유의 여성 세계로 그 시안을 돌리려 하는 의도가 엿보이며 작고 사라지는 것에 대해서도 곱게 보려하는 소시민적인 그 무엇이 있다고 말하면서 노천명에 대하여 소박하게나마 최초의 긍정적 평가를 내리고 있다.

또한 최재서[2]는 이보다 더 세밀하게 노천명에 대하여 긍정적 평가를 내리는 바, 공소한 감정의 유희와 허영된 언어의 과장이 없고 언어가 수다스럽지 않으며 동경하고 방황하는 정서를 아담한 고전적 형식으로 자제하고 있음을 밝히면서 이러한 억제된 감정과 응축된 열정, 그리고 여성다운 섬세한 서정을 절제된 언어로 표현한 점에서 영국의 여류 시인 아리스 메이넬과 비교하면서 높이 평가하고 있다.

그밖에 많은 긍정적 평가와 더불어 부정적 평가를 살펴보면 정태용[3]은 「노천명론」에서 노천명 시의 두드러진 특징을 수필적인 발상의 시가 많다는 점, 주제가 모순된 두 가지로 되어 있는 것이 흔하다는 점, 시어의 구사에 있어서 시인의 방법론적 자각이나 의도적 노력이 없다는 점, 언어의 조탁이 미숙하여 그의 시는 감정의 통일 없으므로 카타르시스를 제대로 행할 수 없는 비시성(非詩性)을 갖고 있다고 평하고 있다.

김윤식[4] 또한 이와 비슷한 평을 하고 있는데 최재서가 긍정적으로 본 노천명 시의 특성인 「아담한 고전적 형식에 복종시키려고 한 푸로쎄스」, 「정서의 절제」라는 평 속에 담긴 주지주의적 요소란 시인의 의도와는 무관한 것으로 그녀의 기질적인 문제였지 어떤 방법론적인 지각에서 연유된 것이 아니라고 말한다. 게다가 아리스 메이넬과 그녀를 비교한 것은 최재서 비평의 한계로 보면서 이것은 최재서가 노천명의 시적 트릭에 속은 것이라고 강도 높은 부정적 견해를 보이고 있다.

---

1) 박귀송,『시단시평』(신인문학, 1936, 1), 165~166쪽
2) 최재서,『문학과 지성』(인문사, 1938), 240쪽
3) 정태용,「노천명론」,『한국 현대시인 연구』(어문각, 1976), 191~192쪽
4) 김윤식,「예술의 방법론과 개인의 기질 문제」,《문학사상》, 1975, 5, 315쪽

이상에서 살펴본 바와 같이 노천명 시인에 대한 기존의 연구들이 다양한 각도에서 시도되어 왔음을 볼 수 있다. 본고는 이러한 연구들과 더불어 노천명의 시집들을 통해 각 시기별로 시적 특성을 살펴보고자 한다. 이때 사용할 방법론은 그녀에 대한 생애와 전기적 사실을 참조할 것이다. 왜냐하면 노천명은 다른 어떤 시인보다 자신의 삶과 경험에 밀착된 정서를 시에 담고 있다고 여겨지기 때문이다. 이러한 작업을 통하여 노천명의 시세계의 본질을 보다 이해할 수 있으리라 믿는다.

2. 고독과 향수의 미학
― 제 1시집 『산호림』의 시세계에 대하여

1930년대 한국 현대시의 모습은 순수 시대라 할만큼 이전의 문학의 목적성이 약화되고 문학 본연의 모습을 되찾은, 독자적인 모습을 보인 시기라고 말할 수 있을 것이다. 이러한 노력은 시문학파에서 비롯되었다고도 말할 수 있는데 노천명의 처녀 시집인 『산호림』역시 이러한 당시 문학적 특성을 보여주고 있다 할 것이다.

이 시집에는 1932년 ≪신동아≫ 8호에 「밤의 찬미」를 발표할 무렵부터 시작해서 1938년까지 총 49편의 작품이 실려있다. 이 시기의 특징은 주로 그의 본래 기질로 지금까지 알려진바 대로 고독과 향토적 정서의 미학을 순수하고 소박하게 담고 있다. 이 시집이 처음 출간되었을 때 문단에서 커다란 반향이 일어났다. 당시 상황이 여성 작가들이 신문, 잡지 등에 글을 발표하기만 하면 쉽게 '여류 문사'라고 명명해버리는 태도에서도 기인하지만 맑고 순수한 정서를 표현한 노천명의 작품에 대하여 최재서는 영국의 유명한 시인인 아리스 메이넬과 비교하면서 극찬을 아끼지 않는다.

이 시집에 실린 시편들을 살펴보면서 천명의 시세계를 들여다보기로 하자

변변치 못한 화를 받든 날

어린에 처럼 울고나서
고독을 사랑하는 버릇을 지었습니다.

번잡이 이처럼 싱크러울 때
고독은 단 하나의 친구라 할까요.

그는 고요한 사색의 호수ㅅ 가로
나를 달래 데리고 가
내 이지러진 얼골을 비추어 줍니다.

고독은 오히려 사랑시러운 것
함부로 친할수도 없는 것-
아무나 갓가히하기도 어려운것인가봐요

―「고독」전문

위의 시에서도 알 수 있듯이 노천명은 고독은 함부로 친할 수도 없는 것이지만 사랑스럽기도 한 것이라고 말한다. 아주 작은 사소한 일에 상처를 받고 고독을 사랑하는 버릇을 지니게 된 화자는 오히려 그 고독을 즐김으로 고독을 세상의 번잡함 속에서 자신을 위로해 주고 지켜줄 수 있는, 그리고 고요한 사색의 시간을 갖게 해주는 친구로 느낀다. 그리고선 역설적으로 고독은 아무나 가까이 하기도 어려운 것이면서도 사랑스러운 존재로 이러한 고독과 친할 수밖에 없는 운명을 지닌 화자임을 드러내고 있다. 이러한 특징은 그의 많은 시편에서 드러나고 있는데 우리에게 잘 알려진 「사슴」을 읽어보자.

모가지가 길어서 슬픈 짐승이여
언제나 점잔은편 말이 없구나
관이 향그로운 너는
무척 높은 족속이였나 부다

물 속의 제 그림자를 듸려다 보고
일헛든 전설을 생각해 내곤
어찌 할수 없는 향수에
슬픈 모가지를 하고 먼데 산을 쳐다본다.

―「사슴」 전문

  위의 시편 「사슴」은 노천명의 고독을 단적으로 보여주고 있다. 흔히 노천명을 사슴의 시인이라고 일컫듯이 사슴은 노천명 자신의 모습에 다름 아니며 그래서 자전적 요소가 투영되고 있는 대표작으로 평가받고 있다. 1930년대 중반의 스페인 인민전선의 붕괴, 파시즘 창궐, 나찌즘에 의한 반달리즘, 일제의 군국주의 강화 등의 사태, 이러한 당시의 시대적 상황에 의한 문인들의 어찌할 수 없는 소외감, 단절감. 일제의 철저한 검열 속에서 존재할 수 있는 시는 친일시가 아니면 무색 투명의 세계로의 몰입밖에는 없었던 당시에 문인들은 자신의 내면으로 침잠할 수밖에 없었을 것이며 이때 고독감은 당연함 귀결이었을 것이다. 이런 점에서 볼 때 노천명 시인의 작품에 드러난 고독감 역시 외부적 요인에서 기인하고 있다고 말할 수도 있다. 그러나 이러한 외부적 요인보다 그녀의 고독감은 본질적인 생래적인 요인에 의해 비롯되고 있음이 더 타당할 듯 싶다.
  이러한 근거로 그의 전기적 사실을 간단하게 살펴보자. 노천명은 황해도 장연읍 전택면 비석리에서 4남매의 셋째로 어느 정도 부유한 가정에서 유년시절을 보낸다. 특히 서예, 묵화 등을 즐긴 어머니에게서 어릴 적 「옥루몽」을 들으며 문학적 감수성을 키워나갔다. 노천명의 아명은 기선이였는데 어릴 적 홍역을 앓다가 겨우 살아나 '하늘이 주신 명(命)'이라는 뜻으로 천명(天命)으로 개명하였으며 남동생을 보기 위해 남장을 하고 학교에 다녔다고 한다. 일찍 부친 사망으로 인하여 서울로 이사와 진명보통학교에 다니면서 그녀는 고향에 대한 그리움으로 그 외로움이 더해갔고 1926년 진명보통학교를 모두 마치기도 전에 검정고시에 합격하여 진명여고보에 진학하게 된다. 이때 그녀는 편모 슬하에서의 성장, 그녀를 잘 따랐던 남동생의 죽음, 낯선 도시 생활

등으로 언제나 애수와 고독으로 가득 차 있었다. 게다가 1930년 4월 이화여자전문학교 영문과에 입학하여 시를 향한 열정을 불태우고 있을 때 어머니의 죽음은 그녀에게 커다란 상실감과 고독감을 더해주었다고 한다.5)

　이러한 그의 전기적 사실을 살펴볼 때 그녀는 시대적 상황에서 기인하는 단절감, 소외감에서 오는 고독이 아니라 홀로 즐기는 생래적 고독에서 오는 절대고독인 것이다. 만약 외부적 요인에서 기인하는 고독이라면 치열한 아픔과 고뇌를 수반하여야 할 것이다. 그러나 노천명의 고독은 어둡다거나 무서운 무게를 주는 우울한 성질의 것이 아니다. 오히려 아늑하고 가볍고 다정한 느낌을 야기 시킨다.6) 이러한 경향은 노천명 평생의 작품 곳곳마다 배어 있다. 그러므로 이런 생래적 고독은 기질상의 열등감에서가 아니라 잡다한 세속인들과 동화될 수 없는 귀족적인 우월감에서 기인한다. 이처럼 물 속의 제 그림자를 들여다보며 자신에게 집중하고 탐구하는 일종의 나르시시즘에 빠져있는 사슴은 다름 아닌 천명 자신의 응시였던 것이다.

　노천명의 『산호림』에 실린 많은 시편들에서 고독의 미학을 잘 보여주고 있으며 지인의 회고에서, 그녀의 수필집에서도 잘 드러나고 있다. 이처럼 그녀의 고독은 본래 타고난 생래적 고독이기에 그 후의 시집에서도 일관되게 나타나며 이때 고향에 대한 그리움, 향수 또한 어떤 외부적 상황에 대치하기 위한 것이 아니고 그의 성장 과정에서 온 자연스러운 고독을 수반한 감정이었던 것이다.

　고향에 대한 진한 그리움을 담고 있는 시편들을 살펴보자.

　　대추 밤을 돈사야 추석을 차렸다.
　　이십리를 걸어 열하룻 장을보러 떠나는새벽
　　망내딸 이뿐이는 대추를 안준다고 우럿다.
　　절편 같은 반달이 싸릿문에 우에 돗고
　　건느편 선황당 사시나무 그림자가 무시 무시한 저녁

---

5) 최연, 「노천명의 생애」, 《문학사상》, 1975, 5, 333쪽
6) 김지향, 「노천명론」, 『한국 현대여성시인 연구』(형설 출판사, 1994), 112쪽

나귀방울이 짓걸리는 소리가 고개를 넘어 가차워지면
이뿐이 보다 찹쌀개가 먼저 마중을 나갓다.
― 「장날」 전문

칠월 낮 마루의 햇살이 베등거리에 따거웁고
경지 나무 아렌 당사주쟁이 영감이 조으는 마을
강에선 사람이빠젓다구 아이들이수선스레 괘들엇다

……중 략……
젊은 안악네 손엔 애기의 고무신이 꼭 쥐여 있고
땅을 지픈 팔엔 기집아이 꼭두선 다홍치마가 감겼다
물ㅅ가에 앉아 그속을듸려다 보곤 자꾸만 설어워것다

"분이야! 너 들어오면 주랴고 집엔 참외한개 사놧다
아버지가 품팔고 도라오면 너 어듸갓다 하라느냐
그러케 갈 것을……절 압히도……멕이도 못하고……
― 「분이」에서

  위의 시편들을 읽어보면 우선 지난 시절에 대한, 고향에 대한 그리움을 느낄 수 있다. 시제도 과거형으로 앞의 고독의 시편들에서 보여준 절제된 형식미를 갖추기보다는 마치 한편의 수필처럼 지난 시절의 추억을 담담하게 써 내려가고 있는 듯하다. 그리고 그러한 진한 향수를 서정적으로 읊기보다 한 편의 그림을 그릴 수 있을 것처럼 서경적인 묘사에 치중하고 있음을 볼 수 있다. 이처럼 향수를 노래하는 자연 탐색에는 긍정적인 동경의 언어군으로 아름다운 세계를 구축하며 슬픔이나 체념 같은 부정적인 요소를 추방해 버리는 특징을 가지고 있다.[7]
  먼저 위의 처음 시를 살펴보면 배경은 추석을 차리기 위해 이십리를 걸어 열하룻장을 보러가는 새벽이다. 막내딸 이뿐이는 대추를 안준다고 울고, 장을 본 후 나귀를 몰고 저녁 늦게 집으로 돌아올때면 대추를 안준다고 울던

---

7) 김지향, 위의 책, 113쪽

이뿐이보다 찹살개가 먼저 마중을 나온다. 이러한 한 장면 한 장면은 모두 미소가 저절로 지어지는 한폭의 인정어린 풍속도를 보여주는 듯하다. 이때 쓰인 '돈사야', '열하룻장', '싸릿문', '선황당', '나귀방울', '찹쌀개' 등의 토속어는 한층 향토적 냄새를 풍기면서 지나간 어린시절, 추억 속에 담긴 과거의 시, 공간을 그리워하고 있는 것이다.

위의 두 번째 시에서도 어린아이가 죽는 다급한 상황임에도 불구하고 시적 화자는 적극적인 움직임을 보이지 않는다. 다만 정태적인 수법으로 현실을 담담하게 그리고 있을 뿐이다.

이처럼 화자가 시적 세계에 뛰어들지 않고 현실 밖에서 다만 상황을 객관적으로 그리고 있는 모습은 노천명의 시세계의 전형적인 모습으로 볼 수 있다. 이러한 현상은 노천명의 소극적인 현실대응의 양상으로 볼 수 있는데 즉 향토적 정서를 통한 소극적 현실 대응 의식은 어떠한 경우에도 좀처럼 흔들림이 없으며 현실이 아무리 급박한 상황이라 하더라도 천명시의 의식에는 영향을 끼치지 못하는 것이다.

3. 원숙한 고독과 향토적 정서의 심화
― 제 2시집 『창변』의 시세계에 대하여

천명은 1945년 2월 25일 매일신보사 출판부에서 제 2시집인 『창변』을 출간하게 된다. 총 29편의 작품들이 실려 있는데 이 시기에 이르러서 『산호림』에서 보여주었던 고독과 향토적 정서를 성숙하게 하나의 완성된 결실로 그리고 있음을 볼 수 있다. 형식과 기교 면에서도 발전된 모습을 보여주고 있으며 내용 면에서도 훨씬 정제된 모습을 보여준다. 그러나 이러한 긍정적 평가와 더불어 이 시기는 일제가 우리말뿐만 아니라 성씨(姓氏)까지도 못 쓰게 하는 최악의 암흑기였으며 내선일체를 강요하는 시기에 조선문인협회가 조직되었고 이때 노천명 역시 친일적인 시를 발표하여 그녀의 생애에 오점을 남기게 된다.

『창변』에 실린 작품들을 보면서 그 특징을 살펴보자.

　　　언제든 가리라
　　　마지막엔 돌아가리라
　　　목화꽃이 고흔 내 고향으로—
　　　　　……중 략……
　　　꿈이면 보는 낯익은 동리
　　　욱어진 덤불에서
　　　찔레순을 꺽다나면 꿈이였다.
　　　　　　　　　　　　　—「망향」에서

　　　밀물처럼 가슴 속으로 몰려드는 향수를
　　　어찌 하는수 업서

　　　눈은 먼데 하늘을 본다
　　　　　　　　　　　　　—「푸른 오월」에서

　　　오월의 낫차가
　　　배추꽃이 노오란 마을을 지나면
　　　문득
　　　'싱아'를 캐든 고향이 그리워

　　　타관의 산을 보며
　　　마음은
　　　서쪽 하늘의 구름을 따른다.
　　　　　　　　　　　　　—「향수」 전문

　위의 시편들을 살펴보아도 그리고 그밖에 『창변』에 실린 시편들을 보아도 작품 곳곳마다 망향의 정을 그리는, 그 그리움 속에 성숙된 고독이 물씬물씬 풍겨나고 있다. 초기의 시편들보다 더 고풍스럽고 향토적인 정경 묘사로 『창변』에 오면서 그의 성급하고 불안한 감정이 비정하리만치 냉혹하고 차분하게 안정되고 있음은 그의 고독이 단순한 그리움이나 외로움이 아니라 자기 성찰과 수련의 지주로서 '대처럼 꺾어는 질망정 구리모양 휘어지기 싫은' 동양적 지조 위에 달관적 인생관을 확립시킨 연유로 보인다.

노천명의 향수의 세계는 운율적인 면보다 회화성이 농후한 경향을 보이고 있는데 이는 당시의 모더니즘적 특징이 그러했으나 천명은 서구적 경향의 영향보다 다른 동양적인 고전적인 미학을 보여주고 있다. 그런 고전적인 미와 회고의 정을 소박하고 일상적인 시어를 통해 구체적인 묘사를 하고 있다.

『산호림』의 시기에서와 같이 토속적인 어휘들을 사용하여 향토적인 향기가 짙게 배인 풍속이나 풍물을 노래하며 이러한 것들은 우리들에게 고향의 정겨움을 일깨워준다. 평화롭고 아늑하고 한편의 그림처럼 막연히 추억하던 고향을 이젠 타관의 노오란 배추밭을 보고도 싱아 캐던 고향이 그리워 고향하늘인 서쪽하늘로 흘러가는 구름에게 마음은 향한다. 이처럼 밀물처럼 가슴속으로 밀려드는 향수를 화자는 어찌할 수 없어 꿈에서조차 고향을 그리며 언젠가는 돌아갈 고향으로 다짐하고 있는 것이다. 위의 시편들에서 보아서도 알 수 있듯이 그저 그리움과 아름다움으로 과거 속의 고향을 멀리 두고 떨어져서 막연히 그리는 고향이 아니라 노천명은 이 시기에 들어서면서 적극적으로 자신의 감정을 이입시키면서 애절하게 망향의 정을 그리고 있다.

   서리 네린
   지붕 지붕엔 밤이 안고

   그안엔 꽃다운꿈이 딍굴고

   뉘집인가 창이 불빛을 한입 물엇다.

   눈 비탈이
   하늘 가는길처럼 밝고나
   그속에 수탄 얘기들을 줍고잇스면
   어려서 이저버린 '집'이 사라낫다

창으로 불빛이 나오는집은 다정해
볼수록 정다워
　　　……중 략……
기댈데 업는 외로움이 박쥐처럼 퍼덕이면
눈 감고
가다가
슬프면 하늘을 본다

　　　　　　　　　　　　　　　　　—「창변」에서

　앞에서 살펴본 바와 같이 고향에 대한 향수는 이 시기에 와서 더욱 진한 향기를 발산하면서 그 향기는 애잔하고 막연한 그리움보다 구체적으로 화자의 고향에 대한 그리움이 고향의 사소한 사건이라든가, 풍경 곳곳에 배어있다. 이때 그 그리움이 강하면 강할수록 채워지지 않는 마음의 빈자리로 인해 고독 또한 심화되고 있다. 위의 시편「창변」은 그러한 시인의 마음을 단적으로 잘 보여주는 작품이다. 고향은 서리 내린 지붕, 눈비탈, 불빛을 한껏 물은 창, 숱한 이야기가 있는 곳이다. 그런 고향의 정경을 화자는 친정엘 간다는 새댁, 나비 넥타이를 찾는 중년 신사, 물건을 고르는 유복한 부인, 피곤한 백화점 소녀 등은 화자와 함께 타관에서 일상을 꾸려나가며 고향을 그리는 사람들이다. 이때 바쁘게 일상적인 삶을 꾸려 나가는 이들 모두에게는 분명 고향이란 존재는 언제나 정겹게 떠오르는 마음의 안식처인 것이다. 그러나 마음속에서만 그리는 향수는 외로움을 수반할 수밖에 없으며 이때 노천명은 눈을 감고 슬프면 먼 하늘을 바라보는 것으로 자신의 감정을 추스리고 있는 것이다. 이런 절제와 극기의 미학은 시적 화자의 고독을 한층 미학적으로 승화시켜주고 있다. 다시 말한다면 가장 어른스런, 따라서 감정을 극복한 세계이다. 메마르고 이를 악물고 감정을 절제한 차디찬 시, 그 비정적 감정 처리는 가히 어른스러운 것, 이를 고전적이라 부를 수도 있을 것이다.[8]

　이러한 점은 노천명이 고독의 화신으로 설정한 '여인'이라는 시어에서도

---

8) 김윤식,「30년대 정신사적 문맥에서 본 노천명의 수필」,《수필문학》, 1978. 5, 68~75쪽

잘 표현되고 있다.

> 진실로 아릿다운 여인아
> 네 생각이 놉고 맑기
> 저구월의 하늘갓고
>
> 가슴에 지닌 향낭보다
> 너는 언제고 마음이 더 향그러워라
>
> 여인중에
> 학처럼 몸을 갓는이가 잇서보라
>
> 물가 그림자를 보고
> 외로워도 조타
>
> 해연은 어듸다
> 집을 짓는지 아느냐
>
> ―「여인부」에서
>
> 나는 얼굴에 분을 하고
> 삼단가티 머리를 따네리는 사나이
>   〈중략〉
> 우리들의 도구를 실은
> 노새의 뒤를 따라
> 산딸기의 이슬을 털며
> 길에 오르는 새벽은
>
> 구경군을 모흐는 날나리소리 처럼
> 슬픔과 기쁨이 석겨 편다.
>
> ―「남사당」에서

위의 시편들은 여인의 고고함과 전기적 사실에서도 알 수 있듯이 남장을 한 남사당의 일원으로서 유랑하는 한 여인의 고독감을 잘 표현하고 있다. 학처럼 외롭지만 고고함을 추구하는 여인이라면 비록 외로워도 얼마든지 견딜 수 있음을 말하고 있다. 이때 여인은 고고함, 숭고함, 원숙함 등의 상징으로 그 의미는 남성과 대립된 일반적인 여성을 지칭하기보다 노천명 자신을 표현하고 있으며 그러한 모습을 지닐 수 있는 여인이라면 고독은 오히려 감당할 수 있는 사랑스런 존재임을 드러내 주고 있다. 「남사당」이란 시는 천명이 그 동안 보여준 정적인 감정의 표현이라기보다 '남사당'이라는 동적이고 유랑적인 객관적 상관물을 통해, 그것도 남장을 한 여인을 통해 느끼는 갈등과 고독을 그 폭과 깊이를 더해주고 있다.

이 「남사당」에서 유별히 천명의 고독벽을 재현하듯 뼈를 깎고 우는 것으로 감상하고 있으나 천명 자신은 「남사당」에서 스스로 주인공으로 등장하여 방랑적 분위기를 표현하는 묘기를 연출했으며 이러한 방랑의 기질을 남자 아닌 여자가 표현해낸 것은 아마 노천명이 처음일 것이다[9]라는 평자들의 찬사처럼 천명은 초기시에서 보였던 직접적인 진술 형식을 극복한 사물 인식체계와 향토적 풍물을 사상화하는 모습을 보여주고 있다. 이때 학처럼 고고한 여인이나 남장을 한 여인이나 모두 노천명의 어린 시절의 남장의 추억이라든지 시를 쓰는 시점에서 체험한 자신의 모습에 다름 아니며 결국 고독의 이미지를 구체화시킨 상관물로 볼 수 있을 것이다. 여기서 노천명의 시선이 비로소 인간 존재를 정면으로 직시하는 적극적인 자세를 읽을 수 있다.

4. 현실 참여의식과 그 역설
― 제 3시집 『별을 쳐다보며』의 시세계에 대하여

초기시 『산호림』에 실린 시편들의 소박한 감상성과 직접적인 진술로 고독과 향수를 그리고 있었다면 『창변』의 시세계는 과거에만 갇혀있던 정물적

---

9) 서정주, 『한국의 현대시』(일지사, 1969), 193쪽

고향의 정경을 자신의 구체적 체험과 정서로 좀더 심화된 고독과 향수의 세계를 그리고 있다 할 것이다. 내용이나 형식면에서 시적 절제와 극기를 통해 한층 미적으로 승화되고 있었다. 그러나 제 3시집인『별을 쳐다보며』의 시세계는 지나친 감정의 과장이나 직설적 표현, 거친 어투를 사용하여 현실 인식을 여과 없이 그리고 있다.

일제말 어찌되었든 친일적인 시를 썼으며 그로 인해 세인의 지탄을 받았을 그녀로서는 6·25이후 1953년에 발간된 이 시집에서 자신을 방어하기 위한 듯한 색채를 풍기며 절제와 생략의 기법이 아닌 적극적인 현실 인식의 한 방편으로 시를 표현하고 있음을 볼 수 있다.

잠깐 더 그녀의 이 시기의 전기적 사실을 살펴보면 1945년『창변』간행 후, 1953년『별을 쳐다보며』간행하기까지의 8년간의 기간은 노천명 일생에 있어 더없이 불행했던 시기로 옥고를 치렀다. 단순히 상황에 순응하여 본의건 아니건 간에 북에 동조했다는 죄목으로 옥고를 치른 노천명의 심정을 대변하듯 불안하고 초조한 심경을 직설적으로 풀어놓고 있는 것이다.

> 나는 무엇을 위해 이 고초를 받는 것이냐
> 누가 알아주는 투사냐
> 붉은군대의 총뿌리를 받아
> 대한민국의 총뿌리를 받아
> 샛빩아니 뒤집어쓰고
> 감옥에까지 들어 왔다
> 어처구니 없어라 이는 꿈 일게다
> 진정 꿈 일게다.
> ―「누가 알아주는 투사냐」에서

> 우정 이라는 것 또 신의라는 것
> 이것은 다 어디 있는것이냐
> 생쥐에게나 뜯어먹게 던져주어라

온갖 화근 이였던 이름 석자를
갈기 갈기 찌저서 바다에 던져 버리련다
나를 어늬 떠러진 섬으로 멀리 멀리 보내다오
                                    —「고별」에서

유명 하다는건 얼마나 거북한 차림 차림이냐
이 거추장스런 것일래
나는 저기서도 여기서도
걸려 넘어지고
처참하게 찢겨졌다

아무도 관심을 안해주는 자리는
얼마나 또 편한 위치냐
                              —「유명하다는 것」에서

위의 인용된 시편들을 살펴보면 절망과 고통으로 가득 차 있는 화자가 미적인 절제나 감정의 여과 없이 직설적으로 자신의 감정을 토로하고 있다. 당시 자신의 옥고의 생활에 대해 자신은 투사가 아니었음을, 오히려 이념의 희생자였음을 한탄하면서 절망과 고통을 넘어서서 분노를 억제하지 못하고 있다. 친구들이나 주변의 시선이 따가웠을 화자는 특히나 널리 알려진 시인이라는 유명세로 인해 더욱 수난을 겪어야 하는 좌절감을 드러낸다. 이러한 화자의 심리에는 자신에 대한 강한 애착과 관심이 역설적으로 나타내고 있으며 이러한 자신이 처참하게 찢겨졌기에 더욱 분노와 좌절이 극에 달해 있음을 드러내주고 있다.

이처럼 노천명의 현실 인식 태도는 적극적인 『산호림』이나 『창변』에서 보여주던 절제의 미학이 무너지고 있음을 볼 수 있다. 이러한 분노와 한탄의 감정을 다른 방법으로도 표현하고 있는 시편들을 살펴보자.

칡넝쿨 욱어진 산협을 지나
태극기 출렁거리던 마을을 생각하며

지금쯤 어느 고지를 지키고 있느냐

'아카시아'의 흰 꽃이 향기롭던 아침
너는 임께 바친 몸이였어라
                        ―「북으로 북으로」에서

아이 어른은 대답 대신 와― 우름이 터저 버렸다

태극기에서 떠러지는 날은

이렇듯 몸둘 곳이 없어졌다―

대한민국이 죽은사람모양 그리웠다.
                        ―「이산」에서

백두산 천지에 눈부신 서광이 어리었다
삼천리 들과 시냇가에
우렁찬 민족의 노래소리 퍼지려 한다.

집집이 꽃수레를 맨들어라
우리 용님을 맞으러 가자
                        ―「임진송」에서

  위에 열거한 시편들은 애국시편들이다. 그러나 문학적 감동보다는 시의 내용만을 강조한 관념어들의 나열에 불과할 뿐 미학적인 시의 모습을 드러내고 있지 못하다. '합시다, 하자, 하리라, 가자' 등의 빈번한 명령형이나 청유형을 많이 사용하고 있다는 점, 이러한 구호적인 시편들을 쓰다보니 전기, 중기시에서 보여주던 절제의 미학보다 호흡이 길어지고 있다는 점, 문학적인 형상화나 형식미의 추구보다 말하고자 하는 내용에 주안점을 둔 점 등은 노천명이 현실에 대해 적극적인 참여의식을 표명하고 나선 이유로도 볼 수도 있을 것이다. 그러나 치열한 역사의식의 발로로 보여지기보다는 자신이 처한 상황에서 오는 불안이나 좌절감에 대한 일종의 해소의 한 방편으로밖에 보여지지 않는다. 이러한 이유로 인하여 무지한 역사의식에 의한 인식구조시관의 소산이기 때문에 시정이 심밀한 정신 세계를 여과하지 않아 시어나 구성 자체가 생경하다10)는 혹독한 비판을 받고 있기도 하다.

결국 스스로 고독과 향수에 유폐되어 있던 노천명의 시세계는 감옥에서의 처절한 절망의 상황에 처하여 내면적으로 심화되지 못하고 구호화 하고 만다11)는 점에서 후기시의 한계점을 드러내고 있다고 말할 수 있다.

그러나 다음에 인용될 시 「이름없는 여인되어」는 지금까지의 같은 맥락인 자신의 처한 상황에서 벗어나고픈 화자의 심정을 읊으면서도 그녀의 문학적 성과가 두드러진 전기, 중기 시편들에서 볼 수 있었던 노천명 특유의 언어감각이 살아 있음을 느낄 수 있다.

    어느 조그만 산골로 들어가
    나는 이름 없는 여인이 되구 싶소
    초가 지붕에 박녕쿨 올리고
    삼밭엔 오이랑 호박을 놓고
    들 장미로 울타리를 엮어
    마당엔 하늘을 욕심껏 디려놓고
    밤이면 싫것 별을 안고

    부엉이가 우는 밤도 내사 외롭지 않겠오
    기차가 지나가 버리는 마을
    놋 양푼의 수수엿을 녹여 먹으며
    내 좋은 사람과 밤이 늦두룩
    여우 나는 산골 애기를 하면
    삽쌀개는 달을 짓고
    나는 여왕보다 더 행복하겠오
                    ― 「이름없는 여인되어」 전문

---

10) 황재군, 「노천명 시연구」, 《경원대 논문집》 5집, 1987, 50쪽
11) 김재홍, 「노천명, 수정과 장미, 또는 모순의 시」, 《꿈과 시》 통권46호, 푸름사, 1993, 1993쪽

위의 인용된 시편은 『별을 쳐다보며』에 실린 시편들의 관념적이고 구호 나열적인 경향에서 다소 벗어나 시적 감각을 비교적 잘 드러낸 작품으로 볼 수 있다. 현재 이름 있는 여인으로 살아가는 그녀가 평범한 필부의 삶을 동경하는 숨김없는 내심의 토로이며 홀몸으로 고독하게 살아간 그가 가장 간절하게 바라마지 않던 소박한 행복론의 피력12)이라 말할 수 있다. '산골, 초가지붕, 박넝쿨, 삼밭, 오이, 호박, 부엉이, 수수엿, 여우, 삽쌀개' 등의 토속적인 시어를 사용하여 소박하고 정겨웁게 산골 마을을 그리면서 그 속에서 자신의 삶 또한 소박하고 평범하게 산다면 여왕보다 더 행복할 것이라는 바램을 담고 있다.

이처럼 이 시기의 시편들이 그녀의 옥고로 인해 때로는 현실에 대한 분노와 좌절로, 그래서 때로는 피하고싶은, 고향이 원망의 대상이 되기도 하였지만 결국 그녀가 자신의 영원한 안식처로 삼은 곳은 여전히 고향이었으며 그 속에서 느끼는 고독은 오히려 고요하고 평온한 자신을 달래줄 수 있는 방법이었던 것이다.

5. 참회와 고독의 승화
― 제 4시집 『사슴의 노래』의 시세계에 대하여

제 4시집인 『사슴의 노래』는 1958년 6월에 출간된 유시집으로 제 3시집인 『별을 쳐다보며』이후 유고와 시집에 수록되지 않은 작품 42편을 모아 유족들이 간행한 시집이다. 제 3시집은 자신의 입장에 대한 부당성을 직설적이고 감정적으로 다분히 토로하고 있는데 반해 제 4시집에 이르러서는 한결 현실에 대한 불만이나 불안감 등이 해소되고 있다. 통일성을 잃은 산만한 조국 찬양시 및 행사시도 수록되어 있지만 말년에는 종교에 귀의하여 참회적 성

---

12) 허영자, 「노천명시의 자전적 요소」, 『한국 현대시사 연구』(일지사, 1983), 363쪽

격을 보여주면서 그녀의 삶이나 시에서나 고독이 한층 더 응결되고 승화되고 있음을 볼 수 있다.

> 무엇에 쫓기는 것일까
> 막다른 골목으로 막다른 골목으로
> 내가 쫓기는 것만 같다.
> 나를 따르는 것은 빚쟁이도 아니오
> 미친 개도 아니오
> 더 더군다나 원수는 아니다
> ―「오늘」에서

> 아까샤 꽃 핀 6월의 하늘은
> 사뭇 곱기만 한데
> 파라솔을 접드시
> 마음을 접고 안으로 안으로만 들다
> 이 인파 속에서 고독이
> 곧 어름모양 꼿꼿이 어러드러움은
> 어쩐 까닭이뇨
> ―「6월의 언덕」에서

> 사람들 이젠 종소리에도 깨일 수 없는
> 악의 꽃속에 묻힌 밤
>
> 여기 저도 모르게 저지른 악이 있고
> 남이 나로 인하여 지은 죄가 있을 겁니다
>
> 성모 마리아여
> 임종모양 무거운 이 밤을 물리쳐 주소서
> 그리고 아름다운 새벽을
> 저마다 내가 죄인이노라 무릎 꿇을―
> 저마다 참회의 눈물 뺨을 적실―
> 아름다운 새벽을 가져다 주소서
> ―「아름다운 새벽을」에서

노천명에게 있어 '오늘'은 무엇에 쫓기고 있는 심정의 불안한 날이다. 막다른 골목으로 자신을 쫓는 것이 빚쟁이도 아니고 미친개도 아니며 더군다나 원수도 아닌 것이다. 현실의 냉대로 그녀는 자아를 상실하고 깊은 소외감과 불안감에 차 있다. 이러한 감정들은 노천명을 다시 깊은 내면의 고독 속으로 침잠하게 만든다. 싸늘하고 단단하게 굳어버린 얼음 같은 고독을 견지하면서 아카시아 꽃이 만발한 6월의 아름다운 풍경 앞에서도 자신의 마음은 자꾸만 안으로 향하여 현실과 스스로 문을 닫고 있음을 볼 수 있다.

이러한 점에서 이 시기의 시편들이 방황하는 모습을 그린 것이라는 지적은 타당하다. 그러나 단지 방황하는 모습만을 보여주는 것이 아니라 일상사에 쉽게 분노하지 않고 감정을 통제하고 절제하여 참회의 모습을 보여주기도 한다. 이러한 모습은 인생의 말년에 든 원숙미를 풍기며 안으로 삼키는 경지를 보여주고 있다. 기도문의 형식처럼 쓰여진 위의 인용시는 자신에 대한 일방적 피해의식에서 벗어나 자신이 가해자가 되었을 수도 있음을 스스로 참회하면서 아름다운 영혼을 신께 갈구하고 있다. 이렇게 초연하고 달관한 심성이 되기까지 그녀는 커다란 슬픔과 고통과 고독이 자리했을 것이다.

6. 맺음말

이상으로 노천명의 시세계를 통시적으로 살펴보았다. 그녀는 1930년대 여성문인의 불모지인 한국문단에서 자신의 자리를 확고히 지키고 문학사에 남을만한 비중있는 작품을 남긴 대표적 여성시인이었다.

보통 여성문인의 한계점으로 지적되던 지나친 감상성 등을 극복하고 나름의 섬세한 감수성과 절제미로 자신만의 독특한 시관을 우리에게 보여주고 있다 할 것이다.

간단하게 앞에 살펴본 그녀의 시적 변모양상을 요약하면서 결론을 맺고자 한다. 먼저 『산호림』에서는 고독과 향수의 미학을 그리고 있음을 볼 수 있다. 이러한 고독과 향수는 그녀의 전기적 삶과 성품과 다분히 관련되고 있으며 한 편의 수필을 쓰듯 한편의 그림을 그리듯 자신의 경험과 체험을 바탕으로 과거 속의 공간을 그리고 있음을 볼 수 있다.

이러한 고독과 향수는 『창변』에서 더욱 견고하고 절제된 미로 그 문학적 성과가 더욱 엿보이는데 이때 그녀의 고독은 단순한 외로움의 토로가 아니라 자신의 내면 안에서 여과되고 승화된 고독으로 일종의 자기 정화의 한 수단으로까지 보여진다. 이때 드러난 고향에 대한 그리움 역시 초기 시편들에서는 단순한 정물적 묘사로 추억하는 과거 속의 한 공간이었으나 이 시기에 드러난 고향은 평화로운 풍속과 눈물겨운 인정의 세계로 화자의 영원한 안식처로 그리고 있다. 시적인 기교 역시 더욱 정교하고 내밀해져, 고전적이고 전통적인 분위기를 한층 더 고조시키고 있음을 볼 수 있다.

『별을 쳐다보며』 시집에서는 현실에 대한 참여의식을 적극적으로 표현하고 있는데 이는 자신의 상황에 대한 일종의 변명이기도 하고 적극적인 역사의식에 의거한 시편들이라기보다는 현실에 대한 분노와 좌절로 오히려 일종의 도피적 성향을 보이고 있다고 말할 수 있을 것이다. 이러한 경향으로 인해 그녀가 앞서 이룩했던 문학적 성과에 다소 한계점과 비판을 면치 못하고는 있지만 그러나 노천명에게 있어서 역시 그녀의 돌아갈 안식처는 일관되게 고독의 미학과 향토적 정서였음을 알 수 있다.

마지막 유고시집인 『사슴의 노래』에서는 자신에 대한 반성과 참회를 드러내고 있다. 현실에 대한 불안과 불만의 자세에서 벗어나 종교에 귀의함으로써 시적 변모를 꾀하고 있다. 현실 속에서 내몰린 자신이지만 감정의 통제하에 객관적인 시선으로 현실을 보고자 애쓰고 있다. 다소 문학적 형상화에는 미흡한 감이 없지 않으나 시의 내용이나 형식미에 있어서 많이 정제되고 순화된 경지를 보여주고 있다.

이렇게 볼 때 노천명은 한국 현대 시문학사에 있어서 그녀 특유의 감성과 미학으로 고독과 향토적 정서를 잘 표현한 시인이라고 말할 수 있을 것이다.

그녀의 짧은 생애동안 남성의 편견과 여성문인의 희소한 당시의 한국 문단에서 여성문인의 대표자라고 말할 수 있을 만큼 자신만의 고유한 시 세계를 구축하고 있는 점은 이견을 달리 할 수 없을 것이다.

개아의 염결성과 생명애의 사상
— 이산 김광섭의 시세계

손 종 호*

1. 머리말

　김광섭(1905~1977)의 시적 출발은 1935년 ≪詩苑≫지에 시「고독」을 발표함으로써 시작되었다. 따라서 그의 시작 햇수는 42년에 이르고 작품 편수는 약 270여 편에 이르고 있다. 제1시집『동경』으로부터 시작하여『마음』,『해바라기』,『성북동 비둘기』,『반응』과 전집에 수록된『반응 이후』및 전집이 발간된 이후의 시가 실린『겨울날』그리고 ≪문학사상≫에 실린 유고시 27편 등에 담긴 그의 시세계는 하나의 특징으로 요약하기 어려운 다양성을 지니고 있다. 물론 이러한 시적 전개와 특성은 그가 을사보호조약이 체결된 해에 태어나 제 3공화국 유신체제 때까지 민족의 격동기를 살았다는 전기적 사실과 무관하지 않다. 더욱이 그는 민족사상을 고취했다는 혐의로 일제에 체포되어 3년 6개월간을 복역한 특이한 경력의 문인이기도 하다. 또 이러한 그의 이력은 이산문학의 연구자들에게 심리적 중압감으로까지 작용하여 그의 문학의 본질을 파악하는 데 하나의 장애요인이 되기도 하였다.
　주지하다시피 이산문학의 진정한 결실과 본격적인 평가는 1969년 발간된 제 4시집『성북동 비둘기』에 이르러서라 할 수 있다. 그리고 그의 이러한 문

---
* 충남대학교 교수

학적 성과가, 문화예술활동을 활발하게 전개하던 시기가 아니라 뇌일혈로 쓰러져 칩거하며 요양하는 가운데 이루어졌다는 것 또한 아이러니가 아닐 수 없다.

다만 본고에서 주목하고자 하는 점은 이산의 시세계가 시대의 흐름을 수용하면서 다양한 주제를 내포하는 특성을 지니고 있음에는 분명하지만, 그의 후기 시세계가 함축하고 있는 공동체적 삶의 인식과 영원회구성이 결코 그 자체로서 독립된 세계가 아니라, 그의 초기시에 담긴 개인의 염결성이 바탕을 이루고 있다는 사실이다. 따라서 본고는 이산의 초기시로부터 후기시까지의 특성을 살펴봄으로써 개인의 문제로부터 공동체적 인식으로 확대되어간 그의 시세계의 독자성을 구명하고자 한다.

2. 초기시 : 고독의 내면공간과 초극의지

이산이 시단에 데뷔한 1930년대 후반기 문학에 관한 연구는 주로 30년대 전반기 시단을 지배해 온 모더니즘 경향과 순수시의 전개, 그리고 이상(李霜) 개인에게 편향되어 있다. 그러나 이산의 초기 시세계에는 이들과 뚜렷이 구별되는 독자적인 시적 특성이 내재되어 있는 바, 그것은 곧 내향성의 비극이라 할 만하다.

　　내
　　하나의 生存者로 태어나 여기 누워 있나니

　　한 間 무덤 그 너머는 無限한 氣流의 波動도 있어
　　바다 깊은 그곳 어느 고요한 바위 아래

　　내 고단한 고기와도 같다

　　맑은 性 아름다운 꿈은 멀고

그리운 世界의 斷片은 아즐타

오랜 世紀의 知層만이 나를 이끌고 있다.

神經도 없는 밤
時計야 奇異타
너머저 자려무나

—「孤獨」전문

크게 두 부분(1, 2, 3연의 전반부와 4, 5, 6연의 후반부)으로 나눌 수 있는 이 시의 전반부는 '~나니', '~있어', '~아래'로 연속되어 한 묶음의 의미단락을 이룬다. '한 間 무덤'으로 상징되는 공간과 '밤'이라는 시간이 암시하는 내면 풍경은 모든 행동이 거세된 질곡의 상태로 표상 된다. '生存者'와 '무덤'의 강한 대조가 3연에 이르러 '고단한 고기' 때문에 다소 약화되는 흠은 있으나 한 사람의 '生存者'이면서도 아가미만 벌떡이며 있는 '고단한 고기'로서의 모습은 어디에서도 삶의 의의를 찾을 수 없는 암울한 형국의 암시라 할 수 있다. 또 이 시가 주지적이라는 평가를 받을 수 있다면 그것은 관념적인 진술을 하면서도 자아의 모습을 명료하게 객관화시킨 전반부와 각 연마다 독립된 서술어를 지님으로써 연 단위로 의미의 매듭을 짓고 있는 후반부의 절제된 형식에 기인하고 있을 것이다. 그리고 이것은 또한 20년대 낭만시와 달리 최대한 감정을 여과시켜 진술하고 있는 시인의 지적 태도와도 연관를 맺는다. 시인은 '맑은 性'과 '아름다운 꿈', '그리고 世界의 斷片'이나마 그려보지만 그것들 역시 초월적 세계의 것들에 지나지 않는다. 그러므로 시인은 다만 '오랜 世紀'동안 인류사회에 축적되어 온 지적, 경험적 유산들에 피동적으로 이끌려 있는 자신의 존재를 재확인하게 되는 것이다. 그러나 다음 단계에서의 어떤 실천적 행동도 기약할 수 없는 '앎(知)'이란 知層=地層이라는 동음이어의 효과가 가져다 주는 '답답함', '억눌림'의 느낌 그대로 무위한 것에 지나지 않는다. 그러므로 시인은 '時計야 奇異타 / 너마저 자려무나'

라고 명령함으로써 오히려 고독의 절대성을 확보하고자 한다. 왜냐하면 고독의 절대성이란 개인 삶의 영역에조차 무의미하게 작용하는 시간성을 환기시킴으로써 차라리 동시대인의 일체화된 절망을 역설적으로 더 큰 공감대로 구축할 수 있을 것이기 때문이다. 따라서 시 「孤獨」은 현실로부터 유폐된 개인의 내면공간을 노래한 듯하면서도 궁극적으로 시간성의 배제를 통하여 보다 큰 민족공동체의 현실 상황을 충격적으로 환기시켜 주고 있는 것이다.

그러나 시 「孤獨」이 환기하고 있는 의미가 깊다 해도 그것은 어디까지나 간접적이라는 한계를 벗어날 수 없다. 아니 이산이 현실부정의 인식 위에서 내향적으로 기울어져 있다는 것 자체가 이미 제1시집 『동경』의 한계를 암시하는 것이기도 하다. 그러므로 『동경』의 시세계에는 현실타협이 가져다주는 위장된 자기 변호나 허망한 몸짓이 없는 대신에 스스로의 무력함을 확인하는 자기 관조와 허탈한 심정 그리고 자기연민의 감정이 내포되어 있다.

사실, 이산이 20년대 한국낭만주의 시인들과 다른 점이 있다면 우선 첫째, 현실을 부정하는 관점에 서 있으나 자기 자신으로부터 눈을 때지 않고 있음으로 해서 궁극적으로 개인의 내면적 삶을 통해 식민지 전체의 삶을 암시하는 민족주의적 이념을 드러내고 있다는 점, 둘째, 감정의 과잉노출을 절제하고 지적 표현에 기울어져 있다는 점일 것이다. 시집 『동경』의 제목 자체가 낭만주의의 본질 중의 중요한 하나를 표방하면서도 그 안에 동경의 의미가 전혀 내포되어 있지 않다는 평가도 전자에 기인하고 있는지 모른다.

그러나 이산의 시가 오직 자아에 눈길을 보내고 있다는 점은 사실이지만 어떠한 동경마저도 배제하고 있다는[1] 진술은 사실과 다르다.

      흰손을 흔들어
      그대를 불렀으니
      그대를 부르는 소리
      하늘가에 차다

                            — 「途別」에서

---

[1] 이헌구, 『김광섭시전집』 서문(일지사, 1974), 4쪽.

그대 無形한 바람과도 같아서
다시금 門을 열어서도
어둠은 말이 없고 별들만 서로의 손짓을 하다.
―「幻像」에서

또한
하나의 시내로서 흘러서
넓은 바다에 이르지 못할지라도
그대는 無限에 飛翔하는 瞬間을 가지라
―「個性」에서

現代는 한 醜態였다.
나는 바다로 가는 한 방울 물이 되리라.
―「裸想」에서

'그대'는 내가 만나고자 하는 그리움과 기다림의 대상이다. 그러나 그대와 나 사이에는 이별로 인한 단절된 거리가 놓여 있으며 그대의 모습은 분명하게 나타나지 않는다. 그럼에도 불구하고 그의 초극의지와 상승의지는 꺾이지 않는다. 그의 고독의 내면공간에는 나름대로의 동경과 초극의지가 생명력을 지니고 있는 것이다.

다만 시「개성」과「나상」에 나타나 있듯 '무한에의 비상'과 '바다로 가는' 나의 의지가 '순간'과 '한 방울 물'로 제시될 수밖에 없음은 그것이 어디까지나 관념적 공간에의 투영이라는 한계 때문이라 할 수 있을 것이다. 또 이것은 역사와 현실과의 대결보다는 관념적 부정의 형태를 취했을 때 시인이 받아들이지 않으면 안 되는 반대급부요 한계였던 것이다. 아울러 이것은 이산의 시가 궁극적으로는 '자연동경'으로 기울 수밖에 없음을 암시해 주기도 한다.『동경』의 시세계에 시대적 상황과는 완전히 단절된 의미구조를 지닌, 자연표상을 특징으로 하는 몇 편의 시들이 있음이 이를 증명해 준다.

3. 중기시 : 회고의 공간과 전후의 향일성 의지

이산의 중기 시세계는 시집 『마음』과 『해바라기』에 담겨 있는바 특히 제 2시집 『마음』은 1949년 12월에 발간되었는데 여기에는 1938~1949년 사이의 삶의 모습들이 담겨 있다. 시기상으로는 1938~1940년 사이를 주로 차지하고 있는 해방 이전의 시들이 33편, 해방 이후의 시들이 19편으로 총 52편을 수록하고 있다.

초기시로 분류될 수도 있는 해방 이전의 이들 시들은 「이별의 노래」「우애」, 「적막」, 「명상」, 「시인의 윤리」, 「십삼행 인생」, 「비밀」, 「거리의 여인」, 「O =타원의 표상=」「서시」 등을 제외하면 거의 다수의 시가 자연 소재이고, 특히 상기 「적막」 외 4편 남짓을 제외하면 거의 대부분의 시들이 시대적 상황과 유리된 의미구조를 지니고 있다. 이것은 달리 말하자면 『동경』의 시세계 중 「비 개인 여름 아츰」과 「산호를 캐러 가다」와 같은 계열의 시들이 다수를 차지하고 있음을 의미한다.

그런데 중기시에 이르러 이산의 시세계는, 심화되는 현실과의 거리감을 극복하지 못한 채 현실에 대한 불안의식의 심리적 방어기재로서의 퇴행의식을 많은 부분에서 드러낸다. 그리고 이러한 퇴행의식은 유년시절에 대한 동경과 자연에의 몰입으로 구체화된다.

  (가) 그대 주신 푸른 하늘이기에
    내가 사랑하는
    하이얀 종이에 비춰오니
          — 「그대 주신 푸른 하늘」에서

  (나) 나의 마음은 고요한 물결
    바람이 불어도 흔들리고
    구름이 지나도 그림자 지는 곳

개아의 염결성과 생명애의 사상 393

 돌을 던지는 사람
 고기를 낚는 사람
 노래를 부르는 사람
 이 물가 외로운 밤이면
 별은 고요히 물 위에 나리고
 숲은 말없이 잠드나니

 행여 白鳥가 오는 날
 이 물가 어지러울까
 나는 밤마다 꿈을 덮노라.

　　　　　　　　　　―「마음」 전문

　시 (가)를 보면 초기시에서 상상력의 구심점을 이루던 '그대'는 자연을 주재하는 신적 존재로 환치된다. 그리고 시 (나)에 이르면 자연을 단순한 현실도피의 대상이 아니라 인간성을 순수상태로 환원시켜 주는 진실한 대상으로 간주하고 있음을 드러낸다.

　또 이 시는 스스로의 마음을 객체화하여 다루었던 『동경』 수록의 나의 상대(想隊)와는 비교가 되지 않는 시적 경지를 이루고 있다. 기승전결의 형식미도 그러려니와 '백조가 오는 날'이라는 싯구가 암시하는 의미도 같은 계열의 시에서는 찾아볼 수 없는 것이다. 현실의 중압감이 드세어질수록 그러한 현실 속에서 순수한 마음을 지키려는 노력은 비록 불투명하기는 하나('행여'라는 부사가 암시하는) 자유의 시대가 도래하리라는 신념을 바탕으로 함으로써 색다른 감동을 전도해 준다. 인간성을 순수 상태로 실현시켜 주는 영원하고 진실한 세계로서의 자연에 자신을 함몰시킨 시적 화자가 '백조'라는 기다림의 대상을 상정하고 있음은 그의 민족감정과 현실인식이 그 저류에 흐르고 있음을 의미한다. 이 시기 이산의 시가 『동경』의 시세계와 달리 퇴행의식을 드러내는 심층심리의 표면적 양상에 지나지 않음을 지적하면서도 그렇다고 그것으로 『마음』의 시세계를 전단(專斷)할 수는 없다는 단서를 붙이지 않을 수 없는 이유가 또한 여기에 있다.

　1957년 12월에 발간된 제3시집 『해바라기』에는 서문, 발문 등이 일체 없이 오직 33편의 시만이 수록되어 있다. 1956년 한국자유문학자협회의 위원장으로서 숙원사업인 《자유문학》지를 창간한 이산은 이듬해인 1957년 제 7회 서울특별시 문화상을 수상하는 영광을 누렸고 제3시집을 발간했던 것이다. 또 시집 발간 이듬해인 1958년에는 세계일보사장으로 취임하고 역시집 『서정시집』(보리스 파스테르나크)을 발간함으로써 이 즈음의 시기가 그의 일생 중 가장 활동적이고 의욕에 찬 시기였음을 드러내 준다.

　그러나 우리는 시집 『해바라기』에 담긴 시세계가 단순히 '생명감에 충일'된 새로운 삶을 모색한다거나 '의욕적인 삶의 의지'만을 보여주는 것이 아님에 유의해야 한다. 왜냐하면 시 「해바라기」로 표상되는 이러한 서정의 반대편에는 전쟁의 아픈 상흔이 배어 있는 또 다른 시세계가 공존하여 있기 때문이다. 따라서 시집 『해바라기』에서 맨 처음 우리의 눈을 끄는 것은 몇 편 시에 공통적인 주제로 나타나는 '상실의 비애'이다.

　그리고 그러한 '상실의 비애'를 축으로 두 가지 시적 경향을 띄는데, 그 하나는 모든 사물과 현상 그리고 인간관계들에 대한 따뜻한 애착이며, 또 하나는 생명의 근원에 밀착되어 분출되는 강한 생의 의지의 구현이다. 전자의 경우 그 제재가 매우 다양해서 많은 연구자들이 이를 하나로 묶지 않은 채 간과하고 있는데 숫적으로는 오히려 후자를 훨씬 압도하고 있다.

　그러나 수록시의 경향이 어떠하든 그가 시집명을 『해바라기』로 정한 것은 시인의 관점에서 강한 향일성에 있음을 알 수 있다.

　　　　바람결보다 더 부드러운 은빛 날리는
　　　　가을 하늘 현란한 光彩가 흘러
　　　　양양한 大氣에 바다의 무늬가 인다.

　　　　한 마음에 담을 수 없는 天地의 感動 속에
　　　　찬연히 피어난 白日의 幻想을 다라

달음치는 하루의 奔放한 情念에 獻身된 모습

生의 根源을 향한 아폴로의 호탕한 눈동자같이
黃色 꽃잎 가루로 겹겹이 단장한
아 意慾의 씨 圓光에 묻히듯 香氣에 익어가니

한 줄기로 志向한 높다란 꼭대기의 歡喜에서
순간마다 이룩하는 太陽의 祝福을 받는 자
늠름한 잎사귀들 驚異를 담아 들고 찬양한다.

—「해바라기」전문

  이 시의 첫 연은 우선 배경으로서 가을 하늘에 초점을 맞추면서 '바다의 무늬'라는 물의 이미지를 대기의 이미지에 접합시켜 우주적 공간 속에서의 해바라기를 구체화하고 있다. 이후 시인의 시선은 해바라기에 밀착되는데 우선 2연에서는 해바라기의 생장이 단순한 것이 아니라 '한 마음에 담을 수 없는 천지의 감동 속에' 이루어졌음을 밝히면서 해바라기는 바로 그러한 '정념에 헌신'되어 있음을 노래한다. 이후 3연에서는 시간적 흐름 위에서 '황색 꽃잎 금빛 가루로 겹겹이 단장되어' 익어 가는 씨앗의 성숙함을 보여 주고, 4연에서는 다시 공간적 상태에서의 해바라기의 모습을 '높다란 꼭대기의 환희'에서 '태양의 축복을 받는'것으로 요약하면서, 늠름한 잎사귀들이 그를 찬양하는 것으로 그 시상의 매듭을 짓고 있다. 요컨대 이 시는 1연에서 확산된 이미지가 점차 압축되어 가면서 해바라기의 구체적 생리와 변화를 포착하고 궁극적으로는 생명력이 충만해 있는 해바라기의 역동적인 모습을 그려내고 있는 것이다. 또 '부드러운 / 현란한 / 양양한 / 분방한 / 호탕한 / 늠름한' 등의 형용사와 '찬연히 / 겹겹이' 등의 부사도 이 시를 생동력 있게 해주며, 다수의 명사들 역시 '남성적이면서도 향일성을 보여 주는 상승적 내용으로 되어 있어'[2] 이 시에 활력을 주고 있다. 한낱 식물로서의 「해바라기」에서 시인

---

2) 김재홍, 『한국현대시인연구』(일지사, 1986), 169쪽.

이 이처럼 생의 근원을 향한 의지를 발견하고 그를 찬탄하고 있음은 경이로운 시각이 아닐 수 없다. 다만 이 시는 매우 역동적이며 상승적인 이미지로 채워져 있는 대신 '바다의 무늬 / 천지의 감동 / 백일의 환상 / 생의 근원 / 태양의 축복' 등 '의' 은유(「of」metaphor)의 남용과 그 관념성으로 인해 시상전개의 선명성이 감소되는 난점을 드러내고 있다.

「해바라기」라는 상징을 통해 강한 생명의지를 확인한 이산은 이후 사물속에 깃든 생명의 본능적 의미를 찾고 그 향일성의 의미를 찬미함으로써 보다 건강한 에스쁘리를 지향하게 된다. 이산이 사랑을 노래할 수 있음은 그가 이제 어느 정도 전쟁의 상흔으로부터 깨어있음을 의미하는 것이다.

4. 후기시 : 공동체적 생명사상과 달관의식

1965년 4월 뇌일혈로 쓰러진 이산은 어려운 수술 끝에 회생하게 된다. 그리고 이것이 전환점이 되어 『성북동 비둘기』 『반응 ― 사회시집』 『김광섭시전집』 『겨울날』 등의 시집을 통해 오히려 초·중기 때보다도 많은 작품을 발표한다. 후기시는 이산문학의 개화기이자 결실기인 셈이다.

> 黎明의 종이 울린다.
> 새벽별이 반짝이고 사람들이 같이 산다.
> 닭이 운다. 개가 짖는다
> 오는 사람이 있고 가는 사람이 있다.
>
> 오는 사람이 내게로 오고
> 가는 사람이 내게서 간다.
> ―「生의 感覺」에서

병후 회복기에 쓰여진 이 시에는 죽음의 터널을 지나 회생한 삶의 기쁨이 극명하게 나타나 있다. 즉 시적 화자는 밤에서 벗어나 아침을 지향하는 시간적 배경으로서의 여명의 종소리, 닭 우는 소리, 개 짖는 소리의 청각적 이미지와 새벽별의 시각적 이미지, 그리고 '오는 사람'과 '가는 사람'으로 표상되는 동적 이미지 속에서 '사람들이 같이 산다'는 공동체적 삶의 인식을 소중하리 만치 일깨우고 있는 것이다. 그러면서도 '내게로 오고' '내게서 간다'는 사실을 통해 지각의 중심이 곧 '나'임을 잊지 않는, 즉 '생의 감각'의 주체로서의 '나'라는 존재를 다시금 확인하고 있다. 이 시는 결국 고통과 절망으로 이어진 투병체험 과정에서 시인이 자각한 '공동체적 삶의 소중함' 혹은 '인간 생의 존엄성'의 시적 형상화라 할 수 있겠다.

이산의 대표시로 알려진 「성북동 비둘기」 역시 이러한 공동체적 삶의 소중함과 무관하지 않다.

성북동 산에 번지가 새로 생기면서
본래 살던 성북동 비둘기만이 번지가 없어졌다.
새벽부터 돌깨는 산울림에 떨다가
가슴에 금이 갔다.
그래도 성북동 비둘기는
하느님의 광장 같은 새파란 아침하늘에
성북동 주민에게 축복의 메시지나 전하듯
성북동 하늘을 한바퀴 휘 돈다.

성북동 메마른 골짜기에는
조용히 앉아 콩알 하나 찍어먹을
널찍한 마당은 커녕 가는 데마다
채석장 포성이 메아리쳐서
피난하듯 지붕에 올라앉아
아침 구공탄 굴뚝 연기에 향수를 느끼다가
산1번지 채석장에 도루 가서
금방 따낸 돌 溫氣에 입을 닦는다.

예전에는 사람을 聖者처럼 보고

> 사람 가까이
> 사람과 같이 사랑하고
> 사람과 같이 평화를 즐기던
> 사랑과 평화의 새 비둘기는
> 이제 산도 잃고 사람도 잃고
> 사랑과 평화의 사상까지
> 낳지 못하는 쫓기는 새가 되었다.
>
> ―「성북동 비둘기」전문

이 시의 첫 연은 시작부터 매끄러운 운율감을 주는데 그것은 'ㅅ'음의 반복에서 온다. (성북동 산에 번지가 새로 생기면서) 이러한 반복률은 특히 3연에 이르러 그 3, 4, 5행의 첫 음절이 모두 '사'자로 이루어짐으로 절정에 이르게 되는데 설명조로 떨어지고 있는 3연의 긴장의 이완을 막아 주는 역할마저도 감당하게 된다.

이 시는 또 그 제목에서부터도 중요한 모티브를 암시받을 수 있다. 우선 '성북동'이라는 지명과 '비둘기'라는 조류명의 결합이 그것이다.

3연으로 이루어진 이 시는 세 개의 주요한 공간을 드러낸다. 우선 '성북동'이라는 지상적 공간, 둘째로는 '하나님의 광장같은 새파란 하늘'로 제시되는 천상적 공간, 그리고 '성북동 산'이라는 지상과 천상의 접합점으로서의 공간이다. 엘리아데(M. Eliade)에 의하면 산은 두 가지 신성성을 부여받고 있다. 그 하나는 높음, 절정, 지고로 표현되는 초월성의 공간적 상징, 또 하나는 신들이 거주하는 신성한 제의적 공간이다.[3] 그러나 첫연에 나타나 있듯이 흰빛으로 상징되는 사랑과 평화의 새 '비둘기'는 '번지'로 상징되는 인간들의 침범으로 인해 그 성스런 공간으로서의 '성북동 산'을 빼앗기고 말았다. 또한 성스러운 공간의 속화는 여기서 그치지 않고 '비둘기'의 생명마저 위협하는 돌깨는 산울림으로 지속되고 있다. 그런데도 삶의 터전을 잃은 '비둘기'는 오히려 '하느님의 광장 같은 새파란 아침 하늘에 / 성북동 주민에게 축복

---

3) M. Eliade, 이은봉역, 『종교형태론』(형설출판사, 1982), 125쪽.

의 메시지나 전하듯 / 성북동 하늘을 한바퀴 휘돈다' 이처럼 뿌리 뽑힌 삶인데도 불구하고 성북동을 떠나지 못하는 비둘기의 모습에서 우리는 어떤 종교적 비의 마저 느끼게 된다.

따라서 이 작품은 비대화하는 도시문명에 의해 삶의 터전을 잃은 한 마리 비둘기를 통해 현대문명의 비정성과 무력한 소시민의 운명을 암시하는 포괄적 의미구조를 지니고 있는 것이다. 그러나 이 시의 탁월함은 사랑과 평화가 상실되어 가는 현대의 비극적 상황의 폭로와 고발에 있는 것이 아니라, 오히려 사랑과 평화의 소중함에 대한 인식과 그 각성에 있을 것이다. 결국 이산은 한 마리 비둘기를 통하여 문명비평적 차원에서 현대문명의 비정성과 소외의 비극을 매우 심도있게 제시하고 있는 것이다.

그리고 이러한 「성북동 비둘기」의 시세계는 이후 자연애(自然愛)에 치우칠 때에는 근원성에 대한 성찰을, 그리고 인간애(人間愛)에 치우칠 때에는 냉철한 현실사회 비판의식을 담게 된다.

    (가) 산은 언제나 기슭에 봄이 먼저 오지만
        조금만 올라가면 여름이 머물고 있어서
        한 기슭인데 두 계절을
        사이좋게 지니고 산다.
                                 ― 「산」에서

    (나) 와우 아파트 한 채가
        무너지자
        다른 아파트가
        나두 나두 하면서
        부들부들 떠는 바람에
        시민들이 놀라서
        삽시간에 서울이 없어졌다.
                                 ― 「와우 아파트」에서

따라서 시 (가)는 전자의 시세계를, (나)는 후자의 시세계를 함축하고 있다.

시 (가)에서 '한 기슭인데 두 계절을 / 사이좋게 지니고 산다'는 구절은 모든 거리와 갈등이 무화되고 대립의 요소가 오히려 그 자체로서 공존하면서 평화로이 화해하고 통합되어 있는 인간 삶의 참 모습을 선명하게 제시해 주고 있는 것이다. 그리고 이것은 바로 앞서 예시된 「생의 감각」 등에서 시인이 깨달은 공동체적 삶의 전형적인 모습이라 할 수 있겠다.

시 (나)는 사회시집이라는 부제가 붙은 시집 『반응』에 수록되어 있는바, 60년대 당시 서민아파트인 와우 아파트 붕괴사건을 아이러니의 수법으로 형상화하고 있다. 이 시기 이산은 산업사회가 안고 있는 각종 사회문제만이 아니라 분단과 통일문제에 이르기까지 사회전반의 구조적 모순과 각종 비리를 비판하는 날카로운 사회비평의식을 그의 시에 담았다. 이미 환갑을 넘은 원로시인이 보여주고 있는 이러한 준엄한 비판의식 또한 그가 병마 속에서 깨우친 '공동체적 삶의 인식과 평화사상'과 무관하지 않다. 그리고 이 두 지류 즉 근원성 추구의 자연애와 공동체 지향의 인간애는 그의 초탈의식에 이르러 마침내 달관의 경지로 나간다.

> 아주 밝은 것도 아니고
> 아주 어둡지도 않아서
> 아침 아지랑이에 햇빛 비치듯
> 항상 마주 앉아도 답답치는 않고
> 옛 산들이 어른거린다.
> 잡음을 막아서
> 정에 한이 없고 치우치지도 않네.
> ― 「창호지」에서

창호지를 통해 세상을 보는 눈, 그것이야말로 초탈한 시인의 경지가 아니고 무엇이겠는가. 시인은 마침내 '정에 한이 없고 치우치지도 않'는 높이에 도달하고 있는 것이다. 더욱이 그의 유고시들에 나타나 있듯이 죽음과 그 예감의 미세한 의식의 흐름까지도 놓치지 않고 시화시키고 있는 이산 말년시의 초탈의식은 한국시문학사의 한 귀감이 될 수 있을 것이다. 왜냐하면 그는 곧 죽음의 목전까지 그의 시정신을 몰아 갔으며 그런 의미에서 그의 말년시는 병후의 그가 고백하였듯 곧 시=재생의 확인, 삶의 확인이라는 생생한 삶의 증언이라고 볼 수 있기 때문이다.

5. 맺음말

 이산 시문학을 초·중·후기로 구분하여 살펴 본 본고의 주된 관점은 그의 시세계가 하나의 일관된 맥락 위에서 전개되었음을 밝히고자 하는 것이었다. 기존의 연구자들은 이산의 초·중기 문학을 논할 때마다 표현 상에 나타나는 관념성과 추상성에 초점을 맞추었으며, 후기시에 이르러서야 비로소 문학적 가치를 얻게 되었음을 지적해 왔다. 이러한 평가는 정당하면서 또한 정당치 못하다. 왜냐하면 초·중기시에 있어서는 관념성, 추상성에 관한 논의의 과다로 그의 독자적 시세계가 바르게 파악되지 못하는 문제점을 드러냈으며, 후기시의 우수성에 대한 두드러진 강조는 오히려 후기시의 여러 가지 결점을 바르게 지적하지 못하는 폐단을 낳은 것이다.
 이산 시문학을 이원화된 것으로 다루는 이러한 접근방식은 이제 지양되어야 한다. 이산의 초기시가 지닌 고독의 내면공간은 일찍이 한국시문학에서 찾기 힘든 내향성의 구현이라는 점에서 소중한 가치를 지니고 있으며, 그의 후기시에 나타나는 생명애의 사상은 이러한 초기시의 성실한 자아성찰과 결코 무관하지 않은 것이다. 초기시에 내재된 개아에 대한 염결성이 만년에 심화, 확대되면서 공동체적 생명애의 사상으로 자리잡고 있는 점만으로도 이미 이산 시문학은 한국문학사의 한 봉우리를 이루고 있다고 말할 수 있기 때문이다.

찾아보기

【ㄱ】

「가마귀의 노래」 355
「가을 自然의 舞踊」 99
「가을은 아름답다」 72
「감(柑)」 300
「江물은 흘러간다」 186
강홍기 56
「個性」 391
개성률 85
「거리의 여인」 392
「거문고」 254
『겨울날』 387
「겨울에黃昏」 30, 31
「格調詩形論小考」 37, 39, 58
「경부텰도노래」 9
계희영 129, 132
「고독」 368, 389
「고별」 379
「曲馬團」 293
「空中의 運轉手님」 97
「舊作三篇」 9
「國境의 밤」 195, 197, 199
국민문학파 13, 15
국시(國是) 13
「귀향」 161

「그날이 그립다」 144
「그대 주신 푸른 하늘」 392
「그대들 革命家!」 100
「그러면 마음대로」 161
「그의 손」 9
「금강송가」 144
「기교주의설의 허망」 265
「技巧主義說의 虛妄」 271
「旗ㅅ발」 356
「기상도」 310, 319
「기억」 61
「김광섭」 387
김기림 307, 310
김기진 43, 239
김남천 239
김동명 181, 182, 187
김동인 61
김동환 195, 196, 202
김명순 365
김소월 29, 32, 55, 117, 140, 253
김억 37, 43, 55, 77, 132
김영랑 32, 55, 140, 251
김오남 365
「김옥균전」 161

김일엽 365
김재홍 62
김팔봉 238
김해경(金海卿) 337
「깃발」 352

【ㄴ】

「나는 가오」 9
「나는 王이로소이다」 161, 171
「나룻배와 行人」 224
「나리눈」 30
『나의 거문고』 182
「나의 꿈을 엿보시겠읍니까」 303
「나의 寢室로」 149
「나의 호흡과 말」 101
「나의적은새」 29
나혜석 365
「樂園은 가시덤불에서」 226
「날개」 343
「남사당」 376
「남조선 형제를 잊지 말아라」 245
「낭만시」 389

「내 마음」 185
내부생명[無形詩] 39
내심률(內心律) 85
내용률(內容律) 85
내율심률(內律心律) 85
「너는 비둘기를 부러워 하 드구나」 303
「네거리의 순이」 239
「넷 鍾소리」 102
「노수부의 노래」 318
노천명 365
「누가 알아주는 투사냐」 378
「누나 무덤」 209
「눈」 61, 66
『능엄경(愣嚴經)』 124
「니애기」 61
「님 나신 날」 9
「님을 보며」 226
「님의 부르심을 받들고서」 206
「님의 얼굴」 222, 231
『님의 沈默』 215, 220, 236

【ㄷ】
「달과 太陽의 交叉」 97
「달을 보며」 234
「담배」 114
「당신의 마음」 221
「당신이 아니더면」 227
「大東亞行進曲」 73
「涂別」 390
「毒을 차고」 253, 254
「돌아온 날개」 211
「동경」 387

「두견」 253
「때는 지나가다」 188
「마음」 387, 393
「輓歌」 189
『망우초(忘憂草)』 121
「망향」 373
「명상」 392
「모르네 나는」 9
모윤숙 365
「몽환병」 144
「무덤」 30, 127
「물레방아」 9
민시(民是) 13
「민애청가」 242
「민청가」 242

【ㅂ】
「바다 가운데」 352
「바다로 가자」 253
「바람이 불어요」 165
「바위」 352, 362
박영희 238
박용철 263, 269, 271, 280, 281
「박쥐」 354
「反比例」 225
『반응』 387
「밤과나」 29
『白鹿潭』 289
「백성의 노래」 9
「백조는 흐르는 데 별 하 나나 하나」 165
백철 61
「벽모의 묘」 93, 95
「辨説以上」 280

변영로(卞榮魯) 253
「병상야음」 304
「봄」 30, 61, 91, 98
「봄은 간다」 30
「봄이 오면」 195
「봉별기」 344
「북」 253
「북으로 북으로」 380
「北青 물장사」 195, 196
「분이」 371
「불노리」 61, 64, 74
「비」 233
「誹謗」 223

【ㅅ】
「사랑하는 까닭」 228
「사슴」 368
『사씨남정기』 17
「산」 399
『三八線』 182
「새벽(꿈)」 61, 189
「새싹」 99
「생각한대로」 9
「생명의 서」 359
「生의 感覺」 396
「서시」 392
「夕陽은 꺼지다」 92
「선의 부ㅅ채」 97
「雪夜」 329
「雪中花頌」 191
「성북동 비둘기」 387, 398
「世界一周歌」 9
「소녀의 마음」 100
「蘇生의 노래」 212

「소우주・대우주」 96
『속상식문답(續常識問答)』 16
「수표교에 서서」 204
「슬픈 印象畵」 287
「시내」 61
「시인의 윤리」 392
「시적 변용에 대하여」 265
「新大韓少年」 9
신동욱 142
신석정 295
「新我의 序曲」 90
『심청전』 17
「십삼행 인생」 392
『十玄談註解』 216, 220, 227, 235
「꽂두고」 9
「꽂밧」 70
「꿈이면은?」 165
「썩인 소나무」 9

【ㅇ】
『아름다운 새벽』 61, 383
「아츰처녀」 61
안창호 23
「鴨川」 287
「夜半」 29
양주동 43
「어느 갈매기」 355
「어느 날」 9
「어디라도」 225
「어린 자매에게」 77
「어린이」 9
「어머니에게」 166

「漁父의 跡」 161
「여인부」 376
「0=타원의 표상=」 392
「영원회전의 원리」 115
「예술과 종교」 111
「오감도」 340, 342, 343
「오늘」 383
오상순 105, 106, 115
오세영 62
「五錢會費」 100
『옥루몽』 17
「와우 아파트」 399
「우리 오빠와 화로」 239
「우리 七男妹」 208
「우애」 392
「月蝕」 176
「유명하다는 것」 379
유치환 351
육당(六堂) 7, 21, 22
「六月의낫잠」 30
「6월의 언덕」 383
「을해시단총평」 265, 271
음보율 142
음조미(音調美) 42
「이름없는 여인되어」 381
「이별의 노래」 392
「이산」 380
이상 335, 336
이상화 32, 55, 139, 140, 147, 253
이육사 32, 253
「二重의 死亡」 154
일절중생(一切衆生) 235
「임께서 부르시면」 302
임인식 238

「임진송」 380
임화 238, 241, 248

【ㅈ】
「自然」 9
『자연송』 95, 103
「自助論」 9
「작품 제3번」 347
「장날」 371
「장미촌의 향연」 94, 95
장정심 365
「長篇敍事詩」 197
「장화홍련전」 17
「적막」 392
전영택 61
「田園頌」 73
「절명지」 358
「정식・1」 347
정신역동(情神逆動) 338
정지용(鄭芝溶) 285
정한모 56
조동일 33
조선광문회 16
『조선상식문답』 16
「朝鮮遊覽歌」 9
조애영 365
『조웅전』 17
주요한 59, 61, 73, 77
준문학(準文學) 9
「地球・生物」 98
「지금에도 못닛는 것은」 70
「지키라 우리 동아」 73
진공묘유 235
「진달래꽃」 123

『眞珠灣』 182

【 ㅊ 】
「차안서선생삼수갑산운」 121
「창변」 375
「창호지」 400
「채식장」 67
「첫날밤」 109
「靑年」 73
「청량세계」 144
「청마 유치환론」 352
『靑馬詩鈔』 353
「靑山白雲」 161
「초대장」 102
「촐촐한 밤」 298
「銃, 一億 자루 나아간다」 205
최남선 62
최승만 61
「추도가」 245
「春香」 260
『춘향전』 17
「침몰」 347

【 ㅋ 】
「카페·푸란스」 287
「태백산맥 四時」 62
「태백산부」 62
「太白山의 四時」 9
「太陽의 壽命」 97
「太陽의 沈沒」 92
「통발」 161

【 ㅍ 】
「八絃一子」 73
패러프레이즈 이단론 280
「푸른 오월」 373
「푸른 침실」 305
「風浪夢」 287
『피는 꽃』 159
「피리소리」 189

【 ㅎ 】
「하나 돼 주세요」 227
『하늘』 182
『하멜의 漂流記』 9
「한길에 누어」 258
한용운 32, 55, 140, 215, 217, 253
「해바라기」 387, 394, 395, 396
「해에게서 少年에게」 9
「해외시절」 61
「향수」 373
「허무 혼의 선언」 113
홍사용 159, 160, 253
「화석이 되고 싶어」 300
「幻像」 391
「황」 347
황석우 77, 79, 84, 86, 95, 105
「黃昏」 190
「黃昏의 속사김」 192
「黃昏의 水標橋」 203
「흐르는 물을 붓들고」 176
『흥부놀부전』 17

◆ 책임편집

문덕수 홍익대학교 명예교수
김용직 서울대학교 명예교수
박명용 대전대학교 문예창작학과 교수
정순진 대전대학교 문예창작학과 교수

● 한국현대시인연구(上)

1판 1쇄 인쇄 2001년 1월 20일
1판 1쇄 발행 2001년 1월 30일

책임편집 • 문덕수 · 김윤식
          박명용 · 정순진
펴 낸 이 • 한 봉 숙
편 집 인 • 김 현 정
펴 낸 곳 • 푸른사상사

등록 제2-2876호
서울시 중구 을지로2가 148-37 삼오B/D 302호
대표전화 02) 2268-8706-8707
팩시밀리 02) 2268-8708
메일 prun21c@yahoo.co.kr

값 16,000원

*저자와의 합의에 의해 인지를 생략함.